MANDERLEY FOR EVER

TATIANA DE ROSNAY

MANDERLEY FOR EVER

ALBIN MICHEL
HÉLOÏSE D'ORMESSON

Pour NJ, LJR, CJR

« Les gens et les objets disparaissent, pas les lieux. »

Daphné du Maurier

I
Londres, 1907-1925

« L'enfant dont le destin est d'être écrivain
est ouvert à tous les vents. »

Daphné du Maurier

Mayfair, Cité de Westminster, Londres.
Novembre 2013.

D'habitude, il y a du monde sur les pelouses de Regent's Park. Des promeneurs viennent admirer les parterres de fleurs, les roseraies de la reine Mary, le lac où l'on peut faire du bateau. Mais en cette grise matinée de novembre, rendue humide par une bruine typiquement britannique, le parc est désert.

La reine Elizabeth a vu le jour dans ce prestigieux quartier, Oscar Wilde y a vécu, Haendel aussi, tout comme Somerset Maugham et Nancy Mitford. À défaut des familles patriciennes du siècle dernier, les façades géorgiennes abritent désormais des boutiques de luxe et des restaurants à la mode, des palaces, des ambassades. Impossible de ne pas remarquer que ceux qui vivent ici ou fréquentent ces endroits ont de l'argent et le montrent. Les manteaux de fourrure s'exhibent, les voitures garées le long des trottoirs sont les plus onéreuses, les plus voyantes. Dans le célèbre jeu Monopoly, version londonienne, « Mayfair » reste la case la plus convoitée depuis quatre-vingts ans.

À l'est du parc, les *terraces*, si caractéristiques de Londres, sont ces grandes voies calmes et résidentielles dont les maisons mitoyennes et identiques se déploient dans une symétrie qui semble se répéter à l'infini. Chester Terrace est la plus longue, Clarence Terrace, la plus petite, Park Crescent s'étire en un demi-cercle gracieux. Celle que je suis venue voir ce matin est la plus imposante, Cumberland Terrace. J'ai lu qu'elle datait de 1826 et qu'elle est composée d'une trentaine de maisons. Elle se situe entre l'Outer Circle, la rue qui longe le parc, et Albany Street.

Pas facile de la localiser du premier coup. Je me perds plusieurs fois en dépit de mon plan, mais je parviens à la trouver, son frontispice néo-classique se voit de loin. Je m'approche sous la pluie, sa taille démesurée et son fronton historié bleu Wedgwood sont impressionnants. Je n'ose pas m'avancer davantage, il me semble qu'on m'observe. Que pourrais-je répondre à un habitant des lieux s'il sortait me demander pourquoi je prends des photos ?

Je pourrais lui dire, tout simplement, que je suis là pour elle, que je suis venue sur ses traces, que mon parcours débute ici. Car c'est sous ces grandes colonnes ivoire, au numéro 24, derrière cette porte blanche, que Daphné du Maurier est née le 13 mai 1907.

En rentrant du parc après la promenade, il faut passer sous l'arche que la fillette trouve gigantesque, puis gravir les quelques marches qui mènent à la maison, à droite. La porte d'entrée, blanche aussi, est assortie à l'encombrant landau que Nanny ne peut monter seule. On doit sonner pour que quelqu'un vienne l'aider. La fillette se chamaille avec sa grande sœur, Angela, pour être celle qui appuie sur la sonnette en premier, elle doit se hisser sur la pointe de ses chaussures à brides pour atteindre le bouton cuivré.

Leur nourrice est vêtue du même uniforme, jour après jour. La fillette aime bien la regarder, un manteau gris, un bonnet noir, une voilette qui lui tombe sur le visage. C'est une des bonnes qui vient secourir Nanny avec le landau. Elle porte un tablier et une charlotte blanche. Elles trouvent la poussette et le bébé bien lourds. Jeanne sourit du fond du landau, et la fillette remarque que tout le monde fond quand la petite sœur aux joues roses sourit.

Une fois dans le long vestibule, la fillette voit des manteaux, étoles et capes accrochés aux patères, elle entend le brouhaha d'une conversation, les éclats de rire qui proviennent du salon, à gauche, elle flaire des effluves de parfums qu'elle ne connaît pas. Son cœur se serre. Cela veut dire qu'il y a des dames invitées à déjeuner, qu'il va falloir descendre, tout à l'heure, après le repas dans la nursery, dire bonjour. Cela ne dérange pas Angela, enchantée, qui demande déjà qui est là avec leur mère. La fillette gravit les escaliers quatre à quatre, fuir pendant qu'il est encore temps, monter là-haut, vite, dans la grande nursery au dernier étage, se réfugier dans cette chaleur réconfortante, près de la maison de poupée, du placard à jouets à deux étagères (une pour Angela, une pour elle), du coffre à trésor tapissé de cretonne, du vieux fauteuil qui sait se transformer en épave échouée sur une plage. Elle avance vers la cheminée où des flammes crépitent derrière le pare-feu. La table est mise pour trois personnes, Nanny, Angela et elle, car le bébé mange encore dans sa chaise haute. Elle regarde vers Albany Street, vers les baraquements militaires. La voix de Nanny s'élève et la poursuit, répète son prénom plusieurs fois. Elle lui demande de se laver les mains avant le déjeuner. Daphné ne veut pas se laver les mains, elle ne veut pas déjeuner, elle veut continuer à regarder par la fenêtre, à guetter la troupe des officiers des Life Guards de retour après la ronde matinale. Son père lui a expliqué qu'il s'agit du plus ancien régiment de l'armée britannique, sa mission consiste à protéger le roi et les bâtiments royaux. Pas question de rater l'étincelle de leurs cuirasses lustrées, le panache des plumes plantées sur les casques, l'éclair pourpre des uniformes. Depuis qu'elle ne dort plus avec Jeanne, qu'elle a rejoint sa sœur aînée de l'autre côté de la nursery, la sonnerie au clairon la réveille aux aurores, mais cela ne la dérange pas.

Lors du repas, Nanny sermonne Daphné, il faut finir ses légumes, et au moment du dessert, elle lui ordonne de terminer son *rice-pudding*. Daphné n'aime pas le *rice-pudding*. Pourquoi faut-il toujours faire ce que dit Nanny ? Parce qu'elle n'est qu'une petite fille de quatre ans ? Pourtant elle aime bien Nanny, elle la voit plus souvent que sa propre mère.

Après le déjeuner, le moment tant redouté survient. Nanny lui débarbouille le visage, lui brosse les cheveux. Angela s'admire dans la glace. Les sœurs portent la même robe de velours mauve brodé, des pelisses rose pâle, et même le bébé est assorti. Il faut descendre l'escalier, ouvrir la porte de la salle à manger, il faut sourire, affronter une mer de visages inconnus. Pourquoi Angela ne souffre-t-elle pas de ce calvaire ? Des murmures d'approbation. Les dames sont élégantes, elles portent de grands chapeaux, Mummy aussi. Daphné trouve cela étrange, comment peut-on déjeuner avec un chapeau aussi large sur la tête ? Nanny tend le bébé à leur maman, le bébé gazouille, toutes s'extasient. Daphné veut s'enfuir, remonter dans la nursery, elle se cache derrière Angela qui se pavane dans sa robe de velours devant les dames. Leur mère donne des morceaux de sucre au bébé. Lorsqu'elles se lèvent toutes pour passer au salon, Daphné les trouve trop grandes, trop grosses, elles rient trop fort, elles semblent caqueter, comme des poules, et en plus, elles veulent toutes l'embrasser, c'est épouvantable, elle les déteste. Angela subit avec grâce les baisers (comment fait-elle ?) ; pas elle, pas question, pas de baisers. Elle se renfrogne, se mordille les doigts. Les dames rient, la trouvent timide et mignonne, mais remarquent qu'elle se ronge les ongles, la petite vilaine. Sa mère lui lance un regard lourd de reproches. *Nous avons tout essayé pour les ongles de Daphné...* Heureusement, on ne fait plus attention à elle, elle peut repartir là-haut, elle est enfin libre. C'est fini. Jusqu'à la prochaine fois.

Elle aime cette vue au-dessus des toits de la ville, tiens, là-bas, cette maison peinte en rouge, pourquoi est-elle rouge ? Qui y vit ? Comment le savoir ? On dirait que cette maison n'est pas amie avec la maison d'à côté, elle est différente, à part. Daphné

17

imagine qu'elle y habite, toute seule. Dans cette maison rouge, personne ne l'obligera à finir ses légumes, ni son *rice-pudding*, personne ne lui ordonnera de mettre des robes de velours brodé, personne ne la forcera à descendre dire bonjour aux invitées. Elle aura une épée, comme ce Peter Pan qu'elle admire tant. Elle aurait aimé s'envoler comme lui, au-dessus des cheminées.

C'est déjà l'heure des leçons avec Mlle Torrance la gouvernante. Angela, qui a trois ans de plus que Daphné, a de l'avance. Daphné peine avec ses majuscules. Pourquoi n'arrive-t-elle pas à dompter les S ? Elle s'applique de toutes ses forces, penchée sur la table, la langue entre les dents. *Tu fais beaucoup de progrès. C'est bien, Daphné. On dirait que tu as déjà écrit.* Daphné se redresse fièrement pour toiser sa gouvernante. Oui, elle a même déjà écrit un livre. Angela s'esclaffe, Daphné sait à peine écrire, elle dit n'importe quoi, elle n'a que quatre ans. Mlle Torrance demande très sérieusement le titre de son livre. Daphné lui répond : *Jean dans les Bois du Monde.* Au fond d'elle-même, Daphné sait qu'elle ne dit pas la vérité, qu'elle n'a pas écrit de livre, qu'elle a inventé ce titre farfelu. La gouvernante comprend ; avec gentillesse, sans méchanceté, elle lui sourit. Daphné reprend ses majuscules. Le silence tombe sur la nursery, on n'entend que le crépitement des flammes dans l'âtre. La petite fille trouve le temps long. Elle lève les yeux vers la fenêtre et se met à rêver.

Peter Pan est là, caché derrière le volet. Il vient la chercher, pour l'emmener au Pays Imaginaire. Elle, et personne d'autre.

Un jour, Nanny est partie. La fillette demande pourquoi à sa mère. C'est parce que Jeanne n'est plus un petit bébé, Angela va avoir huit ans, et Daphné, six, elles sont des grandes, à présent, elles n'ont plus besoin de Nanny. Daphné regarde Nanny qui s'en va pour toujours. Pourquoi a-t-elle les yeux rougis ? Que fait-elle avec son mouchoir ? On dirait qu'elle pleure. Daphné s'étonne, elle ne savait pas que les grandes personnes pleuraient aussi. Après Nanny, il y a une succession de nurses que Daphné n'aime pas ; une grosse qui passe sa vie à grignoter, une autre qui fredonne des airs agaçants, une autre encore qui gronde du matin au soir. Les promenades à Regent's Park durent plus longtemps, ce ne sont plus de simples allers-retours par le Broad Walk jusqu'au zoo où apercevoir les animaux sauvages impressionne la petite Jeanne. Parfois, elles font le tour du lac. Le père de Daphné raconte qu'il y a longtemps, avant sa naissance à lui, un accident tragique eut lieu lors d'un hiver particulièrement rigoureux. Les Londoniens de l'époque, explique-t-il à ses filles, raffolaient du patin à glace. En dépit des mises en garde, des centaines de patineurs s'élancèrent sur l'étendue étincelante. La glace, trop fine, se fendilla. Horrifiée, Daphné voit la scène en écoutant son père, il lui semble entendre le craquement fatal de la glace, les cris d'épouvante. Les patineurs étaient encombrés de lourds vêtements à la mode victorienne (leur père précise qu'il s'agit d'amples jupes avec des froufrous et d'épais manteaux en fourrure très élégants) et les victimes furent difficiles à repêcher. Il y eut une quarantaine de noyés. Daphné ne peut s'empêcher d'y penser chaque fois qu'elle fait le tour du lac, la main posée sur la poussette de Jeanne.

Une des nurses préfère un grand jardin privé et grillagé, il faut une clef pour y pénétrer. La nurse retrouve ses amies, elles se mettent à l'abri avec un Thermos de chocolat chaud et des gâteaux, elles se font la conversation à voix basse. Les enfants sont priés de jouer ailleurs, sauf Jeanne, près d'elles dans sa poussette. Daphné trouve cela injuste, elle a froid aux pieds, elle aussi voudrait rester sous l'abri et manger des gâteaux. La nurse lui ordonne d'aller s'amuser plus loin. Daphné boude, elle traîne le long d'un chemin, il n'y a personne avec qui jouer, Angela est en cours avec Mlle Torrance. Où sont passés les autres enfants ? Soudain, il y a ce garçon. Plus âgé qu'elle, sept ans, au moins, peut-être huit, un air de petite brute, des cheveux coupés très court, des yeux clairs. Elle ne l'aime pas du tout, lui, elle l'a déjà vu au parc. Il s'avance, lui assène un coup de pied. Elle ne dit pas un mot. Pas question de pleurnicher devant lui. *C'est toi la petite Française, hein ? Petite Française idiote.* Elle ne bronche pas. *Allez, dis ton nom. C'est quoi, ton nom ?* Un autre coup de pied. Elle marmonne son prénom. *Ton nom de famille, imbécile de fille !* Elle se redresse, le regarde, et prononce son nom en entier. *Qu'est-ce que je te disais ! C'est français, ça, du Maurier. Idiote de Française.* Un autre garçon fait son apparition, plus petit, mais avec un air tout aussi antipathique. *Maintenant tu vas nous écouter, la Frenchie. On va s'en aller et tu vas rester. Si tu bouges, ça va très mal aller pour toi.* Ils s'éloignent en ricanant. Daphné reste immobile, comme une statue. Comment s'enfuir ? Qui pourrait venir l'aider ? Les nurses sont loin, à l'autre bout du jardin. Elle n'ose pas faire un geste, elle reste plantée là, engourdie, frigorifiée, elle a peur, elle tremble. Au bout d'une éternité, les garçons reviennent. *Tu as bougé, la Frenchie. On te surveillait, on t'a vue.* Elle se défend, mais ils se mettent à rire, méchamment, et les coups de pied pleuvent à nouveau. Cette fois elle ne se laisse pas faire, elle rend chaque coup, son bonnet est de travers, elle est essoufflée, ses joues sont rouges, elle a chaud, comme c'est bête d'être en robe, d'être une fille et de ne pas pouvoir lever la jambe bien haut comme un garçon en pantalon.

En rentrant à Cumberland Terrace, Daphné en tremble encore. Le soir, lors du coucher, la nurse s'exclame en voyant ses bleus. Elle ne dit rien. Elle n'a pas envie de parler de ces garçons. Celui aux cheveux blonds est son ennemi, son pire ennemi, elle devra se méfier de lui, être toujours sur ses gardes. Mais il y a une chose qu'elle ne comprend pas. Pourquoi l'a-t-il traitée de Française ? Du Maurier, est-ce vraiment un nom français ? Elle décide d'en parler à Daddy. Elle lui pose la question alors qu'elle est assise sur ses genoux, plus tard, dans le salon, devant la cheminée. Son père sent toujours bon, il est élégant, ses yeux bleus pétillent. Il lui explique que du Maurier, c'est en effet un nom français. Son papa, le grand-père de Daphné, est né à Paris. C'était un grand artiste et un grand écrivain, mort avant qu'elle puisse le connaître, hélas. Il lui montrera ses dessins et ses livres. Le regard de Daddy se fait contemplatif. Paris est une des plus belles villes du monde, elle verra. Daphné ne doit jamais oublier qu'elle est un quart française et elle doit en être fière. Elle se sent réconfortée. Elle a confiance en Daddy, il a toujours raison, elle se fiche de son ennemi. Lui n'a pas de grand-père célèbre.

Son père lui apprend à prononcer leur nom correctement,

il faut dire «du» Maurier et non pas «dou» Maurier. Un *u* pointu, bien français. Tout en lui caressant les cheveux, son père murmure qu'un jour, Daphné apprendra à parler français couramment comme son grand-père. Lui-même a gardé un déplorable accent anglais. Il en est certain, il le sait, Daphné le parlera parfaitement, elle sera la plus française de ses filles. Sur les genoux de son père, Daphné se met à rêver de ce grand-père qu'elle n'a jamais connu, un écrivain, un artiste, né dans la plus belle ville du monde.

Un matin d'hiver, dans la nursery, les lettres noires sur la page blanche prennent leur essor et vivent leur vie. Abasourdie, Daphné se met à déchiffrer mot après mot, elle peut lire seule, dans sa tête. Elle dévore les albums de Beatrix Potter, les aventures de Jeannot Lapin sont fascinantes. Quelle barbe de devoir aller dîner alors qu'elle meurt d'envie de savoir ce que va faire le terrifiant M. McGregor ! Comment quitter Tom Chaton et Mme Piquedru ? Il faut expliquer à la nurse que la suite de l'histoire de Jérémie Pêche-à-la-ligne est bien plus importante que de prendre son bain.

Un conte l'effraie, encore plus que son ennemi blond du parc. *La Reine des neiges.* Elle est tétanisée par la méchante souveraine qui embarque le petit Kay dans son chariot de glace et par ce miroir fragmenté, dont les fins morceaux se logent dans le cœur et dans les yeux du garçonnet. Heureusement que la courageuse Gerda va le sauver. Daphné a tellement peur de ce conte qu'un soir, il lui semble que sa mère, en montant les escaliers, a le visage beau et terrifiant de la méchante reine. Pourtant Mummy est douce et gentille. Pourquoi est-ce avec son père que le courant passe, avec son père qu'elle a envie d'être, tout le temps ? Il l'observe souvent, avec fierté. Il regarde ses deux autres filles aussi, mais il existe une relation particulière entre son père et elle, un lien qu'elle ne saurait décrire, un lien fort, presque secret, et elle sait que Mummy l'a remarqué.

Le matin, il ne faut pas faire de bruit dans la nursery, la chambre des parents est juste en dessous. Daddy rentre tard du théâtre, jamais avant minuit. Le temps d'un souper, il ne se couche pas avant deux heures du matin. Daddy ne supporte pas le bruit, surtout pas le chahut d'enfants qui rient et qui sautent, il n'apprécie pas non plus l'aboiement d'un chien, un moteur qui pétarade, un oiseau qui chante trop fort dans le parc. En patientant, Daphné lit. Quand elle se lève, elle marche sur la pointe des pieds, Angela aussi. Il faut attendre la bonne qui apporte le petit déjeuner de Daddy au lit. Son pas sur l'escalier, son joyeux *Good morning, sir*, c'est le signal que les filles peuvent aller dire bonjour à leur père. Il est vêtu d'une robe de chambre verte sur son pyjama de soie, et elle aime cette fragrance agréable qui flotte autour de lui. Daddy n'est jamais de mauvaise humeur, il y a eu une fessée, une seule, quand Daphné a tiré la langue à Nanny, mais c'était il y a déjà longtemps.

Son père est acteur. Chaque soir, il joue à être quelqu'un d'autre, au théâtre. Au début, Daphné ne comprend pas ce que cela veut dire, comment Daddy peut-il se transformer ? C'est quand elle le découvre sur scène pour la première fois, grimé, costumé, qu'elle saisit son mystère : Daddy est capable d'être le pompeux M. Darling, puis l'instant d'après, le voilà devenu l'inquiétant capitaine Crochet. Comment fait-il pour changer à ce point sa voix, ses expressions, même la façon dont il marche, ses gestes ? Elle affectionne l'odeur poussiéreuse du théâtre, la barre qu'il faut pousser sur la lourde porte qui mène aux loges, le gentil régisseur, Bob, et ses clins d'œil. Elle s'amuse à contempler ces gens de l'ombre qui s'affairent en coulisse, le jeu des lumières, les décors qui se métamorphosent, les détails de dernière minute, la concentration de Poole, le costumier rougeaud qui aide son père à se changer. Elle ne manque jamais d'observer son père se démaquiller après le spectacle. Le travail de Daddy n'est pas un travail comme les autres. Ses amies ont des papas qui vont au bureau tous les matins. Le sien va au théâtre chaque soir. Le théâtre, c'est sa vie.

Mummy raconte à ses filles qu'elle aussi était actrice quand elle était plus jeune, et c'est ainsi qu'elle a rencontré Gerald, en 1902, alors qu'ils jouaient tous deux dans la même pièce, *L'Admirable Crichton*, Daddy interprétait Ernest Wolley et Mummy, Lady Agatha. Celui qui l'avait écrite allait devenir leur grand ami, un intime, James Matthew Barrie, dit oncle Jim, l'auteur de *Peter Pan*. Daphné a déjà vu une photographie de Mummy à l'époque de ce rôle, une beauté, avec son épais chignon brun et ses yeux fardés. Dans la comédie, ils tombaient amoureux, dans la vraie vie, aussi. Mummy s'appelait Muriel Beaumont, son nom de jeune fille et d'actrice. Elle était montée sur les planches très jeune, mais après son mariage, elle avait décidé de ne plus jouer. Angela avait demandé pourquoi, et Daphné se doutait de la réponse, elle avait déjà compris qu'il n'y avait de la place que pour un seul acteur dans la tribu du Maurier, une seule personne qui brillait, une seule personne qui faisait la pluie et le beau temps sur Cumberland Terrace.

Gerald se lasse vite, il a besoin d'être diverti, d'avoir une cour. Il aime être applaudi, admiré, et Muriel sait parfaitement s'occuper de lui, de sa maison, veille à son repos, ses repas, sa sieste, son bien-être. Elle invite du monde, organise des sorties, des fêtes, c'est elle qui lui prépare son souper, en robe de chambre, tard, quand il rentre affamé du théâtre ; ce qu'il préfère, c'est les œufs au bacon, même à une heure du matin. Tout tourne autour de son père, et il paraît que c'est ainsi depuis qu'il est né, quand Daddy était petit, c'était le privilégié de la famille du Maurier, le dernier d'une fratrie de cinq, et sa mère l'appelait « agneau chéri ». Daphné a du mal à imaginer « Grande-Mamie », imposante, sérieuse, toujours en noir, en train de murmurer « agneau chéri » à Daddy.

Chaque jour, son père se lève tard, sans se presser, et la maisonnée est aux petits soins, il prend du temps pour choisir ses chaussures, son costume, et part ensuite au théâtre pour les répétitions. Il déjeune au Garrick Club, pas loin de Leicester Square, et en fin d'après-midi, avant sa sieste rapide et le lever du rideau, il repasse à la maison et ne manque pas de venir embrasser ses filles dans la nursery, son éternelle cigarette aux lèvres. Daphné attend avec impatience l'arrivée de Daddy. C'est l'heure des jeux et des contes, son père est drôle, brillant, il les fait hurler de rire en imitant la voisine d'à côté et sa démarche raide, sa bouche en cul-de-poule, sa façon de tenir son parapluie. Il adore se moquer des autres derrière leur dos, tout en étant extrêmement poli quand il se trouve en leur compagnie. Daddy est habile, créatif ; grâce à lui, elles commencent à s'inventer un jargon personnel, une sorte de code qui s'enrichit petit à petit, et qui fait que personne ne peut se douter de ce qu'elles sont réellement en train de raconter. S'asseoir sur une « chaise dure* », « moi-je* », « dis-tout* », cachent d'autres significations[1]. Daddy les encourage à monter des spectacles entre elles. Il les écoute ensuite avec enthousiasme, les ovationne, appelle Muriel pour qu'elle vienne les applaudir aussi. Daphné insiste pour obtenir les rôles de garçon. Pas question de jouer une fille. Angela, elle, reste une fille. D'ailleurs, avec ses rondeurs, Angela pourrait

---

1. Ces mots codés sont incompréhensibles pour ceux qui ne faisaient pas partie de leur cercle intime. La traduction française littérale n'étant pas toujours possible, j'ai pris quelques libertés en les interprétant à ma façon. Ces mots sont marqués d'un astérisque qui renvoie à un lexique en fin d'ouvrage.

difficilement passer pour un garçon. Quel ennui, d'être une fille. Daddy n'aurait-il pas préféré un garçon ? Daphné en est persuadée, elle aurait fait un fils formidable.

Un soir d'été, Daddy débarque dans la nursery avec un petit homme au regard intense, aux grosses moustaches noires et au front haut, le fameux J. M. Barrie, celui qui a créé *Peter Pan*, l'auteur des pièces qui mettent en scène leur père. Oncle Jim parle avec un accent écossais rugueux. C'est le tuteur légal de leurs cinq cousins germains, les garçons Llewelyn Davies, les fils de leur tante Sylvia, la sœur préférée de Daddy. Daphné ne se souvient pas de tante Sylvia, décédée tragiquement d'un cancer quand Daphné n'avait que trois ans. Elle ne se rappelle pas non plus d'oncle Andrew, le mari de Sylvia, mort lui aussi d'un cancer, quelques années avant son épouse. Tout ce qu'elle sait, c'est que Barrie avait adopté les cinq orphelins, et c'est lui qui les élève à présent. C'est pour eux qu'oncle Jim a imaginé *Peter Pan*, l'aventure d'un garçon qui ne voulait pas grandir. Les beaux et charmants George, Jack, Peter, Michael et Nico ont été son inspiration pour les Enfants Perdus.

Une fois installé dans la nursery, près du feu, oncle Jim leur demande de lui jouer sa propre pièce, *Peter Pan*. Elles la connaissent par cœur, elles se la jouent presque tous les soirs, entre elles, mais elles ne s'en fatiguent jamais, elles sont même capables de lui chanter l'ouverture musicale. Bien sûr, Daddy fera à la fois le capitaine Crochet et M. Darling, comme il sait si bien le rendre sur scène. Angela joue Wendy et Mme Darling. Jeanne prend les rôles de Clochette et de Lys Tigré. Daphné fait des pieds et des mains pour jouer Peter Pan, hors de question que ses sœurs s'approprient « son » Peter ! Elles sautillent de chaise en chaise, font semblant de voler, se tortillent par terre en mimant les sirènes qui nagent, imitent à la perfection le tic-tac du crocodile qui fait si peur au capitaine Crochet. C'est une telle réussite que Gerald insiste pour que ses filles montrent leurs spectacles à des invités, en bas, dans le salon. Daphné comprend pourquoi son père aime tant devenir quelqu'un d'autre, c'est vrai, c'est enivrant de revêtir un costume et de changer d'apparence. Elle ne se sent plus timide du tout quand elle joue devant les amis de ses parents. Mme Torrance, la gouvernante, aide les sœurs à répéter. Les invités applaudissent à tout rompre. Et si, finalement, la vie, c'était faire semblant ? Pour son père, cela semble être précisément cela et il le fait avec tant d'aisance qu'elle se demande si elle ne pourrait pas y arriver à son tour. Elle se débarrasserait de sa timidité, elle pourrait enfin ne plus être une fille, rien qu'une fille. Elle pourrait devenir un garçon.

Gerald est si beau avec son maquillage, comme elle aime le voir sur scène dans ses rôles différents, saison après saison : Arsène Lupin, élégant et rusé, l'audacieux Raffles, Hubert Ware, sinistrement attirant, et Jimmy Valentine, le perceur de coffres-forts au tragique destin. Daphné remarque que les spectatrices dévorent son père des yeux lors des représentations. Elles semblent être en transe dès qu'il apparaît, elles respirent autrement, plus rapidement, comme si elles étaient amoureuses de lui.

Un jour, Daphné mesure l'aura de Daddy. C'est les dix ans d'Angela, et Gerald emmène la famille déjeuner au Piccadilly Hotel. Devant l'établissement, sur le trottoir, deux passantes se retournent, semblent excitées, ravies. Une fois à l'intérieur, dans le restaurant, c'est la même histoire, les regards appuyés, les sourires de connivence. Sur les lèvres, elle lit leur nom. *Du Maurier. Du Maurier.* Elle observe son père pendant qu'il choisit son repas, le vin, tandis qu'il se baisse pour répondre à la petite Jeanne. Gerald n'est pas vraiment beau avec son long visage maigre, ses grandes oreilles, mais il rayonne comme un dieu, dévoré par l'attention permanente des autres. Elle relève l'obséquiosité des serveurs, les courbettes du directeur de l'hôtel qui vient les saluer, et pendant tout le déjeuner, les regards tournés vers son père. Daphné n'a que sept ans, mais elle constate pour la première fois à quel point son père est célèbre, et que le nom qu'elle porte, ce patronyme aux consonances françaises, l'est aussi.

Il y a un mot qui revient sans cesse dans la bouche des grandes personnes, un mot que Daphné n'aime pas. Il est court et dur, c'est le mot « guerre ». Il est prononcé tous les jours. Depuis quand ? Elle ne le sait plus, mais elle comprend qu'il se passe quelque chose de grave dans le monde extérieur, plus loin que Regent's Park, bien plus loin que cette ville qui l'a vue naître. Ce mot est comme un nuage qui s'approche, qui jette une ombre sur sa vie tranquille. En apparence, rien ne change, les promenades, les jeux, les lectures, les repas, les leçons avec Mlle Torrance. Ce qui change, c'est l'expression sur les visages des adultes. On dirait de l'angoisse. Pourquoi sont-ils angoissés ? Et pourquoi les Allemands sont-ils autant détestés ? Qu'ont-ils fait ? Autour de la table, aux repas, avec les cousins, les oncles et les tantes, tous critiquent les Allemands avec véhémence. Il faut bien prendre leur défense. Un soir, Daphné profite d'une pause dans la conversation animée, elle proclame d'une voix haute et claire qu'elle, elle aime bien les Allemands et que ce serait formidable qu'un Allemand vienne prendre le thé. Tous les yeux se tournent vers elle. Silence glacial. Muriel a le teint rouge comme une brique. *Quelle petite idiote tu fais. Comment oses-tu parler d'une chose que tu ne comprends même pas ?* Daphné se tait, regarde son assiette. La conversation reprend, on passe à autre chose. Elle a honte. Mais derrière l'embarras pointe un orgueil inédit. Celui d'avoir attiré les regards des grandes personnes.

Des soldats apparaissent aux quatre coins du quartier. À chaque promenade, Daphné les aperçoit, ils sont vêtus d'uniformes kaki et défilent avec fierté le long d'Albany Street et à travers Regent's Park. Les passants applaudissent et leur font des grands signes de la main. Un matin, la famille accompagne le frère aîné de Gerald, oncle Guy, à la gare de Waterloo. Il y a foule sur les quais. Oncle Guy part à la guerre. Elle ne sait pas où est la guerre, mais elle remarque la tristesse dans les yeux de son père, le chagrin et la peur, aussi. Le visage de Grande-Mamie est tout fripé lorsqu'elle embrasse son fils soldat pour la dernière fois. Alors que le train s'en va, qu'on ne voit plus la main d'oncle Guy qui s'agite, Grande-Mamie s'effondre d'un coup sur le sol. Daphné voit sa robe et sa cape se déployer sous elle telle une immense fleur noire, son bonnet de travers dévoile sa chevelure blanche. Gerald et Muriel se précipitent, on apporte un verre d'eau, Grande-Mamie revient à elle, mais sur le visage ridé, les larmes n'arrêtent plus de couler.

La tristesse déteint sur chaque journée qui passe. Malade, Grande-Mamie décède quelques mois plus tard. Le cousin germain de Daphné, George, l'aîné des garçons Llewelyn Davies, meurt au front. Il n'avait que vingt et un ans. Puis, il y a ce jour de mars, encore plus lugubre, où, en dévalant l'escalier à Cumberland Terrace, Daphné voit sa sœur devant la chambre de ses parents, le visage bouffi de larmes. Angela murmure entre deux sanglots qu'oncle Guy a été tué, Daddy est inconsolable.

Autour de son bras gauche, Daphné doit porter un brassard noir. Dans le parc, elle n'est pas la seule enfant à brassard, mais elle est une des seules à avoir perdu deux membres de sa famille, trois, si on compte sa grand-mère. La seule chose qui vient égayer ses journées, c'est l'arrivée de Jock, leur premier chien, un westie blanc. Jock préfère Daphné à ses sœurs, c'est elle sa maîtresse, et elle en tire une grande fierté. Quand elle court avec lui le long du parc, elle redevient la fillette insouciante d'avant, elle oublie la guerre, les morts, la tristesse des adultes. Elle oublie son brassard noir.

Le conflit fait rage, mais dans une famille d'acteurs, *« the show must go on »*, le spectacle doit continuer. Gerald joue devant des salles combles. Les jeux allégoriques avec les sœurs prennent plus d'ampleur dans la nursery. Daphné daigne interpréter une fille seulement si cette dernière est héroïque et en armure, comme Jeanne d'Arc. Pour *Les Trois Mousquetaires*, Angela est Athos, Jeanne, Aramis, et Daphné se réserve l'audacieux d'Artagnan. Personne ne veut se farcir le lourdaud Porthos. *L'Île au trésor* devient un favori, avec Daphné en Long John Silver ou en Jim Hawkins. Les romans historiques pour enfants de William Harrison Ainsworth, haletants et truffés de détails passionnants, l'inspirent, c'est elle qui entraîne ses sœurs dans son monde imaginaire, encore elle qui distribue les rôles et met en scène les séquences. Angela et Jeanne se soumettent à ses initiatives, mais alors qu'Angela grandit et s'intéresse davantage à d'autres amies, à des fêtes d'anniversaire, Jeanne, elle, est prête à incarner tous les protagonistes que lui propose sa sœur, ne râle jamais, et se laisse divinement assassiner lorsque Daphné se travestit en bourreau à la hache ensanglantée.

Un matin d'octobre, alors que Daphné rentre d'une promenade au parc avec ses sœurs, Daddy a le pas léger, le sourire aux lèvres, il fait tourner Jeanne comme une toupie, chantonne qu'il a une surprise pour ses filles. Daphné veut savoir, elle tire sur sa manche, elle trépigne. La famille va déménager, les filles ne sont plus des bébés, elles ont douze, neuf et cinq ans, adieu

Cumberland Terrace, Albany Street, Regent's Park, adieu la nursery au dernier étage. Les filles sont au comble de l'excitation, sautillent sur place, applaudissent. Mais où est cette maison ? Gerald a un visage rêveur, presque apaisé. Leur nouvelle maison est grande, très belle, elle se trouve tout près de là où il a grandi. Elle s'appelle Cannon Hall.

Cannon Hall, Hampstead, Londres.
Novembre 2013.

En sortant du « *Tube* », à la station Hampstead, dans le nord de Londres, la première chose qui me vient à l'esprit, c'est que je suis déjà venue ici, adolescente, pour visiter la maison du poète John Keats, sur Primrose Hill. Hampstead est resté dans son « jus », identique à mon souvenir, avec ses étroites rues pentues, bordées d'arbres. On a l'impression de se trouver dans un petit village, en dépit des enseignes de boutiques branchées et des nombreux restaurants qui ont fleuri le long de Heath Street. Il y a peu d'immeubles, surtout des maisons et des jardins. J'ai lu que c'est à Hampstead, au XIXᵉ siècle, qu'est née une communauté d'intellectuels d'« avant-garde » et que le quartier en a gardé une estampille à la fois bohème et bourgeoise. Sigmund Freud, Agatha Christie, Liz Taylor ou encore Elton John ont vécu ici. Hampstead ne serait pas aussi attirant, aussi convoité, sans son parc qu'on appelle le « Heath » (bien prononcer le *th*, à l'anglaise), le plus vaste de la capitale, avec une vue magnifique sur Londres. Il y a trois bassins de nage, d'anciens réservoirs d'eau douce, dont un *ladies pond*, réservé aux dames. Marx aimait se promener le long des sentiers val-lonnés avec Engels. Hugh Grant et Julia Roberts ont tourné au Heath une scène du film *Coup de foudre à Notting Hill.*

Hampstead est construit sur une colline. Les rues sont calmes, silencieuses, les maisons charmantes dans leurs jardins pimpants. Il faut monter, monter, pour atteindre la bordure du Heath. Je n'ai pas de mal à trouver Cannon Place, on y accède par Christchurch Hill, une longue voie escarpée. Je ressens une étrange émotion en découvrant Cannon Hall, que le père de Daphné acheta en 1916. C'est une grande bâtisse austère en brique rouge, de style géorgien, qui se dresse au numéro 14 de Cannon Place. Elle date de 1710, le médecin personnel de Georges III y vivait. Située sur une cour pavée, devant une fon-taine, elle semble se cacher derrière sa grille noire, entièrement cernée par un très haut mur construit avec les mêmes briques, qui encercle un jardin qu'on imagine immense. Une plaque ronde et bleue est apposée sur la façade. On y lit que l'acteur Gerald du Maurier, né en 1873 et décédé en 1934, vécut à Can-non Hall de 1916 jusqu'à sa mort. Je m'approche de la maison et du mur pour prendre des photos. À une fenêtre du premier étage, une femme m'observe à travers la vitre. Sommes-nous nombreux, à venir à Hampstead en pèlerinage, sur les traces d'une romancière célèbre et énigmatique ?

Daphné aime déjà sa nouvelle maison, beaucoup plus spacieuse que Cumberland Terrace. L'entrée fait de l'effet, avec son carrelage noir et blanc en damier, sa cheminée en marbre, et l'imposant escalier recouvert d'un tapis rouge et or. Les meubles et tableaux achetés par ses parents sont plus grandioses que ceux qu'elle a connus auparavant. Dans l'escalier dominent un beau mais triste profil du roi Charles, celui de la reine Élisabeth Iʳᵉ, et une scène de bataille, passionnante à regarder de près avec toutes sortes de détails sanglants. Daphné compte quatre salles de réception, huit chambres à coucher, quatre salles de bains, sans oublier l'étage pour les domestiques. Dans le garage, on peut ranger trois voitures. Et puis il y a le jardin, un jardin rien que pour eux, avec une véranda, deux serres, une vaste pelouse, des arbres fruitiers, et un terrain de tennis. Plus besoin de mettre son manteau et son bonnet pour aller jouer dehors. De l'autre côté du mur de brique, au niveau de Cannon Lane, une vieille porte rouillée fermée à clef intrigue les filles. Derrière, leur dit Gerald, se trouve une ancienne cellule construite à même le mur, et c'est ici, au siècle dernier, que les prisonniers étaient séquestrés sur un lit de paille avant d'être emmenés au tribunal. Souvent, Daphné pense aux nuits blanches des détenus dans ce cachot secret aux lucarnes grilla-gées, dissimulé dans l'épaisseur du mur.

Il y a trois façons différentes d'accéder à la salle de jeux. Daphné et Jeanne s'amusent à faire des courses folles le long des couloirs, en montant quatre à quatre l'escalier principal, puis en dévalant les escaliers secondaires, jusqu'à ce que les cris de leurs parents mettent fin à leurs cavalcades. Mais elles recommencent toujours, au désespoir de Dorothy, la jeune bonne qui s'occupe d'elles; il n'y a plus de nurse pour veiller sur les trois sœurs. La nouvelle maison devient le cadre idéal pour continuer leurs représentations théâtrales. Cette fois, c'est du Shakespeare. Daphné joue le prince Hal qui piétine le pauvre Hotspur, incarné par Jeanne qui ne sait pas dire non à sa sœur. C'est encore Daphné en Macbeth face aux sorcières, Daphné qui s'approprie Othello, et Jeanne en Desdémone étouffée par son jaloux de mari. Angela condescend à person-nifier la reine des fées, Titania. Gerald vient se prêter aux jeux shakespeariens. Il est capable de citer d'interminables monolo-gues. Après tout, il est acteur! Au bout d'un moment, Daddy laisse tomber Shakespeare, entraîne ses filles dans le jardin et leur apprend à jouer au cricket. Muriel craint que cela n'abîme le beau gazon, elle les observe par la fenêtre en fronçant les sourcils. Gerald offre à ses filles des gants de boxe, Angela fait la moue, quel cadeau bizarre, c'est pour des garçons! Daddy ne fait pas attention à sa fille aînée et explique aux cadettes com-ment boxer sans se blesser. Daphné est aux anges, elle montre à son père quel parfait garçon elle est capable d'être sous cette apparence de fille qui l'agace tant. Pourquoi est-elle si délicate, fine, blonde, pourquoi ses yeux sont-ils si bleus (bleu lavande, à ce qu'il paraît) avec d'aussi longs cils?

Depuis que la famille a emménagé à Cannon Hall, en ce prin-temps 1916, Gerald est devenu nostalgique. Il a souhaité que ses enfants vivent là où il a connu une enfance idyllique et choyée auprès de ses parents et en particulier de son père. Daddy n'a que son nom à la bouche, George du Maurier. On dirait que l'histoire de la famille de Muriel, les Beaumont, ne l'intéresse pas, ou moins. Pourquoi ? Pourtant, dans la famille Beaumont, Daphné le sait, son oncle, Willie, est directeur d'un magazine célèbre, le *Bystander*, lu par les dames élégantes. Peut-être que Daddy s'intéresse moins à sa belle-famille parce qu'on n'y trouve pas d'acteurs ? L'autre grand-père des filles, originaire d'Est-Anglie, et qu'on appelle « Père », était notaire dans sa jeunesse, son entreprise avait mis la clef sous la porte et il avait perdu presque toute sa fortune. Les Beaumont sont moins fortunés que les du Maurier, Daphné le comprend vite, la modeste maison de ses grands-parents Beaumont, située sur Woodstock Avenue, n'a rien de la grandeur de Cannon Hall, et quand elle y dort, Daphné doit partager la chambre de sa tante Billy, la sœur de Mummy, ce qui ne la dérange pas, au contraire, elle apprécie l'atmosphère douillette qui y règne. C'est « petite » grand-mère qui fait la cuisine elle-même. Il n'y a pas de domestiques comme à Cannon Hall, et Daphné accompagne sa grand-mère le samedi matin faire ses courses dans le quartier de Golders Green, non loin de Hampstead, puis l'aide à pétrir la pâte, et la maison se remplit de la bonne odeur de pain chaud.

Chaque mois, qu'il pleuve ou qu'il vente, Gerald embarque ses filles en pèlerinage devant New Grove House, là où il a grandi. D'autres personnes y vivent, on ne peut pas y entrer, mais Daddy insiste pour détailler la façade. *La fenêtre, en bas, c'était là que votre grand-père avait son studio. Il y dessinait chaque jour, et cela ne le dérangeait pas qu'on joue autour de lui.* À force d'écouter Gerald, Daphné comprend qui était son grand-père, un homme doux et bon, un homme qui aimait sa famille, qui le lui rendait bien. Une fois, raconte Gerald, alors qu'un chien était en train de se noyer dans un bassin du Heath, leur grand-père n'avait pas hésité à se jeter à l'eau pour le sauver. La suite du pèlerinage se déroule dans le Heath, au pied d'un gros arbre. Gerald s'assoit chaque fois au creux d'une branche, au même endroit. *Voilà, c'est ici que je venais avec mon père quand j'avais votre âge, et on se perchait là, tous les deux.* Après, il se rend au petit cimetière en bas de la colline, à côté de l'église, là où sont enterrés ses parents, sa sœur Sylvia, près du mémorial pour oncle Guy. Daphné apprécie le calme du lieu, même si elle trouve que son père y passe trop de temps, que son visage se fige dans une mélancolie qui lui fait de la peine. Elle préfère s'installer dans le bureau de Daddy pour examiner les photographies de son grand-père, ses nombreux dessins et ses livres. À présent, elle est capable de reconnaître le visage de ce parent qu'elle n'a pas connu, ses traits fins, son nez droit, sa petite barbichette. Daddy lui montre un gobelet en verre très ancien, le porte-bonheur de la famille, qu'il garde jalousement dans son bureau, protégé dans un étui de cuir usé, ne le sortant qu'à Noël. Il a pour habitude de toucher le verre avant une première pour conjurer le mauvais sort. C'était Kiki, son père, qui le lui avait donné. Gerald raconte à ses filles l'histoire de sa famille paternelle, les Busson du Maurier, et quand il en parle, ses yeux rayonnent, tant il est satisfait d'appartenir à ce clan ; il faut qu'elles aussi, elles soient fières de porter ce nom. Le père de leur grand-père s'appelait Louis-Mathurin, il était en partie français, fils d'émigrés de la Révolution française, descendant d'une grande famille d'aristocrates souffleurs de verre, originaires de la Sarthe, qui possédaient un château, des terres, et une fabrique. Mais tout avait brûlé pendant la Révolution. La famille avait tout perdu.

Daphné, en écoutant son père, trouve cette histoire presque trop romanesque. Se pourrait-il que Daddy brode, qu'il exagère ?

Peut-être bien, c'est un acteur, et les acteurs exagèrent tout, elle commence à en avoir l'habitude. Ce qui est vrai, pourtant, et ce qu'on ne peut nier, c'est que du sang français coule dans ses veines, son grand-père est né à Paris, dans un appartement de l'avenue des Champs-Élysées, au numéro 80, au premier étage, et sa mère s'appelait Ellen Clarke, une Anglaise. Louis-Mathurin et Ellen s'étaient mariés à l'ambassade du Royaume-Uni, un bel endroit sur la rue du Faubourg-Saint-Honoré avec un grand jardin privé. Le patronyme complet de son aïeul fait rêver Daphné : George Louis Palmella Busson du Maurier, mais on l'appelait tout simplement « Kiki ». Pourquoi « Kiki » ? demande-t-elle. Parce qu'une nurse flamande, s'inspirant du Manneken-Pis, la statue bruxelloise d'un petit garçon qui fait pipi, l'avait affublé de ce surnom, qui était resté. Son frère cadet Alexandre Eugène, né deux ans après lui, fut surnommé « Gigi ». La famille du Maurier vivait à Paris, rue de Passy, au coin de la rue de la Pompe, dans le XVIe arrondissement. Kiki et Gigi jouaient autour de la mare d'Auteuil à attraper des têtards, l'hiver ils patinaient sur le lac du bois de Boulogne et se délectaient de marrons grillés. C'était une enfance parisienne lumineuse, malgré les difficultés financières. Le père de Kiki, Gigi et la petite dernière, Isobel, était un créateur de génie, d'après Daddy. Il avait une superbe voix, Kiki avait hérité de cette tessiture magique. En plus de cette voix, Louis-Mathurin avait beaucoup d'idées, il inventait des lampes portables, il se risquait à toutes sortes d'expériences scientifiques dans son laboratoire du faubourg Poissonnière, mais hélas, personne n'y croyait, personne ne voulait investir, et l'argent manquait.

Daphné attend avec impatience ces instants privilégiés au premier étage de Cannon Hall, au coin du feu, autour d'une tasse de thé, où Gerald, sa cigarette à la main, raconte l'enfance de son père. À dix-sept ans, Kiki rate ses examens, le fameux baccalauréat. Il n'aime que lire et dessiner. Sa spécialité ? Les portraits drôles et caustiques de son entourage qu'il croque en trois coups de crayon. Sous la pression familiale, Kiki doit partir vivre à Londres pour y suivre des études scientifiques dans un laboratoire. Daphné comprend de façon intime, presque douloureuse, le déchirement que Kiki éprouve en quittant son Paris adoré, à quel point il se sent exilé et supporte mal Londres, la grisaille, le brouillard. En écoutant, captivée, Daphné tombe sous le charme d'une ville qu'elle ne connaît pas encore ; à l'image de son grand-père, elle brûle de dévorer un bout de fromage accompagné d'une baguette encore chaude, de savourer une tasse de chicorée, de flâner sur les quais près de Notre-Dame. Comme Kiki, elle rêve la nuit de Paris, comprend pourquoi il se sent plus français qu'anglais : après tout, n'est-il pas né dans la Ville Lumière, ses ancêtres n'étaient-ils pas des aristocrates français issus d'une noble lignée ? Ses parents s'alarment : mais que fait Kiki à rêvasser la journée entière au lieu de se concentrer sur ses études scientifiques ? La fillette devine la réponse : Kiki veut retourner à Paris ! À la mort de son père, quelques années plus tard, le jeune homme revient dans la ville qu'il aime tant. Il a vingt-deux ans. Entre-temps, précise Gerald, Paris a changé, le préfet Haussmann est passé par là, celui qu'on surnommait l'«Attila de la ligne droite» ou «le baron éventreur», celui qui a modernisé Paris en construisant ces longs boulevards rectilignes. Kiki ne reconnaît plus son Paris médiéval aux ruelles tortueuses et humides. Qu'importe ! Il s'est fait des amis, il est heureux, il suit des cours d'art à Montparnasse, rue Notre-Dame-des-Champs. C'est la belle vie.

Un jour, Daphné ira à Paris, c'est une promesse qu'elle se fait à elle-même, elle verra tous ces endroits de ses propres yeux, elle sera la première du Maurier à partir sur les traces de son grand-père.

Une nouveauté dans la vie d'Angela et Daphné, c'est l'école où elles se rendent chaque jour, à Oak Hill Park. Gerald a des idées précises sur l'éducation de ses filles. Pour lui, l'important c'est l'art, la musique, le français, la littérature. Hélas, il faut y rajouter le calcul, que personne n'aime dans la famille du Maurier. Pour aller à l'école à pied, les filles doivent emprunter, seules, une allée déserte. Elles sont grandes à présent, treize et dix ans, leurs parents ont décidé qu'elles n'ont plus besoin d'être chaperonnées. Un matin, un soldat vêtu de son uniforme bleu traîne le long de l'allée. Il est blessé, sa jambe est plâtrée, Daphné ne fait pas attention à lui, mais sa sœur, plus craintive, le trouve suspect. Au passage des deux fillettes, le soldat déboutonne sa braguette et s'exhibe. Angela s'enfuit à toute vitesse, Daphné la suit, sans comprendre, mais son aînée, choquée, ne veut rien lui dire.

Angela travaille davantage que sa sœur, rapporte de meilleures notes, à tel point que Daphné trouve naturel d'imiter la signature de Muriel sur le bulletin hebdomadaire du carnet qu'elle doit montrer à ses parents. Mlle Druce, sa maîtresse, finit par remarquer que la signature de Mme du Maurier n'est jamais la même, et tend à la fillette le carnet de notes. *Daphné, c'est ta maman qui a signé ?* Daphné répond sans ciller que, non, ce n'est pas sa maman, c'est elle. *Mais ne réalises-tu pas, mon enfant, que c'est parfaitement malhonnête ? C'est de la falsification ! Sais-tu que des gens vont en prison pour ça ?* Non, Daphné ne le savait pas. Elle ne recommencera pas. Ce n'est pas si grave, après tout. L'important, c'est de se faire des amies à Oak Hill Park, de s'amuser, d'oublier la guerre.

Un matin, Mlle Druce fait une annonce solennelle à toute la classe. Daphné du Maurier a écrit une excellente rédaction, de loin la meilleure, hélas, avec une écriture et une orthographe catastrophiques. Daphné n'obtient donc pas la première place dans le classement, c'est une autre qui la décroche. Daphné sourit sous cape, elle s'en fiche, de ne pas être la première, c'est elle qui a écrit le meilleur texte. Quel moment de fierté ! Plus tard, Daddy la félicite chaudement, tandis que Mummy semble légèrement désappointée. Pourquoi y a-t-il toujours cette barrière invisible entre sa mère et elle, comme une sorte de timidité étrange, une pudeur mutuelle ? Comment s'est-elle dressée là, qui a commencé ? La barrière semble aussi haute que le mur de brique rouge qui entoure Cannon Hall. Se pourrait-il que Mummy soit un peu jalouse de la complicité évidente entre Daddy et sa deuxième fille ?

Une nuit, le hurlement d'une sirène retentit et réveille la maisonnée, alors que Gerald n'est pas rentré du théâtre. Le bruit assourdissant d'un canon tout proche les fait sursauter. Affolée, la petite bonne, Dorothy, se cache sous son lit. Muriel, en robe de chambre, prépare du chocolat chaud et tente de réconforter ses filles. Daphné voit bien que sa mère est inquiète, son regard se tourne sans cesse vers la fenêtre. Où est son mari ? Elle semble prier en silence pour qu'il ne lui soit rien arrivé. Daphné prie aussi, intérieurement. Elle a peur, tout à coup, elle sent sa famille vulnérable, cette ville entière vulnérable. Enfin, les phares de la voiture de Daddy balayent la façade de Cannon Hall. Il est donc rentré, la fillette respire. Lors d'une nouvelle alerte, cette fois en pleine matinée, les sirènes reprennent leur clameur, et le canon tonne si fort qu'il faut s'abriter sous l'escalier, dans le placard poussiéreux. Gerald, en pyjama, à l'étage, annonce avec une pointe de provocation qu'il va monter au grenier, peut être apercevra-t-il un zeppelin, ce serait épatant, il n'en a jamais vu, le spectacle doit être impressionnant. Il a beau garder le sourire, Daphné voit bien que sa mère ne trouve pas cela drôle du tout. La fillette se sent défaillir : si son père monte sur le toit, il risque de mourir, elle ne le reverra pas, une douleur insupportable lui vrille l'estomac, jamais elle n'a eu aussi peur, aussi mal de sa vie. Elle lui tend les bras en hurlant de toutes ses forces : *Daddy, ne pars pas, ne pars pas, ne me quitte jamais !* Son père la regarde sans mot dire, puis il contemple sa femme dont le visage est livide. Lentement, il descend les marches et les rejoint dans le placard. La fin de l'alerte sonne enfin.

Le pays a beau être en guerre, les Londoniens continuent d'aller au théâtre. Gerald n'a jamais autant joué, il triomphe dans *Cher Brutus*, une pièce à succès écrite par oncle Jim. Son rôle est celui de Will Dearth, un artiste alcoolique et raté. Pendant une nuit magique, Will, qui n'a pas d'enfants, se retrouve père d'une fillette de dix ans, son existence en est transformée. Dès l'aube, cette enfant chimérique disparaît. Daphné, lors de la première, est submergée par l'émotion, les rapports père et fille sur scène ressemblent singulièrement à ceux, si complices, entre Gerald et Daphné dans la vraie vie. Elle doit quitter la loge, en larmes. Encore une fois, elle sent peser sur elle le regard réprobateur de sa mère.

Milton Hall... Daphné lève les yeux vers la façade en pierre de taille couleur sable. La vaste maison s'impose dans un écrin de champs verts. Rien ne semble pouvoir altérer sa beauté ancienne. Daphné était arrivée en train avec sa mère et ses sœurs, et un chauffeur les attendait à la gare de Peterborough. Elles avaient été invitées à passer un court séjour en ce septembre 1917 par des amis de la famille. Tandis que la voiture s'engageait dans l'allée, Muriel avait murmuré, avec fierté, que la famille Fitzwilliam vivait à Milton depuis quatre cents ans. Muriel et les filles sont déjà à l'intérieur, mais Daphné s'attarde sur le seuil, elle regarde le porche à colonnes, l'horloge qui couronne le haut d'une tourelle, l'enfilade de fenêtres à croisillons. Dans le hall d'entrée, la maîtresse de maison au chignon blanc, Lady Fitzwilliam, les accueille. À ses côtés, une dame de compagnie avec un chow-chow, et un adolescent timide qui se dandine. Derrière eux, deux rangées de domestiques, de la petite femme de chambre, celle qui allume les feux dans les cheminées, au *butler* gonflé d'importance. Daphné ne voit que le faste de la galerie, les plafonds hauts, les murs lambrissés, elle détaille les portraits de gentilshommes en redingotes et jabots. Pourquoi se sent-elle à l'aise à Milton ? Quelle drôle de sensation… D'habitude, elle déteste se rendre chez les amis de ses parents, des inconnus qu'elle n'a pas envie de connaître, ces mains à serrer, ces sourires forcés, alors qu'elle n'aspire qu'à une chose, se plonger dans un livre.

Pendant dix jours, Daphné vit à Milton Hall comme dans un rêve. Elle se souviendra de la grande chambre dans l'aile nord qu'elle partage avec Angela, de celle, encore plus spacieuse, plein sud, où dorment sa mère et Jeanne. Elle se rappellera le petit déjeuner servi dans la salle à manger par un laquais dévoué, le ballet silencieux des plats en argent, les œufs brouillés au bacon, le hareng fumé, les serviettes blanches, et le sourire bienveillant de leur hôte, à l'autre bout de la table. Elle pensera aux moments feutrés passés avec la maîtresse de maison dans le boudoir, à l'heure du thé, penchée au-dessus d'un puzzle.

Avec ses sœurs, les jours de pluie, Daphné joue dans les pièces inutilisées de l'aile nord, là où lits et fauteuils sont recouverts de housses, où les volets clos empêchent la lumière du jour de filtrer. Lors des jeux, ses sœurs en ont l'habitude, elle se prend toujours pour un garçon. Il a un nom, ce garçon. Éric Avon. Il a dix ans, comme elle. Sa sœur cadette incarne un de ses compagnons, surnommé frère Dampier. Rien de plus facile que de devenir un garçon dans ces lieux sombres où personne ne la voit. La jupe retroussée, glissée dans son collant, devient une culotte bouffante de page, le chandail drapé autour des épaules, une cape, et un bâton au poing fait office d'épée. Éric Avon n'a peur de rien, ni de personne. Il est rayonnant, glorieux, au cœur pur. En éclaireur, il rôde dans les couloirs de Milton pour protéger les siens.

Au détour d'un corridor, Éric Avon entend un chuchotis de vêtements qui bruissent le long du parquet, le cliquetis d'un trousseau de clefs. Il se plaque contre le mur, fait signe à ses suiveurs. Attention, danger, ennemi, il faut se cacher derrière les rideaux. C'est l'intendante de Milton Hall, une femme maigre, de haute stature, vêtue d'une robe noire. Elle porte ses clefs à la ceinture, ne sourit jamais, son visage est d'une blancheur effrayante. Elle s'appelle Mme Parker. Tout le monde a peur d'elle, mais il paraît que Mme Parker est une intendante remarquable, et que Milton ne serait pas Milton sans elle. De sa cachette, en retenant sa respiration, Éric Avon la regarde passer. Ses yeux suivent la traîne de la robe noire qui effleure le sol.

À la fin du séjour, quand c'est le moment de quitter Milton, Daphné se sent désemparée, elle se retourne pour regarder l'immensité de la maison pour la dernière fois. Pourquoi a-t-elle l'impression de quitter un être qui lui plaît ? Jamais elle n'oubliera Milton Hall, ni la longue robe noire de Mme Parker.

Chaque samedi, pendant un mois, les sœurs posent dans un studio glacial pour un ami artiste peintre des parents, un certain Frederic Whiting, qui exécute un portrait des trois filles du Maurier. Le seul aspect cocasse, c'est que Brutus, leur nouveau chien, un petit fox-terrier, y figure. Sinon, c'est d'un ennui mortel. Emprunter le métro de Hampstead à Kensington est une sacrée trotte, et de surcroît, il faut rester immobile pendant des heures. L'immense portrait, lorsqu'il est enfin terminé, est vivement apprécié par la famille et les amis, mais Angela, à droite du tableau, persiste à se trouver laide, avec un nez rougeaud et un postérieur qu'elle juge trop dodu. Jeanne, qui cajole Brutus, y est adorable. Daphné, à gauche de la toile, de bleu vêtue, exhibe sa silhouette longiligne et attire tous les regards. Daphné entend les murmures, elle les capte, elle ne sait pas quoi faire de ces compliments, mais elle comprend – comment pourrait-elle ne pas comprendre ? – qu'elle est plus jolie que ses sœurs. Elle n'y pense pas, cela glisse sur elle, de toute façon, dans sa tête, elle est un garçon, elle est Éric Avon qui se fiche bien des louanges qu'on lui fait, car il y a une demoiselle en détresse à secourir, un malfaiteur à interpeller, un match de cricket à disputer.

La guerre est terminée, l'atmosphère pesante s'est transformée en bulles de légèreté, et le champagne coule à nouveau à Cannon Hall. Daphné entend les invités prononcer les mêmes phrases : *La guerre a tout changé, Rien n'est comme avant, On a perdu nos repères.* Elle se demande ce qui a changé, les morts qui ne reviendront plus, la tristesse qui a laissé son empreinte à jamais ? Qu'importe ! Gerald et Muriel décident de voyager, et rien n'est assez beau pour la famille du Maurier ; Monte-Carlo, Beaulieu, Cannes, l'hôtel Saint-Georges à Alger, le lac de Côme, en Italie.

Les jours de grand départ, la fébrilité règne au 14 Cannon Place. Pourquoi ses parents ont-ils besoin de tant de valises ? Les deux taxis croulent sous des montagnes de sacs bourrés de manteaux en tweed, de couvertures, d'oreillers, de piles de romans qui ne seront jamais lus, les précieuses jumelles pour observer les oiseaux, hobby de Gerald ; et voici encore d'autres porteurs qui arrivent vaillamment avec d'innombrables boîtes à chapeau, des bâtons de marche, des journaux, des paquets de cartes, des raquettes de tennis, des clubs de golf, des panières Fortnum and Mason garnies de délices à grignoter pendant le trajet.

L'assistante personnelle de Gerald s'agite, c'est elle qui détient passeports, billets et déclarations de douane dans sa pochette. Mon Dieu, Gerald a oublié quelque chose à la maison, un taxi doit foncer à Cannon Hall, vite, on va rater le train. Gerald fait la tête. Finalement, pourquoi s'obstiner à partir en voyage, c'est compliqué, épuisant, alors qu'on est si bien à la maison ? Muriel soupire, lui demande patiemment d'arrêter de rouspéter. Daphné sait que son père se tranquillisera une fois sur le bateau, lors de la traversée de la Manche. Il aime déambuler le long du pont, vêtu d'un imperméable, le visage fouetté par le vent. Muriel s'enferme dans sa cabine, rideaux tirés, s'allonge en gémissant, et des relents d'eau de Cologne s'échappent dès qu'on entrouvre la porte. Les sœurs rendent tripes et boyaux, souhaitent mourir tant elles ont le mal de mer. Seul Gerald tient le coup face aux éléments tel un capitaine stoïque.

Une fois sur le sol français, son assistante et lui s'occupent du passage en douane, toujours très long. Gerald a dissimulé des cartouches de cigarettes et du vin dans un sac, mais il ne se rappelle plus lequel. Les douaniers français sont méfiants devant cette élégante tribu anglaise au nom francophone et leurs monceaux de bagages. C'est fastidieux, il faut ouvrir chaque sac, chaque valise, parfois les clés des cadenas se sont égarées, Muriel s'impatiente, tandis que Gerald distribue des pourboires généreux (très utiles lorsque les cigarettes et le vin seront découverts), et reste curieusement calme.

Le périple est loin d'être fini, il faut à présent s'installer dans le train. Les soucis avec les réservations des wagons-lits commencent, Daphné regarde Muriel s'affairer à nouveau, l'assistante brandit les billets, Gerald refait son numéro avec ses pourboires et son français hésitant (qui fait glousser ses filles). Cela finit par s'arranger. Son père, dans sa couchette, reproduit à l'identique sa chambre de Cannon Hall, on y retrouve les mêmes lotions, dentifrice, poudres, petites éponges, eau de Cologne, pyjama et robe de chambre, et dans le compartiment d'à côté, ses livres, ses journaux, des fruits, des cigarettes, des coussins. Ce que Daphné préfère de ces longs parcours vers le soleil sont les repas au wagon-restaurant, car Gerald ridiculise les autres voyageurs derrière leur dos, très habilement, imite à la perfection leurs minauderies, leur façon de mâcher, de s'essuyer les lèvres avec leurs serviettes, et les filles suffoquent de rire sous le regard affable, mais légèrement agacé de Muriel.

C'est lors de l'arrivée à l'hôtel que les choses se gâtent.

Gerald sera désenchanté, sa chambre n'a pas une jolie vue, elle donne sur une route sans intérêt et non sur la mer ; pire, elle est orientée nord-est, au lieu de sud-ouest, lui qui est venu pour le soleil ! Le directeur de l'hôtel est convoqué en catastrophe, Gerald prend une mine affligée, exprime sa déception, le directeur l'écoute, et propose une autre chambre, avec une vue plus belle, une meilleure orientation.

Il faut tout réinstaller, tout remballer, les vêtements, les livres, les cartes, les jumelles, les coussins, les cannes, les journaux, le tricot de Muriel, mais Daphné s'en doute, Gerald, dès le lendemain matin, continuera de se plaindre : ce vent froid sur la terrasse, ces mets trop salés, l'endroit est « chelin* », il y a foule, et – quel ennui ! – rien que des « Panurge* », et c'est ainsi pendant le séjour entier, Daphné en a l'habitude. La nourriture locale n'intéresse pas Gerald, qui se contente d'une tranche de rôti, d'une salade romaine, *et surtout pas d'ail* ! Il déteste le poulet, le veau, le café, les figues et les raisins. Même le meilleur cru le laisse de marbre, il lui préfère de loin le champagne. Et il lui faut ses grandes tasses de thé indien avec six morceaux de sucre dans chacune.

Pourquoi partir en vacances, alors que leur maison est parfaite, se lamente Gerald, et Muriel lui sourit, inlassable, un rien crispée, elle le réconforte, tente de le divertir. Chaque matin, Daphné observe sa mère qui guette avec crainte la météo, car si d'aventure le jour qui se lève est gris, ou pire, pluvieux, Gerald sera insupportable pour le reste du séjour.

C'est terminé, l'école. Désormais, une préceptrice vient chaque jour faire travailler les sœurs à Cannon Hall. Elle s'appelle Maud Waddell. Derrière l'aspect réconfortant et maternel d'une brune aux yeux bleus tout en rondeurs, s'affirme une main de fer. Elle commence toutes ses phrases par *Ma chère*, mais il ne faut pas s'y tromper, elle obtient ce qu'elle veut. Les sœurs trouvent un surnom à cette nouvelle gouvernante à la voix de chanteuse d'opéra : Tod, du verbe anglais *toddle* (se dandiner), dérivé du nom de famille de Maud qui ressemble à *waddle* (se balancer), mais aussi d'après un de leurs personnages préférés de Beatrix Potter, le renard. Tod est atterrée par la piètre grammaire et l'orthographe de Daphné, il faut reprendre tout cela en main, et vite. Le courant passe, malgré l'autorité de Tod à laquelle Daphné se soumet, car elles partagent toutes deux un appétit vigoureux pour la lecture, qu'Angela et Jeanne ne possèdent pas. Tod s'émerveille de cet enthousiasme littéraire : un livre remplace l'autre, Daphné apprécie des recueils de poésie moins prisés des adolescents, Shelley, Browning, Keats, Swinburne et Donne, puis elle s'attaque aux romans de son grand-père, George du Maurier. Daphné sait par son père que Kiki avait rédigé ces ouvrages sur le tard, la cinquantaine passée, après son retour en Angleterre, la perte de son œil gauche (ce qui avait freiné sa carrière de peintre), son mariage avec Emma Wightwick (Grande-Mamie) et la naissance de ses cinq enfants, dont Gerald était le cadet. Il s'était lancé dans l'écriture grâce à son ami Henry James, le grand romancier, qui lui avait un jour conseillé de raconter ses propres histoires par écrit et de ne plus se contenter de les dessiner. Avant l'aventure des livres, Kiki était connu pour ses illustrations, c'était un caricaturiste célèbre qui collaborait à la revue satirique victorienne, *Punch*. Daphné ne se lassait pas du détail des dessins de son grand-père, sa manière de croquer de façon comique les tracasseries de la vie familiale et mondaine, les subtilités des différences de milieux, les moments cuisants de la vie de tous les jours.

Elle commence par le premier roman de Kiki, *Peter Ibbetson*. À partir de ses souvenirs, son grand-père a ressuscité le Paris perdu de sa jeunesse, mettant en scène sa splendeur ancienne, ses teintes rosées, l'enclos au bout de la grille de la rue de Passy, la mare d'Auteuil, l'immeuble aux volets verts où il a grandi. C'est davantage une fable qu'un roman, note Daphné, un témoignage empreint d'une nostalgie qui la touche. Kiki s'exprime à travers Gogo, son héros, qui lui non plus n'a pas oublié cette enfance assaisonnée aux relents de soupe au chou et de bœuf bouilli en vinaigrette. Daphné a l'impression d'être transportée dans le Paris de 1840, de se retrouver rue de la Pompe à surprendre les personnages de Kiki qui savourent un coup de rouge sur le pas de leur porte, tandis que Gogo joue et chante avec la petite voisine, Mimsey. Mais à la mort brutale de ses parents, Gogo est arraché à son jardin enchanté pour vivre sous la grisaille londonienne avec un oncle cruel. Il ne s'appelle plus Gogo Pasquier, mais Peter Ibbetson. Il finira par abattre l'oncle odieux et se retrouver dans un asile d'aliénés. C'est là, découvre Daphné, stupéfaite, que sa vraie vie commence, grâce à la magie du «rêver-vrai», cette capacité qu'ont les deux héros de l'histoire, Peter et Mary, la Mimsey de son enfance, à se retrouver par le chemin des songes. Ils ont beau être séparés physiquement, ils parviennent à s'aimer, se rejoignent dans leurs rêves, visitent le Paris de leurs origines, bâtissent une maison imaginaire, plongent dans le passé de leurs ancêtres, pour y repérer une aïeule souffleuse de verre, aristocrate. «Rêver-vrai», le terme séduit Daphné. Ne pourrait-elle pas faire de même? Puisque son grand-père s'y prêtait, puisque son père chaque soir fait semblant d'être un autre, pourquoi n'en ferait-elle pas autant? Ainsi, elle pourrait s'échapper, elle pourrait échafauder, imaginer, devenir Éric Avon pour de vrai.

Elle enchaîne avec *Trilby*, le deuxième roman de Kiki, qui fut, elle le sait, un immense succès, jusqu'aux États-Unis. C'est l'histoire de Trilby O'Farrell, grisette d'origine irlandaise, blanchisseuse et modèle pour peintres à ses heures, qui tombe sous l'emprise magnétique de Svengali, l'hypnotiseur pianiste aux charmes obscurs. L'action se déroule à Paris, là où Kiki suivait ses cours artistiques, rue Notre-Dame-des-Champs à Montparnasse. Sous hypnose, Trilby devient une chanteuse adulée, Svengali en fait une diva marionnette qu'il manipule à sa guise afin d'atteindre une gloire qu'il n'a jamais connue. La chute de la pauvre Trilby n'en sera que plus rude. Ici, il n'est plus question de famille et de souvenirs d'enfance, l'ombre maléfique de Svengali plane, et si des deux romans, Daphné préfère le premier pour sa douceur nostalgique et son invitation à la rêverie, elle reste marquée par la noirceur captivante de Svengali, qui l'attire malgré elle.

Les mois passent, et la fringale de livres de Daphné ne semble jamais rassasiée. Tod suggère d'autres romans : Dickens, Thackeray, Scott, Stevenson, Wilde et son *Portrait de Dorian Gray*, les pièces de Sheridan, l'intégrale des sœurs Brontë, avec un faible pour *Jane Eyre* et *Les Hauts de Hurlevent*. La magie des livres est une drogue, un sortilège, une échappatoire, aussi puissante, aussi envoûtante que le Pays Imaginaire de Peter Pan. Pendant que ses sœurs mènent leur vie (thés dansants pour Angela, tennis et cricket pour Jeanne), que Muriel règne sur Cannon Hall en maîtresse de maison exemplaire, que Gerald fait palpiter ses admiratrices sur les planches, Daphné lit.

Un matin de printemps est gravé dans sa tête pour le restant de ses jours. Sa mère lui avait demandé de la retrouver dans son boudoir au rez-de-chaussée, à côté du bureau de Gerald, une pièce ensoleillée, avec une cheminée de brique et de céramique, et une vue sur les rosiers et les serres. Muriel est assise dans son fauteuil bergère, concentrée sur son tricot. *Daphné chérie, je dois te parler.* Quand sa mère prend cette voix-là, ce n'est jamais bon signe. Elle réfléchit rapidement, tout en admirant les aiguilles à tricoter qui continuent leur ballet régulier : qu'a-t-elle pu dire ou faire pour attirer le courroux de Mummy, une maladresse, un comportement insolent, un oubli ? *Maintenant que tu as douze ans, tu ne dois pas être étonnée si tu subis un événement désagréable dans les mois à venir. Tu as souvent eu mal au dos récemment, et cela peut être un signe.* Daphné rétorque qu'elle n'a plus mal pour le moment, et se sent soulagée, un mal de dos, si ce n'est que ça ! Mais sa mère poursuit avec la même voix grave. *Non, tu n'as plus mal aujourd'hui, mais ce que je dois te dire, c'est que toutes les filles, lorsqu'elles atteignent l'âge de douze ans, saignent pendant quelques jours chaque mois. On ne peut pas l'empêcher. C'est ainsi. Et cela arrive jusqu'à la cinquantaine. Puis, cela s'arrête.* Daphné, sans voix, dévisage sa mère.

Que raconte-t-elle, enfin ? Saigner, tous les mois, pendant quarante ans ? Muriel tente de la rassurer. *Ce n'est pas une maladie, tu sais, ce n'est pas grave, cela ne fait pas mal comme une blessure. Mais tu auras peut-être des douleurs au ventre. Moi, j'ai souvent la migraine, quand cela m'arrive. Angela saigne depuis deux ans, mais je lui ai demandé de ne pas t'en parler. Tu ne diras rien non plus à Jeanne, s'il te plaît.*

En refermant la porte du salon, Daphné se sent assommée. Avec un peu de chance, peut-être que cette chose épouvantable ne lui arrivera jamais. Si elle était un garçon, elle n'aurait pas à supporter cette humiliation. Quels chanceux, les garçons ! Elle tente d'oublier l'affaire, mais un matin, Alice, la jeune bonne, lui murmure à l'oreille que « la chose » est arrivée. Daphné vient de finir son petit déjeuner et ne se sent pas dans son assiette. Quelle chose ? Alice la prie de la suivre dans la chambre à coucher, lui tend un bas de pyjama où figure une étrange tache. Un cauchemar, d'être une fille, de devoir s'encombrer de ces épaisses bandes de tissu qu'il faut changer toutes les quatre heures, endurer ce bas-ventre lourd et endolori, ce dos raide, les regards compatissants et bizarrement attendris des adultes qui pourtant ne diront rien, même pas un mot de réconfort, car il faut préserver la petite Jeanne, la pauvrette qui ne se doute pas encore, l'innocente, de l'horreur qui l'attend. Ne plus avoir envie de jouer au cricket, de taper dans un ballon de foot, de courir dans le jardin, être réduite à se rouler en boule sur le sofa avec une bouillotte sur l'abdomen, est-ce cela, être une femme ? Car si c'est cela, Daphné n'en veut pas, elle maudit le fait d'être de sexe féminin, elle veut continuer à incarner le glorieux Éric Avon, le jouvenceau doré, le vainqueur, le héros, qui jamais ne se rabaisserait à saigner dans des couches. Si seulement elle avait été ce fils que son père désirait tant, ce garçon dont il rêvait et qui transmettrait à son propre fils le patronyme français dont il était si fier, elle n'aurait jamais connu cette situation honteuse et minable. Nom de code, «Robert*». C'est ainsi que les sœurs du Maurier rebaptisent avec humour la menstruation.

Dans le miroir de la salle de bains du deuxième étage de Cannon Hall, Daphné n'a pas changé en dépit de ce satané Robert, le même visage fin, les cheveux blonds qu'elle refuse de boucler, coupés court à la garçonne. Elle persiste à s'habiller en collégien, avec des culottes courtes, des chemises, des cravates, des chandails à la coupe masculine, des grosses chaussettes de laine, des godillots disgracieux.

Elle est un garçon dans un corps de fille. La seule qui se doute de cette situation ambiguë, c'est Tod. Cela fait deux ans à présent que cette dernière est devenue proche, qu'elle lit chaque soir les mots que Daphné laisse dans ses devoirs, les lettres bourrées de fautes d'orthographe qui lui font lever les yeux au ciel, mais comment ne pas être touchée par ces confessions intimes, par la confiance que Daphné lui témoigne ? *Pourquoi je me sens ainsi, si mal ? J'aimerais tant que vous soyez là et que je puisse vous parler, tout vous dire. Je sais bien que nous sommes des enfants gâtées et que je ne devrais pas me plaindre, je devrais être heureuse d'être en famille, en vacances, mais il y a ce vide profond en moi et je ne sais comment le combler. Cette sensation reste en permanence, pourquoi ? Je ne puis rien dire aux autres, ils ne comprennent pas, ils me trouvent d'humeur changeante, fatigante, trop amère pour mon jeune âge. C'est quand même terrible d'être déjà lassée par la vie, non ?*

Éric Avon s'efface des journées de Daphné, à mesure qu'elle devient femme. Et il s'estompe lorsque Gerald, fièrement, dépose une enveloppe cachetée sur l'assiette de Daphné au déjeuner. Une lettre de son père ? Ravie, elle fonce dans sa chambre la lire. C'est un assez long poème qu'elle déchiffre lentement.

Ma toute fine,
Ardente de cœur, opiniâtre divine
Qui jamais ne meurtrirait
Ni ne porterait l'estocade finale
Ma tendre aimée
Murée dans ses royaumes secrets
Et ses domaines enchantés
Où jeunes et anciens lions
Célèbres aux quatre coins du monde
Sous les glaces, au feu du soleil
Se livrent à la bravoure du duel
Et elle ferait ainsi…
Si elle était un garçon.

Dans le cœur silencieux de la nuit
Je m'éveille parfois et songe, oui,
Ma petite chérie sans doute a raison
Si j'avais pu faire autrement
Elle serait née garçon.

Ma toute fine
Blonde, douce et pure,
Adorable de rouerie féminine
Ma tendre aimée
Dans la solitude de ses rêves égarée
De sa délicatesse de demoiselle nimbée
Qui aime tant qu'on l'admire
Partout où elle s'envole,
Et qui souhaite enchanter
Parce qu'elle est née fille.
Parfois dans le tourment de l'instant

Il me semble que ma chérie adorée
Envers et contre tout désormais
Sera pour toujours une Fille.

Qu'a voulu dire son père ? Qu'il regrette qu'elle soit une fille ? Ou qu'il en est finalement heureux ? Daphné ne comprend pas. Elle n'ose pas lui demander. L'autre jour, en jouant au football avec elle dans le jardin, il lui avait glissé à l'oreille : *Si seulement tu étais un garçon, on s'amuserait comme des fous !* Dans les romans de Kiki, ses héroïnes Trilby et Mary sont grandes, robustes, elles adoptent des allures de garçons, elles détiennent la grâce masculine de Peter Pan, son agilité de gamin. Peter Pan, son héros, celui qui ne veut pas grandir. Elle aurait tant voulu être comme lui, hardi, éblouissant, à l'image de ses cousins Llewelyn Davies, si remarquables, si vigoureux. Le poème de son père qu'elle devine pétri de maladresse en dépit de l'amour qui y palpite, ravive son mal-être. Déboussolée, elle le range dans un tiroir de sa table de chevet et plus tard, elle remercie son père d'un sourire crispé.

Ce qu'elle redoute le plus sont les dimanches. Le jour de relâche de son père. Les déjeuners donnés par Muriel à Cannon Hall sont des *must* auxquels seuls les privilégiés du monde du théâtre et de la haute société londonienne sont conviés. L'été, ces réunions mondaines peuvent durer la journée, au désespoir de Daphné. Le jardin est une profusion de roses et de robes colorées, le murmure des voix et des rires s'élève par-dessus le haut mur de brique, et les voisins se doutent qu'encore une fois, la fête bat son plein chez les du Maurier. Muriel reçoit avec grâce et maîtrise, mais le roi, c'est Gerald, primesautier, élégant, irrésistible. Même Sacha Guitry et sa femme viennent un dimanche fouler la pelouse de Cannon Hall, applaudir aux matchs de tennis, goûter aux montagnes de mets servies par une armée silencieuse de domestiques vêtus d'uniformes gris en alpaga.

L'interminable déjeuner se mue en goûter, avec sandwichs aux concombres, pièces montées et gourmandises, café frappé et thé Earl Grey, pour se transformer en apéritif. Daphné est en retrait, dissimulée derrière un buisson, un livre à la main, tandis que ses sœurs s'amusent, papillonnent, Jeanne brille sur le court de tennis, Angela bavarde, intarissable. Bon sang, mais pourquoi est-elle si différente, pourquoi ne peut-elle pas s'amuser avec les autres, pourquoi est-ce un tel supplice de parler à ces gens, de répondre aux questions ? Elle est timide, et alors ? Ils ont l'air de prendre ça pour de l'arrogance. C'est vrai qu'elle a un menton très déterminé. Daphné fait semblant de ne pas les écouter, encore ces sempiternels commentaires sur sa beauté, ces chuchotements moins favorables sur ses deux sœurs, c'est lassant et injuste. Voilà Muriel qui l'appelle, qui lui intime l'ordre de lâcher son livre, de venir parler à Madeline, à Audrey, à Gladys, à Leslie…

À chaque saison, il y a du monde le dimanche à Cannon Hall, un défilé d'élégantes, d'acteurs, de comédiennes, de producteurs. Difficile de s'isoler pour lire, pour rêver, même dans une aussi grande maison. Le réveillon de Noël est une affaire fastueuse, plus festive que religieuse, avec dix-huit personnes à table dans la vaste salle à manger du rez-de-chaussée, les paquets cadeaux qui trônent déjà sur les assiettes, un magicien qui passe après le dîner, et des jeux de hasard, roulette ou petits chevaux, pour clore la soirée en beauté. Les plats se succèdent, plus succulents les uns que les autres, puis Muriel, droite comme un I dans sa jolie robe de fête, découpe la dinde de onze kilos avec une vélocité et une adresse qui ne manquent jamais d'attirer les applaudissements des convives.

Dans l'opulence des présents, il y en a un pour Daphné qui aura une importance particulière. Il n'en a pas l'air, pourtant. C'est un simple cahier long et noir, de plusieurs dizaines de pages. Un journal intime.

Écrire. «Rêver-vrai». S'échapper dans son monde à elle, son propre Pays Imaginaire. Peter Pan lui tend la main. Kiki l'encourage. Un crayon. Le silence. La table de sa chambre, au deuxième étage. La vue sur le Heath. La porte fermée. Commencer par la date.

1er janvier 1920. Son âge : douze ans et demi. *Premier jour de cette nouvelle année. J'ai trop dormi. Une promenade en fin de matinée, puis après-midi à la maison. C'est l'anniversaire de mon nounours et je fais une petite fête. Angela m'énerve. Jeanne et moi faisons un peu de boxe, puis je joue à être un aspirant de marine qui poursuit des esclaves. Daddy me fait remarquer que je ne me tiens pas droite. J'ai commencé à lire un livre qui s'appelle* Allenby en Palestine *par F. S. Brereton (très bien).*

Elle ne se relit pas. De toutes les façons, personne ne la lira. C'est un journal intime, après tout.

7 janvier. Nous donnons un bal. C'est de 19 heures à 23 heures. Je me suis bien amusée. Un buffet et des rafraîchissements délicieux. J'ai dû danser avec deux filles, mais toutes les autres danses, avec des garçons. Marcus Stedall est charmant, je crois qu'il a le béguin pour moi.

Désormais, Daphné se promène à travers la maison, un crayon derrière l'oreille, son journal intime sous le bras. Si on lui demande pourquoi elle arbore cet air patibulaire, elle répond sans ciller qu'elle écrit. Et qu'écrit-elle ? Cela ne les regarde pas. Elle écrit qu'elle va danser, qu'elle adore le fox-trot, qu'elle a une meilleure amie, Doodie, qu'elle joue au cricket, qu'elle est férue de théâtre. Elle y avoue que le docteur Playfair (qui passe sa vie à Cannon Hall pour se consacrer au moindre tracas de santé des filles du Maurier) lui intime d'arrêter de se ronger les ongles ; son pouce est abîmé, elle doit porter une sorte de cataplasme, cela l'empêche d'écrire, enfin, presque. Elle y relate qu'un jour de novembre pluvieux, elle est allée se promener seule dans Hampstead, et qu'en rentrant, elle a commencé à rédiger autre chose que son journal, dans un joli cahier italien bordé de rubans verts.

Après quatre ans au service de la famille du Maurier, Maud Waddell est partie éduquer les enfants d'un sultan à Istanbul, un départ qui a beaucoup attristé sa jeune élève. Daphné envoie lettre sur lettre à sa seule confidente, lui annonce fièrement qu'elle a terminé un livre, son héros s'appelle Maurice, Tod lui répond chaque semaine. Depuis le départ de sa gouvernante, l'écriture devient son passe-temps favori avec la lecture, mais elle se sent toujours seule en dépit d'une nouvelle gouvernante, Mlle Vigo, agréable, excellente préceptrice, mais qui ne remplacera jamais Tod dans son cœur. Le titre du livre ? *Les Chercheurs*. Elle décrit l'histoire en détail à Tod. Maurice n'a plus de père, ce dernier est décédé, et sa mère est toujours éprise d'un premier amour, Tommy. Chaque jour, Maurice se promène seul au bord de la mer, pieds nus, loin des villes et de leur circulation bruyante, il écoute le vent qui se lève, observe les vagues qui se brisent sur le sable. Plus le paysage est désolé, venteux, pluvieux, plus cela lui plaît. Maurice se perd un jour lors d'une virée, et c'est un homme à la pipe, aux yeux bruns et pétillants qui le recueille, un personnage étrange, fantasque, à la fois ami et adversaire, un conteur à l'imagination fertile, capable d'une grande ironie. Il fait penser à un croisement entre oncle Jim et Gerald, et fait sourire Tod qui trouve secrètement que Maurice ressemble à Daphné. On découvre à la fin de la narration que cet homme n'est autre que le fameux Tommy, ancien amoureux de la mère du jeune garçon.

Les lettres de Tod sont chaleureuses, encourageantes. Que ferait Daphné sans le renfort de cette correspondance ? La solitude s'empare d'elle, la ronge, elle se morfond, c'est injuste, elle n'a rien de triste, elle est une jeune fille drôle, elle aime rire, comme son père, rire de tout, de choses idiotes, légères, mais

il lui semble que les autres savent mieux s'occuper : Angela
suit des cours de théâtre, de chant, et Jeanne se passionne pour
la peinture, le piano et le tennis. Que lui reste-t-il, à elle ? Les
mots, et ce monde magique et ensorcelant où elle s'enferme,
jour après jour.

13 mai 1921. C'est l'anniversaire de Daphné. Quatorze ans. Pas encore une vraie femme, plus du tout une petite fille. Une jolie fête d'anniversaire, un repas festif dans les beaux quartiers de Londres, des cadeaux. Et puis, sept jours plus tard, sept jours après la douceur de ces moments partagés, alors que le soleil brille sur Cannon Hall, un drame. Daphné vient saluer ses parents dans leur chambre, comme tous les matins. Son père a une expression atterrée, Muriel pleure doucement. C'est Michael, le quatrième des cinq cousins Llewelyn Davies. Il est mort. Il avait vingt ans. Daphné ne comprend pas. Mort, mort comment ? Oncle Jim était venu voir Gerald dans sa loge au théâtre Wyndham tard hier soir, porteur de cette terrible nouvelle. Mort noyé. Noyé dans une retenue d'eau, à Sandford, près de l'université d'Oxford, où il étudiait. Vingt ans. Mourir à vingt ans. Ce n'est plus la guerre, le frère aîné, George, avait déjà été tué au combat, comment est-ce possible qu'un deuxième Llewelyn Davies trouve la mort ?

De ses cousins adorés, vénérés, beaux comme des dieux, c'était Michael le plus beau des cinq frères, celui qu'elle avait rêvé d'embrasser, le préféré d'oncle Jim, magnifique, avec son visage ovale, ses cheveux noirs et lisses, ses yeux sombres.

Mort comment, dans quelles circonstances ? Il se baignait avec un ami, Rupert, qui s'était noyé aussi, l'un essayait de sauver l'autre. Daphné ne comprend pas. Choquée, elle imagine la scène, elle voit la grande étendue d'eau, les deux jeunes hommes en costume de bain, les corps sans vie. Plus tard, alors qu'elle monte dans sa chambre, elle capte le murmure discret des domestiques, tend l'oreille. Il paraît qu'ils sont morts dans les bras l'un de l'autre, enlacés. Elle ne sait pas quoi en penser. Elle ne sait pas à qui elle peut en parler. Tout ce qu'elle sait, c'est que Michael s'en est allé pour toujours, il a retrouvé Peter Pan dans un lagon magique peuplé de sirènes, d'Indiens et de pirates, il vole avec la fée Clochette et Peter, à jamais.

Quelques jours après l'enterrement, lors d'une promenade en ville avec ses sœurs et Mlle Vigo, Daphné leur fausse compagnie, et file le long de Heath Street, vite, jusqu'au petit cimetière vert sur Church Row où repose son cousin, auprès de son frère George, de ses parents, Sylvia et Andrew, près d'oncle Guy, de Kiki, de Grande-Mamie. Avec son argent de poche, elle achète des violettes chez le fleuriste d'à côté. Elle est seule, debout devant les sépultures de sa famille, le soleil brille, l'air est doux. Doucement, elle pose les quelques fleurs sur la tombe de son cousin. Sa voix résonne dans le lieu désert. *Elles sont pour toi, Michael.*

Difficile de se remettre d'une telle tragédie. Il paraît que, désespéré, Barrie s'enferme dans son appartement d'Adelphi Terrace et fait cauchemar sur cauchemar. L'été venu, Gerald emmène sa famille dans le comté du Devon, au bord de la mer, au sud-ouest de Londres. Cela leur fera du bien, de fuir la ville, le monde, leur tristesse, de se ressourcer. Pour le mois d'août, il loue une grande maison avec vue à Thurlestone, on voit de la baie vitrée deux immenses rochers plantés au milieu de l'eau, penchés l'un vers l'autre, et qui semblent s'enlacer. Gerald invite son neveu Geoffrey (le fils cadet de sa sœur Trixie) et son épouse, Meg. Les trois sœurs du Maurier passent leurs journées sur la plage de sable fin, à pagayer en canoë, à pêcher des crevettes, à construire des châteaux de sable. Daphné pourrait rester des heures entières au soleil, sa peau prend une belle couleur dorée au désespoir de sa mère, qui l'exhorte à se protéger sous une ombrelle. Ses cheveux blondissent sous l'effet du soleil et de l'iode, ses yeux paraissent encore plus bleus, elle est ravissante, elle le sait, longue et fine dans cet encombrant maillot une pièce dont elle rêve de se débarrasser pour nager nue derrière les rochers, profiter de la caresse de l'eau sur sa peau. Si jolie qu'un jour, en sortant de la mer, elle sent les yeux du grand cousin Geoffrey sur elle, un regard d'homme qui la balaie de haut en bas, et un lent sourire, rien que pour elle, un sourire où tout est dit, elle est belle, elle n'a plus rien d'une enfant.

Geoffrey a trente-six ans. L'âge d'être son père. Divorcé deux fois, grand, costaud, brun, des traits harmonieux, une bouche sensuelle. Acteur, comme son oncle Gerald. Une vraie «menace*». Daphné ne baisse pas les yeux, son cœur palpite, mais elle n'a pas peur, elle ne se sent pas intimidée, elle lui rend son sourire, c'est un pacte entre eux, personne n'a rien vu, personne ne sait, juste elle, juste lui, ce jour-là, sur la plage, le partage d'une connivence exclusive. Elle a toujours éprouvé de la sympathie pour Geoffrey malgré les vingt-deux ans d'écart, mais ce jour-là, sur le sable, il y a autre chose que de la sympathie, une sensation qu'elle n'a jamais connue, cette chaleur qui la parcourt, une impression de risque, de mise en danger.

Les jours d'été s'écoulent, ensoleillés et langoureux, et l'entente clandestine entre Daphné et son cousin s'intensifie, sans un mot, uniquement par les regards qui se captent, s'attirent, s'aimantent. Sur le terrain de golf, il lui envoie de petits saluts derrière le dos de Gerald. Après le déjeuner, c'est le moment du café sur la terrasse. Daphné et ses sœurs s'allongent sur le gazon en maillot, à demi recouvertes de leurs serviettes de plage, le visage tendu vers le soleil comme des tournesols avides de lumière. Geoffrey vient s'installer sur l'herbe entre Daphné et Jeanne, tandis que Meg, Muriel et Gerald discutent plus haut sur la terrasse. Daphné flaire son eau de toilette, un moment affolant, elle garde les yeux fermés, surtout ne rien dire, ne rien faire, ses sœurs sont juste là, à côté, son corps entier se tend, elle sait qu'il va se passer quelque chose, elle guette, elle frémit, en faisant de son mieux pour ne rien divulguer, ne rien trahir, puis tout à coup, la main de son cousin sous la serviette, cette main d'homme qui vient furtivement chercher la sienne, le toucher d'une peau chaude qui la happe, elle manque de crier, de gémir, mais elle se contrôle, surtout ne rien montrer, faire comme si de rien n'était.

Le geste de son cousin éveille des centaines de capteurs en elle, minuscules particules d'émotion et de désir qui ont la puissance d'une décharge électrique, mais elle parvient à garder le silence, l'épouse de Geoffrey est assise là, à deux pas, à déguster son café en compagnie de ses parents insouciants. Maintenant elle sait que chaque après-midi, pendant le reste du séjour, Geoffrey agrippera sa main sous la serviette, sans un mot, et elle se taira, enivrée, étourdie, elle attendra ce moment avec une délectation sans nom, elle sait d'instinct qu'elle ne devra rien dire, jamais, et c'est cela qui l'échauffe le plus, la puissance du secret, de l'interdit.

Je crois que Daphné est assez grande maintenant pour venir danser ce soir au Links Hotel. C'est le cousin Geoffrey qui le dit, et tout le monde semble d'accord. Choisir une jolie robe, bleue, qui va avec ses yeux, se retrouver dans ses bras, contre lui, comme il est grand, musclé, tout ça sous les yeux de Meg, sa femme qui ne remarque rien, Geoffrey enlace Daphné sur le fox-trot entraînant de Paul Whiteman, *Whispering*, qui semble avoir été écrit pour eux : «En chuchotant, tu te loves contre moi, en chuchotant, pour que personne ne puisse nous entendre.»

Arrive le dernier jour des vacances, les heures d'été ont perdu de leur aura dorée, septembre s'annonce. Le matin de son départ, Geoffrey propose à Daphné de venir admirer la mer avec lui une dernière fois. Ils sont face aux vagues, aux deux rochers penchés l'un vers l'autre, ils restent silencieux, sans se toucher. *Tu vas me manquer terriblement, Daph.* Elle acquiesce tout bas. Il se retourne vivement, *Oh, regarde là-haut sur la falaise, oncle Gerald qui nous espionne.* C'est bien son père qui est là, les mains sur les hanches et qui semble les observer, le visage renfrogné. Dans son journal, Daphné note : *Superbe journée. Geoffrey est parti. Je suis complètement déprimée. Bains de mer et tennis. Lecture.*

Retour à Londres. Quelque chose a changé en elle. Cet éveil sensuel? Amoureux? La mort brutale de Michael? Elle ne saurait dire. Comme pour oublier, elle se jette dans un tourbillon de sorties théâtrales, de romans à lire (Thackeray, Stevenson, Galsworthy, Swinburne), de longues promenades à vélo ou à cheval dans le Heath avec ses sœurs, elle se grise de bals, de voyages. Gerald est anobli à Buckingham Palace, un moment de gloire qu'il prend au sérieux, Muriel devient ainsi Lady du Maurier, ce qui n'est pas pour lui déplaire. Gerald l'appelle affectueusement «Lady Mo». L'attribution de ce titre de noblesse était mérité, Daphné le sait, Gerald a modifié la façon dont les acteurs se tiennent sur scène, il est le premier à rompre avec le style guindé et affecté de ses prédécesseurs, le premier à oser allumer une cigarette en jouant, à porter ses propres vêtements. Désormais, rien ne freine le train de vie de Sir Gerald du Maurier, qui distribue des pourboires avec des pièces en or, qui obtient les meilleures places aux courses hippiques d'Ascot, au tournoi de Wimbledon, à Covent Garden. La vie du dehors ne passe pas par-dessus le haut mur qui encercle Cannon Hall, on parle peu du bouleversement profond qu'a laissé la guerre, du climat incertain qui se profile, des difficultés financières que certains, moins favorisés, doivent endurer.

Angela part à Paris, chez Mlle Ozanne, dans une *finishing school*, pensionnat privé pour jeunes filles de milieux huppés, une école de bonnes manières, près de la tour Eiffel, où elle n'est pas heureuse. Gerald, Muriel, Daphné et Jeanne lui rendent visite au printemps ; c'est la première fois que Daphné passe quelques jours, trop rapides, dans la capitale française. Elle aurait tant aimé marcher seule dans les rues, ne pas être accompagnée de ses parents, les semer. Il y a dans ces avenues, ces boulevards, une partie d'elle, un héritage laissé par son grand-père.

Les dimanches soir, dans la salle à manger du rez-de-chaussée, Gerald aime converser seul avec ses filles aînées. Angela est de retour après plusieurs trimestres mélancoliques à Paris, enchantée de retrouver sa vie mondaine de bals, galas et rendez-vous. Gerald aime se confier, tout en fumant et en savourant son Cointreau, et plus l'heure est tardive, plus les conversations deviennent animées, audacieuses, irrévérencieuses. Sérieusement, qu'ont-elles pensé de la toilette de la comtesse de T., venue tout à l'heure au déjeuner, cette étoffe la grossissait, non ? Fous rires. Et cet abruti de Charles P., avec son sourire idiot (mimiques). Bon sang, savaient-elles que Viscount B. avait eu un bébé avec Mlle H. ? Mais si ! Invraisemblable. Pourquoi James R. est-il si attirant, au fond, qu'en pensent-elles ? *Ah, tu réagis comme moi* (remarque le plus souvent adressée à Daphné). Parfois, il y a des disputes, des prises de bec, des réconciliations, des baisers.

Les conversations se poursuivent tard dans la nuit, jusqu'à ce que Muriel, excédée, tape du pied sur le plancher du salon au-dessus. Alors Gerald baisse la voix, demande à Angela de lui verser encore un verre de Cointreau. Le sujet devient espiègle, osé, c'est une sorte de blague entre le père et les filles, ils en viennent à plaisanter à propos de l'«écurie» imaginaire de Gerald, une sacrée écurie où les jeunes actrices qui partagent l'affiche avec lui sont cataloguées comme des pouliches, jugées sur leur physique, la longueur de leurs jambes, leur carnation, leur dentition. C'est comique de penser à ces jeunes premières qui ne se doutent pas de ce que les sœurs du Maurier, en connivence avec leur diable de père, sont capables de proférer à leur sujet.

L'alcool aidant, Gerald se laisse aller à des confidences qui n'ont plus rien de paternel, et qui fascinent ses filles, impatientes de savoir qui est la dernière «pouliche» à avoir rejoint l'écurie, comment Daddy va s'y prendre pour la «dresser», et il ne faut surtout pas parler trop fort, sinon «Mo» là-haut risque d'entendre, ce serait dramatique. Petit à petit, Daphné comprend que son père courtise ses jeunes partenaires, qu'il se passe entre eux plus que de simples embrassades. «Le Caire*», «cirer*», ça ne se passe pas uniquement sous le toit conjugal avec une épouse, mais ailleurs, avec d'autres. Cela la dégoûte, la répugne, elle trouve cela laid.

Pourquoi se marier alors? *Quelle comédie, le mariage*, écrit-elle à Tod. Comment se fait-il que Mo ferme les yeux, qu'elle affiche ce calme placide jour après jour, alors que tout le monde sait que Gerald la trompe? Un jour, pourtant, Mo sort de ses gonds, outrée de voir que la Sunbeam de Gerald est garée une après-midi entière devant le domicile d'une jolie comédienne de second rôle. La crise est enclenchée. L'orage gronde. Les portes claquent à Cannon Hall. En déguerpissant le soir même au théâtre, Gerald, penaud, glisse à l'oreille de sa fille : *Mummy est tellement furieuse contre moi, je ne sais pas quoi faire.* Elle se sent à la fois mal à l'aise et touchée par ces confidences d'homme qui ne devraient pas être destinées à sa propre fille.

Pourtant, c'est bien le même qui commence à surveiller

Angela lorsqu'elle rentre tard d'un bal, qui la coince dès le vestibule avec des interrogations dégainées comme des armes. A-t-elle vu l'heure ? Qui l'a ramenée ? Il a essayé de l'embrasser ? Qu'elle avoue ! Daddy l'enchanteur, le lutin, le charmeur, le pitre, se mue en figure paternelle intransigeante, il ne supporte pas l'idée que ses filles chéries grandissent, qu'elles aient une vie sociale, qu'elles plaisent, qu'elles séduisent, et Angela est la première à en souffrir.

Pourquoi ses filles adorées ne peuvent-elles pas rester des enfants, à l'instar de Peter Pan, le héros de la famille ? Angela sanglote, se confie à Daphné, comment peut-il devenir en un tournemain cet inconnu antipathique, rempli d'autorité, cassant, nerveux, alors que le matin même, il était tout sourires ? Depuis toujours leur père n'en fait qu'à sa tête, il n'y a qu'à le voir au casino, à Monte-Carlo, lors des dernières vacances de Noël, il a fait semblant d'oublier qu'il avait remporté la mise, quittant la table avec une nonchalance suprême, cigarette aux lèvres, veste sur l'épaule, rien que pour faire enrager ses adversaires perdants.

Sa vie durant, Gerald n'a cessé de parader, d'exécuter des pirouettes, de slalomer à travers les foules admiratives d'un pas sûr et léger. Tant de fois, Daphné le voit rire trop fort, s'admirer dans une glace, dépenser sans compter, laisser des pourboires extravagants, se moquer des autres à leur insu, exécuter des courbettes hypocrites. Sir du Maurier, c'est bien lui, l'acteur, le directeur de théâtre, l'étoile, l'idole. Ses détracteurs le trouvent vaniteux, imbu de lui-même, superficiel ; le pire, c'est qu'il le sait, et qu'il s'en moque.

Dans la quiétude de sa chambre, Daphné se confie à son journal, poursuit son chemin d'écriture. Une radio est installée à Cannon Hall, c'est incroyable, surprenant, écrit-elle, de découvrir ces voix, cette musique, qui émanent de cette boîte bizarre, elle l'écoute tant qu'elle en a vite la migraine. Dans une lettre à sa chère Tod, toujours à l'étranger, elle raconte qu'Angela joue le rôle de Wendy dans *Peter Pan*, dirigée par leur oncle Jim, au théâtre Wyndham, avec Gladys Cooper, jeune actrice et grande amie de toute la famille du Maurier (qui ressemble un peu à Daphné) dans le rôle de Peter. Une drôle de catastrophe a lieu lors des représentations, le harnais censé faire voler Wendy se rompt, et Angela fait un vol plané spectaculaire dans l'orchestre, fort heureusement sans rien se casser.

Daphné décrit aussi le bal donné à l'hôtel Claridge pour Angela, mais ce qu'elle omet de dire à son ancienne gouvernante, c'est que c'est elle, Daphné, qui fait sensation dans une tunique de velours bleu pâle, alors que son aînée, engoncée dans sa robe de bal en satin blanc, ressemble à une meringue ; elle ne révélera pas non plus que c'est elle qu'on invite le plus à danser, et elle s'en donne à cœur joie, pendant que la pauvre Angela fait tapisserie. En revanche, elle ne se prive pas de dévoiler à Tod cette impression de vide permanent qui continue à la ronger, son insatisfaction grandissante d'être née femme : *Pourquoi ne suis-je pas un homme ? Les hommes font toutes les choses qui demandent du courage.*

Une note positive, tout de même, son père a lu quelques-uns de ses poèmes et il les a aimés. Elle a découvert deux écrivains qui la transportent, Somerset Maugham et Katherine Mansfield. Écrire comme eux, aussi bien qu'eux, est-ce possible ? Parce qu'il n'y a que ça qui l'intéresse, et Tod le sait, Daphné veut écrire, Daphné écrit déjà, Daphné est un écrivain ; d'autres jeunes filles cherchent des maris, pensent à fonder une famille, non, pas elle, elle ne croit pas au mariage, il n'y a qu'à regarder celui de ses parents, une bouffonnerie.

Chaque soir, lorsqu'elle ferme ses rideaux, Daphné aperçoit une lumière, pas loin, en bordure du Heath, une fenêtre allumée tard dans la nuit qui semble scintiller avec bienveillance. Contempler sa lueur dorée l'apaise, lui infuse un sentiment d'espoir. Les contrariétés de la journée s'effacent, comme ce matin où il a fallu poser pour un photographe avec Gerald, qui souhaitait un portrait de lui avec sa fille préférée. Elle déteste le résultat. Son père est assis à sa gauche, tourné vers elle, la dévorant des yeux, possessif, sa paume plaquée sur sa main à elle, comme s'il refusait qu'elle bouge, qu'elle s'en aille, qu'elle le quitte. Il la tient, la maintient, comme un mari cocu claquemure une épouse volage, il l'emprisonne, la soumet, et elle, une proie, une victime, apparaît maussade sous son chapeau cloche, le visage figé, morne, dévié de lui et de l'objectif, sans la moindre esquisse d'un sourire.

Pour la première fois, Daphné trouve l'atmosphère de Cannon Hall pesante, l'amour démesuré que lui porte son père lui semble accablant, tout comme la froideur de sa mère. Elle n'a que dix-sept ans, elle étouffe. Elle regarde la fenêtre mystérieuse briller dans la nuit, pense à son amie Doodie, déjà partie en France, dans une *finishing school* près de Meudon. Depuis quelques semaines, chaque lettre que Daphné reçoit de Doodie est dithyrambique, l'endroit, les professeurs, les autres élèves, c'est formidable, merveilleux, tout près de Paris, Daphné doit *absolument* venir la rejoindre, dès que possible.

Paris. Paris qui l'attire comme un aimant.

Oui, bien sûr, Paris.

II
France, 1925

« J'ai laissé mon cœur à Paris. »

Daphné du Maurier

Meudon, Hauts-de-Seine.
Novembre 2013.

Les biographes de Daphné du Maurier affirment que le pensionnat pour jeunes filles qu'elle a fréquenté était « situé à Camposena, un village près de Meudon ». Camposena… Le nom aux consonances quasi italiennes fait sourire la Française que je suis. S'il y avait un village qui s'appelait ainsi aux environs de Meudon, cela se saurait.

Je trouve des pistes aux Archives départementales des Hauts-de-Seine. La villa Camposenea (et non Camposena) se situait bien au 25, rue de l'Orphelinat (anciennement Grande-Rue du village de Fleury) et actuellement rue du Père-Brottier, à Meudon. J'obtiens également une liste issue des dénombrements de la population de 1926 qui me donne les noms de chaque personne qui travaillait au pensionnat à cette date. Les archives communales de Meudon m'envoient quant à elles la description précise des lieux et les matrices cadastrales, ainsi que des photographies : il s'agit d'une propriété érigée à Fleury au XVIIIᵉ siècle, elle appartenait à Armand-Gaston Camus, fondateur des Archives nationales, puis au célèbre imprimeur

Charles Panckoucke. C'est le maire de Clamart, Jules Hune-belle, qui prit possession de la maison en 1860, en y exécutant des travaux d'agrandissement.

La danseuse Isadora Duncan, stipule le même document, y vécut en 1902, et le pensionnat de jeunes filles qui m'intéresse, dirigé par Mme Hubbard, puis Mme Wicksteed, s'y tenait de 1921 à 1934. Ensuite (et ce détail m'amuse beaucoup), c'est une communauté de nudistes qui s'y établit. Le lot composé d'«un pavillon d'habitation, une grande serre ronde, une orangerie, une écurie, une remise, un pavillon de concierge, en très mau-vais état, contenance de 3 hectares 47 ares» fut vendu par les héritiers Hunebelle en 1943 à la commune de Meudon. Le tout fut rasé en 1950 pour construire les HLM du «parc de Fleury».

Je me promène dans un décor contemporain d'immeubles gris et cubiques, sans grâce, et me demande si l'épaisse allée de tilleuls n'aurait pas été sauvée in extremis lors de la démolition. Une paire de *putti* en pierre orne les jardins du Musée d'art et d'histoire de Meudon. Jadis, elle surmontait les piliers de l'en-trée de la propriété Panckoucke-Hunebelle. À part ces amours, il ne reste rien de la grande demeure. Daphné n'aurait pas aimé ce qu'est devenue Camposenea, neuf décennies plus tard.

Ici, on ne l'appelle pas Daphné, mais Mlle du Maurier. Cela la ravit, d'entendre son nom prononcé ainsi, à la française, elle se dit que Kiki aurait tant aimé. En arrivant le 19 janvier 1925, à la gare de Bellevue, Meudon et Fleury lui rappellent étrangement Hampstead, ses côtes pentues, ses demeures cossues, ses jardins bien tenus. Que sait-elle de Meudon ? Pas grand-chose, à part qu'Alfred Sisley, son compatriote, ne s'était pas lassé de peindre les reflets changeants de la Seine et que Wagner y composa son *Vaisseau fantôme*. Évidemment, ce n'est pas Paris et ses merveilles, mais la capitale n'est qu'à une demi-heure à peine par le train.

Située dans un jardin arboré, la villa Camposenea, au bout d'une longue allée de tilleuls, est une haute maison pâle avec une échauguette et un clocheton. Son allure gothique plaît d'emblée à Daphné. Mme Wicksteed, l'administratrice du pensionnat, dame grisonnante, la cinquantaine réjouie, accueille sa nouvelle élève avec bienveillance. Le temps est beau et pas trop froid, elle en profite pour faire visiter le parc à la jeune fille, lui parle d'une des précédentes propriétaires, Mme Panckoucke, Ernestine de son prénom, jolie brune peinte par Ingres qui recevait des célébrités telles qu'Alfred de Musset et Berlioz.

Daphné écoute, le visage fermé. Sans doute Mme Wicksteed devine-t-elle que derrière l'allure hautaine, presque arrogante de sa nouvelle pensionnaire (ce menton déterminé dressé comme une armure !) se dissimule une timidité maladive. C'est la première fois, elle en est consciente, que Daphné quitte le nid familial. Mme Wicksteed embraie, raconte que le ménage Panckoucke distrayait ses invités avec des « fabriques » aménagées dans le parc dont il ne subsiste plus grand-chose. Elle décrit la chapelle de Tell, la cabane de Polynésie, la grotte construite avec des rochers de Fontainebleau, le pavillon chinois avec dragons et pagodes au sommet de la colline, et se félicite lorsque Daphné sourit enfin, séduite par cette description nostalgique.

Dans la longue pièce du rez-de-chaussée qui a dû connaître des heures plus glorieuses à l'époque de Mme Panckoucke, et qui à présent arbore des vitraux déteints, des tapisseries délabrées et des chandeliers poussiéreux, Mme Wicksteed s'empresse de lui dévoiler son équipe, les domestiques, et les vingt-cinq jeunes pensionnaires, dont la plupart sont anglaises. Mlle Yvon, son bras droit, la directrice (jolis yeux verts), Mme Evans, la gouvernante (un peu raide), Mlle Engeler, le professeur de musique (l'air pas commode), le ménage Baissac, les gardiens, le couple Sassisson, les cuisiniers, Mme Chassagniole, la robuste blanchisseuse, Marcel, le groom (se méfier de lui), puis Yvonne, Adrienne, Lucienne, Marguerite, les bonnes, et d'autres domestiques plus humbles qu'on ne lui nomme pas. Défilent ensuite ses nouvelles camarades de classe, plus fades et insignifiantes les unes que les autres, si peu de panache, si peu d'allure, heureusement que sa chère Doodie est là, avec son sourire malicieux.

Daphné découvre avec déconvenue, lors du premier repas dans la glaciale salle à manger, que l'illustre patronyme « du Maurier » ne veut rien dire à Camposenea, il semble n'épater personne, il y a ici pléthore de demoiselles de la haute aristocratie, des princesses, des comtesses, ou encore des héritières, et elle se sent invisible. Difficile aussi de se faire à cette vie communautaire, elle qui n'a connu que le confort feutré des maisons d'enfance ou le luxe d'hôtels de prestige. Elle doit s'habituer à ses bruyantes compagnes de classe, leurs plaisanteries, leurs clans, leurs codes qui ne l'intéressent guère.

Dormir avec Doodie ne la dérange pas, c'est plutôt la chambre, se plaint-elle dans une lettre à Tod, aussi nue qu'une mansarde, sans tapis, avec des commodes dont les tiroirs grincent. Et que dire de cette température qu'elle juge polaire, pas le droit de faire marcher la cheminée, elle qui est si frileuse, comment va-t-elle survivre ? La voilà obligée de sautiller sur place avant de se coucher pour se réchauffer sous le regard hilare de Doodie, et de dormir calfeutrée dans son manteau de fourrure.

Les premières nuitées se déroulent mal. Une cloche lointaine mais encore trop sonore tinte tous les quarts d'heure, et des coqs chantent à tue-tête dans une ferme avoisinante dès potron-minet. Lasse, les traits tirés, Daphné regarde par la fenêtre. Il ne fait pas encore jour, leur chambre donne sur les maisonnettes blanches des vignerons de Fleury, puis au-delà, on aperçoit les toits du grand manoir qui abrite l'orphelinat Saint-Philippe. Comment va-t-elle s'adapter à cette nouvelle vie ? La toilette du matin est d'une barbarie sans nom : de l'eau froide dans une cuvette fendillée et chaque pensionnaire doit faire son lit elle-même. Mlle du Maurier n'a jamais fait son lit de sa vie. Ce n'est pas maintenant qu'elle va commencer.

Dans la pièce d'à côté dorment deux filles plus jeunes, dont Henrietta, godiche aux grands pieds, une des seules à avoir été impressionnée par le pedigree du Maurier. En un clin d'œil, Daphné l'amadoue, la charme, et l'asservit. Désormais, Henrietta fera le lit de Daphné chaque matin en toute discrétion.

Quant au froid, Daphné se plaint tant à Muriel par courrier que celle-ci, en payant un supplément auprès de la direction, obtient le droit au feu de cheminée chez Daphné et Doodie. C'est Adrienne, la jeune bonne, qui vient l'allumer dès leur réveil.

Autre revers, l'interdiction formelle de se promener ailleurs que dans le parc de Camposenea, trop confiné à son goût. Grande marcheuse, habituée aux balades revigorantes sur le Heath, Daphné peste. La liste des doléances s'allonge ; elle n'apprécie pas la cuisine du couple Sassisson et picore du bout des lèvres. Fait-elle la difficile pour attirer l'attention ? Peut-être. Elle se plaint aussi de l'emploi du temps : le réveil « inhumain » à 7 h 15, les prières à 7 h 50, le petit déjeuner à 8 h 00, la musique à 9 h 45, les cours de 10 h 15 à midi, le déjeuner toujours trop tôt, et les sonneries intempestives qui carillonnent à tout bout de champ. Un télégramme affectueux envoyé par l'amie proche de la famille, l'actrice Gladys Cooper, lui rend le sourire : *Je pense à toi ma chérie, plein de baisers, Glads.*

Mais le pire, c'est le camouflet qu'elle subit en cours de français. Il y a quatre classes à Camposenea. Dans la première, va l'« élite », les cinq ou six plus brillantes au français parfait. Ensuite, deuxième A pour celles qui se situent juste au-dessous, deuxième B pour les « passables », et troisième pour un niveau médiocre. Après un examen d'évaluation qu'elle pensait avoir réussi haut la main, Daphné se retrouve en deuxième B. Son orgueil en prend un coup. Elle, une du Maurier, avec du sang français qui coule dans ses veines ! Un comble.

De cette nouvelle existence, les seuls événements qui l'enthousiasment sont les sorties à Paris, une fois par semaine. Les jeunes pensionnaires, accompagnées de Mlle Yvon et de Mlle Engeler, prennent le train à Bellevue, en groupe, et se rendent au Louvre, à la Comédie-Française, à l'Opéra. Daphné, qui n'est pas particulièrement mélomane, éprouve un choc en écoutant *Le Sacre du printemps* de Stravinsky, dirigé par le compositeur lui-même. Le soir, dans leur chambre, alors que Doodie danse au rythme d'un ragtime sur le gramophone, Daphné griffonne dans son journal, tente de décrire cette musique moderne et étrange qui l'a transportée comme dans un autre monde, puis se lance dans une lettre à Tod. *Oh, j'aime tant Paris, pas vous ? Les rues pavées, les taxis qui klaxonnent, les illuminations splendides, les petites dames chic, les hommes à l'allure «Dago*» coiffés de leurs feutres. Juste après la pluie, il n'y a rien de plus féerique, plus magnifique que la place de la Concorde, la nuit.*

Dans le train du retour de Versailles, un soir de février 1925, Daphné est assise en face de Mlle Yvon, la directrice, petite femme d'une trentaine d'années, rondelette, très brune, aux yeux verts en amande. Elle parle anglais couramment, avec un fort accent français, ce qui rajoute encore à son charme. Elle est sophistiquée, piquante, attire une cour autour d'elle. Daphné mesure à quel point la plupart des pensionnaires sont en admiration devant l'humour ironique et le sourire éclatant de Mlle Yvon. Au début, lors de son arrivée, elle n'y a pas été sensible, mais là, dans le train, lorsque le regard de Mlle Yvon se pose sur elle – cela ne dure que quelques secondes – Daphné ressent un pincement étrange, sensation qu'elle avait oubliée.

Mlle Yvon est le professeur de l'«élite», les premières, un club fermé sur lequel elle règne en impératrice. Les premières ont le droit de s'asseoir à table avec Mme Wicksteed, Mlle Engeler et Mlle Yvon, alors que les autres élèves restent entre elles. Après le dîner, Mlle Yvon et ses favorites se rendent dans le «salon du fond», une pièce qui leur est exclusivement réservée. Les autres élèves doivent se contenter de valser sur la galerie ou d'écouter Mme Wicksteed leur faire une lecture à voix haute en masquant leurs bâillements.

Par-dessus la musique et la voix chevrotante de Mme Wicksteed, Daphné tend l'oreille vers le « salon du fond », capte chaque éclat de rire, chaque cri. Souvent une première sort en larmes, le visage écarlate, et une autre vient vite la chercher, la console, la ramène. Mais que font-elles ? demande Daphné en chuchotant à Doodie et à sa nouvelle amie, Sheila. C'est le jeu de la vérité, auquel elles jouent avec Mlle Yvon, il paraît que c'est redoutable, il faut avoir les nerfs bien accrochés.

Les semaines passent, et Daphné ronge son frein. Pourquoi ne ferait-elle pas partie de celles qui vont dans le « salon du fond » après le dîner ? Pourquoi devrait-elle se satisfaire de ces soirées ennuyeuses à subir les lectures de Mme Wicksteed ? Parce qu'elle n'est pas en première ? C'est trop injuste. Impossible à tenter, selon Doodie, pourtant amie avec deux filles de l'« élite », mais Doodie et Sheila se contentent sans rechigner des danses sur la galerie et des bavardages insignifiants avec les deuxièmes et les troisièmes.

Daphné se regarde dans la glace un matin, se dresse de son mètre soixante. Elle est une du Maurier, tout de même, son grand-père et son père n'auraient jamais eu peur d'entrer dans ce fameux salon, de prendre part au jeu, qu'attend-elle ? Son père y serait allé avec panache, débordant de charme. Une voix de garçon chuchote à son oreille. Éric Avon, qu'elle a évincé depuis trop longtemps. Allez, vas-y, Daph, qu'est-ce qu'elles ont de plus que toi, ces filles ? Rien. Tu es même la plus jolie, d'ailleurs tu as vu comment la Yvon te regarde, depuis le train de Versailles, elle te scrute avec ses yeux de chat, tu le sais, tu le vois, elle attend que tu viennes les rejoindre, n'aie pas peur.

Le soir même, avec une nonchalance suprême que Gerald aurait pu revendiquer, Daphné choisit un livre dans la bibliothèque, pas n'importe lequel, *La Femme au XVIIIᵉ siècle*, par les frères Goncourt, et fait une entrée spectaculaire dans le « salon du fond» d'un pas assuré, se pose sur un des fauteuils, et lit. Le petit groupe assis devant la cheminée la dévisage, les conversations s'arrêtent. Les regards sont ouvertement hostiles. Toutes s'attendent à ce que Mlle Yvon lui demande de partir. Mais la voix grave de la directrice est chaleureuse, amusée. *Venez près du feu, mon enfant.*

C'est un triomphe.

Daphné fait désormais partie de l'«élite», et les autres jeunes filles sont bien obligées de l'accepter, car Mlle Yvon semble la considérer comme la favorite parmi les favorites. Dans le journal intime de la jeune fille, le prénom de Mlle Yvon apparaît souvent. Fernande. Les leçons à apprendre, les virées au Louvre, à l'Opéra, passent à l'arrière-plan. L'important, désormais, c'est d'être à ses côtés, aux repas, lors des visites parisiennes, auprès de Fernande, à sa droite ou à sa gauche, et si les autres constatent cette dévotion et en ricanent sous cape, qu'importe, de toute façon, la moitié des filles de Camposenea ont le béguin pour Mlle Yvon. Pour la réconforter, Doodie avoue, elle, avoir un faible pour Mlle Vincent, la nouvelle enseignante rousse. Daphné s'interroge, s'épanche dans son journal, les béguins, c'est de l'ordre de sa sœur Angela, qui se passionne à tour de rôle de façon un peu ridicule pour la plupart des personnes qu'elle croise, hommes ou femmes.

En s'endormant dans la chambre nue où elle n'entend que la respiration régulière de Doodie et cette cloche qui tinte toutes les quinze minutes, Daphné pense à Fernande Yvon, à sa théâtralité, à sa sophistication. En se réveillant le matin, sa première pensée va vers Mlle Yvon qui dort au premier étage, juste en dessous, dans les appartements réservés à la direction. Quelle est la vie de Mlle Yvon? Quels sont ses secrets? Daphné veut tout savoir, tout, ça la dévore, ça la ronge, elle en a conscience,

tout ça, c'est bien plus qu'un béguin, une fascination, une adoration, c'est devenu une obsession.

Un soir, Mlle Yvon laisse tomber par mégarde son mouchoir dans la galerie. Daphné s'en saisit discrètement; quelle
précieuse relique, ce mouchoir encore chaud, imprégné de
son odeur. Lors d'une expédition à Paris, Daphné achète une
eau de toilette légère et citronnée, en verse quelques gouttes
sur le mouchoir, et plus tard, dans le «salon du fond», rend le
petit carré de tissu à la directrice, avec une sorte de galanterie
courtoise, comme ferait un gentleman qui étale sa cape sur une
flaque de boue afin que l'élue de son cœur puisse passer sans se
salir.

Les journées de Daphné sont dictées par les réactions de
Mlle Yvon. Si cette dernière ne lui prête pas attention, si elle
semble préoccupée, consternation; si elle lui envoie un regard
complice, un de ses sourires ravageurs, elle ressent l'envie de
danser et de chanter sur la pelouse sous le soleil printanier qui
brille sur les hauteurs de Fleury.

Plusieurs rhumes la clouent au lit; ce n'est pas une surprise,
Daphné a toujours été fragile. Elle reçoit des petits cadeaux de
la part de ses camarades, des livres, des chocolats, mais ce qui
lui fait le plus plaisir, ce sont les mots écrits de la main de Fernande Yvon, signés F. Y., glissés sous sa porte. Un jour, en les
récupérant, elle a droit au sourire mielleux de Marcel, le groom,
qui traîne toujours là où on ne l'attend pas. Il lui demande si
tout va bien. Elle lui lance un regard dédaigneux. De quoi se
mêle-t-il, celui-là? Dans un français quasi parfait, elle répond
que tout va très bien, merci, et lui claque la porte au nez, la
précieuse carte plaquée sur le cœur.

En avril 1925, Daphné retourne à Cannon Hall pour les
vacances de Pâques. Ses parents la trouvent différente, un peu
distante, mystérieuse, et amincie (ce dont elle n'avait pas besoin).

Son visage est pâle, ses yeux sont rêveurs. Ses sœurs savent tout, elle leur a décrit Mlle Yvon, leur a expliqué l'importance que celle-ci prenait dans sa vie. Aux parents, elle ne dit rien. Elle passe des heures dans sa chambre à écrire dans son journal, elle guette le facteur chaque matin, dans le hall, impatiente, et il n'y a que ces lettres d'outre-Manche qui importent, les enveloppes avec des timbres français, estampillées de cette écriture qu'elle reconnaît entre toutes. Elle compte les jours pour retourner à Camposenea. *Mais tu ne souhaitais pas à l'origine rester un seul trimestre, pas plus ?* Non, elle veut rester jusqu'à la fin de l'année, perfectionner sa maîtrise du français, elle veut continuer, dompter la langue maternelle de son grand-père. A-t-elle de nouvelles amies ? Oui, plein d'amies, dit-elle nonchalamment. Un sourire secret. Ils ne savent rien. Ils ne doivent rien savoir. Jamais.

À Camposenea, le printemps s'est installé pour de bon, Daphné découvre Meudon et Fleury envahis de verdure, de fleurs, de parfums. Lorsqu'elle descend la rue Banès pour se rendre à la gare, elle ne manque jamais d'admirer les demeures qui jouxtent Camposenea, la villa La Source avec son haut fronton, ses orangeries, la propriété Marbeau et sa chapelle, la villa Paumier et son immense parc, ses allées d'ormes.

Les soirs où il fait bon, après le dîner, Mlle Yvon emmène ses premières à l'arrière de la villa, tout en haut, près des vestiges du pavillon chinois de Mme Panckoucke. On peut s'y asseoir et contempler la vue sur Paris, l'air est délicieux, parfumé. Le jeu de la vérité, loin des murs de la villa, prend ici une autre dimension, les questions sont intimes, dérangeantes. Si vous étiez invisible, quelle est la première chose que vous feriez ? Quelle est la plus grosse bêtise que vous ayez pu commettre ? Si vous étiez un plat, que seriez-vous, et comment faudrait-il vous manger ? Votre rêve le plus inavouable ? Avez-vous déjà nagé nue ? La dernière fois que vous avez pleuré, c'était pour quoi ? Si vous étiez du sexe opposé, que feriez-vous en premier ? Quelle est la personne que vous préférez à la villa Camposenea ?

Certaines filles deviennent blanches, rouges, s'enfuient. Mlle Yvon pouffe, ses ongles vermeils en éventail devant sa jolie bouche. Seigneur, comme elles sont farouches ces petites Anglaises ! Sauf Mlle du Maurier. Regard bleu aussi aiguisé qu'un silex, menton volontaire, non, elle n'a peur de rien, cette petite, tout en conservant son charme de fille « de la haute », sa finesse, sa féminité. Elle ne craint aucune interrogation, répond du tac au tac avec une assurance et une provocation stupéfiantes et pose à son tour des questions qui désarment même les plus intrépides.

Tod est la seule au courant de la suite, Daphné s'en ouvre moins à ses sœurs, privilégie les lettres à sa gouvernante. *Au fait, cette femme dont je vous parlais, Mlle Yvon. Une attraction fatale ! Elle m'a littéralement ensorcelée, me voilà prise dans ses filets. « Vénitienne* » sans doute. Elle débarque dans la chambre aux moments les plus inattendus, elle est tout simplement sublime. Elle se montre particulièrement enjôleuse lorsque nous rentrons de l'Opéra, je monte à l'arrière avec elle dans le taxi, elle enroule son bras autour de moi, me force à poser la tête sur son épaule et se presse contre moi. Oh, cela semble horriblement sordide et vile raconté ainsi, mais ça flanque de ces frissons, croyez-moi !* Est-ce de l'amour ? C'est de l'ordre du secret, du clandestin, du cloisonné, des émotions intimes qui tourbillonnent à l'intérieur, un courant puissant qui secoue en permanence, mais dont il ne faut rien montrer en surface, ne rien dire, ne rien laisser filtrer, c'est dans la veine troublante de ce qu'elle a vécu il y a quatre ans avec son cousin Geoffrey et qu'elle n'a jamais oublié. Certaines filles sont jalouses de sa complicité avec Mlle Yvon, elle a remarqué ces regards en biais, ces chuchotements, cette suspicion.

Le pensionnat va bientôt fermer ses portes pour l'été, et Daphné y songe avec appréhension : comment va-t-elle faire sans la proximité de celle qu'elle appelle désormais «Ferdie»? Cela fait bientôt six mois qu'elle la voit chaque jour, en cours, dans les couloirs, lors des sorties, dans le «salon du fond», qu'elle prend ses repas avec elle, mais elle n'est jamais seule avec Mlle Yvon. C'est dans son journal qu'elle ose décrire tout ce qu'elle ressent, qu'elle s'affranchit, qu'elle donne libre cours à cette ardeur, et c'est dans ses lettres à Mlle Yvon qu'elle tente de révéler, timidement, sans tout dire, une amorce du courant bouillonnant qui l'agite, ses lettres qu'elle rédige en français, du mieux qu'elle le peut, en soignant l'orthographe, la grammaire. Ces lettres auxquelles Mlle Yvon répond par un simple regard, à peine appuyé, à l'insu de tous, et il y a dans ses yeux verts une promesse que Daphné intercepte et chérit.

Un espoir fou naît lorsque Mlle Yvon suggère à Daphné de venir passer quelques semaines à la fin du mois de juillet dans le Massif central, où elle doit faire une cure. Daphné souhaite-t-elle l'y escorter? Accompagner «Ferdie» en Auvergne, dans une station thermale? Le rêve! Aussi s'empresse-t-elle d'écrire à ses parents en leur louant les avantages de congés avec la directrice de son école, que souhaiter de mieux pour ses progrès en français? À la stupéfaction de Gerald et Muriel, elle tire un trait sur des vacances au soleil de Capri et Naples.

Elle suivra studieusement Mlle Yvon à La Bourboule.

Daphné n'en revient toujours pas. Elle est là, en plein été, à huit cents mètres d'altitude, les poumons remplis d'air pur, à contempler les hauteurs brumeuses du massif de Sancy aux côtés de Fernande Yvon. Ses parents ont cédé, si facilement. Dans une des dernières lettres, sa mère lui confie que c'est une excellente idée, ces vacances studieuses, La Bourboule, Mo le sait par ses chers amis les P., est un endroit charmant et dans le vent, fréquenté par Sacha Guitry et Buster Keaton, du beau monde. Il faut que Daphné écrive pour tout leur raconter ! Daphné sourit en repliant la lettre de sa mère, la poste italienne est lente, les missives familiales arriveront au compte-gouttes en Auvergne, et les siennes en retour mettront longtemps à atteindre ses parents à Capri.

Elle est libre. Jamais elle n'a ressenti cette sensation-là, cette indépendance. Chaque matin, Fernande part faire sa cure aux Grands Thermes, large bâtiment gris couronné d'étonnants dômes de style oriental. Que suit Fernande comme traitement, exactement ? Daphné n'en sait rien et Fernande ne le lui a pas précisé. Cela rajoute au mystère. En attendant son retour, elle écrit à ses sœurs, à Tod, puis longuement dans son journal. Plus tard, elle se promène dans les rues paisibles de la ville fleurie, fréquentées par des flâneurs élégants dont elle admire les toilettes, contemple l'église néo-romane construite en lave blanche, l'ancien casino coiffé d'une pagode reconvertie en mairie, elle traverse le Vendeix sur un pont dont les parapets sont ornés de mosaïques qu'elle effleure des doigts, s'assied sur un banc, s'adonne aux rayons du soleil. Elle observe la haute façade sable du Grand Hôtel Métropole, ses toits noirs et pointus, repère sa chambre, là, au quatrième étage, avec le balcon de fer forgé. Elle repense au voyage en train qui les a menées ici, Fernande et elle. C'était la première fois qu'elle effectuait un trajet aussi long avec une personne qui n'était pas de sa famille. Il avait fallu prendre un premier train à la gare d'Austerlitz, et huit heures plus tard, changer à Clermont-Ferrand pour emprunter un autre convoi, plus petit, afin d'atteindre la station. Daphné regardait le paysage défiler, s'émerveillait du spectacle montagneux et sauvage. Elle ne connaissait pas le centre de la France, imaginait que son grand-père n'avait jamais dû s'aventurer jusqu'à ces hauteurs vertes.

Elles étaient arrivées tard, un peu fatiguées, à l'hôtel. Elle revoit son premier dîner, seule avec Fernande, loin de Camposenea, loin de tout. Dans la salle à manger où régnait le brouhaha de convives bien mis, elles avaient dîné d'une assiette de fromages auvergnats, salade, et tranches fines de viandes séchées du pays. Fernande, volubile comme à son habitude, l'avait fait rire avec des jeux de mots sur le nom « Bourboule », inspiré selon leur maître d'hôtel par le patronyme celtique du dieu des sources, un certain Borvo. Leurs chambres sont communicantes. Par la porte fermée, cette première nuit, Daphné entendait la légère toux de la directrice, de l'eau qui coulait, puis le grincement du lit. Elle avait mis longtemps à trouver le sommeil.

À midi, Fernande revient des thermes, le teint rose et lisse.

Elles déjeunent à l'hôtel, puis prennent le funiculaire pour monter au plateau de Charlannes, qui surplombe La Bourboule à plus de mille mètres. Daphné s'amuse du petit train à la forme oblongue qui grimpe le flanc de la montagne telle une chenille, se creusant un chemin parmi les pins immenses. Là-haut, le panorama est époustouflant. Elles s'installent à la terrasse ombragée de l'hôtel du Funiculaire, commandent du thé, discutent et lisent. Depuis qu'elle est ici, Daphné lit, en français, les œuvres d'Anatole France, de Paul Bourget, de Jean Richepin, et surtout, de Maupassant. Ces lectures occupent une grande partie de la journée. C'est une fierté de pouvoir lire dans la langue de ses aïeuls, et quand elle sent un regard sur elle dans le funiculaire, avec *Une vie* ou *Bel-Ami* sous le bras, elle s'imagine qu'on pourrait la croire aussi française que Fernande.

Elles se parlent en français, toujours. De temps en temps, Fernande corrige Daphné sur la prononciation d'un mot, une tournure de phrase, mais elle est fière de sa jeune élève. C'est surtout Fernande qui prend la parole, Daphné l'écoute, religieusement, la directrice est plus que bavarde, et la jeune fille ne se lasse pas de son timbre grave, de ses rires de gorge. L'humour de Fernande est irrésistible, et Daphné succombe à son esprit malicieux. Elles s'esclaffent ensemble, de bon cœur. Entre deux tasses de thé, Fernande raconte son enfance à Avranches, en Normandie, son père, jardinier, s'appelle Ferdinand, et il attendait un garçon, Fernand; tant pis, ce sera Fernande! Sa mère, Maria, est originaire d'Aesch, en Suisse; elle est très proche d'elle. Quant à la vie amoureuse de Mlle Yvon, c'est un vrai roman, Daphné se demande si elle n'exagère pas un peu. Elle avait un fiancé, mort au front, un cousin fou d'elle, mais il la laissait indifférente, puis un ami cher, un jeune premier (assez connu, selon Ferdie) décédé dans un accident de voiture, sans compter les pères de quelques-unes de ses jeunes

94

élèves qui avaient tenté de la séduire derrière le dos de leurs épouses, et ce banquier parisien, si empressé, prêt à un échange d'avantages financiers si... Haussement d'épaules, sourire suggestif. Jamais Daphné n'a eu de telles conversations avec une autre femme. Elle n'est pas choquée, simplement éblouie. Pourquoi Fernande, qui va sur ses trente-deux ans, n'est-elle toujours pas mariée ? Elle n'ose pas le lui demander. Pourquoi cette liste interminable de soupirants ? S'imagine-t-elle qu'elle va impressionner la jeune fille ?

Daphné se tait, écoute. En dépit de l'attraction que Fernande exerce sur elle, elle se rend compte qu'elle est capable de se mettre à distance, comme si elle observait leur table de loin, et plus tard, elle décrira dans son journal la teneur exacte des conversations, les moues et les manières de Fernande, mais aussi le décor alentour, la lenteur dorée de ces après-midi à Charlannes, les ombres qui jouent sur le service à thé, le parfum résineux et persistant des pins, les rires des clients voisins. Désormais, elle sait narrer, retracer, saisir le détail le plus infime pour le retranscrire sur la page, et même si personne ne lit son journal, elle en tire un plaisir essentiel.

Fernande est affectueuse, câline. Lors de leurs promenades, elle prend Daphné par le bras, s'appuie contre elle, un passant pourrait les prendre pour deux amies heureuses d'être ensemble. Parfois, lors des repas, ses doigts effleurent ceux de la jeune fille. Lorsque Fernande raconte une plaisanterie, qu'elle rit aux éclats, elle pose sa main négligemment sur l'épaule de Daphné. Se doute-t-elle de l'émoi qu'elle provoque ? En relatant chaque scène dans son journal, Daphné s'interroge : dans un futur lointain, à la relecture de ces pages enflammées, dédiées à Ferdie, éprouvera-t-elle un sentiment de gêne ? Mais pour le moment, elle n'a que dix-huit ans, et la vie devant elle.

En fin de journée, le courrier est distribué à l'hôtel Métropole.

Une lettre d'Angela émeut Daphné. Elle y apprend que Katherine Mansfield, son idole littéraire, décédée il y a deux ans, avait vécu à Hampstead, à Portland Villas, tout près de chez eux. La fenêtre allumée la nuit entière, que Daphné voyait de sa chambre, c'était chez la romancière, une coïncidence qu'elle trouve magique. Fernande lit en fronçant les sourcils, elle soupire, pianote avec ses ongles sur la table. Son humeur est changeante, elle oscille d'un fou rire au silence préoccupé, puis à l'impatience irritée. Qu'y a-t-il dans ces lettres ? Pourquoi ne sourit-elle plus ? Lorsque Daphné le lui demande, Fernande répond qu'un rien l'énerve, riposte qui désarçonne la jeune fille, qu'est-ce que c'est un « rien », est-ce un mot, une ligne, une déception, une promesse non tenue ?

Pendant le dîner, si Fernande reste emmurée dans son mécontentement, Daphné prend encore une fois de la distance à l'insu de la directrice, se projette à l'extérieur de la scène, comme si elle devait la photographier avec des mots, et rien ne lui échappe, le pli d'amertume autour de la bouche de Fernande, sa façon de jeter un œil désabusé sur les convives de la table d'en face, le bâillement qu'elle masque d'une paume lasse, le sourire forcé qu'elle esquisse lorsque le maire de La Bourboule, M. Gachon, qui dîne à la table d'un émir, vient saluer chaque client. Puis, comme par miracle, sans que Daphné comprenne pourquoi, le visage de Fernande se détend, elle pousse son élève du coude lorsqu'une femme trop maquillée passe devant elles, réclame encore une part de tarte Tatin. Le pianiste joue *Plaisir d'amour*, un air dont Daphné ne se lasse pas. Son regard croise celui de Fernande.

Le séjour se déroule sous le soleil d'août, rythmé par la lecture, les montées à Charlannes, la cure de Fernande. Chaque nuit, Daphné écoute les bruits qui viennent d'à côté, le visage tourné vers la chambre de la directrice. Bientôt, elles rentreront à Paris, Daphné retrouvera Hampstead, et Fernande, la Normandie. Elles ne se reverront plus avant la reprise des cours, début octobre, à Camposenea. Deux mois sans se voir, sans se parler. Juste l'échange des lettres. Elle regarde à nouveau la porte. Hier soir, Fernande l'avait entrouverte pour lancer un bonsoir, vêtue d'une robe de chambre, ses longs cheveux noirs relâchés. La jeune fille lisait Maupassant dans son lit et cette apparition soudaine l'avait fait sursauter, son livre était tombé. Puis la porte s'était refermée. Elle n'avait pas pu fermer l'œil.

Était-ce un message ? Une invitation ? Daphné se lève, jette un coup d'œil par la fenêtre derrière le rideau. Il est tard, presque minuit. La place devant l'hôtel est déserte. Elle aperçoit le banc sur lequel elle s'assied lors de ses promenades, près du pont. Une lune pâle brille dans la nuit. Pas un bruit. Elle se retourne, contemple la porte communicante. Un rai de lumière filtre sous le battant. Fernande ne dort pas, non plus.

La voix d'Éric Avon chuchote tout à coup à son oreille et c'est son cœur pur de garçon qu'elle sent battre en elle, très fort. Allez, Daph, ouvre cette porte. Qu'attends-tu ?

C'est le dernier jour à La Bourboule. Demain matin, il faudra se lever tôt pour prendre le train. Les valises sont presque prêtes. Daphné et Fernande goûtent à la Maison Rozier, le salon de thé à la devanture de mosaïques dorées et bleues. Elles sont assises à l'étage, devant la vue sur la rue et les passants. Daphné lit *Le Horla*, Fernande écrit à sa mère. De temps à autre, Daphné lève les yeux de la page, et regarde la directrice, détaille sa peau de brune, ses cheveux noirs et brillants, sa petite main potelée, et elle se demande, dans un bourdonnement intense, si cela se voit, si le couple assis en face pourrait se douter, si c'est écrit sur leurs visages, à Fernande et à elle, si on peut deviner quoi que ce soit, détecter la passion, flairer le désir. Non, rien, on ne voit rien, juste une femme d'une trentaine d'années, penchée sur son courrier, et une autre, plus jeune, studieuse, un livre à la main, on ne voit rien, on ne remarque rien, leur secret sera bien gardé. En quittant la petite ville le lendemain matin, Daphné sait qu'elle ne reviendra pas à La Bourboule, mais c'est ici qu'elle aura vécu des moments intenses de sa vie de femme, des instants qui, même s'ils restent cantonnés aux pages de son journal intime, l'auront forgée.

À son retour à Hampstead, Gerald et Muriel découvrent,

amusés, et intrigués, une nouvelle Daphné, une vraie jeune femme, sûre d'elle, détendue. Elle est enjouée, moins farouche, n'hésite pas à accompagner ses parents à des cocktails, joue au tennis à Cannon Hall avec des princes et des vicomtes, se complaît dans une mondanité qu'elle avait auparavant boudée. Mais derrière l'agitation pailletée des sorties, Daphné pense toujours à écrire. Ne devrait-elle pas s'y mettre pour de bon? Ces quelques semaines avec Fernande n'avaient rien arrangé. Bon sang, elle ne sera jamais écrivain si elle ne s'en donne pas les moyens! Elle s'en lamente dans ses lettres à Tod. *J'essaie d'écrire, mais c'est d'un ennui...* Le comble, c'est que sa tante Billy lui a prêté une machine à écrire, et elle n'a même pas été capable de changer le ruban d'encre.

Septembre vient de s'écouler et c'est le moment de retrouver Camposenea pour le dernier trimestre. Camposenea, et Fernande. À présent, Daphné est entrée dans l'«élite» des premières. C'est une grande satisfaction. Les autres jeunes filles, envieuses, subodorent que quelque chose s'est tissé pendant les vacances entre Mlle Yvon et Daphné. Même Mme Wicksteed le remarque; elle ne dit rien, mais sa vigilance s'accroît.

Le 19 octobre 1925, pluvieux et frais, Fernande Yvon fête ses trente-deux ans. M. Sassisson, le chef, a prévu un gâteau. Il y a une ambiance de fête à Camposenea. Hélas, Daphné a pris froid et doit garder le lit. De sa chambre, elle entend les éclats de voix, les rires, le chant joyeux au moment des bougies, elle enrage de ne pouvoir être auprès de celle qui compte tant pour elle. Après une mauvaise nuit, Daphné se réveille avec une fièvre élevée, elle frissonne, tousse, se plaint de courbatures et de nausées. Elle semble épuisée. Une semaine plus tard, elle ne va pas mieux. Mme Wicksteed s'inquiète. Le médecin est appelé. Il diagnostique une mauvaise grippe et n'est pas satisfait de l'état des poumons de la jeune pensionnaire. C'est l'affolement. Gerald et Muriel réclament son retour immédiat à Hampstead, mais un spécialiste parisien, après avoir examiné la jeune fille, tranche qu'il est impossible de faire la traversée de la Manche dans son état. Elle ne peut non plus rester à Camposenea à cause de la température trop froide des appartements en ce novembre frisquet.

C'est une amie proche de Muriel, Mme Miller, richissime Américaine, épouse d'un imprésario, disposant d'une suite à l'hôtel de Crillon, à Paris, qui propose d'héberger la jeune fille le temps de sa guérison. Elle pourrait ainsi faire profiter Daphné de son médecin personnel, un Suisse qui fait des merveilles. Tout le monde est d'accord, sauf Daphné. Quitter Camposenea signifie quitter Fernande. Lorsque le chauffeur de Mme Miller vient la chercher, elle est abattue de chagrin, en larmes, comme un bambin arraché à sa mère. Emmitouflée dans des couvertures, elle sanglote de Fleury jusqu'à la place de la Concorde. Dans une chambre immense et surchauffée, lovée dans le luxe après les conditions spartiates de la pension, Daphné réclame les visites de Mlle Yvon, trop peu fréquentes à son goût. Cette dernière est-elle surveillée par Mme Wicksteed ? Toujours est-il qu'elles se voient peu, et c'est une souffrance. Daphné se soumet au traitement insolite du médecin, des injections de sel volatil, la pose de coussinets électriques sur l'abdomen et l'exposition à des rayons ultraviolets. L'assistant du médecin affirme que ce programme fait des miracles, mais précise que la clientèle de celui-ci est surtout composée de dames d'un certain âge. Au bout de quelques semaines à ce rythme, Daphné maigrit à une vitesse effrayante, et passe sous la barre des quarante-cinq kilos. Personne ne se doute que l'absence de Fernande dont elle guette chaque lettre, chaque appel, la fait dépérir. À force de recevoir des cartes tachées de larmes de sa fille qui se lamente au Crillon, Lady Mo décide de partir sur-le-champ pour Paris, accompagnée de Jeanne, quatorze ans, pour juger par elle-même de l'état de santé de Daphné.

En ce début décembre 1925, il neige sur Paris. Jeanne attrape un rhume. Daphné est rongée d'angoisse : ce soir, Ferdie vient dîner au Crillon, elle va rencontrer sa mère pour la première fois. Le médecin sera là aussi, avec Mme Miller. Que va déceler Lady Mo ? Va-t-elle se douter de quelque chose ? Daphné regarde sa mère en douce tandis que celle-ci observe Mlle Yvon pendant le repas. Fernande, vêtue d'un tailleur bleu marine strict, ses cheveux noirs coiffés en arrière, se montre sérieuse, attentive, professionnelle, une directrice vis-à-vis d'une élève. Lady Mo n'y voit que du feu. Elle trouve cette Mlle Yvon remarquable, efficace et énergique.

Le médecin conseille à Lady du Maurier d'envoyer sa fille à Davos pour continuer sa cure. Daphné explose. C'en est trop. Elle refuse d'aller en Suisse, elle ne quittera pas Paris. Après quelques échanges vifs avec sa fille, seules dans la chambre, Muriel obtempère. Le médecin propose que Lady du Maurier fasse revenir sa fille à Paris début janvier afin de poursuivre le traitement dans une clinique du VIIIᵉ arrondissement pendant six semaines. Muriel demande à Mlle Yvon si celle-ci peut superviser la cure de Daphné au mois de janvier, lors des vacances scolaires. Elles pourront loger dans un petit hôtel près de la clinique, Muriel prendra en charge tous les frais. Ensuite, lorsque les cours reprendront à Camposenea, Angela viendra veiller sur sa sœur à Paris, et la ramènera à Londres à la mi-février, à la fin du traitement. Mlle Yvon acquiesce, c'est un honneur pour elle de veiller sur la santé de Mlle du Maurier. Daphné retrouve un visage radieux, et au moment du départ de la directrice, elle dit au revoir à Mlle Yvon devant sa mère et sa sœur avec politesse, voire retenue, mais elle sait que Fernande saura trouver dans son regard la chaleur et la jubilation qu'elle attend, comme un code secret.

Le lendemain, Daphné suit sa mère et sa sœur à Londres, pâle et amaigrie, heureuse de retrouver son père et Angela, mais elle compte les jours jusqu'à son départ pour Paris et ses retrouvailles avec Fernande. Alors que les fêtes de Noël battent leur plein, Daphné s'interroge. Que va-t-elle faire de sa vie ? Qu'est-ce qui l'attend ? Lorsqu'elle reviendra à Londres pour de bon, en février prochain, comment reprendre la routine d'avant, les balades sur le Heath, l'écriture de poèmes et nouvelles qu'elle ne terminera jamais, la lecture de romans qu'elle dévore les uns après les autres ?

Dans son journal, le 31 décembre 1925, Daphné trace ces mots : *Début du danger. Le doute plane. Adieu les jours heureux*[1].

---

1. Cette dernière phrase est en français dans le texte.

Chaque soir, après la fin des soins du médecin à la clinique de la rue du Colisée, Daphné et Fernande dînent au Cheval Pie, à la façade noir et blanc, à colombages, sur l'avenue Victor-Emmanuel, tout près de l'hôtel où elles logent, rue de Ponthieu. On leur réserve une table, toujours la même, près des poulets rôtis en tournebroche, dont l'odeur alléchante ravive l'appétit de la jeune fille. Mais ce qui les divertit surtout, c'est la petite marche difficile à voir, située au beau milieu du parquet. Régulièrement, de nombreux clients y trébuchent pour s'étaler de tout leur long au pied de leur table. Les deux jeunes femmes se laissent aller à une hilarité contagieuse, et les serveurs accoutumés à leurs fous rires leur adressent des clins d'œil complices tout en aidant les clients déconfits à se redresser.

Daphné revit. Depuis son retour, le 4 janvier 1926, depuis que le visage rayonnant de Fernande lui est apparu sur le quai de la gare du Nord, il lui semble ne jamais avoir été aussi heureuse. Elle se doute que le médecin est un charlatan qui empoche impunément l'argent de ses parents pour une cure loufoque qui n'a plus lieu d'être puisqu'elle est guérie, mais elle est à Paris, dans cette ville qui l'ensorcelle, la ville de Kiki, elle est auprès de la personne qui compte le plus pour elle. Elle se sent parisienne jusqu'au bout des ongles, fière de son sang français, et Paris s'offre à elle, elle n'a plus besoin de le visiter à la va-vite avec un troupeau de camarades anglaises lourdaudes et mal fagotées, elle est libre de flâner le long des boulevards, d'arpenter les avenues, les parcs, les bords de Seine.

La première chose à faire, aller sur les traces de son grand-père, rive gauche, à pied ou en tram. Elle se plante devant le 53 de la rue Notre-Dame-des-Champs, rêveuse, imagine Kiki sortant de cette vaste porte cochère avec ses compagnons de l'atelier de Gleyre, puis elle sirote une limonade à la Rotonde ou au Dôme, boulevard du Montparnasse. Elle prend des notes dans son journal, ne perd pas une miette de ce que la ville lui offre, rien ne lui échappe, cette odeur si différente de celle de Londres, les passants qu'elle trouve plus élégants et plus amusants qu'à Piccadilly, les cafés bondés, le bruit, le trafic, les vitrines illuminées, la cadence exaltante de cette capitale où l'héritage affectif et littéraire de Kiki laisse une empreinte indélébile sur elle.

Parfois, Fernande l'accompagne, mais la plupart du temps, elle est seule. Elle aime remonter les Champs-Élysées, passer devant le numéro 80 où Kiki est né, descendre l'avenue Kléber vers Passy et la rue de la Tour, se replonger dans l'atmosphère du premier roman de son grand-père, pousser jusqu'au bois de Boulogne. Le lendemain, infatigable, elle se balade sur les quais, sous les flancs blancs de Notre-Dame, feuillette les ouvrages des bouquinistes. C'est un Paris personnel qu'elle se forge, un Paris du cœur qu'elle tisse de ses pas de grande marcheuse, la tête remplie de l'imaginaire nostalgique de Kiki. La nuit tombe vite en janvier, Fernande l'attend à l'hôtel du Rond-Point, rue de Ponthieu, et Daphné se presse pour la retrouver. C'est l'heure de se restaurer après ces longues balades, Fernande a commandé des brioches, des éclairs, du chocolat chaud.

Le traitement de Daphné touche à sa fin. Fernande doit retourner à Camposenea. Lorsque Angela débarque à Paris pour prendre la relève et ramener sa sœur à Londres, elle n'en revient pas de l'état de sa cadette, susceptible, à fleur de peau. Une Daphné qu'elle ne reconnaît pas. Rien ne semble l'égayer ni la distraire, quitter Paris est un drame, elle se sent comme Kiki, arrachée à une ville qu'elle aime tant, déracinée. Comment supporter ce retour à la grisaille londonienne, vivre loin de sa chère Fernande et subir l'autorité parentale dont elle s'est passée depuis presque un an ? Elle n'a jamais autant redouté cette traversée de la Manche. Ses parents se montrent conciliants devant sa mauvaise humeur et son manque d'entrain. La seule chose qui lui met un peu de baume au cœur, c'est la suggestion de Muriel : apprendre à conduire. Daphné s'y lance, et en quelques semaines, entraînée par ses parents et le chauffeur, elle est capable d'emmener sa mère chez le coiffeur, faire les courses chez Harrods. Deuxième raison de sourire : son propre chien, qu'elle baptise Jock, en souvenir de son westie d'enfance de Cumberland Terrace. Jock et Daphné deviennent inséparables, il dort dans sa chambre, se poste à la fenêtre dès qu'elle quitte Cannon Hall pour guetter son retour. Mais sous cette apparente sérénité qui rassure ses parents, la mélancolie et l'ennui rôdent. Dans son journal, elle donne libre cours à son mal-être : *Ils disent tous à dîner que j'ai l'air d'aller si bien. Ils diraient autre chose s'ils avaient une idée de ce que je ressens vraiment. C'est si facile de masquer mes sentiments, n'est-ce pas ? Ils ne se doutent pas à quel point mon esprit est affamé. Même si je lis Zola, Maeterlinck et Claude Farrère. Quand je suis de retour à la maison, je m'enferme dans une espèce de frénésie silencieuse et une brume de haine m'envahit.*

Comment se motiver ? Elle n'est pas satisfaite des quelques courtes nouvelles, dont *La Terreur*, qui raconte un cauchemar d'enfant, ou *La Vieille Femme*, qui met en scène une paysanne française, ni d'un long poème sans titre qui décrit son désenchantement. Elle se décourage. Jamais elle ne parviendra à écrire comme Katherine Mansfield. Et se faire publier un jour ? Impensable. Elle rêve de quitter Londres, dort mal, se traîne dans les couloirs de Cannon Hall. En mars 1926, Jeanne suggère une escapade de quelques semaines dans le Cumberland, cette région montagneuse située au nord-ouest, légendaire pour la beauté de ses lacs, et qui avait inspiré des poètes tels que Wordsworth et Coleridge. Jeanne a des amis qui ont logé dans une ferme près du Derwentwater, pourquoi ne pas y faire un tour ? Muriel saisit l'occasion, elle se doute qu'un changement d'air ne pourra que faire du bien à la taciturne Daphné. Et pourquoi ne pas inviter Mlle Yvon à rejoindre les filles lorsque Muriel sera obligée de revenir à Londres afin de ne pas laisser Gerald trop longtemps seul ? Daphné n'en revient pas de la suggestion de sa mère, ne s'est-elle doutée de rien ? Cela ne se voit donc pas, cette passion qu'elle vit à distance et en secret ? Elle se précipite pour écrire à Ferdie. Ce serait comme revivre La Bourboule, les balades, l'air pur, le paysage. Ferdie accepte, à la joie de la jeune fille.

Début avril, Muriel, Daphné et Jeanne partent pour le Cumberland en train, Muriel a loué des chambres à Mme Clarke, la propriétaire de la grande ferme. Dans son journal, Daphné décrit le plaisir qu'elle ressent à retrouver une nature sauvage, les collines, ruisseaux et rivières, les lacs aux surfaces argentées, les odeurs vertes des feuillages. Elle ne souhaite plus vivre en ville, se contenter d'un jardin emmuré, apprécie les rythmes d'une journée liée à la nature, s'intéresse aux fermiers et à leur labeur, et même les charmes des trottoirs de Paris s'estompent face à ce besoin qui s'ancre en elle, celui de connaître la force du vent, la saveur de la pluie, le désir de toucher la terre de ses mains, de la humer, de la palper. Chaque matin, elle part avec sa sœur et son chien à l'assaut des cimes aux noms enchanteurs : Cat Bells, Causey Pike ; avec sa mère, elle visite la petite maison blanche du poète William Wordsworth, Dove Cottage, restée telle qu'il l'avait laissée, elle marche sur la pointe des pieds à travers les pièces, charmée par la vue du bureau où il écrivit ses plus beaux vers.

Lorsque Fernande Yvon arrive à son tour, dix jours plus tard, c'est la pluie qu'elle amène avec elle, une grosse pluie d'orage, dense, incessante. Cela ne gêne pas Daphné, au contraire, elle ne se lasse pas d'admirer la nature qui se plie aux caprices du ciel, ces nuages lourds, ce vent qui hurle dans la cheminée. Ce n'est pas du goût de la Française sophistiquée dont les cheveux lisses frisent par ce temps humide, peu emballée par les excursions sous des trombes d'eau qui ne dissuadent pas les sœurs du Maurier. Il pleut chaque jour. Fernande préfère rester au coin du feu à bavarder avec la fille des fermiers aux sabots crottés, et Daphné, un matin, l'entend vanter la renommée de la famille du Maurier à une Mlle Clarke éberluée, elle lui décrit le grand-père d'origine française, célèbre dans le monde entier par ses livres et dessins, et le père qui est le plus grand acteur anglais vivant, rien que ça. Daphné n'en revient pas. Sa Ferdie qui se laisse aller à ce verbiage prétentieux. C'est une facette de la directrice qu'elle ne connaissait pas. (Plus tard, « faire sa Mlle Clarke* » signifiera entre Daphné et Fernande « en faire trop ».)

De retour à Londres, fin avril, alors qu'elle arrive dans le petit hôtel de Russell Square où elle loge, Mlle Yvon trouve une lettre de Mme Wicksteed, l'administratrice de Camposenea. Mlle Yvon est renvoyée. On n'a plus besoin de ses services à Fleury. Il n'y a aucune explication. Fernande est sous le choc, Daphné aussi. Pourquoi ce renvoi brutal ? Et si Mme Wicksteed avait soupçonné la nature de leurs relations ? Elle n'ose pas en parler à Ferdie. Elle n'a pas la possibilité de vérifier quoi que ce soit. Elle ne peut que tâcher de consoler Fernande, et l'approuver dans son choix de monter sa propre école à Paris. Le lendemain, Daphné l'accompagne à la gare Victoria ; elle sait qu'elle ne la reverra pas avant l'été. Impossible de l'embrasser tendrement en public, sauf sur les deux joues, à la parisienne. Le train s'éloigne, et la main gantée de Ferdie s'agite par la fenêtre. Deux mois sans voir Fernande. Cela va être long.

En ce début mai 1926, tandis que Daphné se tracasse à propos du sort de son ex-directrice, le pays est paralysé par une grève générale d'une ampleur sans précédent et qui dure dix jours. Les salariés manifestent contre la baisse des rémunérations et les conditions de travail des mineurs. Gerald est paniqué à l'idée de devoir annuler des représentations de sa nouvelle pièce au théâtre Wyndham, *L'Homme aux cent masques*, adaptée du livre de son ami romancier Edgar Wallace. En dépit d'une capitale bloquée par les grévistes, la première est un succès et la pièce reste longtemps à l'affiche. Daphné s'intéresse au prolifique Edgar Wallace et à sa méthode de travail. Il a publié des dizaines de livres à un rythme impressionnant, quel est son secret d'écriture ? Elle l'interroge, car il passe souvent à Cannon Hall avec sa fille Pat, qui a le même âge qu'elle. Il lui avoue être capable de «pondre» un roman en quelques jours. Daphné est sidérée, dévisage cet homme au crâne dégarni et au sourire affable, un porte-cigarette toujours à la main. La seule méthode qui marche, selon lui, c'est la discipline. Une discipline de fer. Il n'y a pas d'autre secret. Sans doute a-t-il raison. Il va falloir qu'elle se force à écrire au moins une page par jour. Au-delà du désir de devenir écrivain, il y a celui, plus impérieux encore, d'être indépendante, de gagner sa vie, de ne pas dépendre, comme ses sœurs, de l'argent de poche distribué par ses parents.

À presque dix-neuf ans, Daphné sait déjà qu'elle veut vivre loin de sa famille, loin de Cannon Hall. Elle doit s'en donner les moyens. Calfeutrée dans la petite pièce au-dessous des courts de tennis qui sent le renfermé et la transpiration, là où les joueurs se changent avant les matchs, elle s'installe avec carnet et stylo. *Je reste assise pendant l'après-midi entière et j'écris encore et encore. C'est laborieux. C'est tellement plus simple de penser les mots dans ma tête, vaguement, que devoir les mettre sur papier. J'écrivais mieux à quinze ans que maintenant.*

La belle saison qui s'annonce est pleine de tentations pour une jolie fille qui aime danser et rire, les invitations s'amoncellent, Daphné n'est jamais à court de chevaliers servants pour l'accompagner au bal, au théâtre, à une garden-party. Les écrivains doivent-ils s'enfermer dans une grotte pour écrire, se lamente-t-elle alors qu'on lui annonce que la voiture qui vient la prendre est arrivée et qu'elle n'a pas retrouvé la boucle d'oreille qu'elle cherchait. Ou bien, il aurait fallu qu'elle soit moins séduisante, qu'on ne la remarque pas, qu'on ne murmure pas sur son passage, c'est la fille du Maurier, la plus belle des trois. Elle écrira demain.

En fin de journée, le 15 juillet 1926, Daphné arrive à Paris, gare du Nord. Fernande lui a donné rendez-vous au café Le Dôme, au carrefour Vavin. Le lendemain matin, tôt, elles doivent prendre le train à la gare Montparnasse pour se rendre à Lannion, en Bretagne. Destination Trébeurden, le petit port de pêche sur la côte de granit rose. Ses parents ont accepté sans trop de difficulté qu'elle y accompagne Mlle Yvon. Une chaleur caniculaire s'est abattue sur Paris. Assise à la terrasse du Dôme, ce qui lui fait toujours penser à Kiki, Daphné reste à l'ombre, sa valise à ses pieds, écrit dans son journal, regarde discrètement les clients d'à côté, s'amuse d'un couple sans doute illégitime, la fille plus jeune que l'homme, leur air faussement naturel, leur nervosité palpable. Où en sont-ils de leur histoire ? D'où viennent-ils ? Elle tend l'oreille, ils sont britanniques, cela la fait sourire. L'homme peste, il n'arrive pas à trouver de chambre d'hôtel, tout est plein dans cette ville, c'est scandaleux, il se verse du vin d'une main malhabile, son faciès est luisant, congestionné, il est déjà soûl. La jeune fille, à peine plus âgée que Daphné, ne dit rien, mord ses lèvres, semble perdue, le teint blafard, les yeux cernés.

Daphné les contemple, pensive, et l'histoire s'impose d'elle-même, elle en voit la trame, sait comment l'amorcer, connaît déjà la chute. Elle n'a pas besoin de chercher, de réfléchir. C'est là. Tête penchée sur son cahier, elle ne remarque pas que Fernande s'est glissée à ses côtés tant elle est occupée à écrire, elle n'entend plus rien, elle est dans son élan, dans un univers qui n'appartient qu'à elle. Lorsqu'elle lève enfin les yeux, le regard vert de Fernande est posé sur elle, bienveillant, tendre. Daphné la serre fort dans ses bras, elle est heureuse de la retrouver, puis lui montre le cahier aux pages noircies, lui murmure que c'est le couple d'Anglais à côté qui l'a inspirée. Elle lui raconte le thème, et lorsque Fernande s'exclame en riant, mon Dieu, quelle horreur cette histoire, Daphné rit aux éclats, elle hoche la tête, surexcitée, oui, c'est une histoire noire, abominable.

Fernande a réservé dans un hôtel situé sur une des petites rues qui débouchent sur le boulevard du Montparnasse. Elle prévient la jeune fille en plaisantant : ce n'est pas le Crillon, ni l'hôtel du Rond-Point, mais tout était complet, elle n'avait pas le choix. Sur le pas de la porte, la patronne de l'établissement les toise d'un œil goguenard et méprisant, comme si elle savait tout d'elles, comme si elle n'approuvait pas mais qu'elle en avait vu d'autres, et Daphné note son visage blanc et bouffi, ses cheveux teints d'un roux terne, comme elle note le décor miteux de l'hôtel sordide, un vrai hôtel de passe, souffle-t-elle à Fernande qui s'esclaffe – les murmures derrière les portes, l'escalier au tapis maculé, le papier peint hideux, des relents d'air vicié, le pichet ébréché, la vue sur une cour obscure où pendouillent des serpillières. Au cœur de la chaleur accablante qui semble ne pas vouloir lâcher prise alors que la nuit est tombée, Daphné tisse son récit, y pense sans cesse pendant le dîner avec Fernande dans une brasserie du boulevard. Elle écoute patiemment son amie se plaindre de la canicule, de sa fatigue, de ses difficultés à monter son école, et la construction de l'histoire ne la quitte pas, jusque tard dans la nuit, dans la moiteur étouffante de la petite chambre au dernier étage.

Le lendemain, dans le train alors que Fernande somnole, Daphné écrit toujours, elle se relit, rature, corrige. Elle réveille Fernande doucement, lui tend le cahier, Fernande déchiffre l'écriture volontaire et décidée, met un peu plus de temps car c'est de l'anglais, puis à la fin, elle sourit, tapote le poignet de la jeune fille : mais où va-t-elle chercher tout ça, elle a vraiment une imagination débordante, c'est épouvantablement macabre, cette fin ! Daphné hoche la tête, l'eau de rose ce n'est pas pour elle, ce qu'elle veut, c'est que son lecteur soit saisi à la gorge, c'est ne jamais laisser indifférent. Ce couple d'Anglais, ça s'annonçait mal pour eux, il n'y avait qu'à voir leurs têtes, ils allaient passer une nuit cauchemardesque, ça se voyait. La jeune fille reprend le carnet, trace fermement un mot en haut de la page, le titre de la nouvelle.

Panique.

Quel bonheur de quitter l'étuve qu'est Paris pour la brise marine de Trébeurden, de respirer sa fragrance d'algue et de sel. L'hôtel de la Plage est situé presque au bord de l'eau, à côté du petit port de Trozoul. Le port, un bien grand mot ! Il n'y a qu'une trentaine de canots de pêcheurs et quelques voiliers. Daphné aime la sonorité des noms bretons qu'elle entend dans la bouche des autochtones, les prononce en riant, en faisant bien rouler les *r*, Pleumeur-Bodou, Lan Kerellec, Goas-Treiz, Trémeur. Fernande semble moins préoccupée, se laisse aller au soleil, retrouve le sourire. Daphné nage chaque matin, découvre des criques désertes où elle peut se baigner nue à l'abri des regards dans une eau turquoise. Elle aime regarder le Castel, promontoire rocailleux qui empiète sur les flots avec un gros rocher en forme de profil, admire l'île Milliau, accessible à pied à marée basse, par grands coefficients. Un délice de marcher dans le sable encore mouillé, de découvrir, dans des flaques, ce que la mer a laissé en se retirant, les algues, les palourdes, les tourteaux qui font la joie des pêcheurs.

L'après-midi, les jeunes femmes partent en excursion en char à banc du côté de Perros-Guirec, reviennent fatiguées mais heureuses, le sang fouetté par l'air marin. Pendant que

Fernande fait la sieste, à l'heure la plus chaude, Daphné se promène dans les hauteurs de la petite ville, admire l'architecture gothique du château Ker Nelly, passe devant un manoir abandonné, s'arrête quelques instants, envoûtée par les ruines des hauts murs, les vestiges d'une tour carrée, se met à rêver de ce qui aurait pu se passer ici, il y a des centaines d'années. Rue de Bonne-Nouvelle, plus haut dans le bourg, elle aperçoit le clocher rectangulaire d'une chapelle ancienne en granit, située en bordure de route. Il y a peu de monde lorsqu'elle s'y glisse, elle s'assied sur un banc en bois, admire la charpente en forme de carène de navire renversée. Au-dessus de l'autel, elle remarque un retable à colonnes représentant la Vierge Marie devant un paysage maritime, des bateaux ex-voto, des inscriptions sur des petites plaquettes : «Priez pour mon fils en mer.» Soudain, c'est le déclic, comme à la terrasse du Dôme, elle sort de la chapelle avec le début d'une histoire qui démarre dans sa tête, elle a déjà la première phrase : *Il faisait chaud et lourd, une chaleur oppressante, sans vie, sans air.* Un conte triste qui met en scène une jeune fille naïve, fiancée à un marin volage, et qui vient prier dans cette église.

Plus tard, dans le silence de la chambre, tandis que Fernande somnole encore, Daphné écrit devant la fenêtre, face à la mer. De temps à autre, elle se retourne pour regarder Fernande qui dort, ses cheveux noirs épars sur l'oreiller, une épaule plantureuse dénudée par le drap froissé. Le titre de sa courte nouvelle : *La Sainte Vierge.* À l'heure de l'apéritif sur la terrasse (Dubonnet rouge pour les deux), Daphné tend le carnet à Fernande, attend l'approbation, guette chaque expression du visage de son amie. Pourquoi les écrits de la jeune fille sont-ils aussi lugubres, noirs, alors qu'elle est drôle et gaie dans la vraie vie ? Il vaut mieux cela que le contraire, répond Daphné, le nez retroussé par une grimace comique qui fait rire Fernande.

Les jours d'été s'étirent entre mer, baignades, promenades et lectures – Maupassant, D'Annunzio, Voltaire. Chaque matin, de sa fenêtre, Daphné contemple les rondeurs vallonnées de la petite île de Molène, ressent une attirance pour son aspect inhabité, sauvage. Un jour, elles louent la barque d'un pêcheur pour en faire le tour, admirent la plage de sable fin qui semble vierge, les dunes blanches. Daphné se met à rêver de vivre au bord de l'eau, comme si la devise de Trébeurden, *Ar Mor Eo Ma Plijadur* (la mer est mon plaisir), avait été écrite rien que pour elle.

À son retour fin août, la famille de Daphné s'émerveille de son éclat, de sa joie de vivre, même si personne ne se doute à quel point Fernande et la France lui manquent. Dans la salle à manger, après le dîner du dimanche, Daphné fait lire à son père les deux nouvelles et les quelques poèmes qu'elle a écrits pendant son séjour en Bretagne. À son étonnement, il semble fier d'elle, l'encourage, n'est pas rebuté par la noirceur des textes, lui murmure avec tendresse qu'un jour, il l'espère, elle écrira des romans encore plus célèbres que *Trilby*. *Tu me rappelles tant mon papa, depuis toujours, le même front, les mêmes yeux. Si seulement tu l'avais connu.* Aura-t-elle le courage de travailler avec autant d'acharnement que Kiki, de se lancer dans un roman ? Ne ressent-elle pas déjà le même amour que son grand-père pour Paris, la même curiosité envers leur noble famille de souffleurs de verre ?

Chaque semaine elle guette les lettres de Fernande. Celle-ci a trouvé une maison à Boulogne-sur-Seine, et a déjà deux pensionnaires pour lancer sa *finishing school*. Daphné n'a qu'une envie : retrouver le chemin de Paris, revoir Fernande. Angela à son tour lit ses nouvelles et l'encourage. Daphné s'apprête à poursuivre sa discipline d'écriture dans une chambre inutilisée au-dessus du garage de Cannon Hall, mais l'inspiration lui fait défaut. Un matin, au petit déjeuner, alors qu'elle serre la dernière lettre de Ferdie dans sa main, sa mère annonce d'un ton léger : *Ton père et moi avons réfléchi, ce serait une bonne idée de trouver une maison de vacances à acheter, au lieu de passer nos congés à l'étranger. La dernière pièce de ton père a bien marché, nous songeons à investir. Tu aimerais ça, non, une maison au bord de la mer, pour nager, te balader ?* Daphné reste méfiante, décèle un complot parental fomenté dans le but de la dissuader de retourner en France et de revoir Fernande. Ses parents doivent, depuis le temps, deviner l'intensité des liens qu'elle partage avec son ex-directrice.

Du bout des lèvres, en haussant les épaules, elle accepte d'accompagner sa mère et ses sœurs en Cornouailles le 13 septembre 1926, pour visiter des maisons.

Elle ne se doute de rien, mais ce voyage va bouleverser sa vie.

III

Cornouailles, 1926
Ferryside

« La liberté, celle d'écrire, de marcher, de flâner,
de gravir une colline, de sortir un bateau, d'être seule. »

Daphné du Maurier

Fowey, Cornouailles.
Novembre 2013.

Il faut presque quatre heures de train pour relier Londres à la petite ville de Fowey, en Cornouailles, dans l'extrémité sud-ouest de l'Angleterre. C'est une région maritime, sauvage, au littoral escarpé, constellée de criques et de ports de pêche. Le vent y souffle avec vigueur, le ciel est le plus souvent chargé, la mer aux tons émeraude est sujette à la houle.

En marchant dans les ruelles étroites de la ville, aussi pentues que celles de Hampstead et de Fleury, je comprends pourquoi Daphné est tombée amoureuse de cet endroit car, même en ce mois de novembre, la lumière est magnifique. En comparant avec des photographies de Fowey qui datent de 1926, je constate que peu de constructions modernes sont venues endommager la beauté des lieux. Les devantures des maisons anciennes sont blanches, roses, jaunes, ou bleu pâle, celles des boutiques et des pubs rouges ou vertes. Ici, les habitants sourient, disent bonjour, même à moi, l'étrangère.

Au coucher du soleil, je me promène le long de l'esplanade dans les hauteurs, vers la pointe Saint Catherine, là où subsistent les ruines d'un château. Je passe devant Whitehouse Beach et l'hôtel Fowey, devant Readymoney Cove, échancrure dans la côte rocheuse avec sa plage de galets. Je grimpe jusqu'aux ruines. La mer s'étend, infinie.

Je sais que Daphné est montée jusqu'ici, elle le décrit dans ses mémoires, elle s'est tenue où je me tiens à présent, elle a posé ses mains sur cette même balustrade, elle a contemplé la baie, là où la rivière Fowey se jette dans la mer face au village de Polruan qui se dresse sur la colline avec ses maisonnettes blanches et grises, découpées sur la verdure. Le soleil disparaît dans des stries pourpres, les mouettes crient au-dessus de ma tête, et en bas de la falaise, le ressac gronde.

Le lendemain matin, sous un ciel clair, je me rends de l'autre côté de la ville, vers Bodinnick. Au bord de l'estuaire, se tient une maison blanche à l'allure curieuse de chalet suisse, avec des colombages bleus. Une figure de proue représentant une silhouette de femme est fixée sous la dernière fenêtre à droite, au premier étage. Il faut emprunter le petit ferry qui passe tous les quarts d'heure pour traverser la rivière. En m'approchant, je distingue les grosses lettres blanches sur la façade. *Ferryside*.

C'est dans cette maison que Daphné du Maurier a écrit son premier roman, à vingt-deux ans. Aujourd'hui, c'est son fils qui y vit.

Depuis le départ de leur train ce matin à Paddington Station, Daphné regarde par la fenêtre et s'ennuie ferme. Elle n'a même pas envie de lire. Muriel, Angela et Jeanne sont enchantées par ce voyage et leur mission : dénicher une maison. Rien ne semble pouvoir sortir Daphné de sa torpeur, elle écoute à peine ses sœurs, sa mère, elle pense, comme toujours, à Fernande, à cet été magique qui lui paraît lointain à présent, alors que cela ne fait que deux semaines qu'elle a quitté Trébeurden. De temps en temps, elle devine le regard de sa mère sur elle, ce regard qui la scrute, qui la juge, et elle soupire : comme ils sont fatigants, ses parents, et comme ils la comprennent peu !

Elle somnole, déjeune à peine, refuse de se pâmer avec les autres lorsque le train s'engage sur l'impressionnant pont ferroviaire de Saltash qui franchit le fleuve Tamar, construit par le célèbre ingénieur Isambard Kingdom Brunel. À partir de maintenant, elles sont en Cornouailles, clame sa mère, et Daphné roule des yeux, avachie dans son fauteuil. Elle aurait pu être tranquille à Cannon Hall à essayer d'écrire, à fignoler d'autres nouvelles, d'autres poèmes, au lieu d'être embarquée à l'autre bout du pays contre son gré. Malgré sa mauvaise humeur, elle ne peut s'empêcher de remarquer que le paysage a changé, c'est de l'herbe luxuriante à perte de vue, la mer turquoise joue à cache-cache avec le train, le ciel est traversé de lumières somptueuses, tout semble brossé avec une infinie palette de verts, à part les touches roses des salicaires, et celles, écarlates, des mourons des champs.

Le lendemain matin, Muriel loue une voiture avec chauffeur pour rouler en direction de Saint Austell, vers l'ouest. Le soleil brille avec une force quasi estivale. La voiture emprunte la route de bord de mer et le pouls de Daphné s'accélère. Elle qui a pourtant mal dormi ouvre grand les yeux, ne dit pas un mot, éblouie par la côte rocheuse qui se déploie à sa gauche, et soudain, en haut de la colline, lorsque la baie de Fowey s'offre dans toute sa splendeur et qu'elle voit l'immensité de l'eau, les jetées, les bateaux amarrés, les petites maisons accrochées aux flancs de la falaise, elle peut à peine respirer tant l'émotion l'étreint. Elle a l'impression d'arriver chez elle, dans une contrée qu'elle aime et à laquelle elle appartient.

La voiture les laisse à Bodinnick, en bas du chemin, devant la rivière. C'est l'heure du déjeuner ; pourquoi ne pas s'arrêter au Ferry Inn voisin, elles pourront ensuite prendre le bateau pour traverser. Daphné remarque un grand panneau « À VENDRE » devant une maison en mauvais état érigée au bord de l'eau, à côté de l'embarcadère. Un des passeurs leur apprend que oui, en effet, elle est à vendre, la bâtisse s'appelle le Cottage Suisse, elle servait jadis à construire des bateaux, il n'y a que le haut qui soit habitable.

Pendant le déjeuner sur la terrasse du Ferry Inn, Daphné et ses sœurs ne cessent d'admirer l'étonnant Cottage Suisse en contrebas. Elle a quelque chose, cette maison, un charme, un potentiel, elles sont toutes d'accord. Au moment du café, les filles laissent leur mère deviser avec le patron de l'établissement, et redescendent le chemin vers la rivière, pénètrent dans le terrain boueux qui entoure la curieuse demeure, pour constater qu'elle est troglodyte, le dos bâti à même la falaise, détail qui les séduit d'autant plus. La grande pièce du bas, ouverte à tous vents, traversée par un petit ruisseau, servait à construire les coques des navires, tandis qu'au premier, on fabriquait et stockait les voiles.

Daphné se poste devant l'eau, hume la saveur de l'air, les odeurs de goudron, de cordage, de rouille, mélangées aux relents salés de la marée. Tout à coup, elle comprend, secoue la tête avec incrédulité, Fowey ressemble à Trébeurden, cette terre bretonne où elle fut si heureuse, libre, loin de tout, loin de Londres. Trébeurden et l'amour secret avec Ferdie, l'écriture, l'inspiration, et au-delà de tout, l'incantation de la mer. Fowey et Trébeurden sont des sœurs miroirs qui se font face dans les deux pays qu'elle aime, le pays de ses ancêtres et celui de sa naissance, des jumelles aux mêmes couleurs, parfums et sonorités.

Jeanne la rejoint, remarque son émoi, glisse un bras autour de son cou, Angela vient les retrouver, et ensemble, elles contemplent le flux ininterrompu du trafic maritime, barques de pêcheurs, yachts, voiliers, péniches, gros navires guidés par des remorqueurs. Les marins aperçoivent les jeunes filles, font résonner leur corne de brume en leur adressant des saluts de la main. Plus tard, elles empruntent le ferry avec Muriel, déambulent dans les rues de Fowey, pour s'installer en fin de journée au Fowey Hotel, où elles passeront trois nuitées, le temps d'avancer sur l'achat de la maison, car oui, elles l'ont décidé, toutes les quatre, avec allégresse, sans même consulter Gerald qui leur a donné carte blanche, le Cottage Suisse sera à eux, à la famille du Maurier, qu'importe la somme et la nature des travaux, qu'importe si elle n'est pas prête avant l'été prochain, ce sera leur maison, et elle s'appellera Ferryside.

À l'automne, Daphné porte toujours la lumière de Fowey dans ses yeux et dans son cœur, et la pièce sombre au-dessus du garage où elle essaie de travailler à Cannon Hall l'inspire peu. Pourtant elle s'attelle à la tâche, écrit quelques poèmes et des nouvelles. Les travaux de Ferryside sont lancés par Lady Mo, infatigable et enthousiaste. Elle sillonne la capitale pour dénicher tableaux, meubles et chintz à son goût, tandis qu'en Cornouailles, la toiture est refaite, des escaliers sont construits, des plafonds abaissés, des salles de bains ajoutées, sous la sur- veillance d'un maître d'œuvre. Le chantier avance à grands pas. J. M. Barrie apprend à Muriel et Gerald qu'un de ses amis chers, le romancier Sir Arthur Quiller-Couch, fils d'un médecin cornouaillais, vit à Fowey dans une grande maison qui surplombe la baie, The Haven. Barrie organise un dîner à Londres pour que tous fassent connaissance. Quiller-Couch et son épouse sont ravis de savoir que les du Maurier seront bientôt leurs voisins. Leur fille, Foy, a quelques années de plus que Daphné. Malgré la rencontre avec Arthur Quiller-Couch, surnommé «Q», intellectuel renommé qu'elle admire depuis qu'elle a lu *L'Art de l'écriture,* il n'y a qu'un chiot, adorable gol- den retriever, pour rendre le sourire à Daphné, et chaque jour elle parcourt le Heath avec lui, à en perdre haleine. Gerald, ainsi qu'il le fut avec Angela l'année précédente, se montre possessif, surveille ses promenades, ses soirées, veut savoir avec qui elle rentre, avec qui elle sort. Daphné trouve ces interrogatoires insupportables, ils sont pires encore, d'une agressivité effrayante, lorsqu'il a bu. Pour qui se prend-il? Pourquoi sa mère ne met-elle pas un terme à ces accusations? Elle ne fait rien de mal, elle s'amuse. Comment peut-il se permettre de lui donner des leçons alors qu'elle sait qu'il trompe Muriel avec les jeunes actrices de son «écurie»? Sa vision de l'amour, du sexe et du mariage n'en devient que plus sombre encore, cela se ressent dans son écriture, des nouvelles courtes et incisives qui mettent en scène des femmes bafouées, manipulatrices, des hommes veules, sans scrupules, guidés par leur seul désir.

Il lui faudra patienter jusqu'à novembre avant de revoir Fernande. Entre-temps, Mlle Yvon a ouvert sa propre école à Boulogne-sur-Seine, avec deux élèves, ses nouvelles pensionnaires. Elle a adopté un chien, un berger allemand, Schüller. Daphné se sent à l'aise dans la modeste maison de la directrice, rue des Tilleuls, à deux pas du bois. Elle préfère séjourner là qu'à l'hôtel, profite de son statut de préférée vis-à-vis des nouvelles élèves de Ferdie. En quelques jours, elle réussit à amadouer le féroce Schüller et pendant que Fernande donne ses cours, la jeune fille part le promener. Les deux semaines s'écoulent vite.

À Hampstead, confrontée aux interrogations de Gerald et à l'indifférence tout en demi-teintes de sa mère, c'est un soulagement pour Daphné d'accepter l'invitation du grand ami de la famille, Edgar Wallace, qui lui propose de passer les fêtes de fin d'année avec sa famille à Caux, en Suisse, au luxueux Palace Hôtel. Angela l'accompagne. Elles n'ont jamais été aux sports d'hiver, c'est une révélation, surtout pour Daphné, plus sportive qu'Angela. Dans un décor neigeux et féerique, elle découvre le ski, la luge, le patin. Le soir venu, la fête bat son plein dans la salle de bal du Palace Hôtel, et les sœurs du Maurier, libérées du joug paternel, ont un succès fou, Angela pour son humour et son rire communicatif, Daphné pour sa beauté et son talent de danseuse. Elles passent leurs nuits au bar, à boire, rire et danser, comme toutes les filles de leur monde doré, le champagne coule, les têtes tournent, les garçons affluent, les baisers sont distribués dans un vertige d'amourettes. Pour la première fois de sa vie, à presque vingt ans, alors qu'elle évolue sur la piste de danse sous des yeux admiratifs, Daphné se sent belle, mesure son capital de séduction.

En mars 1927, Daphné se rend à Berlin avec l'actrice Viola Tree, amie proche de ses parents. Viola a des rendez-vous professionnels à effectuer pendant son séjour, elle doit rencontrer un metteur en scène, visiter quelques théâtres. C'est sans doute une nouvelle diversion parentale, mais Daphné s'y plie sans protester : Viola est une femme exquise, et la jeune fille est curieuse de découvrir Berlin. Dans son journal, elle écrit : *Climat d'efficacité totale. Calme. Peu de monde, presque pas de trafic dans les rues. Luxe inouï de l'hôtel Adlon, où Viola, aussi surexcitée qu'une gamine, fait couler l'eau chaude à flots. Dîner dans un café bourgeois. Mon Dieu, comme les Allemands aiment manger.* Le lendemain, la balade dans les jardins de Tiergarten n'a rien à voir avec celles du bois de Boulogne, les passants ont des traits lourds et épais, et même si l'ex-palais du Kaiser à Potsdam est impressionnant, le palais de Sans-Souci également, où vivait Frédéric le Grand, ce n'est pas Paris. Aucune ville ne pourra remplacer Paris dans le cœur de Daphné. Elle y retourne en avril, chez Ferdie, pendant trois semaines, profite de ses virées au bois avec Schüller, s'aventure seule rive gauche tandis que Fernande donne ses cours, s'installe au Dôme sur les traces de Kiki et boit de la limonade. Quelque chose a changé, pourtant.

Paris conserve son attrait, Fernande aussi, mais à présent un autre endroit envoûte Daphné, un lieu auquel elle pense sans cesse. C'est Fowey. Elle n'a que ce nom-là à la bouche, se plaint Fernande, qui se sent délaissée. L'esprit de Daphné est ailleurs, elle rêve de retourner à Fowey, de revoir Ferryside après huit mois de travaux menés tambour battant par sa mère, et Ferdie, attristée, le ressent.

Quelques jours avant son vingtième anniversaire, le 9 mai 1927, Daphné prend le train pour retrouver Muriel et Angela qui ont installé Ferryside avec l'aide de Viola, et cette chère Tod, venue leur rendre visite. Daphné est stupéfaite par la transformation de leur nouvelle demeure, sa mère a fait des merveilles. Elle découvre au rez-de-chaussée un vaste salon lumineux et confortable qui remplace l'ancienne fabrique de bateaux, au premier étage, au lieu d'espaces de stockage, elle admire plusieurs chambres agréables et une salle de bains moderne. Au dernier niveau, la chambre des parents, leur salle de bains, une grande salle à manger et une cuisine équipée.

Le vrai miracle, c'est que Daphné a obtenu l'autorisation parentale de rester seule à Ferryside pendant un mois, après le départ des autres le 14 mai. Elle n'en revient toujours pas. Ont-ils cédé par faiblesse ? Ont-ils accepté l'emprise de Fowey sur elle ? C'est en tout cas une preuve de confiance. Une femme du village viendra faire la cuisine et le ménage, mais à part cette brave Mme Coombs et le jardinier, Biggins, Daphné sera seule, pour la première fois. La voiture embarque Muriel, Angela, Tod et Viola, la lourde porte en bois se referme. Daphné saute de joie, caresse les murs rugueux du fond du salon, ceux qui font partie de la falaise, palpe leurs fraîches anfractuosités, chante à tue-tête, sort par la chambre du premier, qui possède sa propre porte sur le jardin. Elle gambade dans l'herbe, offre son visage au soleil de mai, comme la vie est belle, elle a vingt ans depuis hier, elle est seule dans l'endroit qu'elle préfère au monde. C'est le plus beau cadeau d'anniversaire que ses parents pouvaient lui faire, lui offrir cette liberté, ici et maintenant.

Avant tout, il lui faut apprivoiser son royaume, apprendre à le connaître, dans ses moindres recoins. Daphné se réveille de bon matin, bercée par les cris des mouettes et les cornes des bateaux, prend un petit déjeuner rapide, chausse des bottes de mer, enfile un pantalon (elle ne supporte pas les jupes, jugées peu pratiques) et un chandail marin, sans oublier sa casquette vissée sur ses cheveux courts. Elle ressemble à un matelot et cela lui plaît. Elle part à pied, un bâton à la main, monte derrière la maison, tourne à droite après les vestiges de la chapelle Saint John, grimpe le long du sentier vers Pont Pill, estuaire tranquille de la rivière Fowey qui s'insinue dans la verdeur des fougères. Un panneau avertit que les lieux sont privés, elle n'en a cure, s'engage dans les bosquets, enivrée de l'odeur de la terre humide, se dirige vers Polruan, en traversant par Saint Wyllow. Le soleil perce à travers le feuillage touffu, un ruisseau babille, tout près, et derrière un buisson, une mare ombreuse scintille. Elle passe devant d'anciennes carrières, des fours à chaux désaffectés, des silos d'orge, des réserves de charbon. En contrebas, sur les couches de vase qui se dessèchent à marée basse, elle remarque la carcasse d'un schooner, avec une figure de proue toujours arrimée à sa coque. Fascinée, elle dévale la pente vers la crique pour regarder de plus près les restes de la goélette abandonnée, lit le nom qui se détache encore sur sa poupe, *Jane Slade*. Quelle était son histoire ? Où avait-elle navigué ? Comme elle avait dû être fringante avec à sa proue cette femme aux cheveux noirs, le visage levé et souriant, un bouquet de fleurs serré sur la poitrine.

Tout en haut du chemin, à Lanteglos, sur la route de Polruan, après une côte raide, se trouve une petite église en pierre qui lui rappelle la simplicité de Notre-Dame-de-Kergonan, à Trébeurden. Daphné aime s'y arrêter, admirer les anciennes tombes où les patronymes des défunts sont envahis par un lichen orangé tenace. Un matin, elle parvint à déchiffrer le nom *Jane Slade 1812-1885* sur une des sépultures. Le même que sur le vaisseau naufragé. Qui était cette fameuse Jane Slade ? Comment en savoir plus ? Daphné pousse l'épaisse porte de chêne qui s'ouvre avec un grincement, pénètre dans la quiétude d'un espace sacré qu'elle respecte, même si elle n'est pas pratiquante, se nourrit de la paix qui émane de ces vieux murs de pierre jaune, des vitraux tournés à l'ouest qui captent une lumière d'espérance, et sur les bancs en bois sculpté usés par le temps, elle mesure la ferveur laissée par les générations de familles de marins venues se recueillir, comme à Trébeurden.

Lorsqu'elle redescend au village, les habitants qui la croisent sont accueillants, ils ont appris à repérer sa fine silhouette de garçonne, ses longues enjambées sportives, tous la saluent, l'appellent Mlle Daphné, et elle commence à connaître leurs noms en retour, les Bunnys, les Hunkin, le capitaine Bate, Mlle Roberts… Elle passe sur le quai, observe les bateaux, note leurs noms, leurs formes, imagine leur chargement, où vont-ils, quelles sont leurs escales, tout l'intéresse dans ce monde maritime qu'elle découvre avec ferveur. Du monde entier, des navires accostent à Fowey pour chercher des cargaisons d'argile et de kaolin, là-bas, à Carne Point, devant l'embarcadère équipé d'assemblages sophistiqués. Daphné s'y rend, regarde les opérations, la voilà recouverte de poudre blanche, elle en rit, elle n'aime rien tant qu'écouter les marins, se nourrir de leurs histoires de mer, de tempête, captivée par ces hommes qui passent plus de temps sur l'eau que sur la terre ferme.

Il y en a un, en particulier, qu'elle pourrait entendre pendant des heures, Harry Adams, un vétéran de la bataille du Jutland, grand gaillard aux traits burinés, dans la force de l'âge, amusé par cette jeune fille de bonne famille au visage d'ange, qui s'habille comme lui. Elle veut apprendre à naviguer ? Parfait, il sera son professeur, il connaît l'embouchure comme sa poche. Grâce à lui, elle sait en quelques semaines comment hisser une voile, décrypter le vent et sa puissance, barrer, prendre le large. Avec lui, elle pêche, même par mauvais temps, ne frémit pas lorsqu'il faut retirer l'hameçon de la bouche d'un poisson frétillant, n'a pas peur des longues anguilles qu'ils remontent près des jetées, le soir, après le coucher du soleil. Face à face dans la barque de pêche, ils discutent, il lui raconte l'histoire de Fowey, sa jeunesse, son amour de la mer. Connaît-il à tout hasard l'histoire du *Jane Slade*, l'épave du schooner qui gît à Pont Pill ? Et comment, il connaît ! Il est marié avec une Slade, la petite-fille de la fameuse Jane, et son beau-frère dirige un chantier naval à Polruan, ce dernier a certainement des vieilles lettres quelque part, il veut bien aller se renseigner, ça l'intéresse ?

Dans l'ivresse des premières semaines, Daphné oublie presque ce qu'elle est venue faire à Ferryside, écrire. Elle se met au travail, rédige un poème inspiré par Jane Slade, puis une nouvelle, *Notre Père*, l'histoire d'un vaniteux prêtre londonien, aussi noire et troublante que ses textes précédents. Dans son journal, elle confie : *Je marche le long de chemins empreints de beauté et de paix, j'en pleure de joie, j'avance lentement, j'absorbe tout, je rentre épuisée et je lis, ou j'écris.* Elle s'en veut, elle a du retard dans son courrier, elle n'a pas envoyé de lettre à Fernande depuis qu'elle est ici, elle n'a pas non plus écrit à ses parents, et la dernière missive de tante Billy est lourde de reproches : *C'est égoïste de ta part, ma chérie, de ne pas leur donner de nouvelles, alors que c'est si gentil de t'avoir laissée à Ferryside toute seule.*

Heureusement que Daddy n'est pas là, qu'il est absorbé par

une nouvelle pièce à monter, car le cousin Geoffrey, le beau ténébreux qu'elle n'avait pas revu depuis l'été de ses quatorze ans, lui écrit de Plymouth, où il séjourne avec son frère. Peut-il venir une journée chez elle ? Elle ne se fait pas prier, le retrouve à la gare, note qu'il a pris un coup de vieux, il va sur ses quarante-deux ans, après tout, mais le bleu de ses yeux est toujours aussi coquin. Ils retrouvent d'emblée la complicité naturelle qui avait tant inquiété Gerald, rient, s'amusent, blaguent, font le tour de Fowey en une longue marche exténuante, prennent un verre devant la maison à la tombée de la nuit. Ils ne se touchent pas, ne se prennent pas la main, mais Daphné sait que l'attirance est toujours là, même si un sentiment fraternel a pris le dessus. Son cousin revient la voir plusieurs fois, pour l'après-midi. Lorsque Gerald l'apprend, il téléphone à sa fille, suspicieux, inquisiteur, qu'ont-ils fait, où sont-ils allés, quand reviendra-t-il ? Elle raconte cette conversation plus tard à Geoffrey, qui s'esclaffe, ce sacré oncle Gerald à nouveau sur le sentier de guerre, il mériterait qu'on lui laisse croire le pire, ce serait drôle, non ? Daphné le réprimande, il est fou, irresponsable, son père serait ivre de rage. Geoffrey devient tout à coup sérieux, mais enfin, elle sait parfaitement qu'il a toujours été ainsi, c'est dans sa nature, cette irresponsabilité, cette légèreté, c'est à cause de leur fichu sang français, et cette phrase fait sourire sa cousine malgré elle.

Son séjour en solitaire tire à sa fin. Mi-juin, Angela arrive de Londres avec son pékinois Wendy, pour ramener sa sœur à Cannon Hall. Daphné est déchirée à l'idée de quitter Fowey. Elle devra patienter jusqu'au mois de juillet, lors des vacances familiales, pour dormir à nouveau sous le toit de Ferryside, avec sa cadette, Jeanne, venue ouvrir la maison avec elle pour la saison. Une jolie surprise l'attend : le jardinier, M. Biggins, lui offre un jeune chien, un croisement entre un épagneul et un berger, il s'appelle Bingo, et accompagne Daphné lors de ses promenades quotidiennes.

Gerald doit visiter Ferryside pour la première fois. Sa famille s'en inquiète. Aimera-t-il cette maison dont femme et filles sont folles ? Ne va-t-il pas s'ennuyer loin de son club, son « écurie », son théâtre, son jardin ? En prévision de cet été, et pour faire plaisir à Daphné, Gerald a commandé un bateau à moteur, le *Cora Ann*. En attendant l'arrivée de son père, Daphné apprend à le manœuvrer avec son nouvel ami, Harry Adams. Elle ne se débrouille pas trop mal, constate-t-il. Au fait, son beau-frère a gardé un paquet de lettres et de documents à propos de Jane Slade, il peut les lui montrer, si elle le souhaite toujours, ça raconte l'histoire de la famille Slade, et celle de la construction du bateau. Daphné accepte avec joie, mais elle n'a pas le temps de les lire, car ses parents arrivent, avec leurs habituelles piles de valises, leur amie Viola, et leurs domestiques. Le calme de Ferryside est rompu.

Les vacances débutent sous les pires auspices. Il pleut des cordes. Muriel se fait une entorse aux deux chevilles et doit rester couchée. Viola glisse sur le quai devant la maison, tombe dans l'eau et attrape une pneumonie. Gerald, qui n'a jamais piloté un bateau de sa vie, manque de fracasser le *Cora Ann* contre les rochers. Daphné a l'impression que son sanctuaire a été envahi ; elle subit sans mot dire le flot permanent de visiteurs élégants qui défilent pendant l'été. Chaque matin, elle s'enfuit, prend la mer avec Adams, navigue jusqu'à Polperro avec lui, mène une vie de marin, en pantalon et pull, les cheveux décoiffés, le visage hâlé, au désespoir de sa mère qui rêve de la voir enfiler une robe et préserver son teint pâle.

En octobre, au moment de quitter Ferryside, Daphné écrit dans les pages de son journal, face à la fenêtre, dans sa chambre, au premier étage : *Je ne pense plus qu'à la pêche, aux bateaux, à la mer. Adams et moi attrapons des maquereaux énormes, et hier, j'ai remonté une anguille colossale, un monstre de quinze kilos au moins ! Fowey représente tout pour moi. La rivière, le port, la mer. C'est plus fort que d'aimer un être humain. Je ne sais pas comment je vais survivre lors du retour à Londres. Cela me brise le cœur de devoir quitter cet endroit que j'aime le plus au monde. Je regarde la mer, longtemps. Je lui dis que je reviendrai. Tout cela, ce jardin, cette mer, m'appartient désormais.*

Vingt ans, et si peu de patience. Cette foutue ville, Londres, à mourir d'ennui, alors qu'elle pourrait prendre le train et fuir vers Fowey ! Quelle futilité, accompagner sa mère chez Selfridges, porter des paquets, subir le métro bondé, se dépêcher. Daphné s'imagine dans la barque avec Adams, perçoit le roulis de la mer qui les fait tanguer, le cri aigu des mouettes, l'odeur salée de la brise, l'aboiement joyeux de Bingo dès qu'elle remet le pied sur la terre ferme. Quitter Cannon Hall. C'est la seule issue. L'hiver arrive avec son cortège de grisaille. Ferryside est fermé. Il reste Paris. Oui, il y aura toujours Paris. Sur un coup de tête, Daphné dépense toutes ses économies, plus de trente-cinq livres, pour un billet aller-retour Victoria-Paris-Nord, annonce à ses parents qu'elle part quelques semaines outre-Manche, le dit avec tant de fermeté, ciel, ce menton autoritaire, qu'ils en restent cois, elle boucle ses valises et s'en va. La rue des Tilleuls l'attend à bras ouverts – un bonheur de retrouver la rue des Tilleuls, Fernande, Schüller et quatre nouvelles élèves. Une surprise désagréable cependant, la présence d'une certaine Joan, élégante brune au visage fin, américaine, ancienne de Camposenea, Daphné se souvient d'elle, une des pimbêches de l'« élite », une de celles qui n'avaient pas apprécié l'arrivée de Daphné dans le « salon du fond ». À présent elle se pavane, laisse traîner une main affectueuse le long de l'épaule de Ferdie, chuchote à son oreille avec un air langoureux. Le succès de cette escapade est moins dû à Fernande qu'au plaisir de retrouver la France. Dans son journal, Daphné écrit en français, après sa promenade à Boulogne, rue des Menus : *Libre, sans chapeau, l'odeur des rues, le marché dans le quartier italien.*

Le retour à Hampstead, mi-décembre, est comme toujours douloureux. Sa mère et ses sœurs sont parties à Fowey préparer Ferryside pour les festivités de Noël. Qu'est-il arrivé à son père ? Dès le matin, son haleine empeste l'alcool, il traîne dans la maison en se lamentant. Au dîner d'anniversaire de Gladys Cooper, leur amie actrice, il se soûle, Daphné doit le ramener, seule, en voiture, tandis qu'il pleurniche sur son épaule. Elle le laisse aux mains des domestiques, ne soutient pas le regard honteux que son père coule sur elle lorsqu'elle quitte sa chambre. Pourquoi sa mère lui a-t-elle confié une telle responsabilité ? Ce n'est pas à elle, leur fille, de veiller sur lui. Gerald a cinquante-quatre ans, ses cheveux se sont raréfiés, son long visage s'est creusé, les innombrables cigarettes ont flétri sa peau, jauni ses dents, mais il se prend toujours pour Peter Pan. C'est un enfant. Il lui fait pitié, même si l'amour qu'elle ressent pour lui est inaltéré. Son père, si vaniteux, imbu de lui-même, et en même temps, attachant, si fragile. Ce personnage complexe la fascine et la repousse à la fois.

Daphné prend le train avec Gerald pour retrouver la famille en Cornouailles le 21 décembre 1927. Il va mieux, mais ses yeux bleus se remplissent de larmes en regardant le paysage, ses mains tremblent, il pleure pendant le déjeuner, sans qu'elle sache pourquoi. Elle n'ose rien demander (veut-elle vraiment savoir, après tout ?). Ne faudrait-il pas qu'il voie un médecin ? Elle ne sait comment décrire ces derniers jours à sa mère, mettre des mots sur la crise que son père traverse, dévoiler l'épisode de beuverie chez Gladys. Comment sa mère peut-elle supporter tout cela ? Quelle farce, le mariage ! Comment les gens font-ils pour passer le reste de leur vie ensemble ?

Ses angoisses s'estompent avec la gaieté qui règne à Ferryside, la maison décorée de houx et de gui, les piles de cadeaux, le repas de fête, tout ce que sa mère est parvenue à mettre en œuvre avec son savoir-faire habituel. C'est le premier Noël à Ferryside et il est réussi. Geoffrey est présent, sans son épouse, malade et hospitalisée, et il semble n'éprouver aucun remords lorsqu'il caresse les genoux de Daphné sous la grande table, au nez et à la barbe de Muriel et Gerald. Le trouble ressenti il y a six ans n'est plus au rendez-vous. La vérité, c'est que Geoffrey lui fait pitié, comme son père.

En cette fin d'année, Fowey grelotte sous un manteau de neige inattendu. 1928 débute avec une série de soucis domestiques, la chaudière tombe en panne, le four aussi, plus d'eau chaude, plus de chauffage, Gerald se plaint, Muriel s'agite, tous décident de rentrer à Londres. Tous, sauf Daphné. Comment leur faire comprendre, à ceux qui la traitent d'égoïste, qu'elle se moque de l'inconfort, qu'elle préfère mille fois braver le froid à Ferryside que se laisser harponner par l'ennui de Hampstead, qu'elle veut être sans eux, qu'elle se sent heureuse lorsqu'elle est seule. Est-ce si compliqué ? Soulagement intense de les voir partir dans le ferry, vers la gare. Elle se tient sur le pas de la porte, seule dans son royaume. Vite, une promenade avec Bingo, grimper la route qui monte vers Lanteglos, contempler la beauté argentée de la baie, respirer, jouir de sa solitude, se sentir enfin en paix.

Elle se met au travail dès son retour, dans le calme de la maison, enroulée dans une couverture, une bouillotte sur les genoux. Face à elle, la vue qu'elle aime tant, la rivière, le passage des bateaux, le ballet des mouettes. Ici, dans sa chambre de Ferryside, les mots viennent tout de suite, elle n'a pas besoin de les attendre comme à Cannon Hall, dans la pièce au-dessus du garage où il ne se passait rien. Les mots remplissent les pages, jamais elle n'a écrit avec autant d'énergie, l'heure tourne et elle ne s'en rend pas compte. C'est une nouvelle d'une noirceur extrême, elle se demande un instant si ce n'est pas trop fou, trop extravagant, voire pervers, puis décide de ne pas s'en préoccuper, elle avance. Son héroïne est une jeune fille qui nourrit un secret. Elle doit lui trouver un prénom, à cette beauté brune au cou de cygne, aux yeux de folle. Un prénom puissant et envoûtant, un prénom qu'un homme pourrait hurler ou gémir. Elle en griffonne plusieurs sur le haut de la page vierge. *Jane.* Non. *Olga.* Non plus. *Lola…* Peut-être. *May…* Tout à coup, son stylo trace *Rebecca.* Oui, c'est ça, Rebecca ! Elle s'appellera Rebecca. Cela sonne bien, c'est fort, le *r* qui frémit, le *b* qui force les deux lèvres à se réunir comme lors d'un baiser, les deux *c* accolés, durs comme un *k.* Le *a* final, une complainte, un gémissement. Rebecca vit à Bloomsbury, au dernier étage d'un grand immeuble. Que va découvrir le narrateur, un jeune homme dangereusement attiré par elle ? Qu'y a-t-il derrière la porte de son appartement sous les toits, dans une pièce ronde, tapissée de velours, aux rideaux épais, comme pour assourdir tout bruit ? Une vérité dérangeante. Rebecca préfère faire l'amour avec un automate grandeur nature qu'elle appelle Julio, c'est sa drogue, son obsession, c'est seulement ainsi qu'elle ressent du plaisir. Le titre de la nouvelle ? *La Poupée.* Daphné sourit en imaginant la tête de ses parents. Peut-être ne faudrait-il pas la montrer à sa mère : qu'est-ce que cette dernière pourrait retenir de ce conte cruel, que les hommes ne sont que des jouets, remplaçables à volonté ?

Le lendemain, Daphné est invitée à prendre le thé chez les Quiller-Couch, les amis de J. M. Barrie, dans leur maison sur l'Esplanade. Elle renonce à ses pantalons habituels, se coiffe, s'apprête. L'ambiance est joyeuse et accueillante, Lady Quiller-Couch est délicieuse, élégamment accoutrée en satin lilas. Daphné s'entend à merveille avec Foy, la fille de l'écrivain. C'est Foy qui la présente à Lady Clara Vyvyan, auteur excentrique et voyageuse infatigable qui vit au manoir de Trelowarren, près de Helford. Foy et Daphné partagent la même passion de la mer et des bateaux. Comment, Daphné n'a pas de voilier ? Maintenant qu'elle vit à Fowey, elle doit absolument en posséder un. Daphné n'a plus que cette idée en tête. Le *Cora Ann* est un bateau à moteur, rien à voir, bon pour la rivière ou par mer calme. Elle en parle à Adams, convainc ses parents, montre tant d'enthousiasme que c'en est charmant. Elle a gagné, elle aura son bateau. Mais en attendant, il lui faut rentrer à Londres, dans la fraîcheur humide de février.

Daphné a mis au propre sa douzaine de nouvelles, elle en est assez fière, en dépit des sujets aussi sordides que glaçants, des textes marqués par une vision cynique de la sexualité et qui ne reflètent rien de sa vie. Il n'est question que de tromperies, vanités, manipulation, folie. Sa plume est mordante, enlevée, étonnamment caustique pour quelqu'un d'aussi jeune. Qu'en pensent Gerald et Muriel ? Daphné s'en moque. Elle les a toutes écrites avec ferveur, c'est cela qui compte, pas l'avis de ses parents. Sa tante Billy s'occupe de les taper à la machine, ensuite les nouvelles seront soumises à un agent littéraire que connaît Viola Tree, afin d'avoir un avis.

La présence de Geoffrey, venu passer quelques jours à Cannon Hall avant un long voyage en Australie, illumine l'hiver de Daphné. Son épouse est toujours en convalescence, à Brighton. La nuit, tard, alors que tout le monde dort, Daphné retrouve son cousin dans le salon, au rez-de-chaussée, elle descend sur la pointe des pieds, elle est en pyjama, lui aussi, il l'attend dans le noir, l'attire vers lui, l'embrasse. Un vrai baiser. Puis un autre. Des baisers d'amant. Soir après soir, ils se retrouvent en secret. Elle écrit dans son journal : *Je ne devrais pas le laisser faire, mais c'est amusant, plaisant. J'aurais aimé qu'il prenne ça à la légère, j'aurais eu moins de remords. Les hommes sont bizarres. Mais le plus étrange, c'est que j'ai l'impression d'embrasser mon père. Quelle famille nous sommes, de vrais Borgia ! Daddy, c'est le pape Alexandre, Geoffrey, c'est César, et moi, Lucrèce. Une sorte d'inceste.*

En dépit des baisers agréables, Daphné met en garde son cousin, lui écrit une longue lettre : n'a-t-il pas envie de se reprendre en main, d'arrêter de mentir, à sa femme, à lui-même, de regarder les choses en face ? Le jour avant son départ, Geoffrey la remercie pour sa franchise; elle a raison, il vaincra son inconstance, ses faiblesses, mais il a une dernière chose à dire. Hier soir, Gerald est venu lui parler, l'œil noir, il lui a demandé à brûle-pourpoint : *Es-tu amoureux de Daphné ?* Et Geoffrey de lui répondre, du tac au tac : *Je suis amoureux d'elle depuis sept ans.* Rictus amer de Gerald. *Tu as conscience qu'il n'en adviendra jamais rien ?* Réponse de Geoffrey : *Je sais, mon oncle, je sais.*

Après les adieux de Geoffrey, Daphné trouve interminable l'attente d'une réponse de l'agent littéraire à propos de ses nouvelles. Et si elle se rendait à nouveau chez Fernande ? Il neige alors qu'elle prend le bateau à Douvres, mais elle s'en moque, tant pis pour la météo, Paris l'attend, comme toujours. Elle écrit en français dans son journal : *J'aime l'odeur des rues, du tabac, et de la bière, ça sent le pain bien cuit et de* [sic] *la poussière. Rendez-moi les jours et les nuits qui n'existent plus.* Assise en ce début de printemps aux terrasses des cafés, à Montparnasse, elle s'amuse à détailler les visages des clients, des passants, lit Colette, Duhamel, D'Annunzio. Un matin, Fernande tend à Daphné une enveloppe avec un timbre anglais, réexpédiée par tante Billy. L'agent a aimé ses nouvelles, il en veut d'autres, il est certain de lui trouver un éditeur.

Daphné retourne à Londres pour les vingt-cinq ans de mariage de ses parents, fêtés le 11 avril 1928 à l'hôtel Savoy, en grande pompe. Elle note que son père n'aime pas le portrait de Muriel que celle-ci lui offre, cela se voit tout de suite sur son visage, puis, lorsqu'il tente d'attacher son cadeau, un bracelet, sur le poignet de sa femme, le bijou est trop petit. *Mon Dieu, c'était pathétique*, note-t-elle dans son journal. Il n'y a que le retour à Fowey et l'éclat du printemps pour lui redonner de l'énergie. Ses vingt et un ans approchent, et un projet formidable l'attend. Adams a lâché le morceau, c'est son beau-frère, Ernie Slade, du chantier maritime à Polruan qui s'en occupe en accord avec ses parents : les du Maurier auront bien un bateau, mais il sera surtout pour Daphné. Le plus excitant, c'est que la jeune fille pourra suivre la fabrication du bateau dès le départ, elle devra commencer par choisir le bois qui formera sa quille. La même famille que Jane Slade ? La même, rit Adams, celle qui bâtit des navires à Polruan depuis belle lurette, et la fameuse boîte remplie de lettres, alors, il faudrait qu'elle la regarde ?

Dans l'agitation de ces instants, Daphné met de côté les nouvelles qu'elle est censée écrire pour l'agent littéraire, elle n'a que le bateau à l'esprit, et ne rate pas un épisode de sa construction, connaît déjà ses dimensions, se rend avec Adams chaque matin sur le chantier, observe les hommes en train de scier, couper, poncer. Ernie Slade répond à chaque question, séduit par sa ferveur. Jane Slade était sa grand-mère, une sacrée bonne femme, le bateau avait été nommé en son honneur. Mlle Daphné aimerait-elle garder la figure de proue en souvenir ? Daphné obtient l'autorisation de ses parents pour faire repeindre et fixer la belle silhouette en bois, juste sous la fenêtre de sa chambre.

La même semaine, Adams frappe à la porte de Ferryside alors que Daphné savoure une tasse de thé dans la cuisine. Il porte une grande boîte, la lui tend avec un sourire : *C'est pour vous, mademoiselle Daphné.* Elle est remplie de vieux papiers – lettres, documents, notes. Tout sur Jane Slade. Une fois seule, émerveillée, elle se penche sur les feuilles jaunies, l'écriture à l'ancienne ; son thé refroidit, elle est transportée dans une autre époque. Elle file dans sa chambre avec la boîte, saisit un carnet, un crayon, trace à la hâte un arbre généalogique de la famille Slade qui remonte au début du XIXe siècle. En mâchonnant le bout de son crayon, puis ses ongles, elle se replonge dans la lecture des lettres, griffonne sur son carnet, quelque chose prend forme. La personnalité haute en couleur de Jane Slade semble dominer la famille entière, laisser son empreinte sur ses enfants, petits-enfants, arrière-petits-enfants, et le bateau qui porte son nom continue à naviguer bien après sa mort.

Daphné se lève, marche de long en large dans sa chambre. N'y a-t-il pas matière à écrire un roman ? Tout est là, à portée de main. Bien sûr, il faudra y travailler, imaginer le reste, aurat-elle assez d'énergie pour écrire un roman entier, elle qui n'arrive même pas à terminer d'autres nouvelles pour l'agent littéraire ? Tandis qu'elle s'assied à nouveau, feuillette les lettres, se grise de leur odeur de poussière et d'humidité, ses idées se mettent en place, sans effort. Elle voit le chemin du livre qui s'ouvre à elle. Le fils de Jane Slade, capitaine de la goélette, pourrait aussi être un personnage central du roman, lié à sa mère par un amour intemporel.

Le lendemain matin, sur le chantier, Ernie Slade lui demande si elle a réfléchi au nom du bateau familial. Elle en a parlé au téléphone avec son père, il est aussi enthousiaste que sa fille, le schooner aura un nom français en honneur de leur sang français, n'est-ce pas une belle idée ? Ce sera le *Marie-Louise*. Le bateau ne sera pas prêt avant de longues semaines, le chantier a pris du retard, Daphné est déçue. Le 13 mai 1928, en guise de consolation, ses parents lui offrent pour son anniversaire une chaloupe à fond plat, peinte en noir, avec une petite voile rouge, rien que pour elle, l'*Annabelle Lee*. Sa contrariété s'apaise. Elle fête sa majorité en mer avec Adams, qui admire la dextérité avec laquelle elle rame. En dépit de son ossature fine, Mlle Daphné se débrouille comme un vrai matelot. C'est étrange de fêter son anniversaire seule, mais elle y prend goût. Y a-t-il beaucoup de filles de vingt et un ans qui préfèrent être face à la mer plutôt que danser dans un bar ? Elle ouvre quelques cadeaux, un joli carnet d'écriture de la part de Viola, un foulard rouge envoyé par Fernande, en harmonie avec la voile de l'*Annabelle Lee*. Puis une carte de Geoffrey, postée de Melbourne. Les baisers « Borgia » dans le noir à Cannon Hall lui paraissent loin. Dans son journal, elle écrit, en français : *Je ne reconnais plus mes actions de jadis*.

L'été arrive sur Fowey, et avec lui, la famille du Maurier rejoint Daphné, les invités défilent, Gerald semble se réconcilier avec Fowey sous le soleil. Le 2 juillet 1928, le droit de vote est accordé aux femmes en Grande-Bretagne, mais cette nouvelle fait peu d'effet sur Daphné qui trépigne car le *Marie-Louise* n'est toujours pas prêt. Elle se demande si Jane Slade avait attendu son propre bateau avec autant d'impatience.

Le 13 septembre, c'est le grand jour, enfin. Une bouteille de champagne est fracassée comme il se doit sur la proue du *Marie-Louise* par Daphné. Il fait beau, le vent d'est souffle avec vigueur. Les genoux de la jeune fille tremblent : des mois qu'elle attend ce moment ! Les Slade sont là, les du Maurier aussi, rassemblés sur le ponton du chantier naval à Polruan. Tous montent à bord, un instant précieux, solennel. Le schooner sort du port, lentement, puis le vent s'engouffre d'un coup dans la voile avec un bruit sec, le cœur de Daphné se remplit d'un bonheur immense, elle saisit la barre d'une main sûre, sent le bateau se cabrer, jouer avec le vent, elle maintient son cap sous l'œil vigilant et protecteur d'Adams. Ils quittent la baie, les voilà en pleine mer, ils filent, et elle sourit, folle de joie, c'est elle le capitaine du *Marie-Louise.*

Quelques semaines de soleil et de navigation, puis le froid automnal est déjà de retour, il faut hiverner le *Marie-Louise* dans un hangar à Polruan, nettoyer la coque, vider l'habitacle, le bâcher pour le mettre à l'abri du gel, du sel, des moisissures. Daphné suit les opérations pour la première fois, attristée à l'idée de ne pas récupérer son bateau avant les beaux jours. Ferryside retrouve son calme, il n'y a plus qu'Angela, Daphné et les chiens pour rester dans la maison qu'elles devront fermer à son tour. *As-tu avancé sur tes nouvelles ?* Elle ne supporte plus que ses parents lui posent la question. Heureusement, ils sont partis. Non, elle n'a pas avancé, elle s'en veut. D'où lui vient cette fainéantise ? Elle qui rêve d'indépendance, de vivre à Ferryside sans aide financière, elle n'est même pas capable de se mettre au travail. Il va falloir se reprendre. D'autres jeunes filles de son âge songent à se marier, à fonder une famille, ce n'est pas dans ses intentions, un jour, peut-être, mais dans l'instant présent, c'est écrire qui prend le dessus, écrire et gagner sa vie, vivre de sa plume, ne dépendre de personne, ni d'un mari ni de ses parents.

C'est un plaisir de passer du temps avec son aînée, personnage primesautier, aussi brune qu'elle est blonde. Angela est invariablement de bonne humeur, elle a le rire facile, ne se plaint jamais. Qui est vraiment Angela ? Daphné se le demande parfois. Souffre-t-elle d'être la moins jolie des trois, celle qu'on ne remarque pas ? Ses traits manquent de finesse, son visage est joufflu, ses yeux, marron, et non bleu intense comme ceux de Daphné. Ses rondeurs sont passées de mode, les années vingt adulent les garçonnes à l'allure longiligne. À vingt-quatre ans, Angela ne semble pas prête, non plus, à trouver un mari, mais au contraire de Daphné, elle adore sortir, s'amuser, elle n'est pas farouche pour un sou, se sent à l'aise dans cette clique théâtrale qu'affectionnent leurs parents, ces gens élégants, exubérants, qui aiment danser, fumer, boire, et rire. Ceux que Daphné fuit. Un soir, tandis qu'elles se promènent le long de l'Esplanade avec leurs chiens, Angela avoue qu'elle aussi, elle aimerait écrire des romans, comme Kiki. Cet aveu amuse sa sœur : pourquoi pas, après tout, elles ont les mêmes gènes, Angela est une du Maurier comme elle, descendante d'une lignée française et artistique, et si leur cadette Jeanne aime tant peindre et jouer du piano, ce n'est pas un hasard non plus.

Une nuit d'octobre, alors qu'Angela lit dans sa chambre, Daphné quitte la maison sans bruit, traverse la rivière sur l'*Annabelle Lee*, son fidèle Bingo à ses côtés. Elle flâne dans les ruelles silencieuses de Fowey vers la pointe Saint Catherine, monte jusqu'aux ruines du château. La lune brille sur les rochers noirs, la mer dansante, Daphné n'entend que le clapotis des vagues, plus bas. Elle pense à ce roman qui prend forme dans sa tête, ce livre né de sa passion pour la mer et pour Fowey. Un frémissement la parcourt. Son roman racontera quatre générations d'une famille, en commençant par une femme puissante et son fils, liés par un amour que rien ne pourra détruire. Ce livre est au bout de ses doigts, mais elle devra attendre encore avant d'avoir la volonté et la persévérance nécessaires pour l'écrire. Pour l'instant, il l'habite, c'est un lieu imaginaire où elle aime errer, se perdre, à l'instar du « rêver-vrai » si cher à Kiki, et qui avait tant nourri ses propres livres.

Les sœurs du Maurier prennent un dernier thé chez les Quiller-Couch avant de regagner Londres en fin de semaine. Quelle chance ils ont de vivre ici à l'année ! Comme Daphné, Angela est tombée amoureuse de Fowey, elle raconte aux Quiller-Couch avec sa volubilité habituelle combien elle aime se promener avec sa sœur autour de la ville, surtout à Gribbin Head, au-dessus de Sandy Cove, là où le bleu de la mer et le vert de la campagne se mêlent dans une harmonie parfaite. Daphné hoche la tête – un endroit magnifique, et d'ailleurs, elle a remarqué lors de leurs dernières balades le toit gris d'une maison lointaine qu'on aperçoit tout juste à travers les arbres, à l'intérieur des terres. Lady Quiller-Couch lui tend une autre tasse de darjeeling avec un sourire, cette maison-là, c'est Menabilly.

Daphné entend ce nom pour la première fois. Elle le prononce à son tour, en interrogation. Menabilly, lui répond Arthur Quiller-Couch de sa voix grave et posée, c'est la demeure d'une ancienne famille cornouaillaise, installée à Fowey depuis le XIIIe siècle. Ce manoir fut construit du vivant de la Reine Vierge, une maison ancienne, aux murs chargés d'histoire, s'ils pouvaient parler... Daphné se redresse d'un coup sur son fauteuil, manque de renverser sa tasse sous le regard affectueux et amusé de sa sœur. Ne pourrait-on pas lui en dire plus, cela semble passionnant, que s'est-il passé à Menabilly ? « Q » se lève, se poste devant la grande fenêtre qui fait face à la mer, savoure une gorgée de thé, se lance. Il faut revenir en arrière, à

145

la sanglante guerre civile qui opposa les partisans du Parlement aux royalistes entre 1642 et 1645. Menabilly fut mis à sac par les forces parlementaires, un carnage. Daphné écoute, ensorcelée. Depuis longtemps, on murmure que Menabilly est hanté, poursuit «Q», car lors de la construction d'une nouvelle aile au siècle dernier, le squelette d'un cavalier a été découvert dans une pièce secrète emmurée. Lady Quiller-Couch surenchérit : *Darling*, il ne faut pas oublier le fantôme de la dame en bleu, celle qu'on aperçoit à la même fenêtre d'une des chambres du manoir. Daphné ne tient plus en place, elle veut savoir qui y habite à présent, comment s'y rendre. C'est le docteur Rashleigh le dernier propriétaire des lieux, mais il ne vient plus, il vit dans le Devonshire et n'a pas de descendance, il a vécu à Menabilly une enfance douloureuse, ses parents sont décédés, la maison n'a pas été habitée depuis des années, elle doit être dans un état déplorable. S'y rendre ? C'est à quelques kilomètres de la baie, assez facile à trouver à partir du carrefour de Four Turnings, mais il faut traverser des bois, des forêts, tout a été envahi par la nature, personne n'entretient la propriété.

En rentrant à Ferryside, Daphné entend encore la voix de «Q» résonner en elle, racontant qu'à son apogée, il y a trente ans, Menabilly était une splendeur, ils s'y rendaient pour des garden-parties, mais tout cela, désormais, était révolu, à présent, c'est la maison de la Belle au bois dormant. Tandis qu'Angela discute en cuisine avec Mme Coombs qui prépare leur dîner, Daphné examine une carte des environs dans un guide acheté par Muriel. Elle repère l'endroit, le marque d'une croix, annonce triomphalement pendant le repas que, demain, elles iront à Menabilly, elles finiront bien par trouver. Angela lui caresse la joue, la taquine : mais qu'a-t-elle donc avec ce Menabilly, pourquoi cela l'intéresse-t-il autant ? Daphné dévore son plat avec appétit, hausse les épaules ; elle ne saurait lui expliquer, tout ce qu'elle sait, c'est que l'idée de ce manoir abandonné l'attire. En se couchant, plus tard, sa dernière pensée est pour cette demeure mystérieuse enfouie dans les bois.

Le lendemain, les sœurs se mettent en route en milieu d'après-midi, leurs chiens tenus en laisse. Le soleil les accompagne, pas de pluie ni de vent, Daphné admire la nature et ses couleurs automnales, les feuilles aux teintes dorées, les hortensias au bleu persistant. Au carrefour de Four Turnings, il faut passer devant un pavillon pour ouvrir une immense grille rouillée. Elles hésitent. Et si le gardien sortait, leur demandait ce qu'elles font là ? Daphné regarde par les vitres sales de la loge. Plus personne n'y vit, l'endroit est désert, la voie est libre. Sous le regard angoissé d'Angela, Daphné parvient à entrouvrir le portail qui grince. Elles s'engagent dans l'allée privée, s'enfoncent dans l'épaisseur des broussailles. Au fur et à mesure qu'elles avancent, impressionnées, les arbres deviennent hauts, le ciel disparaît, masqué par leurs branches qui s'entrelacent, comme le toit d'une cathédrale. Les sœurs ne se parlent plus qu'en chuchotant, même les chiens semblent garder le silence. L'allée serpente profondément dans la verdure, Daphné se met à rêver, elle entend presque le martèlement des sabots d'un cheval, le crissement des roues d'une calèche, imagine les costumes d'une autre époque, pourpoints, capes, tricornes et perruques poudrées.

Elles marchent longtemps, les chiens tirent la langue, Angela a mal aux pieds, et toujours pas de manoir. Ne se sont-elles pas perdues dans ce labyrinthe de ronces ? Impression de tourner en rond, de trébucher dans les mêmes nids-de-poule, de se débattre avec les mêmes branches crochues. Angela déteste cette atmosphère fantomatique ; quand la nuit tombe, elle déclare avec fermeté qu'elle en a assez, elle veut rentrer, tant pis si elles ne trouvent pas la maison. Les hiboux hululent, d'autres oiseaux aux cris alarmants se font entendre, un renard furète dans les parages et fait grogner les chiens. Une humidité tenace monte du sol mousseux. Il fait froid. Angela grelotte. Daphné s'avoue vaincue pour ce soir. Elle accepte de rentrer, à contre-cœur.

Comment retrouver le chemin du retour ? Une lune timide éclaire à peine le sentier semé d'ombres, des formes maléfiques semblent attendre là, tapies dans le noir. Angela serre la main de sa sœur de toutes ses forces, c'est le courageux Éric Avon qui, pas à pas, la guide vers la sécurité et la chaleur du foyer. La forêt s'éclaircit enfin, elles se retrouvent sur une colline qui descend en pente douce vers la mer et une crique. Pas de manoir en vue. Elles tentent de s'orienter, elles sont à Pridmouth, à des kilomètres de chez elles, comment ont-elles pu marcher aussi loin ? La route est longue jusqu'à Bodin-nick, plus encore en pleine nuit. Elles arrivent enfin, fourbues, les chiens sont épuisés, assoiffés. Mme Coombs commençait à s'inquiéter. Un bon repas les attend. Angela demande à sa sœur si elle veut vraiment y retourner ; Daphné la regarde avec sérieux tout en avalant sa soupe : évidemment, qu'ima-gine-t-elle, elles partiront de bonne heure, demain matin, sans les chiens, elle a repéré une route sur la carte qui ne passe pas par la forêt. Angela soupire, masse ses pieds endoloris. Mais quelle mouche a donc piqué sa sœur ?

Cette fois, elles empruntent la voiture de Muriel, roulent sur une autre route qui contourne la forêt, vers Par, et se garent devant West Lodge et une autre grille, aussi rouillée que celle d'hier. Daphné l'entrouvre sans difficulté. Elles marchent à tra vers des espaces boisés, inquiètes à l'idée de croiser un gardien, des chiens, mais il n'y a personne, et toujours pas l'ombre d'une maison. Se seraient-elles trompées une fois de plus ? *Peut-être Menabilly ne veut-elle pas être découverte, peut-être veut-elle rester cachée*, dit Daphné à voix basse, et sa sœur lui fait remarquer qu'elle parle de cette maison comme d'un être de chair et d'os.

Elles aboutissent sur une grande pelouse envahie par les mauvaises herbes, bordée d'arbres, et Angela voit le visage de sa sœur s'éclairer. Qui peut-elle regarder ainsi, avec une telle ferveur, tant d'amour? Curieuse, Angela suit la direction des yeux de Daphné, et c'est le manoir qui se dresse devant elles, Menabilly, vaste bâtisse haute de deux étages, aux volets fermés, à la façade grise mangée par un épais lierre. Elles se tiennent à distance, guettent un signe de vie, mais il n'y a aucun bruit, alors elles s'aventurent vers le manoir. Un des volets est ouvert au rez-de-chaussée. Par les vitres poussiéreuses, elles aperçoivent des tableaux aux murs, des meubles recouverts de draps, un cheval à bascule à la peinture écaillée. Angela trouve l'endroit lugubre, empreint de chagrin et de solitude, mais pas Daphné. Dans son journal, le soir même, elle écrit jusque tard dans la nuit. *Je suis complètement sous l'emprise de Menabilly.*

Les nouvelles de Daphné n'ont pas trouvé preneur. La déception est amère. Pour la consoler, tante Billy les donne à lire à son frère, Willie Beaumont, rédacteur en chef du *Bystander*, un magazine populaire à gros tirage. Oncle Willie est enchanté par *Notre Père*, conte cruel qui met en scène un curé odieux, le révérend James Hollaway, coqueluche du tout-Londres, mais il va falloir retravailler un peu, ce qui n'emballe pas la jeune fille. Elle préfère partir à Caux en ce début 1929 avec son amie Pat Wallace, la fille d'Edgar. Envie de neige, de soleil, d'air pur. Fuir ses parents et leurs mondanités. Fuir ses déconvenues littéraires. Daphné se grise de ski et d'amourettes, et dans une lettre à Ferdie, s'épanche : *J'ai embrassé deux hommes en même temps, et le lendemain, un troisième, marié, m'a embrassée dans la neige.* Consternée, certainement jalouse, Fernande lui poste en retour une missive vibrante de remontrances qui la fait sourire. Chère Fernande, si soupe-au-lait. Mais ce qu'elle ne sait pas, c'est que Fernande prévient tante Billy (rencontrée à Londres, il y a deux ans) des «écarts de conduite» de la jeune fille, et lorsque celle-ci rentre à Cannon Hall quelques semaines plus tard, c'est un redoutable comité d'accueil qui l'attend, un père plus méfiant que jamais, et une mère réprobatrice.

Une surprise agréable, cependant, dans cette atmosphère pesante : un jeune homme croisé à Caux (mais pas embrassé, lui) reprend contact avec elle. Il s'appelle Carol Reed, il a son âge et il lui plaît. C'est le fils illégitime de l'acteur Herbert Beerbohm Tree, le père de leur grande amie Violet. Grand, brun, mince, Carol est acteur et travaille au studio de cinéma d'Edgar Wallace. Ce fameux cinéma qui fait des ravages dans le milieu du théâtre, même Gerald du Maurier, le roi de la scène, se voit lentement obligé de passer des planches à l'écran, transition douloureuse qui ne lui réussit guère. Gerald est en pleine tourmente, son associé, Tom Vaughan, vient de mourir, et la gestion du Wyndham Theatre est complexe, comme l'épineuse question des impôts, dont il ne s'était jamais occupé, laissant toute la paperasserie à Tom. Ses jours de gloire sont derrière lui, il a des montagnes de taxes à payer, aucune pièce à monter, moins de rôles, même le cinéma le boude, il n'a rien d'un jeune premier, et le pire, c'est cette vision dans le miroir, le matin, ce visage qui a perdu sa séduction. Une dépression s'installe, et avec elle, l'appel de l'alcool.

Deux à trois fois par semaine, sous le regard noir de Gerald, Carol vient chercher Daphné à Hampstead dans sa Morris délabrée. Ils passent des heures dans des cafés à fumer et parler, vont dîner, au cinéma, puis roulent à toute vitesse dans Londres en s'embrassant à chaque feu rouge. Ils marchent le long des rues, enlacés, s'amusent à escalader des échafaudages, rient du danger, s'embrassent à nouveau. Lorsque Carol la ramène, tard, à Cannon Hall, Daphné regarde le deuxième étage ; derrière le rideau qui bouge, elle devine le sévère visage paternel qui guette, cigarette au bec. Dès qu'elle franchit la porte, les reproches fusent. Les pages de son journal se remplissent de protestations : *Mais enfin ! Sont-ils nés au siècle dernier ? Ils me traitent comme si j'étais une demoiselle de l'ère victorienne d'à peine seize ans, alors que j'en ai bientôt vingt-deux !* Angela est d'accord avec elle, c'est comme si leur père avait voulu qu'elles soient des bonnes sœurs, vissées au couvent !

Gerald Borgia est de retour. Les conversations du dimanche soir entre père et fille dans la salle à manger sont désormais crispées. *Es-tu amoureuse de Carol ?* Réponse de Daphné : *C'est un amour. Je l'adore.* Gerald se verse à boire. Il ne devrait pas. *Est-il sérieux, ce type ?* Daphné botte en touche. *Je ne vois pas ce que tu veux dire par sérieux, Daddy.* Gerald vide son verre d'un trait, s'en verse un autre. Daphné regarde ailleurs. *Où allez-vous quand les restaurants ferment ?* Elle soupire. *On se balade.* Comment lui décrire leurs promenades le long de la Tamise, jusqu'à Limehouse, les histoires qu'ils se racontent, leur complicité, leurs blagues, les baisers échangés, les caresses ? Il n'y comprendrait rien. Et le lendemain matin au petit déjeuner, Muriel s'y met à son tour, sa voix sèche, son regard glacial. *Ça suffit maintenant, ces retours après minuit, fais en sorte de rentrer à l'heure, c'est intolérable.* Pourquoi tant de drames ? Ils devraient être heureux de savoir qu'un jeune homme est amoureux d'elle, alors qu'ils voyaient le diable en Mlle Yvon. Ne seront-ils jamais contents ? Décidément, elle est incapable de bien faire à leurs yeux. Comment devenir écrivain avec de tels parents sur le dos ? Pas étonnant, ricane-t-elle, en marchant sur le Heath de son pas déterminé et bondissant, que dans une ambiance pareille ses nouvelles sentent le soufre, qu'elles soient sordides, dérangeantes, si loin de l'image de l'héritière couvée. C'est pourtant ce à quoi elle ressemble, à la une du magazine de son oncle, *The Bystander*, lorsque celui-ci publie enfin *Notre Père*, à peine modifié et raccourci, au printemps 1929. Elle reçoit comme salaire la somme de dix livres, un début. Oncle Willie avait insisté pour qu'elle pose en couverture, elle avait joué le jeu, s'était rendue chez le coiffeur, et portait un élégant tailleur-pantalon beige, un collier doré.

Le magazine sort pendant que Daphné se trouve seule à Fowey pour une semaine. Elle se rend discrètement chez le petit marchand de journaux en ville pour l'acheter, un rien gênée, sa casquette sur ses yeux, n'en revient pas de voir ses mots imprimés pour la première fois. Elle pense à toutes ces personnes qui la liront. Ses premiers lecteurs. La couverture en elle-même lui fait peu d'effet, cette image sophistiquée ne lui correspond pas, rien à voir avec la vraie Daphné habillée en marin, mais elle a conscience du tremplin qu'est son nom, comprend que son pedigree soit cité, son illustre grand-père, son père célèbre, cela paraît normal, même si elle doit à présent se forger un prénom.

Le soir même, Carol téléphone de Londres : quelle fierté de voir sa « *darling Daph* » sur la couverture d'une revue, il la félicite chaudement. Daphné sourit, un amour, ce garçon, elle chérit cette complicité, leurs fous rires, le fait qu'ils peuvent tout se dire, ou au contraire garder le silence mais se comprendre tout de même. Elle raffole de ses caresses, même si ce n'est pas la passion ardente qu'elle a pu goûter avec Ferdie en secret. L'absence de Carol lui pèse, elle ne le reverra pas avant quelques semaines, mais il faut bien se rendre à l'évidence, quand elle se trouve ici, rien, ni personne ne lui manque vraiment. Elle est en paix avec elle-même, en son domaine.

Un matin, Daphné se lève à cinq heures, traverse la rivière sur sa barque, court à travers les rues encore endormies, descend vers la plage, à Pridmouth. Le soleil se lève, la mer est calme, le seul être humain qu'elle croise est un vieux pêcheur qui la salue de loin. L'air est frais, coloré d'une brume laiteuse qui s'évapore tandis qu'elle remonte le long chemin vers le sommet de la colline, vers la maison qui l'attend. Elle se trouve sur un sentier herbeux, bordé de jacinthes sauvages. Une fois arrivée en haut, elle se retourne, le visage caressé par la brise et les rayons du soleil naissant, elle voit la baie qui s'étale devant elle, la pointe du Gribbin Head droit devant. Ce ne sont pas des hiboux qui l'accueillent, mais le chant des grives et des rouges-gorges. La jeune fille marche jusqu'au bout de la pelouse, la maison apparaît, mystérieuse, entourée de rhododendrons géants, jamais elle n'en a vu d'aussi grands, d'aussi rouges. Daphné se tourne vers la maison aux secrets, la dévore des yeux avec une gourmandise amoureuse, s'assied dans l'herbe imprégnée par la rosée, regarde encore et encore, subjuguée. Combien de temps reste-t-elle là ? Elle se lève enfin, les jambes engourdies, s'approche du manoir, pose ses mains à plat sur le mur gris, sous le lierre près de la porte d'entrée. Un frisson la parcourt de la tête aux pieds, elle ferme les yeux, s'abandonne à ce vertige, plus puissant que l'amour, plus fort que tout.

Alors qu'elle s'apprête à passer un été à Fowey, Daphné reçoit fin juin 1929 une demande insolite de la part de Rudolf Kommer, l'ami imprésario de Viola Tree qu'elle avait rencontré à Berlin, deux ans auparavant. Il la contacte de la part du célèbre banquier d'investissement américain, Otto Kahn. Celui-ci souhaite inviter un groupe de personnes privilégiées à une croisière de trois semaines dans les fjords norvégiens sur son luxueux yacht à vapeur. Le financier a remarqué la couverture du *Bystander* et lu avec plaisir la nouvelle de Daphné, il désire que la jeune fille fasse partie du voyage. La première réaction de Daphné est de refuser, elle ne connaît personne à bord à part Kommer, elle serait certainement la plus jeune et s'ennuierait ferme, et que dire de sa toilette, elle n'a aucun vêtement assez « chic » pour ce genre d'occasion. Sa famille s'enflamme, comment pourrait-elle laisser passer une telle opportunité, elle qui adore la mer, les voyages, les bateaux, sans doute ce périple serait-il une source d'inspiration, elle pourrait en faire un roman un jour, et quant à sa garde-robe, c'est l'affaire de quelques courses avec Angela chez Lillywhites à Piccadilly, puis la petite couturière de Muriel pourrait rapidement lui confectionner plusieurs robes du soir. Daphné n'est pas convaincue.

Elle retrouve Carol le soir même au Café Anglais à Leicester Square. Aucune envie d'aller faire des ronds de jambes à des vieux édentés, coincée sur un bateau, Carol l'écoute, hilare, elle est si drôle, sa «Daph» quand elle imite les autres, facétieuse et cinglante, un rien provocatrice. Elle n'a qu'à rester, il embrasse sa main, sa paume, elle n'a qu'à passer l'été avec lui, à Londres, laisser tomber la croisière des vieux. Au fond de la banquette rouge du Café Anglais, au rythme lancinant de *You Were Meant For Me*, leur chanson préférée, Daphné se donne aux lèvres de son amant, ne voit pas l'heure tourner, *my God*, il est une heure du matin, une catastrophe, ses parents doivent être en train de l'attendre, ivres de rage sur le pas de la porte. Elle voit déjà le masque «Borgia» de Gerald, ils doivent y aller, rouler à tombeau ouvert jusqu'à Hampstead, se préparer au pire. Étrangement, aucune lumière ne brille à Cannon Hall, le silence règne. Daphné sort sans bruit de la Morris, envoie des baisers à Carol, se glisse dans la maison, file dans sa chambre, soulagée.

Le lendemain, le conflit éclate avec violence. Le visage de Muriel est froid comme la pierre, elle a écrit à Carol ce matin, c'est la dernière fois qu'elle les met en garde, si les règles ne sont pas respectées, si Daphné ne rentre pas avant minuit, ils ne se verront plus. La jeune fille est sans voix. La crise est détournée inopinément par la pauvre Angela, qui déclare une appendicite aiguë. Carol griffonne en vitesse un mot d'excuse à Sir et Lady du Maurier. Le mal est fait, des deux côtés. Impossible pour la jeune fille d'endurer les semaines à venir en compagnie de ses parents. Et si, finalement, elle acceptait l'invitation d'Otto Kahn ?

Sur le quai de la gare Victoria, début juillet, Daphné fait connaissance avec ses compagnons de voyage, pas si «vieux» que cela, même si elle reste la cadette du groupe. Un lieutenant-colonel George, avec sa jolie épouse. Deux dames mariées sans leurs maris. Un grand gaillard rigolo et un long barbu timide, célibataires. Leur hôte, Otto Kahn, les attend à Hambourg avec son ami Rudolf Kommer pour embarquer sur l'*Albion*. Une ravissante blonde, Irène, les accompagne ; lequel est son amant, se demande malicieusement Daphné, Otto ou Rudolf ? Ou peut-être les deux ? Le yacht est d'un luxe inimaginable, chaque cabine possède sa propre salle de bains, le salon et la salle à manger sont décorés avec faste, les repas préparés par un chef.

Cap sur Copenhague, Stockholm et Oslo. Plus le yacht avance vers le nord, plus la lumière opaline devient persistante : ici, en cette période estivale, le soleil ne se couche pas. Lors des repas à bord, Daphné fait plus ample connaissance avec Otto Kahn, sexagénaire affable et distingué, aux cheveux et à la moustache argentés, elle est flattée que ce financier, grand collectionneur et mécène, connu du monde entier, s'intéresse autant à elle et semble apprécier leurs discussions philosophiques. À son tour, elle l'interroge sur la construction du colossal Oheka Castle, sa propriété à Long Island, près de New York. Il ne se fait pas prier pour lui décrire la demeure qui n'a rien à envier à un château français, avec plus d'une centaine de chambres, et dont le nom est une contraction du sien (Otto Hermann Kahn). Jamais elle ne s'est trouvée face à quelqu'un d'aussi riche. Cela ne l'impressionne pas tant que cela, sa curiosité naturelle prend le dessus, elle aimerait en savoir plus sur le parcours spectaculaire de ce millionnaire d'origine juive, né en Allemagne.

La croisière progresse, et lors des nuits blanches sur le pont, tandis que les invités sirotent du champagne, Kahn semble délaisser Irène, la jolie blonde, et s'intéresser davantage à Daphné. Il a l'âge d'être son grand-père, cela ne l'amuse pas. Comment décourager l'entreprenant M. Kahn ? Elle sort le timide barbu de sa coquille, le voilà à son tour épris. Le lieutenant-colonel vient lui aussi frapper à sa porte pendant que sa femme fait la sieste, pour «bavarder», elle l'éconduit en douceur. Le seul qui ne tombe pas sous son charme est le grand costaud, Ralph, plongé dans un livre au titre surprenant, *La Vie sexuelle des sauvages*. Dans son journal, elle décrit les escales : *Oslo ne m'a pas fait grande impression, mais les fjords, sublimes, c'en est presque trop, bleus et blancs, hautes montagnes aux arbres verts, pas un être humain en vue, atmosphère de vide oppressant en dépit de la beauté. Écrire un jour sur un garçon qui part ainsi vers le nord, qui s'enfuit vers ces nuits blanches, pas sur un yacht, sur un cargo.* Ses conquêtes à bord sont relatées en détail, elle se garde bien d'en parler dans ses lettres à sa famille, ou à Carol.

Un matin ensoleillé, Daphné est assise sur les bords d'un fjord avec Otto Kahn. Les autres sont restés sur le yacht. Situation inquiétante. Devant la vue splendide, il essaie de l'embrasser, une fois, deux fois. Comment le repousser fermement, mais avec élégance ? Pas question de se laisser faire. Elle se lève d'un coup, ôte sa robe, ses sous-vêtements sous les yeux ahuris de son hôte, et plonge nue dans les eaux fraîches du fjord. Manœuvre risquée mais qui fonctionne. Kahn ne bronche pas, la regarde nager avec un sourire amer, lui tend sa serviette lorsqu'elle sort en frissonnant. Il s'en tiendra là. Les quarante ans de différence sonnent le glas de toute bagatelle. Lors d'une prochaine escale, il propose de lui offrir un manteau de vison. Elle décline, répond avec espièglerie que la fourrure, c'est pour les vieilles dames, et pointe son doigt vers un poignard en argent : ça, ça lui plairait davantage s'il tient vraiment à lui faire un cadeau, et ça peut toujours être utile un jour, sait-on jamais ?

Le yacht fait à présent route vers le sud. Le temps est capricieux, la mer moins calme, l'ambiance à bord n'est plus aussi agréable. Rudolf fait la tête, les deux dames également, l'épouse du lieutenant-colonel évite le regard de Daphné. Irène boit trop dès le déjeuner, et doit être ramenée, titubante, dans sa cabine. À son retour, Daphné ne raconte rien ou si peu de la croisière, mais tout est consigné dans les pages de son journal, au secret. De temps en temps, elle regarde le poignard offert par Otto Kahn, le caresse d'une main rêveuse, et sourit.

À Londres, dans la chaleur de fin juillet, Daphné a un rendez-vous important (grâce à oncle Willie) avec Michael Joseph de la prestigieuse agence littéraire Curtis Brown, sur Henrietta Street, dans le quartier de Covent Garden. Il a lu toutes ses nouvelles, il les a aimées, mais il est persuadé qu'elle est prête à s'attaquer à un roman. N'a-t-elle pas déjà une idée de roman en tête ? Daphné avoue que oui, une idée qui l'habite depuis un an déjà. Mais alors qu'attend-elle pour se lancer ? Hésitation. La jeune femme décide de faire confiance à cet homme qu'elle ne connaît pourtant pas, lui explique avec des joues empourprées que ce qui l'empêche d'écrire, c'est sa famille, et que la seule solution, c'est de s'enfermer dans la maison en Cornouailles, après l'été, pour travailler tranquille. À son étonnement, Michael Joseph la prend au sérieux, lui suggère de continuer à écrire des nouvelles si cela lui chante, et après ils verront bien.

Toujours soucieuse de s'éloigner de Cannon Hall, Daphné passe quelques semaines à Boulogne, avec Fernande. L'école pour jeunes filles s'est agrandie et déménagera pour la rentrée à Neuilly-sur-Seine. Affaiblie par un rhume attrapé à la fin de la croisière scandinave (dont elle ne dévoilera aucun détail à l'ombrageuse Ferdie), Daphné esquive les questions. Alors, ce roman, elle l'écrit quand ? Elle ressemble à son cousin Geoffrey, mou et faible ! En dépit de la quinine qui l'abrutit, Daphné se défend avec vigueur, trépigne, elle n'a rien à voir avec lui, comment Ferdie ose-t-elle la comparer à lui, comme si elle était une planche ballottée par le courant ? Elle l'écrira, ce roman, très bientôt, et un jour, Fernande sera fière d'elle, elle verra !

Pour la consoler, et la calmer, son amie promet de l'emmener à Fontainebleau, sur la tombe de Katherine Mansfield. Une fois le rhume guéri, les deux jeunes femmes se mettent en route. Dans le petit cimetière verdoyant d'Avon, Daphné et Fernande trouvent la sépulture recouverte d'une simple dalle blanche, marquée des dates 1888-1923. Le gardien leur apprend que la romancière, décédée de la tuberculose à trente-quatre ans, avait d'abord été enterrée dans la fosse commune, faute de finances familiales, puis fut transférée ici, grâce à l'intervention de son beau-frère. Daphné, émue, dépose un bouquet de roses, serre le bras de Fernande, murmure à voix basse qu'elle aurait aimé que Katherine Mansfield sache combien elle lui doit, combien elle l'a inspirée. Écrire aussi bien qu'elle, est-ce seulement possible ? Fernande lui tapote la joue avec tendresse, peut-être bien que Katherine Mansfield la voit, peut-être bien qu'elle l'encourage, de là-haut, qui sait...

Le pèlerinage sur la tombe de Katherine Mansfield stimule la jeune fille. Armée d'un nouveau stylo-plume, elle se met à écrire dans le salon de Fernande à Boulogne, c'est soudain facile, elle parvient à se glisser dans la tête de ses personnages, il suffit d'une seule phrase pour construire un récit entier. *Les thèmes sont toujours aussi déprimants,* note-t-elle dans son journal, *tant pis, je n'y peux rien. Les idées se bousculent dans ma tête comme les passagers qui attendent le métro à l'heure de pointe.*

Daphné arrive à Fowey vers la fin de l'été 1929, avec ses parents, ses sœurs et des invités. Bonheur de retrouver son bateau, la mer, ses amis pêcheurs. Et l'appel de Menabilly, toujours aussi envoûtant. Elle souhaite montrer la maison secrète à Jeanne et à une de ses amies, Elaine, ainsi qu'à leur cousine Ursula, la fille d'oncle Willie. Les jeunes filles empruntent le chemin de la forêt, à partir de Four Turnings, celui qu'Angela et Daphné n'avaient jamais pu achever. Elles marchent pendant des heures dans les fourrés touffus, renoncent presque, parviennent enfin à localiser la maison, et avancent par-derrière, vers l'aile la plus récente. Elles remarquent une lucarne mal fermée ; et si elles pénétraient dans le manoir ? Daphné ne peut résister à l'idée de voir l'intérieur, c'est elle qui ouvre le passage, qui saute la première. Les quatre avancent dans un silence sépulcral, découvrent des murs tapissés de toiles d'araignées, des plaques de fongus brunâtres dans chaque recoin, des sols poussiéreux jonchés de débris, des couloirs sombres et humides. Elles aboutissent dans la partie la plus noble, Daphné reconnaît le grand salon qu'elle avait pu admirer par la fenêtre avec Angela.

Daphné y est enfin, dans cette longue pièce décorée de tableaux de famille, aux meubles protégés de housses, et au cheval à bascule qui n'a pas bougé depuis des années. À côté, une grande salle à manger, plus loin encore, une bibliothèque avec des centaines de livres. Que s'est-il passé entre ces murs ? Quels sont les secrets de Menabilly ? Pourquoi est-ce que cela la touche autant ? Les autres jeunes filles n'apprécient pas l'impression d'abandon, le silence, les ombres, alors que Daphné voudrait rester encore, monter le long du grand escalier de bois, toucher les vestiges du papier peint écarlate qui se décolle et rappelle les rhododendrons. Elles ressortent par la petite fenêtre que Daphné attache soigneusement. Tandis qu'elle s'éloigne pour rattraper les autres, un énorme hibou blanc s'échappe de l'étage supérieur et la fait sursauter.

Tout au long de la soirée, Daphné ne parvient pas à chasser de son esprit les images de la maison. Pourquoi est-elle possédée à ce point par un passé qui n'est pas le sien, hantée par la mémoire des murs d'un manoir abandonné ?

Il fait frais et gris en ce 3 octobre 1929. Daphné déverrouille la porte de Ferryside, Bingo dans son sillage. La maison sent l'humidité, le renfermé, elle monte aussitôt dans sa chambre, regarde par la fenêtre, vers l'estuaire et le large, comme elle le fait chaque fois qu'elle arrive ici. Le jour est venu. Ce sera aujourd'hui, elle le sait, elle a tant attendu ce moment. Elle va commencer son roman. Le reste n'a pas d'importance, ou si peu, elle laisse derrière elle les soucis financiers de son père, grandissants, le voilà même obligé de vendre leur célèbre patronyme à une marque de cigarettes. La transition vers le cinéma semble toujours aussi douloureuse, et ces réveils à l'aube pour être présent sur les plateaux de tournage aussi. Gerald préfère se résoudre à rejouer sur scène ses anciens succès, *Cher Brutus*, *Peter Pan*, mais l'enthousiasme n'y est plus. Et Carol qui veut l'épouser, c'est adorable, mais quelle idée, comment veut-il qu'elle puisse écrire, si elle doit devenir sa femme ? Il comprend, il est gentil, patient, elle a raison, il attendra, qu'elle aille travailler à Fowey, seule, il sait combien elle en a besoin. Mo et Gerald ont accepté qu'elle se rende en Cornouailles pour deux mois et demi, mais à une condition, qu'elle loge en face avec Bingo, chez Mlle Roberts, brave vieille fille qui s'occupera de ses repas et du ménage. Elle pourra écrire uniquement dans sa chambre à Ferryside, le reste de la maison sera fermé. Daphné accepte ce marché sans rechigner, même si la petite maison de Mlle Roberts ne dispose pas de salle de bains et que les toilettes sont extérieures. Elle sait que la brave dame ne posera jamais un regard méprisant sur ses bottes boueuses ou ses sempiternels pantalons.

La pluie se met à tomber avec force, le vent se lève, le ciel est ténébreux. Daphné s'assied à son bureau, cale une couverture en laine autour de ses cuisses, remplit son stylo-plume. Sur une page vierge, elle écrit la date, et le titre du roman, qui lui est venu tout de suite, *L'Amour dans l'âme*, puis quelques lignes extraites d'un poème d'Emily Brontë :

Hélas, puissants sont les mille liens
Qui nous unissent à l'argile
L'âme aimante longuement s'attarde
Et renâcle à s'en aller[1]

Elle se lance. Jane Slade devient Janet Coombe. Fowey se nomme Plyn. Pendant que les intempéries se déchaînent, Daphné écrit d'une traite, sans hésiter. Janet est une grande brune charpentée aux mains puissantes, amoureuse de la mer, au tempérament changeant et mélancolique, elle rêve d'évasion, de liberté, aurait tant souhaité être un homme. Elle est fiancée à Thomas, son cousin, et même si elle l'aime d'un amour sincère, qu'elle est heureuse de fonder une famille avec lui, elle ne peut s'empêcher d'imaginer sa vie de marin, sans attaches, à bord d'un navire à naviguer par le monde. Lorsque la nuit tombe enfin, Daphné pose son stylo, s'emmitoufle dans son ciré, ferme

---

1. Traduction de Claire Malroux.

la maison, et part s'abriter chez Mlle Roberts. Le lendemain, elle est de retour. Un rituel s'installe. Après le déjeuner préparé par sa logeuse, elle se promène avec Bingo et revient à sa table de travail.

Elle est possédée par son roman, ne voit rien d'autre, parcourt avec un sourire attendri les lettres de Carol, puis les oublie. Elle n'a d'yeux que pour Janet et ses promenades nocturnes sur les hauteurs de Plyn, elle ne vit que pour son héroïne assoiffée de liberté à qui elle s'identifie clandestinement, la suit là où le vent fouette ses longs cheveux noirs, là où Janet subit une vision qui bouleverse son existence, celle d'un homme qui lui ressemble ; il a son regard, sa chevelure, et il vient lui parler un soir au bord de la falaise.

Perdue dans son livre, Daphné ne sait pas que le monde de la finance s'écroule le 24 octobre 1929 à Wall Street, que son chevalier servant, Otto Kahn, et d'autres sommités de la Bourse, subissent une semaine noire qui marquera leur vie à jamais. Elle écrit avec frénésie, six ou sept heures par jour, tient son stylo si fermement qu'une bosse se forme sur son majeur. Lors de la naissance de son deuxième fils, Janet se rend compte que le petit Joseph est l'incarnation de la vision qu'elle a eue sur la falaise, il représente cette âme aimante, ce fils qui est presque une partie charnelle d'elle-même, son double. Daphné ne doute pas que les liens qu'elle décrit entre mère et fils sont démesurément fusionnels, quasi incestueux, mais elle assume. En un mois, elle a terminé les deux premières parties qui racontent Janet, puis Joseph et la construction du bateau qui porte le nom de son héroïne. Sans se reposer, elle se jette dans la suite, Christopher, petit-fils, troisième génération de la famille Coombe. Il ne s'entend pas avec son père, Joseph, ne partage pas sa passion de la mer. Les conflits s'annoncent, et Daphné écrit encore plus ardemment, habitée par ses personnages. Ses seules récréations sont les dîners du dimanche chez les Quiller-Couch, avec Lady Vyvyan, toujours aussi vive. Le 17 novembre, elle achève son troisième chapitre. Dans quelques jours, elle doit rentrer à Londres, comme convenu avec ses parents, et ne reviendra pas à Fowey avant la nouvelle année. Son roman devra patienter. Son unique joie, c'est de revoir Carol. Pendant les fêtes de Noël, elle ne cesse de penser à ce manuscrit inachevé qui l'attend à Ferryside. Des doutes la rongent : n'est-il pas trop long, trop ennuyeux ? Y a-t-elle assez travaillé ? Trouvera-t-il un éditeur ? Et elle, des lecteurs ?

Elle rentre en Cornouailles début janvier 1930, auprès de son chien, resté sur place avec le jardinier, son livre, et Mlle Roberts. Impossible d'écrire à Ferryside pour cause de froid et tempête de neige. Elle s'installe dans le salon exigu de sa logeuse. La dernière partie de son texte lui pose quelques difficultés. La quatrième génération des Coombe est symbolisée par la jeune Jennifer, fille de Christopher, arrière-petite-fille de Janet, qui n'avait que six ans à la mort de son père en mer. Daphné n'est pas convaincue par ce personnage. Comment la rendre plus captivante ? Et si elle avait perdu le fil du récit ? Alors que les flocons recouvrent le toit de la petite maison, Daphné rêvasse, le stylo à la main. Mlle Roberts fredonne dans sa cuisine ; la vieille dame se doute-t-elle que cela l'empêche de se concentrer ? Qu'aurait fait Katherine Mansfield à sa place ? Le 16 janvier, jour de tempête, Mlle Roberts et Daphné sursautent, des fusées de détresse viennent d'exploser, la voisine surexcitée leur annonce qu'un navire s'est abîmé du côté de Cannis Rock, non loin de Menabilly, lieu qu'elle aime tant. Le lendemain, Daphné se rend en haut de la falaise, à Pridmouth, et contemple le vaisseau à trois mâts d'une trentaine de mètres, sa coque de fer brisée, échoué sur les rochers à la merci des déferlantes. Son nom : le *Romanie*. Elle sait qu'elle n'oubliera pas la vision du naufrage.

Le roman est fini à la fin février. Dix semaines de travail, Daphné est vidée, épuisée. Le doute, comme toujours, s'empare d'elle. Elle doit bien se l'avouer, cet ultime chapitre fut plus long, plus ardu à consigner, par rapport aux trois précédents. Jennifer n'est pas son personnage préféré, elle se sent plus proche de Janet et Joseph, éperdument romanesques. La mer est moins présente, le bateau aussi, décrire Londres en 1880 ne l'a pas autant inspirée. Elle redoute que ses lecteurs le ressentent. Pour fêter la fin du livre, Daphné monte à la petite église de Lanteglos, se recueille en silence devant la tombe de Jane Slade. Les Quiller-Couch connaissent une secrétaire qui pourrait lui dactylographier son manuscrit, et Daphné confie ses précieuses pages à une certaine Mme Smith. Une quinzaine de jours d'attente, puis Mme Smith vient lui apporter les deux premières parties. La gentille dame corpulente est sa première lectrice. Que va-t-elle en penser ? Sur le pas de la porte, Mme Smith sourit. *Votre roman est passionnant, mademoiselle Daphné. J'ai hâte de taper la suite tellement c'est intéressant.* L'espoir renaît. Lorsque Mme Smith a tout terminé, elle poste le manuscrit à destination de Hampstead, où Daphné est rentrée. Le paquet est énorme – mon Dieu, a-t-elle écrit tout cela ? Sa famille est fière. Angela esquisse un sourire un peu jaune, elle avoue qu'elle aussi, elle tente d'écrire un roman, mais il n'est pas de cet acabit-là.

Il faut à présent déposer le lourd colis chez Michael Joseph, à Henrietta Street. Pas question de tourner en rond à Cannon Hall en attendant le verdict de Curtis Brown. Daphné se réfugie chez Fernande. Cette dernière s'est installée à Neuilly-sur-Seine, au 44, rue de Chézy, dans une maison beaucoup plus vaste, Les Chimères, dotée d'un grand jardin, d'un court de tennis, et compte désormais une douzaine de pensionnaires de nationalités diverses, des Anglaises, des Américaines, des Norvégiennes,

△Muriel du Maurier et ses trois filles, Angela, Jeanne et, à droite, Daphné. 1912, Londres.

△Cumberland Terrace, dans le quartier de Mayfair, à Londres.
C'est ici que naquit Daphné du Maurier, le 13 mai 1907.

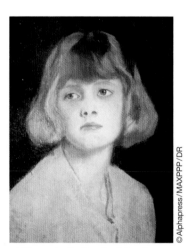

△ Portrait de Daphné à seize
ans par Harrington Mann.

△ Jeanne, Daphné et Angela, avec leur père, Gerald
du Maurier, à Cumberland Terrace, devant Regent's Park,
à Londres, en 1915.

△Cannon Hall, à Hampstead, Londres. Gerald du Maurier l'acheta en 1916. La famille y vécut jusqu'à sa mort en 1934.

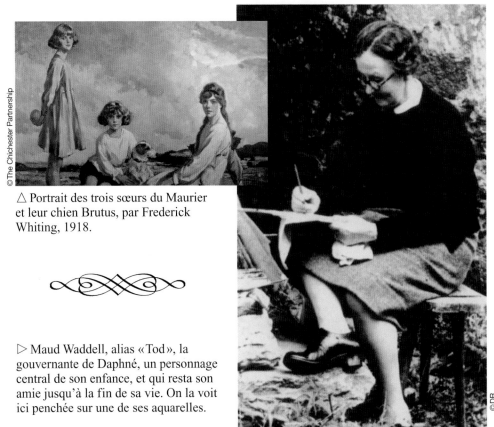

△ Portrait des trois sœurs du Maurier et leur chien Brutus, par Frederick Whiting, 1918.

▷ Maud Waddell, alias «Tod», la gouvernante de Daphné, un personnage central de son enfance, et qui resta son amie jusqu'à la fin de sa vie. On la voit ici penchée sur une de ses aquarelles.

©DR

△Gerald du Maurier et sa fille préférée, Daphné, un brin possessif. Londres, 1924. Daphné a dix-sept ans.

▽La villa Camposenea à Fleury-Meudon, pensionnat chic pour jeunes filles de bonne famille. Daphné y passa l'année 1925.

© Alphapress/MAXPPP

△ Daphné, à vingt ans.

△ Ferryside, à Fowey, la maison que Gerald du Maurier acheta en 1926. Aujourd'hui, c'est le fils de Daphné, Christian Browning qui y vit avec sa famille.

▷ Fernande Yvon, la directrice du pensionnat Camposenea, avec laquelle Daphné partagea une relation passionnée, puis une longue amitié. Ici, en 1928.

△ Daphné avec son chien Bingo, à Fowey, en 1930.

▷ Daphné fait la une du magazine *The Bystander*, à l'occasion de la première parution d'une de ses nouvelles, en mai 1929. Elle a vingt-deux ans.

▽ Daphné à Ferryside, en 1931.

▽ Menabilly, le manoir cornouaillais qui ensorcela Daphné dès 1928, et dont elle fut la locataire de 1943 à 1969. Aquarelle peinte par Tod.

▽ *Rebecca*, publié en 1938, changea à jamais la vie de Daphné, trente et un ans, en devenant un best-seller mondial.

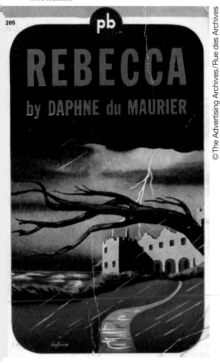

▽ En 1940, Alfred Hitchcock adapta *Rebecca* pour l'écran, avec Laurence Olivier et Joan Fontaine. C'est Judith Anderson, à droite, qui incarna l'inquiétante Mme Danvers. Le film, comme le livre, eut un succès planétaire.

▽ Daphné et ses trois enfants, Tessa, Flavia et Kits, devant Menabilly en 1945. Une prise de vue qui engendra un fou rire mémorable.

des Sud-Africaines, en plus de l'équipe enseignante. Fernande n'arrête pas de travailler, de donner des cours, de recruter des élèves, elle semble heureuse, mais fatiguée. Leurs relations ont évolué ; moins passionnelles, moins affectives, elles laissent place à un lien serein, les fondations d'une amitié profonde.

Une carte de Michael Joseph attend Daphné à son retour d'une balade parisienne. Il a beaucoup aimé *L'Amour dans l'âme* et le soumet tout de suite à quelques éditeurs. Il ne manquera pas de la tenir au courant de ses avancées. Daphné est plus anxieuse que jamais. Il lui semble voir en gros plan chaque défaut de son livre, ses longueurs, ses faiblesses. Elle retourne à Montparnasse, passe ses après-midi à lire au Dôme. Une attente interminable. Daphné masque son impatience en se promenant le long de l'avenue de Neuilly, flâne au marché, hume l'odeur puissante des fromages, achète une baguette encore chaude et, tout en la grignotant, traverse la Seine vers Puteaux.

Le 30 mars 1930, au petit déjeuner, Fernande distribue comme chaque matin le courrier à ses pensionnaires. Elle tend à Daphné une lettre avec, au dos, le logo de Curtis Brown Agency. Elle l'ouvre avec des doigts fébriles, poursuit sa lecture, la main sur la bouche. Fernande, impatiente, lui demande ce qui se passe. Daphné glapit, se lève d'un bond, manque de renverser la cafetière sur les deux sœurs sud-africaines, Dagmar et Lucila, Fernande la questionne encore, et Daphné sautille autour la table de la salle à manger en poussant des cris de joie et fait aboyer Schüller. Janet, Kitty, Iris, Honoria, Millie et Mary se taisent, interloquées, les autres professeurs font les yeux ronds, puis Daphné revient vers Fernande d'un pas dansant, brandit la lettre : se rend-elle compte, son roman va être publié par les éditions Heinemann, en Angleterre d'abord, puis chez Doubleday aux États-Unis, n'est-ce pas extraordinaire ?

C'est fini, la procrastination. Terminé, le fait qu'on ne la prenne pas au sérieux. Le 13 mai 1930, Daphné fête ses vingt-trois ans, elle ne se considère plus comme une dilettante, elle est un écrivain sur le point d'être publié. Elle entame les corrections de son roman sous le regard avisé de Michael Joseph. L'éditeur Heinemann le trouve trop long. Daphné apprend à faire des coupes efficaces, sans sentimentalisme, se résigne à supprimer des passages entiers qu'elle avait eu tant de plaisir à écrire. La publication n'est pas prévue avant l'année prochaine, c'est rageant. Il existe nombre de délais dans ce monde de l'édition dont elle ne sait rien encore, elle ignore tout de la fabrication d'un livre, de sa commercialisation, du travail auprès des libraires, de son lancement, elle a tout à apprendre.

La machine est en marche. Plus rien n'empêchera Daphné d'écrire. Plus rien, ni personne. Certainement pas ses parents. Sont-ils fiers d'elle ? Sans doute. Ont-ils saisi l'ampleur de son ambition ? Pas si sûr. Les idées germent dans sa tête, comme les feuilles qui éclosent sur les branches des arbres à l'arrivée du printemps. En attendant la parution encore lointaine de *L'Amour dans l'âme*, Daphné se lance dans un nouveau roman. Comment ? déjà ? s'exclame son entourage. Elle leur sourit, un rien narquoise, oui, déjà, c'est cela, sa vie, écrire, ne l'ont-ils pas encore compris ? Cette fois, pas besoin d'aller s'isoler à Fowey. Tante Billy lui prête un bureau de secrétaire sur Orange Street. Chaque matin, tôt, avant que ses parents et ses sœurs se lèvent, elle s'y rend, travaille la journée entière. Elle s'arrête uniquement pour un déjeuner rapide avec Carol.

Ce livre, elle n'en parle pas pour le moment, elle le laisse sortir d'elle, lui donne libre cours, c'est une voix différente qui s'annonce, rien à voir avec ce qu'elle vient de terminer en février dernier, une voix d'homme, à la première personne, Richard, vingt-trois ans. Étrange, de s'identifier à un héros masculin ? Pas tant que cela. C'est Éric Avon qui la guide, comme il l'a toujours fait, depuis ses dix ans. Elle se fie à ce garçon secret qui vit en elle à l'insu de tous. Dick, le surnom de Richard, jeune homme de bonne famille, est répudié par son père, écrivain célèbre, choqué par des poèmes pornographiques rédigés par son fils. Dick tente de se suicider dès les premières pages, il est sauvé in extremis par un homme plus âgé, Jake, drôle de gars au passé louche, qui l'embarque sur le *Romanie*, un cargo mettant cap au nord.

Dans le bureau poussiéreux d'Orange Street, alors que le printemps s'annonce sur Londres, Daphné ressuscite avec minutie les paysages bleu et vert de la croisière avec Otto Kahn, décrit ces villes nordiques baignées de lumière blanche. Elle devient ce qu'elle a toujours rêvé d'être, un garçon. C'est une jouissance. C'est la première fois qu'elle emprunte le « je ». Elle se doute que ce livre-là, moderne, impertinent, audacieux, risque de choquer. Tant pis. Elle préfère heurter les consciences que de laisser indifférent. À travers ses pages, l'amour règne. Pas l'amour avec un grand A, mais le sexe, le dégoût et les doutes qu'il suscite. À Paris, à Montparnasse, Dick rencontre Hesta, jeune étudiante en musique, d'origine américaine. Quel plaisir de décrire cette ville qu'elle considère comme sienne, c'est sa part française qui narre le parcours de Dick à travers les lieux qu'elle connaît si bien, ces bars, ces brasseries, où elle s'est si souvent assise pour observer les passants. En dépit des soucis d'argent, Dick mène une existence oisive, repousse le mariage, déniche un petit logement boulevard Raspail, passe ses journées au lit avec Hesta, persuadé qu'il sera un écrivain célèbre, et s'empêtre dans sa paresse. Il ne parvient pas à se libérer de l'approbation paternelle, son manuscrit est refusé par un éditeur, moment cuisant. Hesta quittée, sa sagesse revenue, Dick deviendra un banal employé de bureau, sa turbulente jeunesse fait désormais partie de son passé.

Daphné se dissimule avec habileté derrière Dick, son paravent, sa protection, et qui pourrait se douter en la lisant que la jeune fille connaît les rouages de l'amour charnel, qu'elle a goûté au plaisir dans les bras d'une femme expérimentée, puis auprès d'un homme amoureux, qu'elle mesure désormais tout le pouvoir du secret et de l'interdit ? Il n'y a que ses sœurs qui savent presque tout de sa vie clandestine, et lorsqu'elles en parlent, c'est sous le couvert des mots codés par leurs soins : «cirer*», «tisser*», «Le Caire*».

En deux mois, le roman est bouclé. Le 18 juillet 1930, Daphné griffonne le mot *fin*, rentre chez elle par le métro. Elle n'a pas envie de parler, s'enferme dans sa chambre, cherche un peu de repos. En silence, elle fume, allongée sur le dos, en détaillant le plafond. Elle aime cette solitude, cet épuisement, que personne ne pourra jamais comprendre.

Fin juillet, Daphné envoie le roman à son agent, avec un petit mot. Le livre s'appelle *Jeunesse perdue* La nervosité la gagne. Comment se préparer aux réactions d'autrui ? Aucun membre de sa famille n'a encore lu le premier livre, ils attendent sagement sa publication prévue pour février 1931. Et voilà qu'elle en a déjà «pondu» un autre, radicalement différent. Comme à l'accoutumée, Daphné quitte Hampstead, retrouve Fernande pour quelques semaines en Bretagne, à Quimper, elle lui a apporté un cliché d'elle par Cecil Beaton, le célèbre photographe, ami de la famille du Maurier. En bas, à droite, elle a tracé sur le papier glacé les mots suivants : *Pour Fernande, août 1930.* C'est à Fowey, plus tard qu'elle reçoit le coup de fil qu'elle attendait de son agent. Il a aimé ce nouveau livre, très surprenant, ce sera un ouvrage moins facile à lancer, car le personnage principal n'a pas de charisme, on a du mal à s'identifier à lui, c'est un jeune homme égocentrique, parfois vaniteux, et les thèmes abordés sont résolument modernes, ce qui pourrait heurter certains lecteurs. En l'écoutant, Daphné grimace, elle imagine la tête de «Q», elle sait déjà qu'il n'appréciera pas ce livre. Mieux vaut ne pas y penser pour le moment, de toute façon, l'ouvrage ne sera pas publié avant 1932. Ce que son agent a préféré ? Les descriptions scandinaves, et celles de Paris. Ces dernières sont d'une grande maîtrise. Il comprend qu'elle puisse changer de style, de genre, qu'elle ne fait pas partie de ces romanciers qui restent fidèles à un thème pour ne pas en démordre. Il est épaté par son éclectisme, elle qui n'a que vingt-trois ans. Que va-t-elle bien pouvoir imaginer par la suite ? Portée par l'enthousiasme de Michael Joseph, Daphné se sent libérée, euphorique. Mais elle va devoir apprendre à se défaire du regard des autres, de leur jugement. Tout en promenant Bingo vers Readymoney Cove, elle se dit que les écrivains ne devraient avoir peur de rien, ni de personne, si ce n'est de ne plus pouvoir écrire.

En attendant la parution de *L'Amour dans l'âme*, Daphné passe plusieurs mois à Fowey, se rapproche davantage de Foy Quiller-Couch, amie précieuse et présente, et de Clara Vyvyan, pourtant son aînée de vingt-cinq ans. Carol est parti en tournage aux États-Unis. Il ne lui manque pas. Ou si peu. Il s'estompe doucement de sa vie. «Q» a suggéré à Daphné d'écrire au docteur Rashleigh, pour lui demander la permission de baguenauder sur le domaine de Menabilly. À sa surprise, il accepte. Elle se rend régulièrement devant la grande maison vide, toujours avec la même ferveur.

Un jour de novembre 1930, Foy et Daphné partent en randonnée équestre sur les terres rocheuses et désertes de Bodmin, vers le nord, en direction de Launceston. Elles font une halte dans une hostellerie en granit au nom exotique : Auberge de la Jamaïque, qui fait rire Daphné. Les grandes landes sauvages autour de Bodmin s'inscrivent dans son imaginaire fertile. À des kilomètres à la ronde, il n'y a pas d'arbres, pas d'herbe, pas de route, aucun village, ni signe de vie. Les jeunes femmes se perdent, errent à travers un interminable terrain aride, venteux, surplombé d'énormes blocs de rochers escarpés. Pas moyen de retrouver leur chemin, et lorsqu'un orage les surprend, déversant une pluie torrentielle sur elles, c'est la panique. Elles tentent de s'abriter dans les ruines d'une fermette abandonnée, transies de froid, trempées jusqu'à l'os. L'heure tourne et la nuit tombe. Elles sont seules dans cette immensité lunaire et inhospitalière. À bout de forces, Foy propose de laisser les chevaux les guider à l'instinct. Aux petites heures de la nuit, épuisées, affamées, alors qu'elles n'y croyaient plus, les hautes cheminées de l'Auberge de la Jamaïque se dressent devant elles, illuminées par des torches. Les tenanciers s'inquiétaient, ont envoyé des hommes à leur recherche sur la lande, un bon souper d'œufs au bacon les attend. Tandis qu'elles se réchauffent auprès d'un feu de tourbe, Foy pousse son amie du coude : et si Daphné faisait un roman de leur désastreuse virée ?

Un matin de décembre, à Fowey, Daphné reçoit un chèque de droits d'auteur de la part de son éditeur pour *L'Amour dans l'âme* ; montant : soixante-sept livres sterling. Ce n'est pas encore grand-chose, mais c'est de l'argent qu'elle a gagné toute seule, avec sa plume. Elle reçoit aussi ses exemplaires d'auteur, ne s'attendait pas à ressentir une telle émotion en tenant son premier roman édité entre ses mains. Daphné en dédicace un pour son père, le poste à Hampstead, toujours en proie à cet émoi imprévu. Quelques jours plus tard, Gerald téléphone pour lui dire à quel point il a aimé. C'est le soulagement. Les autres membres de sa famille, tante Billy, oncle Willie, Tod, ainsi que « Q », lui écrivent pour lui dire tout le bien qu'ils pensent de son livre. Les critiques seront-elles aussi favorables ? Daphné en doute. Mais elle ne laisse pas ces pensées négatives l'atteindre. Elle regarde devant, elle a encore tant de chemin à parcourir, tant de romans à imaginer. *L'Amour dans l'âme*, même si Daphné n'en a pas honte, lui semble déjà loin, écrit à une autre période de sa vie.

C'est avec ses premiers gains qu'elle retourne en France dès la nouvelle année, chez Fernande, rue de Chézy à Neuilly. Début janvier 1931, un troisième roman s'impose à elle avec force. Ce n'est pas l'histoire de la mésaventure sur les landes avec Foy, celle-là, elle la met de côté pour plus tard. Elle suit une direction inédite, loin du mélodrame romanesque de *L'Amour dans l'âme*, plus loin encore du narcissisme du jeune Dick, perdu dans sa course effrénée au plaisir. Le héros qui se profile se nomme Julius Lévy, né à Puteaux, France, en 1860, fils d'un juif algérien immigré et d'une paysanne chrétienne.

Au rez-de-chaussée de la maison de la rue de Chézy, Daphné s'installe au bureau de Fernande, dans le salon qui donne sur le jardin. Dans cette grande pièce fleurie, remplie de livres, elle peut écrire tranquille, personne ne la dérange, elle entend à peine les cours qui se déroulent dans les pièces voisines, les murmures, les pas des élèves qui dévalent l'escalier. Parfois, Fernande passe une tête par la porte, impressionnée par la concentration de son amie. Daphné la toise avec un regard espiègle : et dire qu'il y a quelque temps, Ferdie la comparait à ce pauvre cousin Geoffrey, un mollasson sans motivation, sans énergie. Les temps ont changé, son premier roman sort dans un mois, le deuxième l'année prochaine, et la voilà déjà au travail sur celui qui verra le jour en 1933. Fernande sourit, passe une main tendre sur le front blond incliné sur la feuille : elle n'a jamais douté, elle a toujours su que sa Daphné serait une grande romancière.

Le livre qui prend forme est volcanique, brutal, dérangeant. Julius Lévy n'a rien de sympathique, même enfant, il est capable de jeter son chaton à la Seine, de froidement regarder son père assassiner sa mère adultère. D'où lui vient-il, cet être cruel, dévoré d'ambition, rusé, redoutable ? Il n'a rien de la sophistication dorée d'Otto Kahn, qui avait tant frappé Daphné. Dans son journal, la jeune femme se confie. *Ici, pas question d'océan, de bateaux, de garçon qui prend la mer. Ce Julius, je le vois enfant, puis vieux, je vais le suivre tout au long de sa vie, à partir de la guerre franco-prussienne de 1870, je dois faire des recherches, me renseigner sur le siège de Paris, je dois travailler comme une furie.* C'est plutôt le livre qui est une furie, débordant d'images choc, malsaines, comme la liaison du jeune Julius avec une prostituée de douze ans, comme l'accouchement apocalyptique que subit Rachel, l'épouse de Julius, riche héritière qui lui donnera un enfant.

Daphné met l'odieux et fascinant Julius de côté et rentre à Londres pour assister à la sortie de son premier roman, le 23 février 1931. L'éditeur a prévu quelques publicités et des reportages à grand renfort du célèbre patronyme qui fait rêver dans les chaumières. Dans l'excitation de ces quelques semaines, Daphné ne sait pas qu'Angela, elle aussi, a écrit un livre, *Moins que demain*, une histoire d'amour entre deux femmes, qu'elle n'a pas montré à sa famille, qu'elle a tenté de faire éditer, toujours en secret, sans succès. Angela papillonne de soirée en soirée, cache sa tristesse et sa déception derrière ses robes de fête, et félicite chaudement sa sœur cadette pour la publication de *L'Amour dans l'âme*. Les critiques sont globalement positives envers la fresque familiale teintée de l'influence des sœurs Brontë. Le *Times* du 10 mars 1931 espère que Mlle du Maurier, avec le temps et l'expérience, saura suivre l'exemple glorieux de son illustre grand-père. Le *Spectator* l'encourage à prendre de la distance avec ses émotions artistiques. L'*Observer* et le supplément littéraire du *Times* sont catégoriquement enthousiastes. Le *Saturday Review* l'est moins, se plaignant d'une surabondance de pathos et de patois incompréhensible, tout en saluant le talent prometteur de la jeune romancière. Le *New York Herald Tribune* reste bienveillant et encourageant. Lorsque son éditeur lui annonce qu'il lance une deuxième impression du livre, Daphné est ravie, mais garde la tête froide. Elle pense à la suite, et n'a qu'un désir : retrouver l'impitoyable

Julius et son vertigineux parcours. Elle accepte une invitation à l'ambassade américaine de la part de son éditeur new-yorkais, le célèbre Nelson Doubleday, ne se sent pas à sa place ; elle est la plus jeune, de loin, mais la chaleur et l'accueil de Doubleday, sa bonhomie, son sourire, sa grosse moustache, l'enchantent.

À Fowey, comme toujours, Daphné respire enfin, entre promenades, virées nautiques sur le *Marie-Louise*, dîner hebdomadaire chez les Quiller-Couch et l'écriture de son roman. Il n'y a plus rien pour l'attirer à Londres. C'est Julius Lévy qui hante ses jours et ses nuits, son regard acéré, ses appétits, son ascension démesurée. Parti s'installer à Londres, il en devient l'homme d'affaires le plus puissant, le plus craint, le plus respecté. Rien ne l'arrête. Il n'aime qu'une seule personne à part lui-même, sa fille, Gabrielle, toute fine, aussi blonde qu'il est brun, avec des yeux très bleus. Sa fille, son obsession, son adoration. Une pointe d'inceste. Daphné se demande si elle ne force pas trop le trait ? Gerald va-t-il se reconnaître dans l'image de ce père monstrueusement jaloux, qui ne supporte pas que sa fille sorte le soir, qui n'accepte pas qu'elle ait des amants, qui l'attend en haut des marches pour la réprimander ? Comment réagira-t-il ? Au fond, cela lui importe peu. L'essentiel, c'est qu'elle a réussi à se libérer de l'emprise de son père, qu'elle l'a romancée et consignée dans ces pages – certes choquantes. Elle n'a plus peur. La distance entre eux est là, tangible. Elle sait désormais que pour écrire, elle ne doit plus craindre qui que ce soit. Sinon, ce n'est pas la peine d'écrire.

Mi-juillet 1931, Daphné est réveillée aux aurores par le téléphone. Ses parents dorment à l'étage supérieur de Ferryside, elle se précipite pour y répondre. À l'autre bout de la ligne, l'infirmière de l'hôpital de Ripon, une petite ville du Yorkshire. Angela a eu un accident de voiture, mais tout va bien, elle n'est pas sévèrement blessée, elle aura besoin d'une semaine de soins sur place avant de retrouver sa famille. Angela débarque sept jours plus tard, le visage couvert d'ecchymoses, la nuque bandée. Lorsque leurs parents repartent pour Londres mi-août, les sœurs restent à Fowey, l'une pour écrire, l'autre pour se reposer.

En septembre, Daphné est dans sa chambre, le stylo à la main, toujours aux prises avec Julius, lorsque sa sœur l'appelle, d'une voix agitée. *Viens voir, il y a un brun à tomber par terre dans un bateau à moteur blanc.* Intriguée, Daphné monte rejoindre sa sœur, postée devant la fenêtre, elle lui tend les jumelles de Gerald, celles dont il se sert pour observer les oiseaux. Le brun en question a tout pour plaire, grand, musclé, l'allure élégante. Le lendemain, le superbe trentenaire est de retour, accompagné cette fois d'un autre (moins charmant, remarque Angela) et ils recommencent les allers-retours devant la maison dans le bateau blanc au nom curieux, l'*Ygdrasil.* Qui est donc ce beau barreur ? La réponse leur sera donnée par des amis voisins, il s'agit du major Browning, jeune militaire à la carrière brillante, éduqué à Eton et Sandhurst, ordre du Service distingué (DSO) et croix de guerre française, obtenue en 1917, à seulement dix-neuf ans. Il est actuellement attaché au 2e bataillon des Grenadier Guards, à Pilbright.

Daphné l'oublie assez vite, son roman est presque achevé et elle ne s'autorise aucune distraction. En novembre 1931, *La Fortune de Sir Julius* est terminé, et en janvier 1932, expédié à Michael Joseph. Ce dernier ne semble pas désorienté par sa noirceur, ni par sa fin terrifiante. Daphné va droit à l'indicible, elle a osé mettre les mots sur l'acte ignoble que commet Julius sur sa fille, et si le lecteur en sort assommé, c'est précisément ce qu'elle souhaite. Le livre sera publié au printemps 1933. *Jeunesse perdue,* quant à lui, est prévu pour mai 1932, les préparatifs sont en marche. Il faut déjà poser pour quelques photographes, épreuve que Daphné n'apprécie guère. Son agent lui envoie une artiste réputée, Mlle Compton Collier, spécialiste de portraits de personnalités, pour effectuer une série de clichés. Daphné prévient son agent : elle ne se changera pas, gardera son pull et son pantalon, tout juste accepte-t-elle d'apposer une touche de rouge à lèvres. Mlle Collier se plie à ses demandes sans renâcler, Daphné prend la pose dans le salon de Ferryside, un brin rebelle, le menton levé, le regard défiant, les mains nouées autour des genoux, une cigarette qui pend à ses lèvres maquillées. Drôle de portrait, à la fois masculin et féminin, et qui amuse la jeune fille, comme si Éric Avon, pour la première fois, faisait une apparition inopinée en public.

En avril 1932, alors qu'elle est en convalescence à Fowey après une opération de l'appendicite, Daphné apprend par les tenanciers du Ferry Inn que le beau major Browning est à nouveau en ville. Il est arrivé sur l'*Ygdrasil*, et aurait avoué à George Hunkin, un ami du chantier naval de Bodinnick, qu'il aimerait beaucoup rencontrer Mlle du Maurier. Daphné est secrètement flattée. Le lendemain, un petit mot est remis à son intention à Ferryside.

Chère Mademoiselle, il semble que feu mon père Freddie Browning connaissait le vôtre, tous deux membres du Garrick Club, à Londres. M. Hunkin m'apprend que vous vous remettez d'une opération et que vous ne pouvez pas ramer. Je me demandais donc si vous accepteriez de faire un tour à bord de mon bateau ? Est-ce que demain après-midi vous conviendrait ? Bien à vous, Major Browning.

Daphné répond par retour de messager qu'elle serait ravie.

Il fait beau sur Fowey en ce 8 avril 1932, mais la brise est fraîche, tout ce qu'elle aime. Le major Browning vient la chercher devant Ferryside, sans chapeau, magnifique. Il lui tend la

181

main afin qu'elle monte à bord de l'*Ygdrasil*. Elle se doute que Jeanne l'épie de la fenêtre du haut. Le major et elle doivent se rapprocher pour s'entendre avec le bruit que fait le vent. Il lui apprend que son prénom est Frederick, mais que tout le monde l'appelle « Tommy », il serait heureux qu'elle en fasse autant. Daphné connaît déjà son surnom, elle l'a lu dans la presse, « Boy », elle sait que c'est à cause de sa prestigieuse croix de guerre glanée alors qu'il n'était encore qu'un adolescent. *Boy*, garçon, ce mot adulé par Daphné, par Barrie, par le clan du Maurier. Et que signifie *Ygdrasil* ? Réponse de Tommy : ce nom provient d'une ancienne mythologie nordique et veut dire « l'arbre du destin », mais le bateau possède aussi un surnom, « Yggy ». Elle regarde les mains de Tommy sur la barre, des mains viriles, souples et bronzées. De près, elle constate que ses yeux sont verts, son sourire éclatant. Tommy, un prénom qu'elle avait utilisé dans sa nouvelle d'enfance, *Les Chercheurs*. Jamais de sa vie Daphné n'a ressenti une telle attirance pour un homme. Carol lui semble pâlichon, un être charmant, certes, mais qui lui inspire une sensation fraternelle. Boy Browning n'a pas peur d'affronter les rafales, ni les vagues, il gouverne son bateau avec force et adresse, et Daphné rit avec lui, ils sont vite trempés par l'écume. Elle n'en revient pas de cette facilité, du bonheur pur d'être avec lui, comme si elle le connaissait depuis des années. Après leur bordée, elle lui montre le *Marie-Louise*, il aime autant les bateaux qu'elle, il aime la mer, le large, le sel, le vent, comme elle.

À Ferryside, devant un feu allumé, tandis que Jeanne la discrète reste à l'étage, Tommy et Daphné parlent de tout. C'est si facile, si bon. Il a quelque chose à lui avouer. S'il est venu à Fowey pour ses congés de l'armée, c'était pour la rencontrer. Elle s'étonne. Il poursuit, il a dévoré *L'Amour dans l'âme*, sous le charme de ce roman qui évoque la mer et la navigation, ses deux passions, puis il est tombé sur un article dans une revue qui parlait de Mlle du Maurier à Fowey, à Ferryside, il y avait une photographie d'elle... Il ne dit plus rien, lui sourit simplement. Sur le pas de la porte, il demande si elle est libre demain. Il a encore deux jours à Fowey avant de retrouver son unité. Elle acquiesce, le salue, le regarde partir sur l'eau, puis referme la porte avec un soupir d'extase. Jeanne dégringole l'escalier à toute vitesse et elles se penchent à la fenêtre pour admirer le beau major aux commandes de son navire. Jeanne lui pince la joue, la taquine, quelle superbe «menace*»! Et Daphné de répondre qu'elle ne s'est jamais sentie autant «menacée», quel délice!

Deux jours ensemble, à naviguer, à se promener sur les hauteurs de Fowey, à discuter devant le feu. Ils parlent du livre qui les a réunis, de ceux à venir et qui vont surprendre, Daphné s'y prépare, ils évoquent leur famille : Tommy, sa mère et sa sœur, Daphné, sa tribu. Lorsqu'il doit partir, Tommy l'embrasse pour la première fois, elle frissonne de ce contact masculin. Une semaine plus tard, il débarque tôt le matin tandis qu'elle scie du petit bois dans le jardin, il a roulé la nuit entière pour la retrouver. Avec un sourire taquin, Daphné lui fait remarquer qu'il y a beaucoup de congés en ce moment dans l'armée. Il hausse les épaules, aussi malicieux qu'elle – il ne se passe pas grand-chose, il a un ami officier qui accepte de faire le boulot à sa place, bon, et si elle laissait tomber sa scie, l'*Yggy* est prêt, lui aussi! Daphné attend avec impatience chaque retour du beau major. Il est là pour son anniversaire, et rencontre Mo et Gerald, qui finissent par l'inviter à dîner. Il fait bonne impression. Comment pourrait-il en être autrement?

Dans ce tourbillon romantique qui occupe son esprit, Daphné est confrontée à un aspect moins plaisant de sa vie d'écrivain : les premières critiques mitigées, négatives, ou alors l'absence de critiques, avec tout simplement, un bref résumé du livre. *Jeunesse perdue* vient d'être publié, il déroute à la fois journalistes et lecteurs qui ne retrouvent pas la patte romanesque de son premier roman. Les aventures de Dick dérangent par leur crudité, mais son agent la rassure, le roman se vend bien tout de même, il va bientôt lui envoyer des chèques bien plus gros que les premiers, et Daphné se rend compte qu'elle est capable d'envisager une indépendance financière. Cependant, elle doit faire face aux opinions défavorables des personnes qu'elle estime, comme Tod, ou encore «Q», qui s'est montré sévère à l'égard du livre, dénonçant sa vulgarité et son cynisme. Même son de cloche chez tante Billy. Les membres du Garrick Club à Londres sont outrés : comment une jeune fille de leur rang peut-elle se permettre d'être aussi savante et franche à propos de sexualité ? Il n'y a que Gerald pour lui murmurer quelques mots encourageants et bien choisis, et Angela qui a adoré cette histoire et la compare à celles de Hemingway. Daphné ne se laisse pas abattre ; selon elle, un romancier doit être libre, ne doit pas écrire pour les autres, et doit apprendre à ne pas craindre les réactions d'autrui. À vrai dire, ce qui l'intéresse en ce début d'été 1932, ce sont les visites du major Browning.

Lors d'une virée sur l'*Yggy* le 29 juin, Daphné fait comprendre à Tommy à quel point elle est attirée par lui ; c'est elle qui prend les devants, elle n'est ni farouche ni timide, mais Tommy a des principes. Cela ne va pas se passer comme dans son deuxième roman entre Dick et Hesta, une aventure sans importance. C'est sérieux, leur histoire, pas une simple amourette, et ils parlent mariage pour la première fois. Daphné est à la fois paniquée et transportée, le mariage, c'est rapide, un peu fou, mais elle aime ça, cette rapidité, cette folie, elle est amoureuse de cet homme qui lui plaît comme aucun homme ne lui a jamais plu, cela n'a rien à voir avec Geoffrey, ni Carol, c'est bien au-delà, tellement plus puissant, et elle a tant de choses en commun avec lui. Oui, elle veut devenir l'épouse de cet homme-là, en dépit de ses désirs d'indépendance, de sa passion restée clandestine avec Fernande, de ce qu'elle a pu dire auparavant du mariage. Elle tire un trait sur ce qu'elle a vécu avec Ferdie, c'est du passé, c'est derrière elle, elle ne s'est jamais considérée comme celles aux tendances « vénitiennes* ». Elle n'a rien à voir, elle partage l'aversion de son père, Gerald déteste les homosexuels, répugnance qu'il a souvent exprimée. Le garçon en elle s'incline, elle le sent qui s'éloigne, Éric Avon bat en retraite, se recroqueville dans sa boîte quelque part tout au fond d'elle, se blottit dans sa part d'ombre.

Tommy lui laissera-t-il la liberté d'écrire ? S'attend-il à une épouse d'officier dévouée et attentive ? Daphné sait à peine faire cuire un œuf, encore moins redresser un lit. Tant pis ! Elle balaie ses doutes, se laisse aller au bonheur d'être aimée par cet homme brillant, drôle, séduisant et fou d'elle. En devenant Mme Browning, elle s'éloignera à jamais de l'emprise de son père. Première chose, écrire à sa mère, à Carol et à Fernande, leur dire tout de ce mariage qui s'annonce. Comment vont-ils prendre cette nouvelle ? Pas le temps d'y penser, elle rédige les trois lettres à toute vitesse, fonce les déposer à la poste. Ensuite, direction Pirbright, dans le Surrey ; dans le camp militaire de Tommy, le choc et la fierté de le voir revêtu de son uniforme ! Puis rencontre avec sa mère, Nancy, et sa sœur, Grace, à Rousham, dans l'Oxfordshire. *Des femmes douces et gentilles*, note-t-elle dans son journal. *C'est un peu comme un rêve, tout cela. J'ai l'impression d'être une sorte de fantôme, avec un chemin qui s'étend devant moi, une image de chaque moment qui m'attend.*

Lorsque Muriel lit la lettre de Daphné à voix haute à Cannon Hall, Gerald éclate en sanglots. Selon Mo, il a crié : *Ce n'est pas juste !* Mais il s'est ravisé, raconte-t-elle à sa fille, car son cher frère Guy était un soldat et aurait approuvé ce neveu couvert d'honneurs. Gerald et Mo s'attendent à un mariage londonien à la chapelle des Guards, la robe blanche d'un grand coutu- rier, des fleurs, une fastueuse garden-party. Daphné les coupe dans leur élan. *Pas question !* leur écrit-elle. *Juste vous deux, car Angela et Jeanne seront en vacances et ne rentreront pas à temps, ça sera à Fowey, à la petite église de Lanteglos comme Jane Slade, très tôt le matin du 19 juillet, et les Hunkin sont nos témoins.*

Muriel est déçue, elle aurait tant aimé marquer le coup pour ce premier mariage de la famille, mais Daphné a pris sa déci- sion, ce sera rapide et sans « chichis ». Elle a vingt-cinq ans, elle n'est plus une gamine ! La presse fait écho de l'union entre une jeune romancière au nom célèbre et un major distingué de dix ans son aîné. Un article dans le *Daily Telegraph* du 8 juillet 1932 décrit Mlle du Maurier comme étant « mince, blonde, aux yeux bleu vif, celle qui a lancé malgré elle la nouvelle mode des "sans chapeaux", parle français avec un accent parfait et passe au moins deux mois par an à Paris. Le major Browning est un des plus jeunes majors de l'armée britannique et un sportif de haut niveau ».

Le soir avant la cérémonie, Muriel repasse elle-même l'en- semble en serge de coton bleu que portera sa fille ; cette der- nière ne souhaite pas non plus se marier en blanc, ni se coiffer de façon sophistiquée. Quelle idée de convoler à huit heures du matin, se lamente Gerald, qui déteste se lever tôt. Le cou- sin Geoffrey s'est incrusté à la noce, personne n'ose l'écarter. C'est sur le *Cora Anne* que les quatre quittent Ferryside vers Pont Bridge dans la quiétude dorée du petit matin, suivis par Tommy et le couple Hunkin dans l'*Ygdrasil*.

Daphné est nerveuse, ne dit plus un mot, grimpe le chemin pentu vers l'église de son long pas déterminé, le visage sérieux, sous l'œil attentif de ses parents. Elle admire la beauté du lieu, la petite église isolée dans la nature, ses bancs en bois sculpté. Elle voulait un mariage expédié en quelques instants, une simple affaire administrative, mais lorsque Tommy murmure ses consentements d'une voix bouleversée, en la regardant droit dans les yeux, dans cet endroit éperdument romantique, une vague d'émotion la submerge. Plus tard, après un rapide petit déjeuner à Ferryside, sans discours, sans fleurs, sans célébration, les jeunes mariés enfilent leur tenue préférée, celle de marins, et c'est à bord de l'*Ygdrasil* qu'ils partent avec la marée, vers la baie. C'est Daphné qui a choisi le lieu de leur lune de miel, Frenchman's Creek, près de la rivière Helford, un endroit calme, secret, où le bateau accoste dans une verdure parfumée à l'abri de tous les regards. *Nous n'aurions pas pu choisir un endroit plus beau*, écrit-elle dans son journal.

Ce sont les dernières lignes que Daphné trace dans ces pages. Son journal, qu'elle a tenu scrupuleusement depuis douze ans, s'arrête net.

Devenir Mme Browning n'est pas si facile que ça, en dépit de l'amour qu'elle porte à son époux. Sa précieuse liberté en prend un coup. Comment va-t-elle faire pour écrire ? Le jeune couple s'installe dans un cottage en bas du jardin de Cannon Hall, sur Well Road. Une nuit, Tommy se réveille en hurlant, trempé de sueur, terrorisé. Daphné tente de le réconforter, parvient à le calmer, mais le cauchemar revient la nuit suivante, puis la semaine d'après. Elle n'ose pas l'interroger, elle imagine que c'est lié aux horreurs de la guerre, quinze ans plus tôt. Tommy ne lui a pas encore parlé de la bataille de Cambrai de novembre 1917, au bois Gaucher, là où il s'est battu pendant plusieurs jours, dans une forêt jonchée de corps éviscérés.

Lorsqu'elle le regarde partir chaque matin pour la base militaire, beau et fier dans son uniforme orné des décorations prestigieuses, elle est la seule à savoir que son mari, à la tête de centaines d'hommes, sanglote au milieu de la nuit comme un petit garçon. Et il y a les maux de ventre qui le poursuivent depuis l'enfance, et dont personne ne connaît l'origine. Tommy arbore une nouvelle fragilité dont elle ne se doutait pas et qui l'impressionne. Même sa collection de nounours qui ne le quitte jamais, ses « Boys », et qui au début amusait Daphné, trahit aux yeux de sa femme une faiblesse secrète.

Pour la première fois, Daphné se confie à sa mère. Dès le départ de Tommy, elle monte à Cannon Hall, s'installe avec Muriel dans le boudoir de cette dernière, partage son thé matinal, lui demande son avis sur des questions domestiques, féminines, et Mo s'y plie avec joie, ravie de ce rapprochement. Ce que Daphné redoute le plus, sa mère le comprend vite, c'est le rôle d'épouse de militaire qu'elle doit désormais assumer. Quel ennui, ces dames à saluer, ces dîners fastidieux, ces conversations fades, ce rang à tenir.

À Noël, Daphné comprend qu'elle est enceinte, l'annonce avec joie à son mari, ses parents, ses sœurs. Ce sera un garçon, elle en est sûre. Personne n'ose la contredire. En attendant la naissance, qui doit avoir lieu en juillet 1933, une nanny prénommée Margaret est embauchée. Celle-ci observe la nursery déjà peinte en bleu, et se permet de faire remarquer à Mme Browning, avec timidité, que celle-ci pourrait peut-être donner naissance à une fille. Sa nouvelle patronne fronce les sourcils et répond avec fermeté que ce sera un fils.

La Fortune de Sir Julius est publié en mai 1933, alors que Daphné est enceinte de sept mois. Accaparée par sa grossesse, elle suit de loin la parution des critiques, celles du *Times* et de l'*Observer* sont plutôt bonnes, celles du *Saturday Review* et de *Punch* sont en revanche partagées, on lui reproche un point de vue « matérialiste et déplaisant ». L'écrivain Graham Greene juge son écriture passablement « scolaire », mais pour lui, le roman est sauvé par son « admirable énergie ». Un ami voisin de Daphné, Leo Walmsley, romancier et biologiste, est horrifié et le lui avoue. Le 26 mai 1933, sans se démonter, Daphné lui répond par écrit : *Oui, bien sûr, j'en rajoute un peu, mais c'était exprès. J'ai voulu barbouiller le texte de sang et de diarrhée. Les*

trucs romantiques sont sans doute plus agréables à écrire et à lire,
mais la faute peut-être à mon foutu sang français, je cherche tou-
jours à gratter la surface pour découvrir la vermine qui se cache
dessous et à éliminer tout sentimentalisme!

La famille, non plus, n'est pas emballée et le lui dit, en toute
honnêteté. Seul son père reste sur sa réserve. Que pense-t-il,
au fond, de ce roman âpre et sordide, qui éclaire d'une lumière
impitoyable les rapports père-fille, largement inspirés de ses
excès «Borgia»? Il préfère se taire, il n'est pas au mieux de sa
forme, se ménage. Du jardin, où elle lit un livre, Daphné l'aperçoit tandis qu'il fume à sa fenêtre du premier étage, tout en
contemplant la vue sur Londres qu'il aime tant. À quoi peut-il
bien penser? À sa jeunesse qui est derrière lui? À sa carrière
qui s'étiole? Aux soucis financiers? Est-il fier d'elle? Sans
doute, car elle mesure la puissance et la ferveur de son amour
pour elle. Mais pour l'heure, c'est toujours lui, le du Maurier le
plus célèbre. Daphné ne lui fait pas d'ombre, ses trois romans
n'ont pas été accueillis avec un immense éclat, elle n'a rien
encore d'un auteur de «best-sellers». Se pourrait-il qu'un jour,
sa renommée soit éclipsée par la réussite de sa fille?

Pour Daphné, ce livre est meilleur que son premier, et en
dépit des réactions défavorables («Q», par exemple, a banni
le roman de sa bibliothèque), elle ne se laisse pas impressionner. Michael Joseph lui confirme que l'ouvrage se vend tout
aussi bien que les deux précédents malgré le manque de critiques constructives, et qu'il est confiant en son avenir. Daphné
l'écoute, ne dit rien, s'impatiente, viendra-t-il ce moment où on
ne lui dira plus «du Maurier, comme Gerald, comme George»?

Daphné donne naissance le 15 juillet 1933, chez elle, à une
petite fille. Lorsqu'on lui annonce le sexe de l'enfant, elle est
déçue, regarde à peine le gracieux bébé qu'on lui tend. Elle
était persuadée d'avoir un fils. Plus tard, elle écrit à Tod, lui

raconte les affres de l'accouchement : *Une performance infernale, épouvantablement dégradante, allongée sur un lit, écartelée, et c'est comme si on vous arrachait les entrailles, quelle horreur ! L'enfant est jolie, ressemble à son père, mais blonde aux yeux bleus, fine, et un beau teint, jamais rougeaude. Elle s'appelle Tessa.* Petit à petit, Daphné se rapproche de son bébé, même si Margaret effectue le plus gros des tâches et passe ses journées entières avec Tessa. Trouver du temps pour écrire ? Cela se pourrait, mais s'habituer à cette nouvelle vie est difficile. Les Browning quittent le cottage de Well Road et partent vivre dans le Surrey. Tommy vient d'être nommé officier en second du 2ᵉ bataillon des Grenadier Guards. Sans entrain, Daphné a organisé le déménagement. Leur adresse pendant deux ans sera The Old Rectory, sur Portsmouth Road. Écrire enfin, dans cette plaisante maison de brique rouge, entourée d'un parc ? Non, car il y a les ennuis de santé de Gerald. Déjà, à Noël, il avait mauvaise mine, se plaignait de douleurs. Amaigri, asséché, il fait plus âgé que ses soixante et un ans. Fin mars 1934, le médecin annonce qu'une opération est inévitable, il a diagnostiqué un cancer du côlon. Gerald doit être hospitalisé, ce qui l'affole, il ne supporte pas les cliniques. L'opération se passe plutôt bien, la tumeur est enlevée, Gerald rentre à Cannon Hall, affaibli.

Dix jours plus tard, lorsque Daphné revient d'une promenade avec la petite Tessa, Margaret l'attend sur le seuil d'Old Rectory, raide, le visage vidé de toute couleur. Daphné comprend immédiatement, n'écoute pas les quelques mots balbutiés par la jeune femme. En arrivant à Hampstead, Daphné sait qu'elle se souviendra de ce 11 avril 1934 toute sa vie. Ironie du sort, c'est aussi le trente et unième anniversaire de mariage de ses parents. Sa mère, si élégante, si parfaite en toutes circonstances, est brisée, le visage défiguré par les larmes. Daphné la serre contre elle, la réconforte comme si elle dorlotait sa propre fille, s'étonne malgré elle de ce moment si particulier, elle qui n'a jamais été physiquement proche de Mo. Muriel prononce quelques mots d'une voix cassée. *Il t'aimait tant.* Daphné le sait, son Peter Pan de père l'aimait plus que tout, d'un amour puissant, étouffant, et dévorant. Jeanne et Angela, dévastées, viennent se blottir contre elles.

La nouvelle de la mort de Gerald fait la une des journaux du pays. Les portraits qui lui sont consacrés chantent ses louanges, sa carrière est acclamée, son charme unique souligné. Même le roi Georges V envoie une lettre de condoléances à Lady du Maurier. Muriel a voulu une cérémonie intime, avec uniquement la famille, elle s'est battue pour éloigner la presse et les badauds. Le jour de l'enterrement, Daphné ne se rend pas à la petite église de Hampstead avec sa mère et ses sœurs. Seule, elle part sur le Heath, avec deux pigeons en cage, là où son père les emmenait, petites, lorsqu'il évoquait ses promenades avec Kiki. Elle libère les oiseaux ; en les regardant s'envoler, haut dans le ciel printanier, elle pense à son père.

Elle sait à présent que le prochain livre ne sera pas un roman. Ce sera la première biographie de Sir Gerald du Maurier, signée de celle qui le connaissait le mieux au monde, sa fille.

Quand Michael Joseph de Curtis Brown lit les premiers pages du livre de Daphné sur son père, il découvre un portrait étonnamment franc et dénué de complaisance. Voulant faire progresser la carrière de Daphné, il lui propose de signer avec un nouvel éditeur, un certain Victor Gollancz, dynamique et ambitieux, qui a lancé sa maison d'édition à succès, Victor Gollancz Ltd, en 1927. Gollancz est l'éditeur d'Isadora Duncan, Ford Madox Ford, George Orwell, et un fervent adepte de publicité littéraire pour faire vendre les livres, capable de monopoliser une page entière d'un quotidien pour lancer un ouvrage. Son logo noir (les lettres en gras **VG**) et sa charte de couleur, jaune et orange vif pour les couvertures, sont immédiatement reconnaissables.

Lorsqu'elle fait sa connaissance dans son bureau de Henrietta Street, à deux pas de celui de son agent, Daphné est séduite par le discours du sémillant Victor, qui semble enchanté de prendre à bord cette nouvelle recrue, et qui lui parle de son projet avec ferveur. Du coup, elle en oublie un peu hâtivement Heinemann, et ce qu'ils ont pu faire pour elle et ses trois premiers romans. L'enthousiasme débordant de Gollancz lui plaît, si elle doit réussir, c'est sans doute grâce à un homme comme lui, tant pis si certains trouvent vulgaires ses matraquages publicitaires.

Victor Gollancz emmène Daphné et son agent prendre un verre au Claridge pour sceller le contrat qu'ils signent en mai 1934. C'est la première fois que Daphné se trouve en présence d'un éditeur, à part sa brève rencontre avec l'Américain Nelson Doubleday. Elle sait que ce n'est ni pour la gloire ni par vanité qu'elle souhaite se trouver sur la liste des meilleures ventes, mais uniquement pour préserver son indépendance, pour vivre de sa plume. Victor se frotte les mains, il est persuadé d'avoir trouvé là son auteur phare, elle a tout pour plaire au public, son nom, sa beauté, sa jeunesse, ses trois premiers romans dont les deux derniers sentent le soufre, sans oublier le livre prometteur à venir sur la vie d'un père célèbre. Dans le décor feutré du Claridge, alors qu'ils trinquent à leur projet, Daphné se demande si cet éditeur rondouillard, aux petites lunettes et au crâne glabre, qui la regarde avec un sourire à la fois gourmand et respectueux, sera l'artisan de son premier grand succès. Elle a envie de lui faire confiance. Victor, n'est-ce pas déjà un prénom prédestiné, qui annonce une réussite future ?

Ce livre, Daphné l'écrit en quatre mois, chez elle, à Old Rectory, tandis que Margaret veille sur Tessa et que Tommy se consacre à son bataillon. Ce n'est pas une biographie classique, avec des dates, une chronologie d'événements, un catalogue de lieux. Sous sa plume, Gerald revit, son humour singulier aussi, ses prouesses sur les planches, son formidable travail d'acteur, ses mimiques, ses plaisanteries parfois infantiles. Tout y passe avec clairvoyance, son parcours d'enfant gâté, ses premières histoires d'amour, sa rencontre avec Muriel Beaumont, sa fameuse « écurie », garnie d'actrices-juments, ses rapports particuliers avec ses filles, son malaise lorsqu'elles quittaient l'enfance pour devenir femmes. Avec empathie, Daphné met à nu les failles de son père, ses contradictions, son égocentrisme, ses doutes les plus intimes, sa phobie du simple rhume, des microbes.

Gerald, un portrait, est publié en octobre 1934 chez Victor Gollancz Ltd. Les amis acteurs de Gerald et les membres du Garrick Club sont encore une fois choqués par tant de franchise. Comment une fille peut-elle dépeindre son propre père avec tant de réalisme ? Les proches de Daphné, eux, approuvent ce livre et la félicitent. Le *Morning Post* émet quelques réserves, mais salue la plume « extraordinairement sincère » de la jeune écrivaine. Le *Times* la félicite pour « ce portrait d'une grande profondeur écrit sans malice ». Le livre se vend, immédiatement, et les droits d'auteur commencent à affluer. Daphné a perçu mille livres d'à-valoir et touchera vingt pour cent sur les premiers 10 000 exemplaires vendus. Mais l'absence de Gerald, et le premier Noël sans lui affectent le bonheur de la jeune femme. Cannon Hall est en vente, sa mère et ses sœurs s'installent dans le cottage de Well Road qu'elle a quitté après la naissance de Tessa.

L'adieu à cette maison d'enfance est douloureux. Elle se revoit en train de dévaler l'escalier avec Jeanne, revit les parties de cricket avec Gerald sur la pelouse, et même le masque « Borgia » lui manque. Sa jeunesse s'enfuit. Elle est l'épouse d'un brillant militaire, mère d'une petite fille de bientôt deux ans. La tristesse l'envahit. C'est la fin d'une époque, un tournant de sa vie qu'elle amorce avec amertume.

La seule chose à faire ? Se remettre à écrire. Lors de l'été 1935, l'infatigable Victor l'encourage, lui demande de réfléchir à un roman, elle doit battre le fer pendant qu'il est chaud après le succès du livre sur son père. Daphné se partage entre le Surrey et Fowey, fuit les mondanités de l'armée dès qu'elle le peut, ce qui déplaît à son mari. Sa mère aussi a besoin d'elle, l'après-Gerald est une souffrance. Comment leur faire comprendre, à tous, sans les blesser, sans les heurter, que sa priorité, ce n'est ni son enfant, ni son mariage, ni sa mère, ni ses sœurs, c'est écrire ?

Révolue, l'époque où Daphné pouvait décamper et passer une semaine avec Ferdie à Paris, s'isoler à Ferryside. Elle n'est plus libre dans sa vie quotidienne, mais elle le reste dans sa tête. Victor est curieux, de quoi parlera ce nouveau roman, ne pourrait-elle pas lui en dire un peu plus ? Daphné consent à lui dévoiler que son héroïne s'appelle Mary Yellan, vingt-trois ans, et que l'histoire se déroule au début du XIXe siècle, en Cornouailles, à Bodmin Moor. Pour écrire ce livre, Daphné se nourrit de ses lectures d'enfance, de l'ambiance rocambolesque des romans qui la tenaient en haleine comme *L'Île au trésor*, mais aussi de son excursion avec Foy Quiller-Couch, il y a cinq ans, lorsqu'elles s'étaient perdues sur la lande. Le titre ? demande Victor, impatient. Réponse succincte de Daphné : *L'Auberge de la Jamaïque*. L'éditeur ne saura rien de plus.

Daphné travaille sur une machine à écrire, un modèle Oliver n° 11 qu'elle apprend à utiliser avec deux doigts. La maisonnée s'habitue à ce claquement sec qui persiste plusieurs heures par jour. Il ne faut pas déranger Mme Browning quand on entend ce drôle de bruit, Tessa le comprend vite. En quelques mois, le manuscrit est terminé, et c'est Victor qui le découvre en premier. Dès les premières pages qu'il lit dans son bureau de

Henrietta Street, il sait qu'il tient un succès. La romancière a su créer une nouvelle tension dramatique captivante, une galerie de personnages dont certains sont attachants, comme Mary et sa pauvre tante Patience, et d'autres terrifiants, tel Joss Merlyn, l'oncle brutal et aviné de Mary, ou encore l'inquiétant vicaire Davey avec sa crinière ivoire et ses iris blancs. Victor sait que les futurs lecteurs se passionneront pour l'histoire poignante d'une jeune orpheline qui part vivre avec son oncle et sa tante, propriétaires d'une taverne perdue dans des marais balayés par les bourrasques. Dès son arrivée dans cette auberge sinistre, la jeune fille soupçonne le pire : il est question de pirates, de navires délibérément naufragés pour en piller les biens, et d'un louche trafic afin d'en écouler les bénéfices. Pourtant, Victor en a conscience, ce n'est pas un roman léger, certaines scènes sont difficiles, mais à la relecture, il le sait, Daphné s'était interdit d'édulcorer son récit. L'éditeur se félicite de l'imagination débridée et fertile de son auteur. Et dire qu'elle n'a que vingt-neuf ans ! Il est persuadé que le cinéma va s'intéresser de près au livre et engage des moyens publicitaires impressionnants.

Le roman est publié en janvier 1936, Daphné reçoit le même à-valoir et le même pourcentage que pour la biographie de son père. Les ventes s'envolent immédiatement, avant même la parution des premiers articles, et en quelques mois, L'Auberge de la Jamaïque se vend mieux que les trois premiers ouvrages de Daphné réunis. En dépit de la mort du roi Georges V le 20 janvier 1936, qui monopolise la presse, les critiques saluent la puissance de la plume de la jeune romancière et les descriptions de la Cornouailles. Cependant, et c'en est agaçant, presque tous soulignent ce qu'elle doit aux sœurs Brontë, une maison remplie de mystères et d'effroi, une atmosphère gothique, des héros inspirés de Heathcliff ou de Rochester. Comme si elle n'avait rien créé de nouveau ! Heureusement, le Spectator du

24 janvier 1936 trouve que Robert Louis Stevenson « aurait pu signer *L'Auberge de la Jamaïque* », ce qui ravit Daphné. C'est son premier « best-seller », mais malgré sa joie, elle subodore qu'elle peut faire encore mieux, et Victor la pousse dans cette voie, persuadé lui aussi que l'ascension de Daphné du Maurier ne fait que commencer. Pour le moment, elle se protège, n'accepte pas d'interviews, refuse de rencontrer ses lecteurs. Mais le courrier commence à affluer par le biais de sa maison d'édition, et elle s'émerveille devant ces lettres postées des quatre coins du pays, puis des États-Unis, lorsque Doubleday publie le livre à son tour. Consciencieusement, elle y répond, en tapant sur sa machine.

Victor avait raison, une société de production de cinéma souhaite acheter les droits du roman, il s'agit de Mayflower Pictures, dirigée par Erich Pommer, producteur allemand qui travaille avec Marlène Dietrich, et l'acteur britannique Charles Laughton. Le réalisateur pressenti s'appelle Alfred Hitchcock, et il a bien connu Gerald du Maurier. C'est lui qui a produit *Lord Camber's Ladies* en 1930, un film de Ben Levy avec la belle Gertrude Lawrence et le père de Daphné.

Au lieu de profiter de sa nouvelle gloire, Daphné se concentre sur le livre à venir ; elle explique à Victor qu'elle n'a pas encore l'idée d'un nouveau roman, elle aimerait s'attaquer à l'histoire de la famille du Maurier, remonter jusqu'à son arrière-grand-père pour terminer avec la naissance des cinq enfants de Kiki. Son éditeur aurait préféré un juteux roman dans la même veine que *L'Auberge de la Jamaïque*, mais il se garde de contrarier la jeune romancière.

Alors que Daphné vient de commencer le livre, en puisant dans les archives familiales de son père, conservées par Mo, à la recherche de certificats de mariage et de naissance, la nouvelle qu'elle craignait vient de tomber. Un soir de mars 1936, Tommy rentre à Old Rectory avec une expression particulière, et elle devine qu'il va prononcer les mots qu'elle redoute. Cela fait trois ans qu'elle a pu jouer à faire semblant d'être une épouse de militaire, sans jamais s'investir dans ce rôle. Le régiment de Tommy est envoyé en Égypte pour une durée indéterminée. Il vient d'en être nommé commandant. Son devoir, c'est de suivre son mari.

Comment survivre dans cet endroit qu'elle déteste, poussiéreuse Alexandrie, cette chaleur effrayante, ces gens d'un ennui mortel, ces longs dîners d'expatriés où on la toise comme une bête curieuse, où elle lit sur les lèvres : Mme Browning, c'est l'écrivain Daphné du Maurier, vous ne le saviez pas ? On doit la trouver bien timide, car elle reste toujours à l'écart. La maison, pourtant, est agréable, située au 13, rue Jessop, elle donne sur la plage de Ramleh, Tessa et Margaret s'y plaisent, et Tommy part du matin au soir avec ses troupes dans le désert. Daphné tente d'avancer sur sa biographie familiale, et ne trouve ni énergie ni inspiration. Pourquoi s'est-elle embarquée dans ce livre ? Elle aurait dû attendre que l'idée d'un roman vienne la chatouiller. De sa fenêtre, elle contemple la mer lisse et se lamente. Son seul plaisir ? Nager. La rédaction de la biographie de son père avait été facile, car elle remémorait un personnage qu'elle connaissait de près, elle savait comment le mettre en lumière, évoquer ses qualités, ses défauts, ses manies. Pour ce nouveau livre, la tâche est rude, elle ignore tout de ses aïeux, à part ce qui émane de leurs lettres. Il faut leur donner vie, ajouter de la chair à ces dates et ces lieux, ce qu'elle sait mettre en œuvre pour un roman. Mais ceci n'est pas un roman, se rappelle-t-elle, tandis qu'elle transpire dans une chambre moite aux volets clos, dans les heures lentes d'après-midi brûlantes. Elle commence son récit en 1810, à Londres, à travers la petite Ellen, qui épousera plus tard Louis-Mathurin Busson du Maurier, fils d'immigrés angevins, le père de Kiki. En septembre 1936, Daphné parvient péniblement à terminer l'ouvrage dont elle n'est pas fière : *Cent mille mots*, écrit-elle à son éditeur, en lui envoyant le manuscrit par l'intermédiaire d'un couple d'amis qui rentrent à Londres (les chanceux !), *c'est un tour de force d'avoir rédigé ça pendant un été caniculaire.* Elle se doute que ses dialogues sont forcés, artificiels, que ses personnages semblent figés, peu attachants. La liberté que lui permet un roman lui a manqué dans ces pages.

Margaret, la nanny, s'inquiète de la pâleur de Mme Browning, de son amaigrissement qu'elle juge alarmant. Elle remarque que la jeune femme mange de moins en moins, qu'elle passe ses journées cloîtrée dans sa chambre, allongée avec un linge frais sur le front. Même son humour pince-sans-rire semble entamé. Tessa, qui va sur ses trois ans, redouble d'entrain en dépit de la chaleur oppressante. C'est une fillette drôle et vive, mais son énergie épuise sa mère. Un matin, Margaret fait venir le docteur, car l'état de Mme Browning devient préoccupant.

Vous attendez un enfant. À l'énoncé de ces mots, Daphné, accablée, éclate en sanglots. Mais au-delà de son découragement subit, l'espoir renaît, car elle sait qu'elle pourra enfin rentrer en Angleterre, ne serait-ce que pour la naissance du bébé, prévue au printemps 1937. Son pays lui manque, sa mère et ses sœurs aussi, sans oublier la fidèle Tod, qu'elle n'avait jamais perdue de vue depuis 1922, et Foy Quiller-Couch, presque un an sans eux, c'est long. Le 11 décembre 1936, Daphné ne rate pas à la radio une miette du discours d'abdication du roi Édouard VIII, qui, depuis le château de Windsor, renonce à la couronne pour épouser la femme qu'il aime, Wallis Simpson, divorcée. Comme elle aurait aimé l'écouter, entourée de Mo, Angela et Jeanne, partager ce moment historique avec elles. Entre-temps, elle reçoit enfin une lettre de son éditeur ; la réponse de Victor est positive, il trouve *Les Du Maurier* remarquablement écrit et intéressant, il y croit. Daphné en est rassurée, mais se sent déjà loin du livre. Alfred Hitchcock, quant à lui, a bien acheté les droits cinématographiques de *L'Auberge de la Jamaïque*, et l'écriture du scénario est en cours. Elle s'interroge : le film va-t-il respecter son livre, ses personnages tels qu'elle les a imaginés ?

Daphné embarque enfin pour l'Angleterre le 16 janvier 1937, sur l'*Otranto*, avec sa fille et Margaret. Lorsqu'elle arrive à Plymouth, qu'elle respire l'air marin de « sa » Cornouailles, elle revit. Sa mère et ses sœurs vivent désormais à Ferryside, c'est une joie de les retrouver. Elle devra retourner à Alexandrie après son accouchement, elle ne peut abandonner Tommy, encore en poste pour un long moment. Mais pour l'heure, quelques mois anglais l'attendent, et c'est un bonheur dont elle ne va pas se priver. Elle passe plusieurs semaines à Fowey, suit de loin la parution de *Les Du Maurier*. La critique est assez favorable, l'*Observer* parle même d'un livre « enivrant », mais les ventes démarrent mollement. Daphné s'y attendait, ne se laisse pas atteindre par ce semi-échec. « Q » apprécie beaucoup le livre, ainsi que Tod et Ferdie, ces compliments lui font plaisir. Un nouveau roman ? Oui, elle en a vaguement une idée, quelque chose d'assez noir, de macabre, trop tôt encore pour en parler.

La fin de sa grossesse approche, elle se résigne à avoir une deuxième fille, et son instinct lui donnera raison, puisque, le 2 avril 1937, c'est un bébé du sexe féminin qui voit le jour dans l'appartement de Queen Anne's Mansions que les Browning ont loué dans le quartier de Westminster, à deux pas du parc Saint James. Le matin même, Angela avait emmené sa cadette faire une virée dans sa nouvelle voiture, une Morris Eight aux suspensions minimales. Cela avait dû avoir un effet sur la future maman, car le bébé s'était annoncé avec deux semaines d'avance. *L'accouchement a été beaucoup plus facile que lors de la première fois*, écrit Daphné à Tod. Le bébé ressemble à *un petit radis rouge*, c'est tante Angela qui le dit. Daphné aurait tant voulu un fils. Elle se console en se disant qu'une troisième naissance sera la bonne. Tommy est de retour pour une permission de trois mois, et c'est lui qui choisit le prénom de leur deuxième fille, Flavia.

Le nouveau roi Georges VI, frère d'Édouard VIII, est couronné le 12 mai 1937. Le pays est en liesse, et le lendemain, ce sont les trente ans de Daphné qui sont fêtés en famille. La jeune femme rit, sourit, ouvre ses cadeaux, déguste son gâteau, mais pense en secret à ce nouveau roman qui l'attend. Elle y songe sans cesse. Les idées se mettent en place, lentement, mais sûrement. Le plus important, trouver du temps pour écrire. Pas facile, avec un mari et deux enfants, même si elle est aidée en permanence. Comment retrouver cette solitude dont elle a tant besoin ? Angela lui avoue qu'elle aussi a avancé sur son propre roman, mais visiblement, l'aînée a moins besoin d'isolement pour travailler que sa sœur. Angela, trente-trois ans, toujours aussi ronde, n'a pas encore de mari, s'en moque avec une joie de vivre pétillante, et préfère visiblement la compagnie des femmes. C'est une infatigable voyageuse qui sillonne l'Europe avec ses amies. Son plus grand plaisir est un long périple en train. Elle possède la même extravagance que leur père, pas question de se priver de première classe et des meilleurs hôtels, ce qui amuse Daphné. Le roman d'Angela met en scène Verona, héroïne déshonorée, qui fait les mauvais choix et en paie les conséquences. Daphné l'écoute, hoche la tête, cela ne lui fait pas peur d'avoir une sœur romancière, elle en est fière, comme elle est fière de leur cadette Jeanne, qui rêve d'études artistiques et de vivre de sa peinture. Même si Daphné s'est mariée, qu'elle est mère de famille, les liens entre elle et ses sœurs sont toujours aussi forts. La petite Flavia semble plus fragile que son aînée, aussi Daphné décide-t-elle de laisser ses deux enfants sous la supervision aimante de leurs grands-mères respectives, Nancy Browning et Muriel du Maurier, et de leur nanny, Margaret. Hors de question d'emmener un nourrisson et un petit enfant dans la fournaise d'Alexandrie où Tommy doit retourner de juillet à mi-décembre 1937.

Cinq mois à tenir. Daphné suit son mari, résignée. Mais sur le bateau qui les ramène en Égypte, alors qu'elle regarde par le hublot vers la mer, elle ne pense pas aux deux enfants qu'elle laisse derrière elle, ni à sa mère ou à ses sœurs, elle oublie ce qui l'entoure à bord, son mari, les autres passagers, les conversations. Elle va chercher un carnet noir dans sa cabine et commence à prendre des notes. Plus tard, dans l'étuve de sa chambre rue Jessop, Daphné fait les cent pas, se ronge les ongles comme lorsqu'elle était petite. Des pages déchirées jonchent le sol, elle a tout jeté, un premier jet qui ne la satisfait pas, elle doit reprendre du début. Sans cesse, elle s'assied, ouvre son carnet, se relit, se lève à nouveau. Quelle ironie, le daphné, le joli arbrisseau dont elle porte le nom, et qui fleurit même l'hiver, a besoin d'un peu de soleil, mais surtout, d'avoir ses racines bien implantées dans une riche humidité. Est-ce la chaleur qui l'empêche à ce point d'écrire ? Cela va faire plus d'un mois qu'elle est ici, et elle n'avance pas. Daphné a l'impression que son cerveau s'est ramolli. Lorsqu'elle tape sur sa machine, ses doigts collent aux touches. Elle dort mal depuis la naissance de Flavia, avale un somnifère chaque soir, son sommeil devient lourd, elle en émerge fatiguée. Les soirées mondaines auxquelles elle est obligée d'assister l'ennuient toujours autant. Pourquoi se sent-elle si peu à l'aise en société, fuyant les regards qui se posent sur elle, comme lorsqu'elle se cachait derrière les massifs à Cannon Hall, lors de ces déjeuners du dimanche qu'elle détestait ?

Être n'importe où, mais plus ici aux portes du désert, être sous la pluie, comme cela doit être divin, la bruine, légère et parfumée, être à Fowey, maintenant, avoir froid, frissonner, se pelotonner dans un épais manteau, marcher dans l'herbe verte et mouillée, respirer l'air pur, caresser l'écorce rugueuse d'un arbre, les pétales veloutés constellés de rosée, contempler la mer qui se déchaîne contre les falaises. Se promener devant Menabilly, poser ses mains sur les murs gris du manoir, ressentir ce frisson de plaisir intense.

Elle reprend son carnet de notes. *Une magnifique demeure... Une première épouse... Un naufrage... Un terrible secret... La jalousie...*

Daphné se concentre, ferme les yeux, oublie l'Égypte, se projette dans la fraîcheur brumeuse de Fowey, elle pense à Milton, l'immense maison qui l'avait envoûtée, enfant, sa galerie impressionnante, les domestiques au garde-à-vous devant l'escalier majestueux, la gouvernante, Mme Parker. Se servir de cette longue silhouette noire. Se servir du naufrage qui l'avait tant marquée, du haut de la falaise, à Pridmouth, en janvier 1930, ce navire fracassé, le *Romanie*, à la merci des vagues. Elle se revoit en train de fouiller dans des tiroirs à Old Rectory, de trouver des lettres d'amour que Tommy avait reçues de sa précédente fiancée, Jeannette Ricardo, qu'il devait épouser le 25 mars 1929. Les fiançailles avaient été rompues. Pourquoi ? Daphné ne le savait pas. L'écriture féminine, inclinée et déterminée, tracée à l'encre noire, la hante encore. Pourquoi

Tommy avait-il gardé ses lettres ? Peut-être qu'il n'avait jamais pu oublier celle qui signait « *Jan* », d'un J majuscule démesuré qui éclipsait les autres mots. Daphné avait découvert quelques photographies de la jeune femme, une beauté sophistiquée aux cheveux noirs, divine dans ses fourreaux. Elle devait être une parfaite maîtresse de maison, une de celles qui savent recevoir, arranger des fleurs, faire la conversation à tout le monde, être élégante et à la hauteur en toutes circonstances. Daphné avait rangé lettres et photographies, une pointe de jalousie dans le cœur. Se servir de cette jalousie, à présent, la mettre en scène, la fouiller, l'exploiter. Trouver un nom à cette somptueuse demeure... M comme Milton, M comme Menabilly... Manderley, le nom lui vient tout de suite, Manderley, vaste bâtisse ancienne, noble splendeur patinée par une lente usure, la jumelle de Milton Hall, coiffée d'échauguettes et de clochetons, comme la villa Camposenea.

Dans le silence de la chambre étouffante, Daphné le répète à voix haute, *Manderley, Manderley*, et une phrase s'impose avec une sorte de grâce sobre, le sentiment, ou plutôt l'instinct, qu'elle ne se trompe pas, qu'elle trouve d'emblée les mots justes, comme le pan d'un tissu qui tombe avec perfection. *J'ai rêvé la nuit dernière que je retournais à Manderley.* Le titre du roman, elle le sait déjà, sera *Rebecca*. Le même prénom que l'héroïne maléfique de sa curieuse nouvelle, *La Poupée*, rédigée il y a déjà dix ans, et jamais publiée. Rebecca, la première épouse.. Brune, ravissante, talentueuse. Sublime créature à la silhouette de garçonne, qui sait aussi bien dompter un étalon que barrer un voilier dans des eaux démontées, qui signe d'une élégante écriture penchée, avec un immense R majuscule. Morte dans des circonstances tragiques, en mer. Cette même mer agitée qu'on entend de la grande maison cachée derrière les arbres, sur les hauteurs, protégée des regards. Les hautes grilles, la longue allée sinueuse, les rhododendrons, les azalées, les jacinthes, le petit cottage en granit sur la plage de Pridmouth, toute la magie, tout le mystère de Menabilly, Daphné le ponctionne avec gourmandise et l'insuffle à son Manderley imaginaire.

Elle abandonne sa machine à écrire pour le moment, rédige ses notes directement dans le carnet noir. Chapitre après chapitre, elle bâtit le roman, il commencera par un épilogue, une nouveauté pour elle, une façon d'accentuer la tension, cette cadence qui existait déjà dans *L'Auberge de la Jamaïque* et qu'elle souhaite souligner davantage ici, afin que le lecteur soit obligé de poursuivre sa lecture, agrippé aux pages. Le mari de Rebecca, veuf, c'est Henry de Winter. Daphné n'est pas certaine que ce soit le bon prénom pour lui, un peu fade à son goût, mais elle le conserve pour l'instant. Il a une cinquantaine d'années, un homme séduisant mais sombre, fermé. C'est lui que la narratrice remarque à Monte-Carlo, alors qu'elle n'est que l'insignifiante dame de compagnie de Mme Van Hopper, riche et insupportable vieille Américaine. Une narratrice qui n'a pas de prénom, Daphné ne lui en trouve pas, et ne cherche plus, cela lui plaît, que cette très jeune femme reste dans l'ombre, orpheline, timide, mal fagotée, ongles rongés, cheveux raides et pieds plats. C'est pourtant elle la deuxième Mme de Winter, à la stupéfaction de Mme Van Hopper, qui lui fait comprendre avec un rire détestable qu'elle ne sera jamais à la hauteur de Rebecca, elle ne sera jamais la vraie maîtresse de Manderley. Dès son arrivée dans cette vaste maison, que Daphné décrit comme un personnage à part entière, la jeune Mme de Winter comprend, démoralisée, que la vieille Américaine avait raison. Au pied du grandiose escalier, les domestiques figés attendent la nouvelle épouse de Henry de Winter. Une longue silhouette noire se détache, avec un visage d'une blancheur affreuse, sans sourire, sans chaleur. C'est Mme Danvers, la gouvernante de la maison, suivie du cliquetis de son trousseau de clefs. C'est elle qui veille sur Manderley. C'est elle qui veillait sur la première Mme de Winter. Elle ne s'est jamais remise de la mort de Rebecca. *Rebecca*. Le roman résonne de ces trois syllabes fantomatiques, alors que la première Mme de Winter n'est plus, qu'elle est morte depuis un an, qu'elle a laissé un vide vertigineux rempli de secrets, de doutes, d'angoisse et de cauchemars.

Quand Daphné quitte Alexandrie à la mi-décembre 1937, elle a déjà rédigé un tiers du livre. Les retrouvailles familiales l'inquiètent, en dépit de la joie de revoir ses filles, elle se doute que la petite Tessa la réclamera, comme le bébé, qui n'a que huit mois. Lorsqu'elle annonce à sa mère qu'elle projette de venir la retrouver pour écrire en Cornouailles, en laissant ses filles pour quelques semaines encore avec leur nanny chez sa belle-mère, Mo est choquée, et ne manque pas de le lui dire. Comment faire comprendre à sa mère, et aux autres, que ce livre est plus important que tout, qu'elle ne vit que pour Manderley, ce lieu psychique qui la hante jour et nuit ? Tel Peter Pan, elle s'est forgé son propre Pays Imaginaire et personne d'autre ne peut y pénétrer. Cela la navre, que sa mère puisse la trouver cruelle, aussi tente-t-elle dans une lettre maladroite de lui expliquer ce qu'elle ressent. *Je ne pourrai jamais travailler si elles sont là, ce serait trop éprouvant.* Muriel capitule, Daphné part à Ferryside, travaille d'arrache-pied à son roman.

Au début de l'année 1938, les Browning déménagent à nouveau : Tommy est nommé dans le Hampshire, près de Fleet. Daphné se trouve chanceuse, elle qui attache tant d'importance aux maisons, celle qu'ils vont habiter lui plaît d'emblée, Greyfriars, avec son toit à pignons et son grand jardin bordé d'un bois. C'est là, dans le salon aux murs verts, car sa chambre est trop petite, qu'elle avance sur le livre, assise devant la fenêtre avec sa machine à écrire, et lorsqu'elle lève les yeux, elle contemple les arbres et Tessa qui batifole sur la pelouse, emmitouflée contre le froid. Jamais elle ne s'est autant investie dans un roman, jamais l'écriture d'un livre ne l'a autant habitée. Ses personnages précédents, Janet Coombe, Dick, Julius Levy ou Mary Yellan n'ont pas bénéficié de cet éclairage psychologique, à l'affût de la moindre émotion. À travers l'évocation des pensées intimes de son héroïne, et un récit oscillant entre rêveries, passé et présent, Daphné sait ce qu'elle doit à son grand-père, Kiki, et son « rêver-vrai ». La noirceur magnétique de Svengali opère sous les traits blafards de Mme Danvers, qui nourrissait des « tendances vénitiennes* » envers Rebecca. Quant à Manderley, le somptueux manoir ne pourra plus jamais être visité, sauf en rêve.

En trois mois, Daphné met un point final au texte, elle doit le relire, à présent, s'armer du crayon bleu dont elle se sert pour traquer les lourdeurs, les répétitions. Son orthographe n'est pas excellente, faiblesse gardée de son enfance, elle sait cependant que le texte sera corrigé avant parution par Norman Collins, jeune éditeur de l'équipe éditoriale de Victor Gollancz. Elle s'installe sur le canapé du salon avec son stylo, relit à voix haute l'épais manuscrit. Cela prend plusieurs jours. Henry de Winter, non, cela ne va pas du tout. Il faut un autre prénom à ce personnage central et énigmatique, attirant et pourtant empreint de froideur. George ? Paul ? Maxim… Oui, c'est ça, Maximilian de Winter, élégant, cosmopolite. Ses amis l'appellent « Maxim ». Il n'y avait qu'une seule personne qui l'appelait tout simplement « Max ». C'était Rebecca.

Avant d'envoyer le manuscrit corrigé à Victor, Daphné hésite. Elle redoute ces moments inconfortables, où le livre n'existe pas encore, no man's land dans l'attente de l'avis de l'éditeur, entre les dernières rectifications et la publication. La

fin est ouverte, que vont en penser ses lecteurs ? Ne risque-
ront-ils pas de se sentir perdus ? Et cette héroïne sans éclat qui
n'a pas de nom, qui marche dans l'ombre de Rebecca, n'est-
elle pas trop gourde, trop effacée ? Que faire si Victor juge le
livre sinistre, macabre, ou encore surfait, versant dans le mélodrame ? En avril 1938, Daphné écrit enfin à son éditeur : *Voilà
le roman. Un peu sombre. J'ai essayé de créer une atmosphère de
suspense… La fin est peut-être trop courte. Trop lugubre.*

Norman Collins le lit en premier, il le dévore en deux jours
et fait irruption dans le bureau de Victor, extatique. Victor le
découvre à son tour, et lorsqu'il téléphone à Daphné, sa voix
trahit une immense jubilation, elle l'entend tout de suite. Aux
éditions Gollancz, c'est le branle-bas de combat. Tout est mis en
œuvre, orchestré pour la sortie du roman la première semaine
d'août. Victor a prévu un tirage initial de 20 000 exemplaires,
mais il se doute qu'il réimprimera vite, il est persuadé que le
roman doublera ses ventes en un mois. Il compte aussi sur les
traductions étrangères qu'il est certain d'obtenir, Daphné n'a
pour le moment été publiée dans aucune autre langue. Quant
au cinéma, il en est persuadé : les droits du livre seront très vite
vendus. Hitchcock a eu quelques soucis avec le tournage de
L'Auberge de la Jamaïque, qui sera sur les écrans l'année suivante, en 1939. Michael Joseph a déjà informé Daphné que le
roman a été radicalement transformé, et pas d'une façon heureuse. Elle s'attend au pire. Mais pour l'heure, c'est *Rebecca* qui
occupe tous les esprits.

En patientant, Daphné passe plusieurs semaines estivales
dans le Hampshire, émue des excellents retours des libraires
qui ont lu les exemplaires du livre imprimés à leur intention.
Dans une chaise longue, visage offert au soleil, elle encourage
Flavia qui fait ses premiers pas sur la pelouse, Tessa qui joue
avec son père. Douceur des après-midi lumineuses, des soirées

en famille. De temps en temps, elle se lève pour remettre en route le gramophone. La voix entraînante de Charles Trenet, jeune chanteur français qu'elle adore, résonne dans le jardin avec *Y a d'la joie*. Elle fredonne avec lui, de son accent presque parfait :

C'est l'amour qui vient avec je ne sais quoi
C'est l'amour bonjour bonjour les demoiselles

Daphné ferme les yeux, sirote un cocktail Gimlet à la vodka, chantonne encore, pense à Paris, à Fernande, à Kiki, à Montparnasse, à ce sang français dont elle est fière. Impression étrange de calme avant la tempête. Ce roman pourrait-il changer sa vie ?

C'est un ouragan. Il n'y a pas d'autre mot. Un ouragan qui s'appelle *Rebecca*. En un mois, le livre se vend à 40 000 exemplaires. L'éditeur réimprime. Ce n'est que le début. Daphné du Maurier, ce nom est sur toutes les lèvres. Qui est cette jeune femme de trente et un ans ? Pour la première fois, Victor fait pression sur Daphné, elle va devoir répondre à des interviews, accepter des rencontres littéraires, passer à la radio. Elle s'y oppose farouchement, mais Victor est insistant. Sans enthousiasme, elle cède. Son premier entretien est chez elle, à Greyfriars, avec le jeune journaliste Tom Driberg, trentenaire efféminé à la chevelure gominée, plume montante du *Daily Express*. Avec un naturel teinté d'humour, elle lui avoue qu'elle hait Londres, aime jardiner, ne s'intéresse pas à la cuisine, boit peu, se fiche éperdument de la mode, adore sa vie tranquille à la campagne et déteste prendre la parole en public. Ses lectures ? Rien de bien contemporain, les sœurs Brontë, Anthony Trollope et les poèmes de William Somerville. Son rythme de travail ? Chaque jour de 10 heures à 13 heures, puis de 15 à 17 heures, sauf les dimanches. Le journaliste demande au colonel Browning, présent pendant l'interview, s'il a connu une « Rebecca ». La réponse du colonel est succincte. *Non.* Lorsque l'article est publié, Daphné y est décrite comme « romancière à succès, épouse d'un colonel et fille d'acteur ». Un peu loin, Driberg lance une première pique empreinte de misogynie : « Dans son salon confortable et conventionnel, Daphné du Maurier ressemble plus à la jolie petite épouse d'un subalterne qu'à celle d'un colonel. »

Fin août 1938, le grand libraire Foyles, de Charing Cross Road à Londres, souhaite recevoir Daphné pour un prestigieux déjeuner littéraire organisé par Christina Foyles. Deux autres romancières, moins connues, seront présentes. Daphné y va à reculons, accompagnée de son éditeur. Elle a prévenu Victor, elle ne parlera pas, elle n'a rien à dire. Tous ces yeux sur elle, ces gens qui veulent lui poser des questions, lui serrer la main, obtenir une dédicace, c'est un supplice. Plus tard, elle écrit à Foy d'une plume féroce : *Les écrivains devraient être lus mais jamais vus, ni entendus.* Elle se fiche des cercles littéraires, de rencontrer d'autres auteurs, tout ça pour mieux vendre le livre, un gâchis de temps. Victor encaisse. Mais le succès croissant et spectaculaire de *Rebecca* le conforte, il mise sur 100 000 exemplaires en Angleterre avant la parution américaine fin septembre 1938 chez Doubleday, où les choses s'annoncent aussi prometteuses qu'en Europe. Les offres affluent pour faire traduire le livre à l'étranger. C'est l'éditeur Albin Michel qui obtient les droits français de *Rebecca*.

Le public anglais découvre le visage harmonieux de Daphné, ses yeux si bleus, son élégance. Elle passe sur les ondes, à la BBC, sa voix est une merveille à écouter, douce mais puissante, mélodieuse, féminine. Les projecteurs se braquent sur elle, exactement comme l'avait prédit Victor. Il a beau refuser les interviews et les apparitions, les médias et les lecteurs veulent en savoir plus sur la jeune romancière. Plus elle se cache, plus elle est convoitée.

À la fin de l'année, Victor a vu juste, en quelques mois, l'éditeur américain a vendu 200 000 exemplaires du roman. Nelson Doubleday exulte. Ces chiffres donnent le vertige à Daphné. Elle a du mal à y croire. Les chèques qui commencent déjà à arriver sont sa fierté. La voilà, l'indépendance dont elle rêvait, adolescente. Le revers de la médaille, c'est la presse qui se montre souvent impitoyable. Le *Times* balaie l'ouvrage avec mépris, «un matériel des plus humbles, rien de plus qu'un roman à deux sous». Le *Science Christian Monitor* juge le livre «morbide» et prédit «un feu de paille». Le *Canadian Forum* déplore la «médiocrité» du roman et trouve son héroïne «incroyablement malhabile».

C'est blessant de lire ces articles, comme des coups de poignard en pleine poitrine. Elle apprend à mettre son armure, à se protéger, elle pense à Kiki qui répétait doucement à ses enfants, *À quoi bon ?*. Elle se délecte des bonnes critiques, car il y en a, fort heureusement. Le *New York Times Book Review* applaudit : «Daphné du Maurier possède un don particulier, celui de raconter une histoire et de la truffer d'une réalité scintillante.» Le *New York Herald Tribune of Books* est dithyrambique : «Un roman d'une rare intensité, d'une beauté vertigineuse, une héroïne crédible et attachante.» Le *Saturday Review* salue «une histoire émouvante». Et le livre continue à se vendre. Et à se vendre.

À Fowey, lors du Noël familial, en 1938, Daphné retrouve son vieil ami Arthur Quiller-Couch. Il la félicite pour sa réussite et elle le sent sincère. Mais il lâche une petite phrase qui la hante longtemps : *Les critiques ne vous pardonneront jamais le succès de* Rebecca. En ce début 1939, Daphné subodore que «Q» a raison. Le malentendu concernant *Rebecca* persiste alors que les ventes augmentent encore. Non, son livre n'a rien d'une romance gothique, non, ce n'est pas une banale bluette, mais la chronique d'une jalousie dévorante et de ses conséquences qui vont jusqu'au meurtre. Est-ce la faute de son éditeur, qui a orienté la publicité du roman vers un angle exagérément romanesque et commercial ? Derrière l'histoire d'une maison, d'un homme et de deux femmes, rôde une vérité bien plus ténébreuse, voire dérangeante, celle d'une guerre psychologique fardée de violence feutrée et de sexualité réprimée. Les critiques n'ont pas jugé nécessaire non plus d'explorer Maxim de Winter, personnage complexe, rongé de l'intérieur, à la fois réservé et colérique, pétri de non-dits, dont le patronyme aux consonances hivernales suggère le froid, la stérilité, un enneigement permanent qui a tout rabougri. Pourquoi est-ce que *Rebecca* est si vite catalogué « roman de gare » destiné aux midinettes assoiffées de romantisme ? Pourquoi brandir encore et toujours l'héritage des sœurs Brontë, au détriment du travail de Daphné, jugé inférieur et populaire ? Victor le déplore, mais parvient à consoler son auteur avec les ventes phénoménales qui persistent malgré la vive tension politique qui secoue l'Europe. Tommy prévient sa femme, leurs amis : la guerre sera déclarée dans les mois à venir. C'est inévitable.

En dépit de ces sombres prédictions, *La Déroute du cœur*, le premier roman d'Angela, est publié en février 1939, chez l'agent et éditeur Michael Joseph, et les du Maurier fêtent l'événement. Aux yeux de la presse et du public, le livre passe inaperçu, dévoré par l'ouragan *Rebecca*. Les rares articles sont défavorables, comparant sans cesse Angela à sa sœur. Avec cran et humour, Angela persiste et signe, non, elle ne changera pas de nom, elle est fière de son patronyme, elle y a droit au même titre que sa sœur célèbre. Et elle continuera d'écrire. Daphné aussi. Pas un roman, elle n'a pas encore de nouvelle idée qui lui trotte en tête, mais elle souhaite rester dans l'atmosphère de Manderley. Et si elle adaptait elle-même *Rebecca* pour en faire une pièce de théâtre ? L'idée lui plaît. Elle est après tout la fille d'un couple d'acteurs, elle a grandi dans une atmosphère théâtrale. Daphné se met au travail avec un plaisir inédit. Étrange et envoûtant de replonger dans son texte, un an plus tard. D'abord, créer un huis clos ; ce sera le vaste hall d'entrée de Manderley, avec vue sur le magnifique jardin. Pas de descriptions ici, celles qui enrichissent le canevas coutumier de ses romans, elle doit se limiter aux dialogues, donner vie à ses personnages uniquement par leurs voix, leurs particularités. Malgré les absences de la nanny, Margaret, pour cause de migraine, Daphné parvient tant bien que mal à boucler son adaptation tout en s'occupant de Tessa et Flavia, six ans et bientôt deux ans, ce qui l'épuise. *Je dois avouer,* écrit-elle à Tod à bout de nerfs, *que je ne suis pas une de ces mères qui raffolent de la compagnie permanente de leurs sales gosses.* La fin de la pièce n'est pas la même que celle du roman, elle est résolument positive, véritable happy end. Le rideau tombe alors que M. et Mme de Winter s'enlacent, amoureux, apaisés. Le fantôme de Rebecca n'est plus. Manderley, loin d'être un temple mortifère, se mue en bastion d'amour. Pourquoi ? Parce que la guerre n'est pas loin, parce qu'on lui a tant reproché la fin du roman, parce qu'elle a ce pouvoir, parce que les écrivains ont tous les droits, parce qu'elle est libre.

Les Browning quittent la jolie maison de Greyfriars pendant l'été 1939 pour s'installer à Hythe, dans le Kent, afin que Tommy se rapproche de son quartier général. Une demeure moins charmante, mais au jardin plaisant. Fernande vient rendre visite à la famille pour une semaine. C'est la première fois qu'elle voit les enfants de Daphné. La ronde Fernande va sur ses quarante-six ans, elle garde son entrain et sa vivacité. Tommy ne la trouve pas intéressante, cette Mlle Yvon ; à vrai dire, il est de plus en plus préoccupé tandis qu'il monte en grade dans l'armée. La preuve en est, ce défilé constant de colonels et de généraux dans la nouvelle maison.

Le film adapté de *L'Auberge de la Jamaïque* par Hitchcock est une déception. Le scénario n'a presque plus rien à voir avec son livre, la noirceur originale tire vers une comédie sans finesse, et ce qu'elle redoutait est arrivé, elle ne reconnaît ni son intrigue ni ses personnages. *N'allez pas le voir, c'est pitoyable*, écrit-elle à Victor. Les critiques sont affligeantes. Lorsque le célèbre producteur David Selznick, auréolé du succès d'*Autant en emporte le vent*, d'après le roman de Margaret Mitchell, décide d'acheter les droits cinématographiques de *Rebecca* pour dix mille livres et d'en confier la réalisation à un certain Alfred Hitchcock, encore lui ! Daphné est effondrée. Que va-t-il faire de sa Rebecca, ce bonhomme chauve et lippu, pas franchement cordial, avec qui le courant passe mal ? Il a déjà massacré sa Mary Yellan et son Joss Merlyn. Peut-elle lui faire confiance à nouveau ? Elle écrit à David Selznick, le supplie de ne pas ressusciter la première Mme de Winter à l'écran, Rebecca doit rester drapée de son mystère. Selznick la rassure, il surveille Hitchcock de près, lui ordonnant de retravailler le texte à maintes reprises pour respecter la trame du livre. Agacé, Hitchcock trouve un prénom secret dans son scénario pour la deuxième Mme de Winter, ce sera « Daphné de Winter », ce qui fait beaucoup glousser dans les studios hollywoodiens. Daphné se doute des tensions, sent son œuvre lui échapper. Laurence Olivier, l'acteur anglais du moment, le Heathcliff ténébreux et torturé de l'adaptation du classique de Charlotte Brontë, *Les Hauts de Hurlevent*, est élu pour jouer Maxim de Winter. Daphné applaudit. Mais il aimerait imposer sa femme, l'actrice Vivien Leigh, la Scarlett O'Hara d'*Autant en emporte le vent*, pour incarner la deuxième Mme de Winter. Avec ses yeux verts et ses cheveux d'ébène, Vivien est trop spectaculaire pour la timide deuxième épouse de Maxim, proteste Daphné, elle possède la beauté du diable, celle de Rebecca ! Heureusement, c'est la sage Joan Fontaine, la sœur d'Olivia de Havilland, qui est choisie.

Début septembre, Hitchcock commence son tournage en Californie. Au même moment, l'Allemagne envahit la Pologne, et quelques jours plus tard, le 3 septembre 1939, le Royaume-Uni et la France déclarent la guerre à l'Allemagne. Daphné a conscience que son petit monde est en train de s'effondrer. Affolée, elle écrit à sa sœur Angela : *On est encore là, à Hythe, on s'accroche, et je fonce aux toilettes chaque fois que le courrier arrive, tellement j'ai peur d'une lettre du Bureau de la guerre qui va réquisitionner Tommy. Je ne peux pas supporter d'y penser.* Elle tente de faire rire sa sœur en lui décrivant les exercices organisés par les centres de premier secours contre les attaques au gaz. *Une folle furieuse au visage sinistre est venue nous sermonner en décrivant en détail les horreurs d'une telle attaque. Puis, elle a dégainé des fioles pleines de gaz de son attaché-case pour nous les fourrer sous le nez avec un regard démoniaque.* À la fin de cette même lettre, Daphné ajoute, sobrement : *Comment va ta muse ? La mienne ne m'a-« muse » plus. Je pense être incapable de me perdre dans une fiction alors qu'on vit dans une telle incertitude.*

Le revoilà, ce mot dur et court qu'elle détestait, petite : guerre. Il est partout. Mais maintenant elle est mère de famille, c'est elle qui doit protéger ses filles, sa mère, ses sœurs. En janvier 1940, Tommy est nommé commandant de la 128e brigade du Hampshire et part dans le Hertfordshire avec ses hommes, tandis que Daphné et les enfants se réfugient à Fowey, avec Muriel, Angela et Jeanne. Même Fowey, son sanctuaire, change de visage. Des soldats, à chaque coin de rue, l'impression de paix, terminée. Le matin, à la lecture des journaux, l'annonce des premiers bombardements, des morts. Une joie, tout de même, le bon accueil de la pièce *Rebecca*, jouée pour la première fois à Londres, au Queen's Theatre en mars 1940.

Mais ce n'est rien comparé au succès colossal du film de Hitchcock qui déferle sur les écrans au printemps 1940, en plein conflit mondial. Le couple Olivier-Fontaine fait sensation. Mme Danvers est magistralement interprétée par Judith Anderson. Daphné adore le film, une vraie réussite, dont l'image en noir et blanc reflète à la perfection son univers. Et le livre s'arrache de plus belle, les ventes remontent, les traductions étrangères sont en cours. En avril 1940, Daphné reçoit une lettre de son éditeur français, Robert Esménard, des éditions Albin Michel : *Ainsi que vous le savez, après avoir lancé en France votre admirable* Rebecca, *je viens d'acquérir les droits d'édition de langue française de* L'Auberge de la Jamaïque, *ayant le plus vif désir de m'assurer en France l'exclusivité de votre production.*

En dépit des hostilités, des assauts meurtriers de la Luftwaffe, des sinistres avancées de l'armée nazie en Scandinavie et aux Pays-Bas, l'ouragan *Rebecca* souffle avec vigueur. Muriel, Angela et Jeanne doivent s'y habituer. C'est encore plus dur pour Angela, qui vient de publier son deuxième roman, *Sèche tes larmes*, jugé « ridicule » par le *Kirkus Review*. On ne leur parle plus de Gerald. On ne leur parle que d'elle, Daphné du Maurier, désormais célèbre dans le monde entier.

Sa plus grande joie, c'est qu'elle se sait enceinte. Même si, Daphné en est persuadée, ce sera *une troisième «dondon» de fille*, comme elle l'écrit avec une ironie lasse à Tod, elle est folle de bonheur de porter la vie en cette période troublée, alors que le pays redoute une invasion. En juillet 1940, Tommy est posté dans le Hertfordshire. Impossible de trouver un logement par les temps qui courent, les Browning s'installent à Langley End chez un couple distingué de leur âge, Christopher Puxley, gentleman-farmer et sa femme Paddy, sans enfants, qui accueillent des hôtes payants dans leur maison au style Lutyens, décorée avec goût. Daphné écrit à Angela, partie se réfugier en Écosse pour neuf mois : *Nous sommes heureux et très confortablement installés chez les P., qui sont charmants. Je m'inquiète pour Mummy et les filles restées à Fowey. Des bombes sont tombées dans le jardin d'à côté et dans la baie le jour de l'anniversaire de Tessa ! J'aimerais tant qu'on soit ensemble. Je suis préparée à ce que notre famille se fasse embarquer à cause de notre patronyme français, surtout si le gouvernement de Pétain tourne mal et s'allie avec les Allemands, quelle folie !*

L'écriture lui manque. Pour y remédier, Daphné accepte de signer un court livret de fables patriotiques sur la suggestion d'un ami, le tennisman Bunny Austin, proche du MRA (le Mouvement du réarmement moral), afin de donner du courage aux citoyens britanniques. Elle en confie la publication à son ancien éditeur, Heinemann, persuadée que Victor Gollancz ne serait pas séduit par le projet. Pas facile d'écrire des nouvelles optimistes, elle qui préfère sonder les ambiances obscures. Non sans mal, Daphné rédige une dizaine de textes courts. Les droits d'auteur seront versés aux associations militaires et aux familles. À son étonnement, *Contre vents et marées*, qui selon elle devait passer inaperçu, se vend rapidement à 250 000 exemplaires. L'effet *Rebecca*, sans doute, car la qualité de l'écriture, Daphné le sait, laisse à désirer. Malgré tout, Mo et Tommy apprécient ces histoires simples qui mettent en scène des gens ordinaires, confrontés aux peurs bien réelles de la guerre. Le seul qui n'est pas ravi, c'est Victor. Daphné a beau lui redire qu'elle était convaincue qu'il ne serait pas intéressé par cette *propagande*, il manifeste son mécontentement et la met en garde : pas question qu'elle publie quoi que ce soit ailleurs que chez lui. Message reçu.

Même par temps de guerre et de grossesse, Daphné conserve l'humour pince-sans-rire qui la caractérise. Dans ce coin paisible du Hertfordshire, au nord de Londres, elle et ses filles sont préservées. À Angela, elle écrit : *Je suis bien grassouillette, encore deux mois à tenir, mais heureusement, je ne suis pas grosse de partout, et je ne titube pas en marchant.* Plus sérieusement, elle avoue que sirènes et alarmes ne font pas partie de leur quotidien. *Nous avons de la chance. Cette partie de «Herts» doit se trouver dans une niche tranquille. Cela dit, hier après-midi, vingt avions nazis nous ont survolés pour atteindre Luton, à quinze kilomètres d'ici. Une vision inattendue et bizarrement exquise, étranges oiseaux argentés qui sillonnaient au-dessus de nos têtes.*

Peu avant la naissance du bébé, en octobre 1940, les

Browning emménagent pour quelques mois dans une maison voisine, Cloud's Hill, afin d'attendre l'accouchement plus sereinement, en dépit des inquiétudes liées aux conflits. Flavia et Tessa, sept ans et trois ans, retrouvent enfin leurs parents. Une seule peur taraude Daphné, celle que son mari soit envoyé en France. À Fowey, Muriel et Jeanne ont dû quitter Ferryside, réquisitionné par la marine. Elles logent sur l'Esplanade, en ville, tandis qu'Angela prolonge son séjour en Écosse. Jeanne laisse musique et peinture de côté pour s'engager dans la Women's Land Army, une organisation agricole paramilitaire datant de la Grande Guerre, où les femmes remplacent dans les champs les hommes partis se battre, en se consacrant aux activités rurales pour produire et vendre des légumes sur les marchés de la région. Un travail ardu qu'elle poursuit avec volonté.

Daphné donne naissance à un garçon le 3 novembre 1940, son rêve devient réalité. Elle décrit avec espièglerie les affres de l'accouchement à Angela : *Tout à coup, les douleurs violentes ont commencé, heureusement la sage-femme avait tout préparé. Elle me fourra dans les mains un masque à oxygène, parfaitement inutile, et quand le docteur arriva, je ressentis une énorme explosion interne et l'enfant sortit telle une fusée, tête la première, en hurlant. Puis, j'entendis la sage-femme dire, Oh ! formidable, ils vont être ravis. Un fils ! Christian Frederick du Maurier Browning.* Elle est folle de joie. Tommy parvient à serrer leur nouveau-né dans ses bras lors d'une visite éclair entre deux déplacements secrets sur la côte sud. Interloquées, Tessa et Flavia se rendent compte que leur mère n'est plus la même depuis la naissance du petit « Kits ». C'est elle qui donne le bain à leur petit frère, pas la nanny. Elle l'embrasse, le cajole pendant des heures, elle le berce, le regarde avec ravissement. Les petites s'en vont sur la pointe des pieds, se sentent de trop. Jamais elles n'ont reçu de tels baisers, un tel amour, de la part de leur mère.

Début 1941, les Browning s'installent à nouveau chez les Puxley. Les fillettes aiment la douceur de Paddy, le salon blanc où Christopher, qu'elles appellent «oncle», joue du piano, des airs mélancoliques qui résonnent dans la grande maison. La guerre semble loin, peu réelle, mais force est de constater que le conflit entre déjà dans sa troisième année et s'embrase avec l'invasion allemande de la Bulgarie, de la Yougoslavie, puis de la Grèce.

Trois ans que Daphné n'a pas écrit de roman. Mme de Winter et la guerre ont tout accaparé. Pour le nouveau livre que Victor lui réclame, elle aimerait ne pas exploiter le même filon que son premier grand succès, oser une trame qui mette du baume au cœur à ses lecteurs. Le monde est en guerre, après tout, et elle constate que son écriture s'en ressent, moins sombre, moins macabre, comme lorsqu'elle avait changé la fin de *Rebecca* pour l'adaptation théâtrale, comme lorsqu'elle avait imaginé *Contre vents et marées*. Envie d'un récit qui retourne dans le passé, une histoire de mer et d'aventures à l'image de *L'Auberge de la Jamaïque*, mais sans noirceur. De l'amour, de la passion, de la sensualité. Une belle maison aux murs gris comme ceux de Menabilly, une crique secrète qui ressemble à celle où Tommy et elle ont vécu leur lune de miel, le long de la rivière Helford. Une héroïne trentenaire belle et rebelle qui s'étiole à Londres avec un mari ennuyeux. Des boucles brunes, la peau blanche… Un pirate français, originaire de Bretagne… qui pourrait avoir quelque chose de Christopher Puxley, ses gestes calmes, son lent sourire.

Daphné doit faire face aux contrariétés d'une vie de mère de famille. La nanny tombe gravement malade, Tessa attrape la rougeole, suivie de Flavia. Le bébé est épuisé par son premier gros rhume. Dona St Columb, son héroïne qui aurait aimé être un garçon pour vivre libre, et Jean-Benoit Aubéry, le pirate breton, devront patienter. C'est Flavia, quatre ans, la plus affaiblie. Jour et nuit, Daphné s'occupe d'elle, inquiète. C'est la première fois qu'elle se sent aussi proche de sa deuxième fille et pendant la longue convalescence, elle hisse sa machine à écrire sur ses genoux, assise sur le lit étroit de Flavia. De temps en temps, la fillette ouvre un œil, étonnée et heureuse d'avoir sa mère rien que pour elle, c'est si rare. Le *clac clac* des touches ne la dérange pas.

Daphné succombe à son tour à une pneumonie au printemps 1941. Le médecin impose le repos total. Elle dort, et elle lit. Angela publie un troisième livre, *Moins que demain*, chez Michael Joseph, ce fameux texte scandaleux qu'elle avait rédigé en secret, il y a douze ans, et qui n'avait glané que des refus. Le roman, l'histoire d'amour entre deux femmes, fait jaser la bonne société londonienne. Les rares critiques ne sont pas tendres : « commun, banal, bas de gamme, un échec littéraire », déclare le *Saturday Review of Books*. De son lit, Daphné encourage sa sœur par écrit, la félicite pour son audace, lui suggère de rédiger des nouvelles plutôt que des romans, de poursuivre une veine humoristique. Pas facile, d'être la grande sœur de Daphné du Maurier et de vouloir aussi être romancière, mais Angela n'abdique pas, elle a l'intention de poursuivre. Elle a déjà en tête l'idée de son prochain roman, qui se déroulera en Cornouailles. Pour l'heure, elle rejoint sa mère et sa sœur à Fowey, dans la petite maison sur l'Esplanade. Suivant l'exemple de Jeanne, elle s'engage dans la Women's Land Army.

Lorsque Daphné peut enfin se lever, son entourage constate à quel point elle a maigri, combien elle paraît pâle et faible. Impossible de monter et descendre les escaliers. Christopher

Puxley doit la prendre dans ses bras pour l'aider. Il est exquis, ce Christopher. Le contraire de Tommy qui débarque à chaque permission avec le poids de la guerre sur ses épaules, le visage ravagé par l'inquiétude, l'estomac noué par une douleur inexpliquée. Christopher fume sa pipe le soir, ne parle pas, ou peu, et la contemple avec un doux sourire. Daphné aime se prélasser sur le canapé à l'écouter jouer, à admirer ses belles mains. L'air qui lui apporte le plus de plaisir, c'est le *Clair de lune* de Debussy, que Christopher joue avec une sensibilité extrême. Petit à petit, elle reprend des forces, se remet à écrire, retrouve le XVIIᵉ siècle et l'ambiance de Navron Hall, la demeure en bord de mer des St Columb, ancienne maison inhabitée depuis longtemps, et vers laquelle Dona fuit un soir de coup de tête, avec enfants et nourrice, excédée des mondanités de la ville. Dona, espiègle et audacieuse, capable de se grimer en bandit de grand chemin avec ses acolytes pour détrousser de vieilles aristocrates terrorisées. *Une romance avec un grand R*, annonce Daphné dans une lettre à Victor, sachant parfaitement que les critiques railleront, une fois de plus, son choix d'exploiter une veine populaire. Qu'importe, les gens meurent sous les bombes, les journaux ne relatent que l'horreur du conflit, elle n'a ni le courage ni l'envie d'écrire un roman triste. Elle assume l'attirance subversive entre un corsaire breton et une lady anglaise et se jette avec appétence dans son récit, décrit la lente et délicieuse tentation, les regards, les silences, comme ceux entre Christopher Puxley et elle, échanges muets dont il ne faut pas parler, qu'il ne faut jamais avouer, mais qui déverrouillent la porte secrète de l'écriture.

Le pirate français est grand, brun, taiseux, les yeux ardents, une plaisante fragrance de tabac de pipe flotte autour de lui, ses mains sont longues et belles, on les imagine en train de jouer du piano, ou de caresser une femme, pourtant ce sont des mains capables de dompter une tempête en mer, de piller, d'égorger. Son bateau, comme celui de Rebecca, *Je reviens*, comme ceux de Daphné, porte un nom français, *La Mouette*. La liaison entre le pirate et la lady reste aussi secrète que la crique silencieuse dissimulée en bas du grand jardin. Chaque soir, à la tombée de la nuit, la lady se déguise en garçon de cabine pour naviguer avec le commandant de *La Mouette*. Mais son mari, Lord St Columb, se pose des questions sur l'absence prolongée de sa femme. Il débarque à Navron sans prévenir avec l'avide Lord Rockingham, ancien soupirant de Dona. Le secret de la crique est révélé. La vie du séduisant bandit est en danger...

Le roman s'appelle *La Crique du Français*, il est publié en septembre 1941 et, ainsi que Daphné l'avait prévu, les critiques sont peu favorables, le *Times Literary Supplement* compare même le livre à de la « drogue », lui reprochant sa facilité. Victor s'en moque, le roman se vend, est plébiscité par les lecteurs. Quant aux chiffres de *Rebecca*, ils frôlent désormais le million d'exemplaires. Paramount Pictures achète promptement les droits du livre pour le cinéma, le film sera dirigé par Mitchell Leisen et il est déjà question de Joan Fontaine, nimbée du succès de *Rebecca*, pour jouer l'indocile Lady Dona.

Tommy est nommé major-général en novembre 1941, il a la lourde tâche de former des milliers d'hommes pour constituer des troupes aéroportées en collaboration avec la Royal Air Force. L'époux de Daphné est devenu une sommité militaire. Dix ans de mariage, déjà ? Elle n'en revient pas, il lui semble que c'était hier, leurs premières balades sur l'*Yggy*. Dix ans de mariage, et un mari désormais absent, aspiré au vif de la tourmente. Le danger, pourtant. Un danger d'une autre nature. Une maison magnifique à l'abri des bombardements. Bulle de quiétude et de douceur. Un hôte attirant. Trop, sans doute. Lui-même ébloui par cette romancière, drôle, spirituelle, célèbre dans le monde entier. Comment ne pas succomber au charme de Daphné du Maurier ? Surtout quand on la voit chaque jour depuis bientôt deux ans, sa silhouette élancée, sa grâce, la délectation de son rire communicatif. Les domestiques s'émeuvent. Mme Browning et M. Puxley ne passent-ils pas trop de temps ensemble ? Et cette pauvre Mme Puxley qui semble ne rien voir... Daphné tente de se raisonner. Ce n'est pas une histoire d'amour, c'est un béguin, voilà tout, des étreintes, des caresses, une amitié particulière, pas une passion, rien de bien grave. Mais le danger est là, il rôde, comme autour de *La Mouette* qui attend Dona chaque nuit en bas du jardin de Navron, comme le sourire sensuel du pirate français, comme la jalousie de Lord Rockingham. Le danger de l'interdit, toujours aussi captivant.

Un matin, le regard de Paddy Puxley n'est ni accueillant ni chaleureux, et Daphné comprend enfin, avec douleur et honte, qu'en ce printemps 1942, le moment de quitter Langley End est venu.

Il n'y a qu'un endroit possible.

Fowey.

Readymoney Cove, cette petite crique qu'elle a toujours aimée. Face à la mer, une maisonnette blanche et carrée au toit gris, dont le jardin garni de roses jaunes donne directement sur la plage. Daphné s'occupe de la louer, y installe ses enfants et la nanny. Les pièces paraissent exiguës et sombres après Langley End, et la cuisine est minuscule. Dans une chambre tout en longueur, presque un couloir, Daphné aménage son bureau. Les filles protestent, leur nouvelle chambre est régulièrement envahie par des scarabées noirs, il paraît que c'est parce que la maison est une ancienne étable.

Écrire, se plonger dans un nouveau roman, sa ligne de défense, c'est cela. Pas le temps pour autre chose, Daphné est comme un cheval de labeur avec œillères. Tessa, bientôt neuf ans, va à l'école sur l'Esplanade, tout près de la maison de Mo, Jeanne et Angela. Cela ne fait que deux enfants à la maison pendant la journée mais c'est sans compter le tempérament de feu de Kits, dix-huit mois, irrésistible diablotin blond qui est le chéri de sa mère, elle en est aussi gâteuse que Grande-Mamie le fut de Gerald, ce qui fait sourire Muriel. C'est Kits qui recueille jour après jour les baisers, les câlins maternels qui ne sont jamais prodigués à ses sœurs. Dans les romans de Daphné, ses héroïnes n'aiment que leurs fils, avec passion. Dans la vraie vie, c'est pareil.

Le roman en cours est une saga familiale, *Le Mont-Brûlé*, vaste fresque historique sur le modèle de *L'Amour dans l'âme*, et qui raconte cinq générations d'une famille irlandaise, les Brodrick. Fini la romance, les ladies, les pirates, elle souhaite passer à la vitesse supérieure, veut être prise au sérieux, que les critiques littéraires s'intéressent enfin à elle. Daphné délègue les tâches domestiques à Margaret et à Mme Hancock, la cuisinière. Elle reste imperméable aux hurlements de Kits, et ne sort pas de son bureau avant le déjeuner. À l'heure du goûter, les enfants ont le droit de venir dans son antre, elle leur lit les aventures du roi Arthur et des chevaliers de la Table ronde. Même Kits se tait, ensorcelé par la voix mélodieuse de sa mère et les péripéties des hommes en armure.

Daphné découvre qu'une amie d'enfance, Mary Fox, leur ancienne voisine de Hampstead, vient d'emménager tout près, compagne idéale pour les promenades quotidiennes. Pendant l'automne et l'hiver 1942, Daphné travaille dur. Elle n'avouera à personne que l'idée de ce livre lui a été inspirée par Christopher Puxley : il lui avait longuement parlé de ses ancêtres irlandais, lui avait montré quelques lettres, de quoi enjoliver une trame narrative et conserver un lien secret avec lui. Impression d'une fuite en avant, de se perdre dans les méandres d'un manuscrit touffu pour ne plus se confronter à sa vie de tous les jours, la tristesse des lettres de son époux, accablé par ses responsabilités militaires, qui approche de la cinquantaine et se trouve trop vieux pour affronter un conflit qui s'enlise, tout en souffrant de voir sa famille si peu souvent. Elle craint pour la vie de Tommy, devenu major-général de la 1ʳᵉ division aéroportée britannique, parti en Tunisie depuis plusieurs semaines pour prêter main-forte aux préparatifs de la guerre du désert.

Ferryside étant libéré par la marine, Muriel, Jeanne et Angela font leur possible pour y organiser un Noël festif malgré les restrictions. On arrose la publication du quatrième roman d'Angela, *Treveryan*, dédié *avec beaucoup d'amour à ma sœur Daphné*, la sombre histoire d'une fratrie affectée par une malédiction familiale dans un élégant manoir en bord de mer. Le *Kirkus Review* trouve le livre meilleur que les précédents, même si l'auteur « a tendance à alourdir dialogues et descriptions ». Mais les ventes restent modestes, ce qui ne tracasse nullement Angela, déjà inspirée par une prochaine histoire.

Le moral de Daphné est au plus bas. Il pleut sans discontinuer. Les corrections finales de son roman fleuve stagnent. En février 1943, elle est réveillée par un télégramme. Tommy, revenu depuis peu d'Afrique du Nord, a eu un accident de planeur. Affolée, elle se rend à son chevet sur la base aérienne de Netheravon, dans le Wiltshire, à deux cents kilomètres de Fowey. La blessure au genou de son mari est suffisamment grave pour qu'il vienne passer quinze jours de convalescence à Readymoney Cove.

Les enfants avaient presque oublié que leur père sentait un mélange d'eau de lavande et de Woodbine, sa marque de cigarette fétiche. Lorsque leur mère le ramène, il est d'humeur grincheuse, accepte avec mauvaise grâce de rester au lit, sa jambe bandée. Quand il peut enfin marcher avec l'aide d'une canne, Daphné et les enfants l'accompagnent le long de l'Esplanade et Tommy tient à saluer chaque G.I. qui descend de l'immense base militaire américaine située depuis peu dans les hauteurs boisées, derrière Readymoney. Le petit port de Fowey est envahi par la flotte américaine, interdiction pour les civils de naviguer, ce sont les réglementations imposées. Tommy raconte aux enfants qu'à la fin de la guerre, il fera construire un nouveau bateau, et ils prendront la mer en famille. Daphné l'écoute, observe son visage creusé, mesure à quel point la guerre a tracé une ligne sanglante dans leur vie, une frontière irrémédiable qui les changera à jamais. Daphné a beau mener une vie qui ressemble à peu près à celle d'avant, visites à Ferryside avec les enfants chez Muriel, déjeuners chez les Quiller-Couch, thés chez Clara Vyvyan à Trelowarren, promenades avec Mary Fox, écriture et corrections, elle a un mari qui a choisi comme métier le conflit armé. C'est avec crainte qu'elle le regarde partir, la jambe raide sous son uniforme, les épaules soucieuses déjà tournées vers la bataille.

Le Mont-Brûlé est publié le 5 mai 1943. Daphné est dépitée par l'aspect du livre, le papier est d'une piètre qualité, fin et transparent, comme celui d'un annuaire téléphonique, les caractères sont minuscules, mais Victor n'a pas pu faire autrement, les imprimeurs eux aussi souffrent des restrictions occasionnées par la guerre. Elle attend avec impatience l'avis des critiques, se permet d'espérer qu'elle obtiendra enfin les articles élogieux qu'elle convoite, qui la féliciteront pour son travail sérieux, qui clameront haut et fort que Mlle du Maurier n'écrit pas que des romans de gare, des best-sellers creux pour demoiselles en mal d'amour. Mais il n'y a pas un journaliste pour défendre le livre. La structure est jugée malhabile, lourde, l'écriture raide, alambiquée, les personnages peu attachants, sans vie. L'*Observer* se demande avec un grain de perfidie si Mlle du Maurier n'aurait pas cherché à scénariser directement son roman pour l'écran, sans effort littéraire ou romanesque. Même si les droits du roman sont achetés par une maison de production, Daphné est cruellement déçue. Elle se rappelle la petite phrase de «Q». *Les critiques ne vous pardonneront jamais le succès de* Rebecca. Sa déconvenue est accrue par la dangerosité des missions de Tommy en Afrique du Nord, par cette guerre qui semble être sans fin. Lorsque l'école de Tessa et Flavia est réquisitionnée par l'armée américaine, Daphné transforme son bureau en salle de classe pour éduquer ses filles. Aider Tessa (bientôt dix ans) avec ses tables de multiplication et Flavia (six ans) avec son alphabet lui semble être la meilleure parade pour atténuer angoisses et désillusions. Les fillettes sont comblées par ces leçons insolites données par leur mère, qui passent du destin de Jeanne d'Arc (sa garçonne préférée) aux ravages de la peste. Elle les incite à mettre en scène certains contes de Chaucer à grand renfort d'accessoires théâtraux. Les cours de géographie qu'elle embellit sur des cartes farfelues à grands coups de crayon sont fascinants, les filles en redemandent, abasourdies.

Un jour de printemps 1943, Daphné emmène Tessa et Flavia faire une promenade avec leur tante Angela, elle chuchote qu'elle va leur présenter sa maison des secrets, l'endroit qu'elle préfère au monde, le manoir qui a donné naissance à Manderley, dans *Rebecca*. Elle les guide patiemment le long d'une allée dense et interminable, et alors que les fillettes n'en peuvent plus, qu'elles ont faim et soif, leur montre enfin une grande maison grise qui semble oubliée dans un nuage rouge de rhododendrons. L'endroit est silencieux. L'herbe haute arrive à la taille des deux sœurs. Déconcertées, elles voient leur mère s'approcher du manoir, le regard brillant, elle caresse les murs sous le lierre, appuie ses lèvres et ses joues contre la façade comme si elle l'embrassait. Cette maison s'appelle Menabilly et cela fait vingt ans que personne n'y habite, leur dit-elle. C'est la première fois que les filles entendent ce nom, leur mère le prononce avec une révérence amoureuse, sa voix est douce, apaisée. Longtemps, elle reste assise devant Menabilly, le visage transformé, si heureuse. Tessa s'ennuie, la maison l'intéresse peu, elle veut rentrer, mais Flavia observe sa mère qui parle à voix basse à Angela. Daphné semble remplie d'une joie intense.

Il est enfin l'heure de partir. Daphné prend ses filles par la main, se retourne une dernière fois, sourit à la dérobée à la maison enveloppée de silence et d'oubli. En s'éloignant à travers les fourrés, escortée par le chant des colombes, le sourire flotte encore sur ses lèvres, car elle sait désormais qui sera la nouvelle maîtresse de Menabilly.

IV

Cornouailles, 1943
Menabilly

« J'ai un peu honte de l'admettre,
mais je crois que je préfère "Mena" aux gens. »

Daphné du Maurier

Fowey, Cornouailles.
Novembre 2013.

Aller à Menabilly ? *C'est impossible.* Le visiter ? *Vous n'y pensez pas.* Le voir ? *Personne ne voit Menabilly.* Menabilly est inaccessible. La famille Rashleigh, propriétaire du manoir depuis le XVIᵉ siècle, l'a souhaité ainsi. J'observe le domaine par le biais de Google Maps, la maison apparaît, vue du ciel, pâle carré entouré de verdure, puis la mer, tout près, dessine un ruban émeraude le long d'une côte rocheuse. Cela ne me suffit pas, je veux poser les yeux sur elle.

Il fait étonnamment lumineux en cette fin d'automne, l'air frais sent le sel, l'herbe, la terre humide. Carte en main, je pars de la ferme de Menabilly Barton pour tourner à droite vers la petite plage de Pridmouth. Le sentier tranquille descend vers la mer dont j'entends le murmure à mesure que je m'approche. La plage est parsemée de gros rochers gris couverts de lichen, gris comme le cottage de granit qui se trouve presque au bord du sable. Le cottage qui a inspiré celui de *Rebecca*, lieu de mystères et de drames. Il paraît qu'on peut le louer à la semaine et qu'on y dort à huit. C'est presque toujours complet. À droite, un pont à lattes de bois grimpe vers une grande balise rouge et blanc plantée sur les hauteurs de Gribbin Head. À gauche, une chaussée inégale et un treuil rouillé. Daphné venait ici tous les jours, avec ses enfants, ou seule, accompagnée de ses chiens, même par météo capricieuse. L'été, elle aimait se baigner, s'abandonner au soleil. En remontant, j'ai conscience de mettre mes pas dans les siens et j'essaie de marcher comme elle, aussi rapidement, avec d'aussi longues enjambées.

Menabilly se trouve à quelques minutes de là où je me tiens à présent, mais on m'a prévenue, des pancartes aux grosses lettres *Strictly Private* se déploient à chacune des hautes grilles. Je pourrais me rapprocher par cette voie secrète qui passe sous les arbres, à mes risques et périls, je pourrais aller sonner à la loge, qui n'est plus abandonnée comme au temps des premières visites de Daphné, et demander au gardien de rencontrer les propriétaires. La famille Rashleigh a décidé depuis longtemps de ne donner aucune interview ni information sur leur célèbre locataire, qui vécut près de vingt-cinq ans au manoir. Depuis la parution de *Rebecca* en 1938, Menabilly exerce un magnétisme puissant, des lecteurs du monde entier continuent de venir jusqu'à Fowey pour espérer pénétrer à l'intérieur du domaine qui a tant inspiré la romancière. Comme moi, ils trouveront porte close. Ruser, donc, se rendre au plus près du manoir. Il n'y a qu'un seul chemin qui permet de voir la maison de loin, je me suis renseignée. Il faut remonter plus haut que la ferme, longer le littoral, passer par les prés ceinturés de barrières en bois, monter encore vers Polkerris et, au carrefour, prendre à droite, pour atteindre la chapelle de Tregaminion. Les pâturages vert vif qui surplombent la mer sont peu fréquentés, mais lorsque je croise une personne, elle me salue avec un sourire poli, auquel je réponds pareillement.

Tout en poursuivant mon chemin, je pense au moment où j'avais découvert *Rebecca* en anglais, à treize ans. Je l'avais lu et relu plusieurs fois. À seize ans, j'avais parcouru l'édition française que je souhaitais offrir à une amie. *Traduction par Denise Van Moppès, 1940.* J'avais tout de suite remarqué des coupes dans la version française, elles étaient trop importantes pour qu'on ne les voie pas, surtout si on connaît bien le texte d'origine. En tout, une quarantaine de pages ont sauté.

Au loin, j'aperçois le clocher de la petite église. Je suis presque arrivée. La traduction française occupe toujours mon esprit. Daphné lisait parfaitement notre langue. A-t-elle comparé cette édition avec son texte original, constaté à quel point ses descriptions avaient été tronquées ? J'avais découvert que la traductrice avait escamoté çà et là les réminiscences de l'héroïne, l'obsession de Rebecca, et ses pensées essaimées de rêveries, tout l'héritage de Kiki. Le rythme du livre s'en trouvait modifié, en partie amputé de l'atmosphère que Daphné avait ciselée avec tant de soin. Ce qui m'avait le plus navrée, c'était ces deux scènes fondamentales réduites à des peaux de chagrin, l'une avec Mme Danvers dans la grande chambre de l'aile ouest, dépouillée de sa tension dramatique, et l'autre avec Maxim, le clou du livre, l'instant où jaillit la vérité, ce qui s'est passé dans le cottage de la plage où Rebecca recevait ses amants, et dont il manquait une page entière de dialogues. À l'IMEC[1], je n'ai pas trouvé trace d'une correspondance entre Daphné et son éditeur français Albin Michel concernant la traduction de *Rebecca*.

Parvenue à la chapelle, je regarde en direction du sud, par-dessus la clôture devant laquelle des moutons paissent. Il n'y a personne. Des nuages bas laissent filtrer un rayon doré. Au loin, la toiture de l'aile nord de Menabilly est à peine visible à travers les arbres. Je ressens la même émotion que devant Cannon Hall. Un petit bout de toit, c'est tout ce que je verrai de la maison que Daphné du Maurier aimait avec tant de passion.

---

1. L'Institut Mémoires de l'édition contemporaine.

Daphné a trente-six ans en cet été 1943. Les droits d'auteur affluent, faisant d'elle une femme qui dispose de moyens importants, à tel point qu'elle commence à se plaindre des impôts élevés qu'elle doit à présent payer Loin d'elle l'idée d'acheter des robes, des voitures, des œuvres d'art. Il n'y a qu'une seule chose qu'elle voudrait s'offrir, mais elle n'est pas à vendre. Insupportable, cette vision de Menabilly moribonde qu'on laisse pourrir année après année. Un matin, une idée : téléphoner à son notaire de Fowey, Walter Graham, pour le prier de contacter le docteur Rashleigh afin de se renseigner, peut-elle louer Menabilly ? Une idée saugrenue, certes, et dont elle ne parle à personne. Évidemment, la famille refusera, elle s'y prépare. Mais une semaine plus tard, son notaire lui donne une réponse inattendue, les Rashleigh sont d'accord, Mme Browning peut vivre à Menabilly en échange d'un loyer à définir et d'un contrat à rédiger. Jubilation et incrédulité. Le notaire la met en garde, la maison est dans un état déplorable, la toiture menace de s'effondrer, l'humidité a tout infiltré, mais Daphné l'interrompt, elle est sous le coup d'une émotion immense, elle n'a pas ressenti pareil bonheur depuis la naissance de Kits, il y a trois ans. Sa mère, ses sœurs tentent de la dissuader, elle est folle, il n'y a pas d'eau courante, pas d'électricité, pas de chauffage, c'est impossible! Tandis que Tommy s'affaire sur le front de guerre, Daphné se bat pour Menabilly. Walter Graham entre dans de longues négociations avec le docteur Rashleigh. Un accord est conclu après d'âpres pinaillages. Daphné sera locataire pendant vingt ans, tous les travaux resteront à sa charge, ce qui ne la refroidit pas, au contraire. Elle parvient à obtenir une aide de l'État pour la rénovation, mais le plus gros est financé par ses propres gains.

Elle ne confie rien aux enfants pour le moment. Ils la voient partir chaque matin avec Margaret, armée de balais, serpillières et torchons. Un inconnu en costume, muni d'un grand carton rempli de plans mystérieux passe plusieurs soirs à Readymoney Cove, et s'enferme dans le bureau avec leur mère. Un jour, devant leurs incessantes questions, elle finit par leur avouer qu'elle leur prépare une surprise, et qu'ils doivent attendre bien sagement, être patients.

Vêtue d'un pantalon, d'un pull et de bottes, Daphné passe ses journées à Menabilly avec son équipe : notaire, maçon, couvreur, plombier, électricien. Quand on lui murmure que cela n'est pas possible, Mme Browning s'offusque, puis les supplie, leur demande de voir ce qu'ils peuvent faire. Les travaux vont durer six mois, énorme chantier qu'elle orchestre avec une joie démesurée. L'électricité et le chauffage sont installés, l'eau courante aussi, des portes sont remplacées, comme les fenêtres, le toit est entièrement refait, la poussière est chassée, le salpêtre évincé, les murs sont repeints. Et tout cela en temps de guerre, un miracle.

Menabilly revit, le lierre est taillé, le soleil rentre enfin dans la maison, les longues pièces retrouvent leur noblesse d'antan, et Daphné vibre d'un amour déraisonnable. Est-ce mal, d'aimer la pierre comme si c'était une personne? Une maison qui n'est même pas la sienne, dont elle ne sera jamais la vraie propriétaire. Qu'importe, c'est elle qui vivra ici à présent, et cela pendant vingt ans, c'est long vingt ans, elle aura cinquante-six ans, elle sera vieille, elle aura le temps de voir venir. Elle a installé son propre mobilier récupéré des garde-meubles, en a acheté d'autres, et en décembre 1943, les trois enfants ébahis découvrent leur nouvelle demeure. Sur le pas de la porte, leur mère leur annonce avec un sourire éclatant : *Mes chéris, bienvenue à «Mena».*

«Mena» n'a plus rien du manoir abandonné de l'été dernier. Les beaux parquets aux lattes lustrées ont été restaurés, un feu crépite dans la grande cheminée du salon, le papier peint fleuri s'accorde avec le tissu qui revêt fauteuils et canapés. L'ancien cheval à bascule les attend devant les fenêtres aux vitres étincelantes. Médusés, les enfants passent dans la bibliothèque garnie de livres, où trône un piano demi-queue, sur fond de tapis blancs et de murs lambrissés décorés de gravures de chasse. Ils retrouvent le bronze et les cannes de leur grand-père Gerald, les caricatures de leur arrière-grand-père, Kiki. Ils se lancent dans la montée du grand escalier en bois, admirent le portrait par Whiting de leur mère et de leurs tantes, enfants, le petit chien Brutus blotti dans les bras de Jeanne. Au premier étage, de longs couloirs tapissés de rouge, les chambres de leurs parents, et d'autres, dont la plupart donnent sur le jardin, puis leur dortoir, une belle pièce aux tons verts avec des images de Peter Pan punaisées aux murs, et dont les trois lits font pleurer d'indignation Tessa, qui refuse de dormir avec ses cadets. Margaret met fin à son courroux avec une ferme gentillesse.

Pour le retour de Tommy aux fêtes de fin d'année, Daphné a tout prévu, jusqu'aux décorations de Noël. Sa mère et ses sœurs sont admiratives. Comment a-t-elle fait ? se demande Daphné, en contemplant sa famille réunie devant le sapin, dans cette maison tant aimée. Elle y a cru, elle l'a voulu et l'a obtenu. Mais elle doit avouer qu'elle est exténuée, il aurait fallu le double de domestiques pour gérer les enfants, le ménage, la cuisine, le jardin. Il y a toujours un feu à allumer, un enfant à surveiller, un objet à réparer, du bois à rentrer. Pourrait-elle bientôt envisager un nouveau livre ? Il va falloir se remettre en selle après le semi-échec du *Mont-Brûlé*, qui ne s'est pas aussi bien vendu que Victor l'espérait. Elle a envie de se lancer dans quelques nouvelles, et une pièce de théâtre, en attendant que l'idée d'un roman se mette à « infuser* ».

Daphné commande un papier à lettres pour sa correspondance, avec un en-tête simple qui la fait fondre de fierté : MENA-BILLY, en lettres rouges, et à gauche une couronne ailée, les armes de la famille Browning. Dès janvier 1944, dans sa nouvelle maison, elle reste fidèle à ses « routes* ». La petite bonne, Violet, la réveille à neuf heures avec le plateau du petit déjeuner, café et tartines au miel. Les enfants viennent l'embrasser, et à dix heures, elle se met au travail, assise au bureau qui se trouve dans sa chambre au papier peint fané décoré de roses blanches. Elle tape sur une nouvelle machine, une Underwood Standard portable. Kits, quatre ans, est le seul qui a le droit de rester avec elle pendant qu'elle écrit. C'est injuste pour Tessa et Flavia, mais c'est ainsi. Il joue avec sa collection d'Indiens en plomb jusqu'à ce que Margaret vienne le chercher sans déranger Mme Browning. Daphné ne s'arrête pas avant treize heures, et elle déjeune toujours seule. À quatorze heures, c'est le moment préféré des enfants, celui de la marche qu'ils font tous les quatre. S'il fait beau, direction la mer à Pridmouth, et jeux autour de l'épave du *Romanie*, dont les débris subsistent encore. S'il pleut, ce sera la forêt et ses mystères. Un long bâton à la main, vêtue de son blouson, pantalon, et bottes, Daphné les guide, énergique et infatigable. Elle s'arrête toujours pour discuter avec M. Burt, l'homme à tout faire, jardinier à ses heures qui travaille dur, armé d'une faux, accompagné de sa chienne, Yankie. Le temps de pousser Kits sur la balançoire, et c'est déjà le moment de rentrer goûter.

Daphné savoure son thé de Chine seule dans la bibliothèque, puis retourne travailler dans sa chambre, jusqu'à l'heure du bain, où elle vient parfois remplacer Margaret. La baignoire des enfants est haute et profonde, avec pieds boule et griffes. L'eau utilisée pour les ablutions provient du pompage d'une mare lointaine, située près des grilles qui mènent à la maison. Il paraît qu'elle est filtrée, mais elle est toujours olivâtre, et laisse des traces vertes sur l'émail ainsi que dans les chevelures blondes des enfants, ce qui les amuse beaucoup. Après leur souper, Tessa, Flavia et Kits viennent embrasser leur mère, dans la bibliothèque où elle lit les journaux près du feu, le vieux gramophone joue un air de Rachmaninov. Elle s'est changée pour son repas solitaire et porte une longue veste brodée avec un pantalon de velours et une chemise en soie.

Le coucher des enfants prend du temps ; Kits n'aime pas le noir, il faut allumer une petite veilleuse, et les filles ont peur, car M. Burt leur a parlé d'un fantôme, une dame en bleu qui rôde dans la chambre vide à côté du dressing de leur père. Et puis il y a les rats, qui n'ont jamais quitté les greniers et qui, la nuit venue, se livrent à d'interminables cavalcades au-dessus de leurs têtes. Sans parler des nombreuses chauves-souris qui virevoltent devant la façade dès le coucher du soleil. Quand les enfants se plaignent à leur mère, elle invente des histoires si drôles à propos des chauves-souris et des rats qu'ils finissent par rire avec elle, et s'en accommoder. Le nouveau surnom de leur mère, c'est Bing, inspiré du chien Bingo, qu'elle adorait, son fidèle compagnon de Ferryside.

Entichée de Menabilly, Daphné supporte le froid qui règne

en ce premier hiver, contrairement aux enfants et à Margaret. La maison aux pièces hautes est presque impossible à chauffer, les couloirs et passages restent à des températures polaires. Les enfants enchaînent otites et bronchites, mais le moral de Daphné est d'acier, surtout avec le printemps qui revient. Elle semble n'avoir jamais été aussi heureuse. Son rêve s'est réalisé, elle est la maîtresse de Menabilly. Souffre-t-elle de l'absence de Tommy? Assurément, mais elle s'est bâti un refuge enchanteur et exclusif, à l'abri de tout, qui lui suffit. En dépit du cœur noir de la guerre, Daphné s'enferme dans son monde imaginaire, cet endroit où elle règne sur ses personnages en impératrice. Le reste ne compte pas.

Régulièrement, des soldats américains trouvent le chemin de Menabilly et sonnent à la porte du manoir, *Rebecca* à la main. C'est ici que vit la fameuse romancière? Daphné oublie à quel point elle est célèbre. Rencontrer ses lecteurs l'impressionne, elle préfère monter se cacher sur le parapet qui entoure le toit, et charge Tessa, dix ans, de répondre aux visiteurs impromptus. Un discours bien huilé : *Daphné du Maurier est sortie, elle ne sera pas de retour avant ce soir.* Les G.I. ne se découragent pas, ils reviennent le lendemain, lui réclament des dédicaces, et parfois Daphné se laisse faire, leur sourit, trace son nom sur la page de garde de leurs livres.

Tandis que Daphné se retire dans sa bulle à Menabilly, Tommy devient lieutenant-général à quarante-sept ans, nommé à la tête de la 1re division aéroportée britannique et, en ce printemps 1944, de vastes préparatifs secrets sont en cours pour le jour J. Les époux se voient brièvement en mai. Chaque matin, Daphné lui écrit, et le facteur lui livre en retour plusieurs lettres par semaine de Tommy. Les enveloppes sont cachetées par le sceau des Browning et les missives commencent invariablement par *Ma Mumpty bien-aimée rien qu'à moi.* Ce sont des mots griffonnés à la hâte, sans soin, signés *Ton dévoué Tib, avec tout l'amour qu'un cœur d'homme puisse contenir*, et des baisers représentés par des croix, envoyés par les huit *teddy-bears* fétiches qui ne le quittent jamais.

La côte entière, d'Exemouth à Falmouth, crépite d'impatience et de nervosité à la veille du Débarquement, dont Daphné et ses proches ne savent rien, mais que tous espèrent. Elle imagine combien son mari doit être à l'œuvre en ces heures cruciales. Les autorités demandent à Mme Browning d'organiser un déjeuner hautement confidentiel à Menabilly pour une soixantaine de correspondants de guerre américains qui se trouvent incognito dans la région. Sous le sceau du secret, Muriel, Jeanne et Angela recevront avec elle. Sa propre cuisinière, la nanny, et les bonnes sont envoyées à un pique-nique pour la journée afin qu'elles ne se doutent de rien. Menabilly est envahi par une équipe américaine efficace dont le chef prépare un repas de fête dans une batterie de casseroles et des plats aux insignes de la marine américaine. C'est un grand succès, dont il ne faut pas parler.

Le 6 juin 1944, Angela et Jeanne téléphonent à leur sœur, fébriles : alors qu'elles s'occupaient de leurs plantations maraîchères pour la Women's Land Army, elles ont remarqué, le soir venu, qu'il n'y a plus un seul navire américain dans la baie. Daphné passe ses journées à écouter la radio, à l'affût de tout ce qui concerne les divisions aéroportées, celles que supervisent les hommes de Tommy en Normandie. Elle sait à quel point son mari œuvre avec acharnement à combattre les nazis et leurs alliés, et même si les premières nouvelles du Débarquement sont positives, il n'en a pas fini avec le danger.

Septembre 1944, l'angoisse de Daphné est à son comble. Tommy est un élément clef dans la préparation de la plus grande opération aéroportée du conflit, nom de code : Market Garden, conçue par le général Montgomery, dont l'objectif est de parachuter des divisions alliées derrière les lignes allemandes, afin de capturer des ponts stratégiques qui permettront aux troupes terrestres de pénétrer en Allemagne. C'est la ville d'Arnhem, située sur la rive du Rhin, aux Pays-Bas, qui est l'objectif le plus reculé. Tous ne sont pas convaincus de l'efficacité de l'énorme entreprise. Tommy exprime publiquement ses doutes : *Le général Montgomery ne vise-t-il pas un pont trop loin ?* La bataille fait rage pendant neuf jours, les Allemands résistent, des erreurs de stratégie mettent l'opération en péril. Sur le pont d'Arnhem, l'ordre est donné aux alliés de se replier. Dix-sept mille soldats trouvent la mort. Lorsqu'il rentre pour une permission, en octobre 1944, Tommy est éreinté. Un week-end luxueux avec sa femme à l'hôtel Claridge à Londres ne l'apaise pas. Daphné comprend à quel point son mari est psychologiquement meurtri par cette défaite. Quel homme sera-t-il à la fin de la guerre, lui qui faisait des cauchemars, jeune marié, à cause de la bataille du bois Gaucher ? Parviendra-t-il à vaincre les démons du pont d'Arnhem ?

En novembre, une soirée de gala est organisée au Troy Cinema à Fowey en l'honneur du film adapté de *La Crique du Français* par Mitchell Leisen. Daphné, très en beauté, s'y rend avec sa mère et ses sœurs, habillée d'une robe longue. Elle n'aime pas les couchers de soleil californiens en Technicolor qui n'ont rien à voir avec ceux de la baie de Fowey, et réprime un frisson de dégoût devant la perruque rousse de Joan Fontaine. Malgré l'extravagance des costumes qu'elle réprouve, le film est assez réussi, elle est heureuse d'apprendre qu'il fait vendre le roman à nouveau. Victor sait que Daphné termine une pièce de théâtre, il aurait préféré un roman, elle lui en promet un pour l'année prochaine. La pièce, *Les Années perdues*, raconte l'histoire poignante d'un colonel disparu en mer et dont la veuve, Diana, surmontant l'épreuve, parvient à mener une nouvelle vie et à tomber amoureuse d'un autre. C'est alors que le mari, que tous croyaient mort, revient. Daphné a cherché à exprimer un aperçu de son bonheur isolé à Menabilly, ce bien-être sans doute égoïste, loin de son époux, que personne ne pourrait comprendre ni accepter. En décembre, la pièce est jouée au Wyndham, l'ancien théâtre de son père, et elle obtient un joli succès.

Un matin de décembre, Daphné reçoit une lettre de son éditeur français, Robert Esménard, des éditions Albin Michel. *Chère Madame, la reprise du courrier entre nos deux pays m'a causé une joie extrême et je m'empresse de rentrer en rapport avec vous afin de vous mettre au courant de la diffusion de vos œuvres en France. Rien n'a été négligé à nos éditions pour le lancement de* Rebecca. *Ainsi que vous le savez certainement, la représentante en France de Curtis Brown m'a accordé une option générale sur toutes vos productions. Je vous redis ici toute mon estime pour votre beau talent.* Une autre excellente nouvelle accompagne cette missive, le déblocage des droits d'auteur français de Daphné, gelés pendant la guerre. *Rebecca* s'est vendu, depuis sa parution en France en 1940, à 500 000 exemplaires, et les ventes continuent de progresser.

À la fin de 1944, un nouvel éloignement s'annonce, Tommy est nommé chef d'état-major de Lord Mountbatten, à Ceylan, en Asie du Sud. Daphné est attristée par son départ, mais son prochain roman «infuse*» avec ardeur, le premier qu'elle écrira à Menabilly, et elle n'a qu'une envie, le commencer.

Écrire l'histoire du manoir, mettre en scène ce qui s'était passé entre ces murs, revenir aux guerres civiles du pays, de 1642 à 1649, conflits qui avaient entraîné la chute, puis l'exécution de Charles Iᵉʳ, et l'établissement d'un nouveau régime, le Commonwealth. Daphné doit retourner à ces époques tourmentées du passé de Menabilly, fouiller la légende de la mystérieuse chambre murée et du squelette du cavalier vêtu d'un uniforme royaliste. Pleine d'espoir, elle envoie une lettre à William Rashleigh, héritier de la famille, qui vit près de Plymouth. Pourrait-elle avoir accès à des documents, des lettres privées ? Il refuse, mais Daphné ne se décourage nullement, elle s'adresse à sa fille, mieux disposée. Mlle Rashleigh lui procure l'arbre généalogique de la famille, et des dossiers concernant les années qui intéressent Daphné, mine d'informations qui la ravit. L'historien cornouaillais, Alfred Leslie Rowse, ami des Quiller-Couch, lui fournit également quelques sources. Pendant plusieurs semaines, Daphné se plonge dans des livres d'histoire, déchiffre des lettres, décrypte des cartes, esquisse la structure du roman. Victor est soulagé d'apprendre qu'elle est à nouveau en période d'écriture, Daphné est son auteur « phare », ses avances sont plus importantes, trois mille livres sterling par livre, avec vingt-cinq pour cent sur les ventes. Elle lui promet de finir le texte pour juillet 1945.

Une nuit de pleine lune, alors que Daphné vient de commencer le roman et qu'elle se tient près de la fenêtre dans sa chambre, il lui semble entendre le fracas sourd de centaines de chevaux au galop, elle capte le cliquètement des harnais et le souffle des bêtes, comme si une armée entière encadrait Menabilly. Elle ouvre la fenêtre, se penche pour observer le jardin silencieux, mais il n'y a personne. Le lendemain matin, elle raconte cette sensation étrange aux enfants qui l'écoutent, ébahis.

Sa nouvelle héroïne s'appelle Honor Harris, jeune royaliste qui a réellement existé, et le récit démarre en 1620 alors qu'elle n'a que dix ans. Un personnage déjà captivant, un tempérament effronté et audacieux qui stimule Daphné. à l'instar de Janet Coombe, de Mary Yellan, de Rebecca de Winter, de Dona St Columb, garçons manqués crânes et peu farouches qui n'ont rien de timoré. Son frère aîné Christopher vient d'épouser la sulfureuse Gartred Grenvile. Les Grenvile sont une des familles les plus puissantes de Cornouailles. Dix ans plus tard, le destin de Honor va basculer, et c'est le frère cadet de Gartred, Richard Grenvile, irrésistible, impétueux, qui en est la cause.

Enfermée dans sa chambre, Daphné laisse la charge des enfants et de la maison à Margaret, migraineuse et débordée. Quel ennui, ces contingences matérielles, il n'y a que Honor Harris qui compte. Les choses se font sans Mme Browning, les courses, le ménage, la cuisine, pourquoi s'en occuperait-elle à présent, alors que d'autres sont là pour le faire ? Elle ne conduit plus, n'a pas tenu un volant depuis son mariage, et cela ne lui manque pas. Personne ne vient la déranger. Personne n'ose. De temps en temps, elle se lève de sa table (qui pourrait se douter qu'écrire pendant des heures endolorit à ce point le corps entier ?), étire ses jambes engourdies, masse ses mains aux phalanges raidies. Debout, adossée à la fenêtre, elle fume une cigarette, le regard au loin vers le mince fil bleu de la mer, perdue dans ses pensées, elle ne voit pas les enfants qui jouent en bas à la lisière des bois, ni M. Burt, le jardinier, tout à son labeur, elle est au XVIIe siècle, dans la poussée meurtrière de la révolution, elle entend les cris de la foule, les canons qui tonnent et les fers qui se croisent, elle voit le sac de Menabilly, bastion des royalistes, les meubles qui brûlent, les vêtements déchirés, les miroirs brisés. Elle voit la pièce secrète, impossible à repérer, enfouie dans les limbes du manoir qu'elle a cherché maintes fois en vain. Narrer, une fois encore, son amour de la Cornouailles, la mer, la violence des orages, la pluie parfumée, le vent qui balaie tout sur son passage, et sa passion pour cette maison, plus forte qu'envers un homme, une femme, un enfant. Décrire la guerre, comment elle change le cours d'une vie, décrire l'attente des femmes qui ne sont pas au front mais qui la ressentent dans leur chair au même titre que les hommes, celles qui dissimulent les fugitifs, subissent les envahisseurs, protègent les enfants, les maisons, soignent les blessures, mais qui, comme Honor, gardent la tête haute et foi en l'avenir. Daphné nourrit les insurrections de 1648 avec ce qu'elle saisit et comprend du conflit mondial actuel et la complexité des stratégies militaires, elle qui a un mari combattant au cœur de l'action – d'ailleurs le roman lui est dédié, il se nomme *Le Général du roi*.

Le 8 mai 1945, Daphné, sa mère et ses sœurs écoutent la nouvelle annoncée à la radio, au lendemain de la capitulation sans conditions de l'Allemagne, les chefs d'État des gouvernements alliés déclarent la cessation officielle des hostilités dans toute l'Europe. Ce qui ne signifie pas pour autant le retour de Tommy, toujours retenu à l'étranger par sa carrière militaire. Daphné commence à penser à son retour, elle est partagée entre joie et crainte : comment reprendre les fils de ce mariage fragilisé par cette longue absence ? Comment lui avouer qu'elle s'est attachée à sa solitude, qu'elle n'aime rien tant qu'écrire seule à « Mena », suivre ses « routes* », s'envelopper de silence ? Daphné déniche une ancienne redingote militaire qui appartenait à Tommy, l'enfile le soir au moment de son dîner privilégié dans la bibliothèque. Avec ses cheveux blonds où courent à présent quelques reflets argentés, Daphné est féminine, ravissante, mais subitement impressionnante, comme si cette veste pourpre et or exacerbait une puissance dissimulée. Parfois, alors que la nuit est tombée et qu'il est tard, Flavia et Kits descendent l'escalier à pas de loup pour l'épier tandis qu'elle plaque quelques accords au piano, le visage rêveur. Daphné leur semble belle et inatteignable. Ils finissent par remonter en silence et se glissent dans leurs lits, sans réveiller Tessa.

Daphné termine le livre en juillet 1945 et l'envoie à Victor, très satisfait, qui projette de le publier à grand renfort de publicité (la guerre est presque finie !) et de le tirer à 75 000 exemplaires dès 1946. Malgré la fatigue qu'elle ressent toujours après avoir terminé un roman, Daphné doit gérer sa maisonnée. Flavia s'est cassé le bras en tombant du poney de M. Burt, et Margaret est à nouveau terrassée par ses migraines. La brave Mme Hancock qui fait la cuisine pour la famille ne peut tout mener de front. Depuis un moment déjà, Daphné a une idée, et elle ne cesse d'y penser, pourquoi ne pas tenter le coup, ce serait la solution idéale, demander à Tod, sa chère Tod, sa gouvernante préférée, de travailler à Menabilly. Depuis une vingtaine d'années, Daphné et Tod étaient restées proches, et n'avaient cessé de correspondre. Tod avait déjà fait la connaissance du mari de Daphné et de ses trois enfants. Il faut annoncer le plus aimablement possible à Margaret, au service des Browning depuis la naissance de Tessa, que Tod ne la remplacera aucunement, elle s'occupera de l'éducation des enfants. Retenue par ses employeurs actuels, un couple âgé dans le Yorkshire, Tod n'est pas certaine de pouvoir se libérer tout de suite.

Une nuit de septembre 1945, alors qu'ils sont au lit, les enfants apprennent par Margaret, radieuse, que la guerre est officiellement terminée, ils se précipitent dans la bibliothèque et l'annoncent bruyamment à leur mère. Elle est en train de lire, pose son journal et leur répond avec une sévérité inattendue : *Oui je suis au courant, allez vous coucher immédiatement !* Déconfits, ils remontent dans la nursery, ne comprenant rien à l'attitude étrange de leur mère. Ils n'attendent qu'une chose, le retour de leur père, mais ce n'est pas pour tout de suite, Tommy doit rallier Singapour, où il veillera à la démobilisation de centaines de milliers d'hommes.

Mlle Maud Waddell, alias Tod, débarque à Menabilly en octobre 1945, précédée de ses nombreuses valises et de son matériel de peinture pour aquarelles. Dans l'aile ouest de «Mena», la partie la plus ancienne, un petit appartement rénové lui est réservé. Elle s'y installe, organise ses classes avec Tessa et Flavia chaque matin, et parvient en un tournemain à gérer les mésententes fréquentes entre les deux sœurs, tout en se faisant apprécier de Margaret. Un bonheur pour Daphné de revoir ce visage familier, d'entendre cette voix riche et pleine qui a bercé son enfance, ses phrases qui débutent invariablement par *Ma chère*. Daphné avait l'âge de ses filles quand Tod était arrivée à Cannon Hall, en 1918. Comme cette époque lui semble loin ! En écoutant Tod faire réciter les tables de multiplication à ses filles, Daphné se revoit avec Angela et Jeanne, elle revoit son père dans le jardin à Hampstead, allumant une cigarette, toujours prêt à faire le pitre, et la nostalgie de son enfance la reprend. Daphné fait partie de ces écrivains qui préfèrent regarder en arrière, pas de l'avant, qui sont capables de noircir des pages entières sur ce qui fut, un lieu, une trace, mettre des mots sur la fugacité de l'instant, la fragilité du souvenir qu'il faut embouteiller comme un parfum. Tod la connaît depuis presque trente ans, elle a vu la romancière en devenir, suivi l'éclosion du talent de la petite fille déterminée et solitaire qui aimait tant lire, à présent elle assiste à sa vie de mère de famille, d'épouse. Les yeux scrutateurs de Tod ne ratent rien, détaillent tout. Tod est fine, elle flaire et elle comprend, elle ne juge pas, elle voit la préférence dévorante pour le petit Kits au détriment de ses sœurs, elle voit à quel point «Mena» a jeté un sortilège sur Daphné, alors que ce n'est qu'une grande maison froide perdue dans la forêt, infestée de rats et de chauves-souris. Comme Fernande, elle est la sentinelle du passé de Daphné, témoin privilégié de sa jeunesse, une des seules à comprendre sa nature complexe. Hors de question pour Tod de partager le verre que Daphné déguste seule le soir, vêtue de sa redingote rouge, ni après, lorsqu'elle grignote un repas léger pris sur un plateau. Tod sait mieux que n'importe qui à quel point Daphné aime être seule. Comment fera-t-elle lorsque son mari reviendra?

«Mena» hérite de deux pensionnaires surprenantes presque en même temps que Tod, des jeunes chèvres offertes à Tessa par son parrain. Ce sont deux femelles, mais les enfants insistent pour appeler l'une d'elles Freddie, en hommage à leur père, dont le vrai prénom est Frederick. L'autre se nomme Doris. Créatures aux yeux doux et au bêlement adorable, elles font la joie de tous, jusqu'au matin où Daphné les découvre tranquillement installées sur son lit, ayant dévoré sa chemise de nuit et entamé son peignoir en soie.

Peu de temps après l'arrivée des petites chèvres, Victor prévient Daphné, elle va devoir se soumettre à une nouvelle séance de photos pour des besoins publicitaires, et cette fois en famille. La photographe sera Mlle Compton Collier, la même qui avait immortalisé Daphné à Ferryside, il y a treize ans, en

1932. C'est une dame toujours aussi théâtrale qui se présente à Menabilly, engoncée dans son tailleur en tweed et suivie d'un assistant transpirant qui ploie sous la charge de caméras, trépieds et sacoches. Flavia et Tessa succombent à une hilarité incontrôlable qu'elles parviennent à réprimer avec difficulté. Mlle Compton Collier, tout en installant son matériel, propose à Mme Browning d'aller se changer en attendant. Daphné décline son offre avec fermeté, elle trouve sa tenue parfaite, pantalon de lin beige, chemise blanche et cardigan fin. La photographe arbore une telle expression que les filles cèdent encore à un fou rire, partagé cette fois par leur mère.

La séance s'annonce mal. Mme Browning et ses enfants sont incapables de garder leur sérieux. Mlle Compton Collier trouve cela regrettable et se fâche. Elle propose de faire venir les chèvres qu'elle aperçoit au loin en train de brouter, pour faire diversion. Tandis que Tessa et Flavia les ramènent, et que la photographe est dissimulée derrière son objectif sous une ample cape noire qui bloque la lumière, Doris et Freddie, effrayées par cette forme inquiétante, se ruent dessus et l'encornent. Daphné et ses enfants se précipitent au secours de Mlle Compton Collier, en hoquetant de rire. Les chèvres sont bannies, le tweed est rajusté. Heureusement, la photographe possède le sens de l'humour, car elle plaisante aussi de sa mésaventure. Le reportage est réussi.

Lady Browning... Daphné porte désormais ce titre en ce début 1946, depuis l'anoblissement de Tommy, devenu Sir Browning. Une distinction qui la séduit. Tommy n'est pas rentré d'Asie, *c'est prévu pour plus tard*, assure-t-il à sa femme dans ses lettres, et il compte les jours pour être à nouveau avec sa famille. Un retour qui pèse sur la conscience de Daphné. Comment retrouver leur complicité d'antan, alors qu'elle vit sous l'emprise de Menabilly? Menabilly, son Manderley à elle, engendré du même terreau magique que le Pays Imaginaire de l'oncle Jim, cet espace où elle ne va que seule et dont personne d'autre ne possède la clef.

En attendant le retour de Tommy, et la parution de son roman, Daphné coule des jours tranquilles à Fowey. Elle signe un contrat avec son éditeur français Albin Michel en novembre 1945 par l'intermédiaire de ses agents Curtis Brown et Michel Hoffman, pour la parution de trois de ses livres, *Gerald, Les Du Maurier* et *Jeunesse perdue*, son deuxième roman. Sa sœur Jeanne a pu se remettre à ses toiles après avoir passé les dernières années à travailler dans les champs pour le Women's Land Army. Ses tableaux sont délicats, lumineux, ils représentent des scènes d'intérieur, des natures mortes. Elle expose ses œuvres à Saint

Ives, à une soixantaine de kilomètres de Fowey, où une importante communauté d'artistes s'est créée. Pour Muriel et Angela qui s'intéressent davantage au travail de Jeanne que Daphné, Bird* a hérité du talent artistique de son grand-père, elle fera certainement une grande carrière de peintre, elles en sont persuadées, d'ailleurs, elle se sert déjà du chevalet de Kiki, véritable relique. Jeanne, la favorite de leur mère, est une jeune femme de trente-cinq ans, blonde, bouclée, jolie, mais elle n'a pas la beauté frappante de Daphné, son visage est moins harmonieux, et sa personnalité plus réservée, parfois même un peu revêche. Flavia et Tessa préfèrent la compagnie cocasse de leur tante Piffy*, toujours prête à rire. Angela avait vu avec soulagement la fin de son travail dans les champs, qu'elle détestait, et se réjouit de retourner au théâtre, de reprendre sa vie de voyageuse, de renouer ses liens avec actrices, aristocrates, femmes du monde, des amitiés amoureuses dont elle ne parle qu'à ses sœurs. La vision dantesque de Londres saccagé par le Blitz l'effraie, et tous ces gens qui ne s'habillent plus pour aller à l'Opéra la navrent. Son cinquième roman est publié au printemps 1946 par son cousin germain, Peter Llewelyn Davies, qui a fondé sa propre maison d'édition. Michael Joseph a pris sa retraite et le jeune homme qui le remplace a refusé le livre. *Lawrence Vane* ne suscite pas l'intérêt de la presse, en dépit de son sujet audacieux, l'histoire d'une jeune concertiste qui devient aveugle au sommet de sa gloire et qui épouse son correspondant, Paul, homme possessif qui ne lui a jamais révélé qu'il était métis, de mère indienne. Une critique acerbe du *Kirkus Review* va jusqu'à décourager ses lecteurs de l'emprunter en bibliothèque. Le *Times Book Review* affirme que «la plate retenue britannique n'encourage aucun élan envers les personnages». Angela, comme à l'accoutumée, garde le sourire. Lors de vacances en Italie, dans un hôtel en vogue, le Bella Riva sur le lac de Garde, elle signe son nom dans le registre lorsqu'une cliente avenante s'approche d'elle et la remercie de son aide concernant son neveu. Devant l'air interrogateur d'Angela, elle embraie : *Vous et votre mari avez été si gentils pour lui…* Angela l'interrompt avec un sourire : *Je pense que vous parlez de ma sœur, Lady Browning ? Je suis Angela du Maurier.* La dame se redresse d'un air courroucé et jette à son mari : *C'est juste la sœur !* Elle pivote sur ses talons et laisse Angela plantée là. Combien de fois Angela a-t-elle entendu cette phrase ? *Ce n'est que la sœur.* Elle devrait en faire un livre, un jour. Ses mémoires. Pourquoi pas ? En attendant, elle projette d'écrire des nouvelles.

Une jeune éditrice, Sheila Hodges, chez Victor Gollancz, travaille avec Daphné sur les épreuves du *Général du roi*, son huitième roman. Consciente que sa grammaire et son orthographe laissent à désirer, Daphné reconnaît l'importance de ce travail de correction, accepte de bon cœur les propositions, et ne s'offusque pas si on lui fait une remarque. Elle attend beaucoup de la sortie de ce roman, après les critiques médiocres et les ventes décevantes du précédent. Mais les échos dans la presse l'irriteront plus qu'autre chose. Les journalistes apprécient la formidable histoire d'amour entre Honor Harris et Richard Grenvile, mais la soulignent avec condescendance, réduisant la portée du livre à une dimension purement romanesque. Ils passent sous silence son travail de recherche et ne prennent pas en considération son habileté à mêler réalité et fiction. Indignée, Daphné retrouve tout de même le sourire lorsque Victor lui apprend que le livre se vend massivement dès sa publication en avril 1946 et qu'une juteuse offre cinématographique de soixante-cinq mille livres sterling lui est proposée.

À vrai dire, en cet été 1946, ce n'est pas le monde littéraire qui préoccupe Daphné. Tommy vient d'être nommé secrétaire militaire auprès du ministère de la Défense à Londres.

Il sera bientôt de retour, après six ans d'absence.

La femme dans le miroir le lui confirme, Daphné est belle, la peau hâlée, les yeux brillants, elle est allée chez le coiffeur, ses cheveux blond cendré sont joliment ondulés, sa silhouette mince est mise en valeur par un tailleur seyant. Une femme qui ne fait pas ses trente-neuf ans. 19 juillet 1946, date de son anniversaire de mariage, n'est-ce pas là un signe du destin, un climat favorable pour ces retrouvailles ? Les dernières lettres de Tommy étaient pleines de vie, d'amour, de joie de la revoir, de peur aussi de la décevoir, d'avoir changé, de ne plus être le même. Sur le tarmac de l'aéroport de la Royal Air Force de Northolt, près de Londres, elle attend. L'avion de Tommy arrive enfin, son estomac se noue, elle piétine. Fracas des portes qui s'ouvrent, la haute silhouette qui apparaît, descente rapide des marches, elle se précipite, se retient, on dirait qu'il se retient aussi, ils ne s'enlacent pas, juste un baiser sec sur la joue. Peut-être est-ce dû à la présence de son équipe, ils ne sont pas seuls, et d'ailleurs, qui est cette ravissante brune d'une vingtaine d'années, une certaine Maureen, l'assistante de Tommy ?

Il suffit de l'absence de chaleur dans l'embrassade maladroite de Tommy et d'une Maureen trop jolie pour que Daphné se sente invisible. Première nuit dans l'appartement de Whitelands

House, sur King's Road à Chelsea, près de Sloane Square, que Tommy a loué pour ses nouvelles fonctions, un quatre-pièces lugubre au sixième étage. Les chambres sont étroites, le plancher grince, il y flotte un relent de gaz. Les Browning passent une nuit sans tendresse, sans amour. Sans doute Tommy est fatigué, épuisé, cela s'arrangera à Menabilly, où il viendra pour six semaines de vacances avant de prendre son nouveau poste à Londres. Après, il empruntera le train chaque week-end pour retrouver sa famille en Cornouailles. Daphné a été claire, hors de question qu'elle quitte Menabilly pour s'installer avec lui dans la capitale. A-t-elle été trop intransigeante ? Trop attachée à son indépendance ?

Tommy sombre dans le sommeil, Daphné s'interroge. Quand ont-ils « ciré* » pour la dernière fois ? Cela semble une éternité. Plus de « tissage* », ni « Le Caire* » depuis longtemps, mais il y a eu la guerre, la guerre qui a sapé tout désir, la guerre et son cortège de chagrin qui a déteint sur son Boy. Son beau Boy aux yeux verts va sur ses cinquante ans, et les fait. Elle le regarde dormir et se demande où est passé le magnifique jeune homme sur le bateau blanc. Et elle dans tout ça ? Entre-temps, Lady Browning est tombée folle amoureuse d'une maison. Comment expliquer cela à son mari ? Cela ne s'explique pas, cela se vit.

À Menabilly, Tommy découvre à quel point ses enfants ont grandi. Tessa, treize ans, est une adolescente élancée aux yeux gris-bleu, Flavia, neuf ans, est un garçon manqué avec ses cheveux courts et ses dents du bonheur, et Kits, à cinq ans et demi, est le dieu de sa mère. Margaret quitte la famille cet été-là, c'est la fin de son service chez les Browning. Les enfants sont tristes de la voir partir, mais si heureux de retrouver leur père. Comme il a changé ! Son front ridé lui donne un air perpétuellement préoccupé. Alors que leur mère ne s'énerve jamais avec eux, qu'elle ne hausse pas la voix, qu'elle est souriante, patiente, drôle, leur père s'agace pour un rien, ne parvient pas à se détendre. Il est parfois d'une humeur massacrante ; ces jours-là, ils apprennent à l'éviter. Les deux pôles d'intérêt qui comptent le plus pour Daphné, « Mena » et Kits, sont souverainement boudés par Tommy. Une façon de se venger de ces deux passions démesurées ?

De temps en temps, Tommy oublie son spleen pour s'amuser avec Kits et Flavia à l'heure du bain. Dans l'eau toujours aussi olivâtre, il organise des batailles navales sans merci avec une grosse éponge et une flotte de bateaux en bois. Plus tard dans le salon, si son humeur reste bonne, il y aura un terrible combat de coussins, ensuite il poursuivra les enfants le long des couloirs en bourdonnant comme une abeille inquiétante, insensible à leurs supplications. Quand Tommy sourit ainsi, c'est le soleil qui émerge des nuages.

Leur divertissement préféré ? Les mini-Jeux olympiques organisés dans le salon au tapis orange, avec quatre disciplines déterminées par leur père, les combats de boxe, les courses de haies, les sauts en longueur et les concours hippiques. Les spectateurs sont Daphné, Tod, Tessa et les huit « Boys », les nounours de Tommy, ceux qui ont enduré deux guerres avec lui. Le vainqueur remporte une coupe en argent que Tommy avait gagnée à Eton, et deux shillings. Parfois, Tommy est câlin, il aime écouter *Le Lac des cygnes* et tenir la main de Flavia, tranquillement assis sur le canapé.

Les trois enfants ont à présent l'âge de dîner dans la salle à manger avec leurs parents et Tod. Tommy monopolise la conversation, un sujet politique, un événement local, ou encore le bateau qu'il se fait construire. Tod est la seule à lui répondre, car Daphné picore, les yeux lointains. *Eh bien alors, Duck* (« mon canard », c'est le surnom que Tommy a pour elle, et elle l'appelle Duck en retour), *tu en penses quoi, toi ?* Daphné revient au présent, regarde sa famille, sourit, *Mais je ne sais pas trop, Duck*, répond-elle vaguement. Tommy l'observe avec un léger dédain et soupire : *Toi, femme, tu vis dans tes rêves.* Il se dispute fréquemment avec Tod et l'ambiance se détériore. Tod et lui ne s'entendent pas. Un soir à table, la gouvernante se plaint d'une angine persistante. Les yeux étincelants de sarcasme, Tommy lui tend un couteau à découper : *Vous n'avez qu'à vous trancher la gorge, ma chère.* Tod n'apprécie pas et quitte la table. Elle restera fâchée pendant une semaine, et Tommy, pressé par sa femme, sera obligé de s'excuser, de mauvaise grâce.

Le plus souvent, pour fuir Menabilly, Tommy passe sa vie sur l'eau, comme s'il voulait rattraper toutes les années perdues à la guerre. Ce sont les seuls moments de douceur avec Daphné. Son nouveau bateau, le *Fanny Rosa*, nommé d'après l'héroïne du *Mont-Brûlé*, est un robuste navire de pêche à la coque bleu-vert et aux voiles couleur rouille. On y dort à six. Son grand désavantage, c'est qu'il a tendance à tanguer fortement. Kits et Flavia sont les plus atteints par le mal de mer, et attirent le mépris de leur père et de leur sœur aînée, skipper émérite. L'assistante de Tommy, la jolie brune, Maureen, vient séjourner quelques semaines. Elle séduit la famille entière avec sa gentillesse, son sourire, et Daphné oublie sa jalousie passagère. Muriel et Angela se rendent une fois par semaine à Menabilly, en arrivant dans la grosse Hillman conduite laborieusement par Mo, qui n'a jamais su comment passer la seconde. Muriel n'aime pas la marche, et insiste pour descendre en voiture jusqu'à la plage, le long du petit sentier cahotant. *Que Dieu vous garde*, marmonne Tommy d'un air moqueur en les regardant partir. Kits et Flavia ouvrent le chemin, Daphné accompagne sa mère dans l'automobile, munie du pique-nique, avec Tod et son matériel de peinture, Angela et Tessa sont les dernières à traînasser tout en bavardant. Le pique-nique est composé de sandwichs aux tomates et aux œufs, un délice, sauf une fois, lorsque Tod s'était assise dessus, réduisant leur repas à une plate bouillie. La famille passe de longues heures à barboter dans les piscines naturelles formées dans les rochers, à nager, tandis que Tod peint, à l'ombre. À la fin de la journée, Muriel met une demi-heure à faire marche arrière pour remonter à « Mena ». Le moteur de la Hillman gémit et attire l'attention des autres baigneurs et promeneurs qui viennent s'esclaffer devant le spectacle de la vieille dame élégante aux prises avec son engin dans une odeur épouvantable de caoutchouc brûlé.

Un jour, les enfants qui jouent dans le jardin entendent une forte explosion ; un groupe d'hommes arrive de la plage avec un blessé sur une civière, la jambe à moitié arrachée. La guerre est finie, mais son souvenir n'est jamais loin, des mines terrestres doivent être désamorcées, sur les côtes, le long des plages. Cela ne les empêche pas de s'amuser au cœur de la forêt, livrés à eux-mêmes, avec d'autres gamins du voisinage, ils se construisent des cahutes dans les branches, des campements dans les buissons, et rentrent tard, ébouriffés et affamés. Deux dames vivent dans un cottage éloigné nommé Southcott, tapi sous les arbres, Mlle Wilcox et Mlle Phillips, créatures vaguement mystérieuses, des sorcières, murmure Daphné, et les enfants se doutent que les demoiselles sans âge, dont une a des yeux étranges, opaques et contemplatifs, finiront un jour dans un livre.

La seule personne à qui Daphné ose parler du lent naufrage de son mariage, c'est sa fidèle Fernande, dans quelques lettres désabusées. Elle lui décrit cet été 1946 qui tire à sa fin et Tommy bientôt rentré à Londres pour retrouver son travail. Désormais, explique-t-elle à Ferdie, leur connivence est tout sauf amoureuse, ils naviguent ensemble, observent les oiseaux, marchent autour de Fowey, en bons amis, comme un frère et une sœur. Elle le trouve reposé, bronzé, apaisé, mais cette pause estivale n'a pas permis leurs retrouvailles. Daphné avait insisté pour faire chambre à part, par égoïsme, appréhension, sans doute a-t-elle eu tort ? Cette initiative maladroite semble avoir sonné le glas de leur intimité physique. Maintes fois la nuit, avoue-t-elle à Fernande, elle se levait, ouvrait doucement le battant, Tommy ne dormait pas non plus, la lumière brillait sous la porte de sa chambre. Elle relate à Fernande ses incertitudes, y aller, le prendre dans ses bras, l'embrasser ? Elle restait figée sur le seuil, perturbée, désolée, et de guerre lasse, a recommencé à prendre des cachets pour trouver le sommeil, maudissant le lourd réveil du lendemain. L'été entier, Daphné aura guetté un signe qui n'est pas venu. Et si son mari attendait la même chose d'elle ? Peut-être que lui aussi regardait vers sa porte avec espérance, peut-être que lui non plus n'osait pas frapper à la sienne ? Ils ont passé l'été à se rater, se lamente-t-elle par écrit à sa confidente.

À l'approche de l'automne, Daphné se décide à agir, fini la valse-hésitation, elle veut se donner une chance de renforcer leur union. Malgré son dégoût de Londres, elle s'y rend une fois par mois en train pour voir Tommy, vêtue de sa tenue citadine, tailleur, escarpins et manteau. Une nouvelle désillusion l'attend : son mari est accaparé par ses nouvelles fonctions. À chaque visite, elle se sent mise à l'écart, même s'il lui raconte en détail son récent voyage à Berlin dévasté par les bombardements. Toutes ses conversations tournent autour du cataclysme provoqué par la guerre. Face à son discours pessimiste, Daphné reste impuissante. Que faire à Londres ? Revoir Christopher Puxley ? Cela lui fait du bien, même si ce n'est pas une très bonne idée. Revoir aussi Carol Reed, marié et déjà en train de divorcer. Croiser sa vieille amie, Pat, la fille d'Edgar Wallace. Son passé lui revient, la nostalgie aussi, toujours au rendez-vous, et elle se surprend avec amertume à se dire qu'elle ressemble à son père qui, en vieillissant, regardait toujours en arrière. Sa jeunesse lui file entre les doigts, dans la glace, elle contemple le reflet d'une femme aux cheveux qui grisonnent, à la mâchoire affirmée, presque dure. Une image qu'elle n'aime pas.

Écrire ? Rien ne vient, rien « n'infuse* ». Pas de roman en vue. Ni de nouvelle, ni de pièce. Pas de projet. L'hiver 1946-1947 qui s'abat sur Fowey est digne de la Sibérie. À « Mena », l'eau gèle dans les canalisations, le courant saute. Les enfants doivent se coucher vêtus de leurs vêtements et manteaux, sous des piles de couvertures. La neige envahit le jardin et la forêt, le manoir est isolé du reste du monde pendant une semaine. Les enfants bâtissent d'énormes bonshommes de neige, font du toboggan le long des collines sur des plateaux en fer. Il fait tellement froid que Tessa abrite ses petites chèvres, Doris et Freddie, dans sa chambre. Un désastre, car celles-ci trouvent le chemin du dressing de Tommy et dévorent son manteau préféré, celui qui appartenait à son père. Lorsqu'il découvre les dégâts, Tommy pousse un hurlement de rage et traque les chèvres terrorisées dans toute la maison en brandissant arc et flèches. Ses jurons font rougir les domestiques.

L'hiver glacial se poursuit, puis s'adoucit à l'arrivée du printemps, et avec lui, l'inexorable fonte du mariage de Daphné et Tommy. De l'extérieur, rien ne transparaît. Pour tous, leurs enfants, leurs amis, leur famille, et même Maureen, l'assistante de Tommy, de plus en plus proche d'eux, ils forment encore le couple exceptionnel de leurs débuts, beaux, sportifs, drôles, complices, personne ne peut se douter de la barrière invisible qui s'est élevée entre eux. Pas d'écriture non plus, on n'entend plus crépiter l'Underwood.

Aux premiers beaux jours de 1947, Daphné propose à son mari un voyage au soleil, dans un pays neutre qui n'a pas été saccagé par la guerre. Cela fait presque dix ans qu'elle n'est pas partie. Ce séjour les stimulera, elle y croit, le convainc. Destination, la Suisse, ses lacs, son air pur, ses paysages tranquilles. Quinze jours de promenades, repos, lectures agréables, cependant l'intimité physique et spirituelle n'est plus au rendez-vous. Chagrinée, Daphné n'en parle pas. C'est une souffrance clandestine que personne ne voit. Une panne d'écriture et une panne d'amour. Écrire lui manque autant que la perte des instants sensuels avec son mari. Une sorte d'aridité intellectuelle s'est emparée d'elle, l'impossibilité de faire rejaillir le flux fertile de son imagination, comme celui, encore plus confidentiel, de ses désirs intimes. Daphné ne fait pas partie de ces écrivains qui ont la phobie de la page blanche. Jamais l'inspiration ne lui avait fait défaut. Il ne lui reste plus que le plaisir de vivre à « Mena », avec l'été qui s'annonce, en compagnie de ses amis, Maureen, Foy Quiller-Couch, Clara Vyvyan, Carol Reed, Mary Fox, de sa mère et ses sœurs, et de ses enfants, Tessa, gracieuse et perspicace, Flavia, rêveuse et timide, et Kits, l'astre, dans toute sa perfection.

Daphné a quarante ans, cet âge que son père redoutait, mais elle est toujours aussi belle en cet été 1947 qu'elle passe avec ses enfants, sans écrire une ligne, à se dorer sur la plage de Pridmouth. Ses livres continuent à se vendre dans le monde entier et en France, la traduction de *Jeunesse perdue* est en cours pour Albin Michel. Michel Hoffman, son agent français, l'a informée que le roman serait traduit par Mlle Van Moppès, devenue depuis peu Mme Butler, celle qui a déjà traduit *Rebecca* et *L'Auberge de la Jamaïque*. Daphné ne connaît pas cette Mme Butler, mais lui fait confiance. Elle ignore que sa traductrice est également romancière, qu'elle a publié un premier roman, *Dormeuse*, chez Grasset, en 1932, à l'âge de vingt-cinq ans. Daphné a appris par Michel Hoffman que Mme Butler était autorisée à

« modifier » le texte afin de l'adapter pour les lecteurs français. Là aussi, Daphné décide de faire confiance, et Mme Butler l'en remercie par courrier, en septembre 1947.

Une équipe de journalistes vient filmer Daphné à Menabilly, à l'occasion de la sortie du film *Le Mont-Brûlé,* d'après son roman, dirigé par Brian Desmond Hurst, avec Margaret Lockwood, et Dennis Price. Daphné avait coécrit le scénario avec Terence Young. Les critiques sont mauvaises, surtout celle du *New Yorker* : « L'interminable saga britannique des générations d'une famille qui pourrait uniquement intéresser ceux qui sont mentionnés dans leur testament. » Daphné est déçue, elle avait apprécié cette première collaboration avec Terence.

Sur les images en noir et blanc du reportage, on la voit sortir du manoir, suivie de Kits et de Flavia. Daphné est vêtue d'un tailleur-pantalon à la Marlène Dietrich, ses cheveux flottent sur ses épaules, son pas est long, élastique, celui d'un grand adolescent. Elle marche les mains dans les poches en maîtresse de son royaume, pour s'asseoir nonchalamment sur un banc en pierre, à la garçonne, le pied relevé sur l'assise, après avoir poussé Kits sur la balançoire. Daphné est à son apogée, elle semble rayonner, mais personne ne se doute de la crise intérieure qu'elle vit. Menabilly reste sa forteresse, le gardien de tous ses secrets.

Un coup de fil la remplit d'effroi, un soir de septembre 1947. Il va falloir aller à New York, aux États-Unis, c'est son éditeur américain, Nelson Doubleday lui-même, qui le lui demande. Daphné raccroche, elle est nerveuse, inquiète : encore une histoire de plagiat et toujours liée à *Rebecca* ! Elle se souvient qu'en 1941, le *New York Times* avait diffusé un article déstabilisant qui citait les nombreuses similitudes entre *Rebecca* et un roman publié en 1934 qu'elle n'avait jamais lu, *La Successora* de Carolina Nabuco, célèbre romancière brésilienne, une trame narrative comparable, de deuxième épouse, de grande demeure. L'éditeur de Daphné avait vivement riposté, rejetant toute accusation de plagiat, et fort heureusement, personne n'avait donné suite. Puis une autre plainte était arrivée presque en même temps sur le bureau de Nelson Doubleday, signée d'une certaine Edwina MacDonald, auteur inconnue, convaincue que Daphné du Maurier s'était inspirée de sa nouvelle écrite plus tôt, *Les Fenêtres noires*, encore une histoire de remariage, que Daphné n'avait pas lue non plus. Daphné avait publié une lettre piquante dans le *New York Times* en 1942, où elle déclarait avec ironie : *Serait-il possible que Mlle Nabuco et Mme Mac-Donald se mettent d'accord afin qu'elles décident une fois pour toutes laquelle a écrit mon roman ?* L'histoire avait traîné, puis les avocats de Doubleday étaient encore une fois parvenus à étouffer l'histoire sans l'intervention de Daphné. Mais elle n'était pas terminée pour autant, Mme MacDonald décédée, la guerre finie, son fils avait décidé de porter l'affaire devant les tribunaux. Cette fois, Daphné doit venir en personne, à New York, expliquer devant des juges comment et pourquoi elle avait écrit *Rebecca* en 1938. Cette pensée la terrifie. Bien sûr, elle n'a plagié personne, aucun doute là-dessus, mais l'idée d'évoquer publiquement le processus d'écriture, cette machinerie si intime, si particulière, lui fait peur, comme la crainte d'affronter la foule, la presse, les photographes, de répondre à des questions indiscrètes qui fouillent son âme d'écrivain, de femme. Oui, y aller, et même rester plusieurs semaines, voire un mois, car ces audiences judiciaires peuvent durer long-temps. Résignée, elle réserve deux cabines sur le *Queen Mary*, une pour Kits et elle, l'autre pour Flavia et Tod. Tessa ne viendra pas, elle intègre son nouveau pensionnat, Saint Mary, dans l'Oxfordshire, date qu'elle attend avec impatience : elle rêve de se faire de nouveaux amis, c'est la seule des trois enfants à ne pas apprécier l'atmosphère singulière de «Mena». Tommy, quant à lui, restera travailler à Londres, Maureen veille sur lui. Daphné et sa famille seront logés par Nelson Doubleday et sa femme Ellen, à Long Island, près de New York.

Première préoccupation, la garde-robe. Cela fait plus d'une décennie que Daphné vit en pantalon et pull marin, et que ses enfants remettent les mêmes nippes fatiguées. Aux États-Unis, elle le sait, elle est un auteur «star», elle ne peut se permettre d'arriver au tribunal dans sa tenue décontractée de Menabilly. Elle se doute aussi que Barberry, la luxueuse maison des Doubleday à Long Island, est un haut lieu de rencontres mondaines, ce qui ne fait qu'accentuer son angoisse. Elle ne connaît pas

Ellen Doubleday, mais a entendu parler de son élégance, elle s'imagine qu'elle doit ressembler à ces Américaines émaciées et embijoutées comme Wallis Simpson, tout ce qu'elle déteste. Mlle Tryel, la petite couturière locale, travaille comme une forcenée pour confectionner à temps des vêtements dignes de l'événement : des habits assortis, bleu marine et rouge, pour Kits et Flavia, des tailleurs et des robes du soir pour Daphné. Deuxième étape, passage obligatoire pour toute la famille chez le coiffeur. Une coupe et une permanente pour Daphné, un peu trop courte, trop serrée, peut-être, elle le regrette, mais pas question d'atténuer ses quelques mèches grises, elle les assume, c'est ainsi. Tessa renonce à ses longues nattes, Flavia adopte une frange qui lui va bien, Kits est fier de sa coupe de garçon.

C'est la première fois de sa vie que Daphné part pour les États-Unis d'Amérique. Tommy et son assistante Maureen sont venus leur dire au revoir, en cette journée frileuse de novembre 1947. Le *Queen Mary* les attend à Southampton. Les enfants sont surexcités, jamais ils n'ont vu un navire aussi immense, trois cent dix mètres de longueur, capable de transporter plus de deux mille personnes. Leurs cabines confortables sont envahies de fleurs, Flavia s'extasie devant les petites salles de bains aux panneaux acajou. La première nuit se passe bien, la mer est calme, personne n'est malade.

Le lendemain matin, alors que Daphné prend un thé avec Tod et les enfants dans sa cabine, on frappe à la porte. C'est une femme brune et fine, la petite cinquantaine, un bouquet de roses blanches à la main. Un steward avec un panier rempli de cadeaux se tient derrière elle. La brune sourit, se présente, *Ellen Doubleday*, elle est venue en personne accueillir la célèbre romancière éditée par son mari, afin de l'emmener à bon port. Les enfants sont sous le charme, Tod aussi. Mais pour Daphné, c'est plus que cela. Elle ne peut détacher ses yeux de cette vision ravissante, elle est ensorcelée par l'élégance de l'épouse de son éditeur, ses gestes pondérés, ses prunelles noisette, son timbre velouté, son raffinement, sa distinction.

Tandis qu'elle écoute Ellen Doubleday, qu'elle accepte les roses, les cadeaux, son cœur se met à battre follement, et c'est la voix du garçon qui chuchote à son oreille, Éric Avon, qu'elle avait réussi à enfermer pour de bon dans sa boîte, il y a si longtemps, lors de sa rencontre avec Tommy. Éric Avon revit, il resplendit, il frappe de toutes ses forces des deux poings sur le couvercle de sa boîte, il crie, il vit, il est aussi présent, aussi tangible qu'à Camposenea, lorsqu'il s'enivrait des effluves du mouchoir de Fernande Yvon, et c'est d'une telle puissance, d'une telle ferveur que Daphné n'arrive plus à parler, elle ne peut qu'observer Ellen Doubleday en silence, transie, les mains agitées, le souffle court.

Pendant toute la durée de la croisière, Daphné demeure éblouie par Ellen, admirant ses toilettes, bercée par sa voix douce ; on murmure que la célèbre star Greta Garbo est à bord, mais Daphné n'en a cure, elle ne voit qu'Ellen, comme si elle avait été réveillée d'un sommeil de cent ans. À leur arrivée à New York, une Buick et une Cadillac les attendent pour les emmener à Oyster Bay. Barberry n'a que trente ans mais semble plus ancienne, gracieuse demeure aux murs pâles qui surplombe la baie mouchetée de voiliers, dotée de terrasses et de superbes jardins. Il y a dix-neuf chambres, toutes décorées avec un luxe raffiné, une piscine, des courts de tennis. Après Menabilly, ses courants d'air, le froid, les rats et l'eau verte, la maison chauffée des Doubleday est un enchantement. Les Browning sont accueillis comme s'ils faisaient partie de la famille. Ellen règne sur son domaine et ses domestiques telle Rebecca de Winter, avec un œil attentif sur chaque détail. Nelson, grand, corpulent et grisonnant, est aussi sympathique que dans le souvenir de Daphné, ils s'étaient rencontrés à Londres, en 1931, et ne s'étaient pas revus depuis. Mais elle subodore que sous l'apprêt de gens du beau monde, une tension discrète subsiste dans le couple, remarque les sautes d'humeur de Nelson, sa santé fragile, le verre de trop qu'il a tendance à prendre, le regard teinté d'inquiétude de son épouse.

Le procès démarre et c'est une épreuve. Une liste de quarante-six parallèles a été dressée entre *Les Fenêtres noires* et *Rebecca*. Les procureurs sont déterminés à lui faire avouer envers et contre tous qu'elle a lu la nouvelle de Mme MacDonald avant d'avoir écrit *Rebecca* et qu'elle s'en est inspirée. Ils la questionnent sans relâche. À la barre, elle doit rassembler toutes ses forces pour ne pas paniquer. Mlle du Maurier lit bien le supplément du *Times*, n'est-ce pas? Mlle du Maurier a dû tomber sur une critique de la nouvelle de Mme MacDonald publiée le 20 mai 1928? Daphné répond le plus calmement possible, mais son cœur bat fort sous son nouveau tailleur, tous ces yeux braqués sur elle l'impressionnent. En 1928, elle n'avait que vingt et un ans, leur précise-t-elle, elle écrivait des nouvelles, dont une avait été publiée dans le magazine *The Bystander*, mais elle n'avait pas commencé de roman, et non, elle n'a jamais lu cette critique dans le supplément du *Times*.

Le procureur Charles S. Rosenschein est un teigneux, son confrère Arthur L. Ross également. Ils se relaient dans un pilonnage de questions serrées. Mlle du Maurier connaissait l'écrivain Edgar Wallace, n'est-ce pas? Oui, répond Daphné, sa fille Pat était une amie dans les années vingt et trente. Le procureur Ross, avec un mauvais sourire, brandit un des ouvrages d'Edgar Wallace, publié chez John Long Ltd. Il ouvre le livre d'un geste triomphal, le montre à l'audience, il y a là une publicité pour d'autres romans édités par John Long Ltd, dont une réclame pour *Les Fenêtres noires* par Edwina MacDonald.

Mlle du Maurier n'a pas pu ne pas voir cette réclame, mar-
tèle-t-il, elle n'a pas pu passer à côté. Les avocats de la défense
protestent et lorsque la parole lui revient, Daphné parvient à
dire, toujours aussi flegmatiquement, sans que personne dans
la salle se doute de son tourment intérieur, qu'elle n'a jamais vu
ces publicités.

Chaque après-midi, Daphné revient de la salle d'audience
de Manhattan vidée de son énergie. Le procès semble interminable, cela ne sera pas réglé en quelques semaines, elle en est
épuisée d'avance. À Barberry, Ellen attend son retour, veille sur
elle, lui fait préparer un thé Earl Grey, un toast à la cannelle,
s'assied à ses côtés sur le canapé dans le magnifique salon avec
vue sur la baie. *Daphné chérie, vous ne prononcerez pas un mot
avant d'avoir avalé ce bon thé chaud, no Sir.* Elle termine souvent
ses phrases avec ce péremptoire *no Sir*, qui fait rire les enfants.
Plus tard, les deux femmes partageront un plateau-repas dans
la chambre de Daphné, trop fatiguée pour dîner en bas.

Les week-ends, les Doubleday reçoivent, ce que Daphné
appréhendait. Mais Ellen se montre si chaleureuse, si enthousiaste, qu'elle finit par s'amuser à ces fêtes grandioses. La maîtresse de maison insiste pour l'emmener faire des courses chez
Saks, sur la Cinquième Avenue, afin que l'auteur « star » de son
mari rayonne aux dîners donnés en son honneur. Daphné se
laisse faire, comment dire non à Ellen ? La bonne de Mme Doubleday avait cru qu'une des robes du soir de Lady Browning
confectionnées par Mlle Tryel était une chemise de nuit, ce
qui avait déclenché l'hilarité de Daphné et de sa progéniture.
Lorsque Daphné descend le grand escalier pour retrouver les
invités, vêtue d'une nouvelle tenue offerte par Ellen, les enfants
l'admirent, éblouis. Tous les yeux se tournent vers elle. Daphné
du Maurier fait sensation.

Le dernier jour du procès approche, mi-décembre 1947.

Daphné s'y prépare comme un boxeur monte sur le ring pour l'ultime combat. Elle sait qu'elle doit tout donner, les convaincre qu'elle n'a rien plagié. Ses avocats la soutiennent, mais Daphné ne peut s'empêcher d'avoir peur : si elle perd ce procès, elle perdra énormément d'argent, et surtout, une partie de son honneur.

Daphné monte à la barre avec les mains qui tremblent et la bouche sèche, mais sa voix sonne clairement, une voix affirmée et mélodieuse, une voix qui joue pour elle. Elle explique qu'elle avait commencé à écrire *Rebecca* en 1937, alors qu'elle se trouvait à Alexandrie avec son mari. Elle leur raconte la fournaise, l'envie d'être en Cornouailles, et à la main, elle tient son petit carnet noir, celui où elle avait consigné ses premières notes. Elle leur parle longtemps, sans se précipiter, elle est fille d'acteurs, capable de rester des heures sur scène. Ces visages anonymes, ces yeux qui la détaillent, que peuvent-ils comprendre du processus d'écriture, eux qui n'ont jamais écrit de roman de leur vie ? Que savent-ils des doutes qui envahissent les écrivains ? Croient-ils, ces inconnus qui l'écoutent à présent dans le silence de cette pièce austère de la Cour fédérale de Foley Square, qu'un livre s'écrit d'un trait, qu'un roman se bâtit à partir d'une seule idée, que l'auteur n'a qu'à suivre cette idée comme un mouton placide, tirer un fil et le retranscrire ? Ils ne pourront jamais entrevoir à quel point la pensée d'un romancier est nébuleuse, complexe, tissée de contradictions et de non-dits, ni se douter comme c'est dégradant d'être debout, là, face à eux, à devoir décortiquer l'inspiration comme si c'était une vulgaire recette de cuisine, à démonter les rouages alambiqués de cette alchimie intime, le mécanisme à l'œuvre dans les replis de son cerveau.

Pourquoi les écrivains seraient-ils obligés de s'expliquer, de livrer leurs secrets de fabrication ? Que feraient-ils, ces avocats, ces journalistes, ces jurés, de sa jalousie secrète envers la brune et belle Jan Ricardo, la première fiancée de Tommy, celle qui (elle l'avait lu dans le journal, consternée) s'était jetée sous un train en août 1944, alors qu'elle était mariée à M. Constable-Maxwell, mère d'une petite fille de deux ans ? Fallait-il leur avouer qu'elle avait fouillé dans un tiroir, qu'elle avait lu des lettres d'amour adressées à son mari ? Que feraient-ils d'Éric Avon qui l'exhorte depuis ses dix ans à explorer sa part masculine, revenu cogner brutalement sur le couvercle de sa boîte comme s'il pressentait déjà l'importance qu'Ellen Doubleday allait avoir pour Daphné, un foudroiement amoureux capable de surmonter sa panne d'écriture ?

Pour rien au monde, Daphné ne leur révélerait la véritable genèse de ses romans, pour rien au monde, elle ne leur avouerait qu'un livre jaillit d'un sentiment viscéral, que ses personnages sont des sortes de « patères* », un mot codé par ses soins, des portemanteaux auxquels elle accroche littéralement un panachage personnel de fantasmes et de vérité. Les procureurs Rosenschein et Ross ont raison, oui, les écrivains sont des menteurs, des emberlificoteurs, qui réinventent sans cesse la vie des autres, qui jettent de la poudre aux yeux de leurs lecteurs, se cachent sous des apparences lisses, gentilles et généreuses pour mieux se nourrir du mensonge dont ils sont les artisans suprêmes, car leur univers, comme celui des acteurs, c'est la mystification, l'illusion, le paraître, c'est ainsi, et seulement ainsi, que naissent les romans. Mais de tout cela, Daphné ne dit rien, elle reste sur sa ligne de conduite, elle choisit la prudence, le calme, sans hausser la voix, sans ciller, elle revient sur comment elle a imaginé Manderley, fusion entre Milton Hall et Menabilly dont le mystère l'avait tant envoûtée, jeune fille, et dont l'enchantement sylvestre de la longue allée ne l'avait jamais quittée.

Elle quitte la barre exsangue, la tête haute, et il lui semble que Kiki et Gerald l'applaudissent à tout rompre de là-haut Lorsqu'elle arrive à Barberry, elle s'effondre. Ellen reste à son chevet pendant de longues heures, et Daphné se délecte de ce contact exquis malgré son épuisement. Quel bonheur, ce lit douillet, ce confort absolu, et au-delà de tout, ce regard de velours noisette, cette douce petite main à laquelle elle s'agrippe de toutes ses forces. Le juge rendra son verdict en janvier 1948, mais les avocats de Doubleday sont confiants, Daphné n'a pas à s'en faire, elle a gagné haut la main. Pourquoi ne pas passer Noël ici, lui propose Ellen, continuer à se reposer à Barberry? Daphné est tentée, mais Tommy et Tessa l'attendent, Noël est prévu à «Mena» après leur longue absence. Les billets sont réservés sur le *Queen Mary*, et l'heure de dire au revoir aux Doubleday est arrivée. Leurs cabines sont encore une fois remplies de cadeaux et de fleurs, Ellen a même offert aux enfants un paquet à déballer par jour de traversée. Le voyage de retour est gâché par une météo exécrable, le *Queen Mary* fait face à une des plus épouvantables traversées de son histoire. Il n'y a pas d'autre choix que de rester allongé dans la cabine pendant l'affreux roulis qui dure jusqu'à l'arrivée dans la Manche. Lorsque Daphné débarque enfin à Londres, à Whitelands House, elle est dans un tel état de fatigue, si maigre, si blanche, que Tommy appelle le médecin. Verdict : Lady Browning est éreintée, elle a besoin de repos complet. Son abattement ressemble à celui qu'elle avait enduré lors de son éloignement de Fernande, en novembre 1925. Qui pourrait imaginer, vingt-deux ans plus tard, que celle qui lui manque si cruellement n'est autre que Mme Nelson Doubleday, l'épouse de son éditeur?

Retour à «Mena» pour Noël 1947. Tommy a été nommé trésorier général auprès de la jeune princesse Elizabeth et son tout nouveau mari, le prince Philip, duc d'Édimbourg, à Clarence House, poste prestigieux qu'il accepte avec fierté, et qui signifie qu'il passera le plus clair de son temps à Londres, assisté par la fidèle Maureen. Mais pour Daphné, encore faible, il n'y a qu'Ellen qui compte, lui envoyer lettre après lettre, lui confesser ses sentiments, essayer de lui décrire ce coup de foudre, cet éblouissement. De sa chambre, elle lui écrit : *Imaginez D. du M., à l'âge de Flavia, timide, qui se mordait les ongles, mais elle ne se considérait pas comme une petite fille. Elle se voyait en garçon. Elle a grandi avec l'esprit et le cœur d'un garçon.* Écrire à Ellen, c'est lui avouer ce qu'elle pense être, étrange hybride, femme à l'âme d'un garçon, particularité dont elle n'a jamais parlé, un secret bien gardé depuis longtemps. À Ellen, elle peut, elle doit tout dire, au fond d'elle vit Éric Avon : *Un garçon aux mains nerveuses et au cœur qui bat, éperdument romantique, qui souhaite jeter sa cape aux pieds de sa princesse. À dix-huit ans, l'hybride était tombé amoureux fou d'une personne française de douze ans son aînée, qui comprenait tout, et il l'a aimée de toutes les façons concevables.* Attention, pas question de faire croire à

Ellen qu'elle lui confesse des tendances «vénitiennes*». *Grands dieux, si quelqu'un ose définir cet amour-là par le mot ignoble qui commence par un «L», je lui arrache les tripes*, précise-t-elle avec véhémence.

Tout en préparant «Mena» pour les fêtes de fin d'année, Daphné continue sa correspondance fleuve avec Ellen, elle guette la camionnette rouge du facteur avec la même impatience que lorsqu'elle attendait les lettres de sa chère Ferdie. Quand elle se promène dans la forêt pour glaner du gui et des rameaux de houx afin de décorer la maison, elle pense déjà à la prochaine lettre qu'elle va lui écrire : *Un jour, l'hybride a compris qu'il fallait qu'il grandisse, il ne pouvait plus rester un garçon, alors il se transforma en fille, pas trop disgracieuse par ailleurs, et le garçon s'enferma dans sa boîte, à jamais. D. du M. écrivait ses romans, avait des aventures avec des jeunes hommes, et plus tard, un mari, des enfants, un amant, et la vie était à la fois magnifique et triste, mais lorsqu'elle découvrit Menabilly, y vécut seule, le soir lorsqu'il n'y avait personne pour les voir, elle ouvrait la boîte de temps en temps pour laisser danser le fantôme, ni garçon ni fille, un esprit désincarné.*

Noël, cette année, c'est avec Muriel, Angela, Jeanne et tante Billy, la sœur de Mo, puis une autre Angela, grande amie de Piffy, que tous appellent «Shaw», accompagnées de leurs turbulents pékinois. Les enfants Browning n'ont jamais cru au Père Noël, Daphné leur a toujours dit la vérité, n'approuvant pas ces fables qu'il fallait faire croire aux enfants, et ils reconnaissent au pied du sapin les paquets emballés par leur mère, ceux au papier chiffonné et rubans de guingois. Pendant que le repas de fête bat son plein, que les rires fusent, que la dinde est coupée par Tommy qui évince à coups de pied les pékinois, Daphné pense à Ellen qui doit fêter le réveillon à Barberry avec mari et enfants, Madeleine, Pucky, Nelson Junior et Neltje, et le sourire s'estompe de son visage. Porte-t-elle cette robe rouge et noir qui lui va si bien ? En fin de journée, lorsque les invités sont partis, Daphné se rend dans sa chambre, ferme la porte, et commence une nouvelle lettre, tout en regardant la photographie d'Ellen qui trône à présent sur sa commode. *J'ai repoussé le garçon au fond de sa boîte et tenté de vous éviter comme la peste sur le bateau. Mais vous regarder à Barberry était insupportable. Vous étiez de plus en plus belle. Impossible de lutter. Je n'avais qu'une envie, allez me battre pour vous, vaincre des dragons, vous ramener le Graal.* Et si quelqu'un lisait ces lettres un jour, ces lettres intimes où elle déballe tout, où elle se met à nu ? Son mari, le mari d'Ellen ? Elle n'y pense pas, ces pages sont comme une libération, plus elle s'épanche, plus elle se sent délestée d'un poids, comme si tout dire à Ellen allait forcément l'apaiser. Daphné s'allonge, éreintée, et tandis qu'elle somnole, Kits vient la rejoindre sans faire de bruit, et s'endort à ses côtés. En bas, dans le salon vide, Tommy cherche du champagne, il n'y en a plus, il se verse un autre gin-tonic, grille cigarette sur cigarette. Sa mauvaise humeur prend le dessus, il donne des coups de pied dans ses cadeaux, faisant fuir les filles et Tod.

Les réponses d'Ellen arrivent au compte-gouttes et sont à son image, douces, réconfortantes, et pondérées. Pour six lettres envoyées de Menabilly, il n'y en a que deux en provenance des États-Unis. Ellen précise à Daphné, avec un tact infini, qu'elle ressent une amitié profonde pour elle, cette affection ne pourra jamais se transformer en autre chose. Daphné n'est pas abattue par le doux rejet d'Ellen, parce qu'elle ne veut pas le voir, ni l'accepter. Grâce à Ellen, sa nouvelle « patère* », son inspiration retrouvée, tout en elle « infuse* », bouillonne, elle se sent revivre, reprend des forces, retrouve son humour, rit avec ses proches, surtout Kits, sept ans, qui semble avoir hérité des talents d'imitation et de raillerie de son grand-père Gerald. Les mots codés qu'elle utilisait avec ses sœurs, petite, font partie du vocabulaire quotidien des enfants Browning, et restent un mystère pour les invités qui n'y comprennent rien En effet, pas facile de savoir ce que veulent vraiment dire « miette* », « royal* », « pluiche* » « pouète* » et « Nanny* ». Les enfants connaissent aussi le sens du mot « Robert* », car Daphné, traumatisée par le silence de sa propre mère concernant la menstruation, leur a tout expliqué, même à Kits.

Le 14 janvier 1948, le verdict du juge Bright et de ses jurés concernant l'affaire *Rebecca* est enfin rendu : Mlle du Maurier n'a pas plagié *Les Fenêtres noires* d'Edwina MacDonald. Soulagement de tous côtés, mais Daphné est déjà passée à autre chose. Dans le silence de sa chambre, elle écrit, pour Ellen et sur Ellen, personne ne le saura, ce sera leur secret. Daphné a l'impression de respirer le parfum d'Ellen, L'Aimant de Coty, ces effluves de pêche, jasmin, rose et vanille, fragrance qui lui sied à merveille. En février 1948, Daphné a déjà fini, c'est une pièce de théâtre, *Les Marées de septembre*, rédigée en à peine deux semaines, l'histoire d'une veuve qui tombe amoureuse du mari de sa fille, un jeune artiste peintre. Un amour impossible. Comme c'est bon de se cacher derrière ce jeune homme, d'adopter la voix d'Éric Avon, d'y dévoiler son attirance pour la quinquagénaire éblouissante, mère de sa fraîche épouse. Qui pourrait lire entre les lignes, y déceler son trouble ressenti envers Ellen-Stella ? Personne, Daphné a trop bien brouillé les pistes. Les éléments reconnaissables, et qui amusent son entourage, c'est le décor du salon à Ferryside, fidèlement reproduit jusqu'aux bruits de cornes de brume, de ressac et le cri des mouettes. C'est bon d'écrire aussi vite, avec autant de plaisir, d'enjoliver un fantasme bientôt joué sur scène, rendu public, mais dont seules Ellen et elle comprendront le sens. C'est dangereux d'être aimé, désiré par un écrivain, elle l'a vécu avec

Christopher Puxley, la «patère*» pour son pirate français. Cette histoire a laissé un goût amer, sans parler du mariage torpillé des Puxley. Malgré le danger de cette nouvelle «patère Ellen», il lui est impossible de résister à la voracité de l'appel de l'écriture qui la transperce à nouveau, à un point tel que le reste de sa vie semble fade, et qu'elle émerge de sa chambre avec le pas chancelant d'une droguée.

Outre-Atlantique, Ellen est abattue par l'avancée de la maladie de son mari, Nelson, atteint d'un cancer, à qui les médecins ne prédisent qu'une année à vivre. Il se remet lentement d'une opération de la dernière chance, et les lettres de Daphné à son amie sont pleines de tendresse. À Fowey, le printemps arrive enfin, les jacinthes et les rhododendrons fleurissent, Angela publie un recueil de nouvelles, *Birkenshaw*, chez Peter Llewelyn Davies, qui passe inaperçu, et cette fois, elle est blessée par cet insuccès. Le seul moyen de combattre sa déception, c'est de mettre un nouveau roman en route, elle s'y lance entre deux villégiatures. Quant à Jeanne, elle s'est installée à Saint Ives pour poursuivre plus sérieusement sa carrière artistique, et y rencontre l'artiste peintre Dod Procter, avec qui elle entame une série de voyages en Afrique.

À Menabilly, du côté de Gribbin Head, se trouve la cahute où vit le capitaine Vandeleur, dont le patronyme pourrait sortir d'un roman de Daphné. Flavia assure qu'il ressemble à un large crapaud aux yeux globuleux coiffé d'une casquette. Le capitaine Vandeleur est responsable de l'entretien et de la surveillance du vaste domaine de Menabilly, employé par la famille Rashleigh. Il vit seul avec ses chiens et passe sa journée à sillonner les bois, les sentiers et les champs de la ferme. Son jardin comprend une magnifique plantation de camélias, la fleur préférée de Daphné. Il y a vingt-huit vases à remplir à Menabilly, une des seules tâches domestiques que se réserve Lady Browning, et peu de camélias, hélas, dans sa partie de la propriété. C'est tentant d'en subtiliser quelques-uns au capitaine Vandeleur, véritable expédition. Kits et Flavia montent à vélo le long du chemin qui mène à sa cahute, afin de vérifier si sa voiture est dans le garage. Si la voie est libre, Daphné arrive à pied, rapidement, sécateur en poche, tandis que les enfants montent la garde. Elle en coupe çà et là, à toute vitesse, dans la profusion blanche, rose et rouge, puis rentre hâtivement au manoir, suivie de son escorte. Un jour, le capitaine Vandeleur la surprend en flagrant délit. Tandis qu'elle tente de masquer les fleurs derrière son dos, déconfite, il lui dit avec une légère ironie : *Ah, bonjour, Lady Browning, je suis ravi de vous voir. Si jamais vous voulez prendre quelques camélias, faites-le-moi savoir, j'en serai enchanté.*

Une seule fois, le capitaine Vandeleur était sorti de ses gonds. Carol Reed était venu passer quelques jours à «Mena». Il est à présent réalisateur. Après le dîner, Carol avait annoncé avec une expression de gamin farceur qui avait fait rire Daphné : *Oh, je rêve d'un énorme feu de joie! On pourrait brûler le gros buisson de rhododendrons au bout de jardin, il te gâche la vue vers la mer!* Très motivé, il partit à la recherche de papier, paraffine et allumettes, suivi des enfants. Au bout de quelques minutes, il avait tout installé, et le buisson prit feu d'une façon très cinématographique, un immense éclat orangé dans la nuit, accompagné de crépitements puissants. Les flammes montèrent dans le ciel noir et les voisins les plus proches firent leur apparition, stupéfaits. *On pensait que c'était Menabilly qui flambait, comme dans* Rebecca, plaisanta un badaud. Alors que tous admiraient le feu, le capitaine Vandeleur fit son apparition, suivi de ses chiens. Lorsqu'il comprit que l'incendie avait été allumé par un invité de Lady Browning, il parut ivre de rage. *Vous allez avoir des nouvelles du docteur Rashleigh*, lança-t-il en partant, furieux. Heureusement pour Daphné, elle ne reçut jamais de plaintes de son propriétaire concernant le feu de joie de Carol. Mais le capitaine Vandeleur lui fit longtemps la tête.

Un autre à lui faire la tête, Tommy. Il prend son travail à Clarence House au sérieux, et s'épuise à la tâche. Personne de son cabinet ne soupçonne sa fatigue, à part Maureen, son assistante qui veille sur lui. Boy Browning, se lamenter ? Jamais! Il rentre le soir dans son appartement étriqué de Whitelands House, seul, déprimé, succombe à un verre de gin, puis un autre. Petit à petit, l'alcool tisse un chemin pernicieux dans son quotidien, en plus des cigarettes. Daphné le sait, le devine, pense à son père qui lui aussi, avait emprunté cette voie-là, et se sent impuissante. Le vendredi soir, lorsque Tommy arrive à Menabilly, tard, ayant pris le dernier train de Paddington, il sourit à l'idée de retrouver le *Fanny Rosa* et sa famille, mais sa joie est de courte durée. Dès dimanche matin, sachant qu'il repart le soir même, son visage s'assombrit, son mal de ventre revient, et il s'enferme dans sa mélancolie. Le moment le plus dur pour lui, c'est lorsqu'il fait sa petite valise, avec ses nounours qui ne le quittent jamais. Kits, sans le vouloir, lui trouve un nouveau surnom. Daphné demande un matin où est leur père, il lui répond : *Dans sa chambre, tout tristounet.* «Tristounet». Un sobriquet qui lui colle à la peau et dont il ne se débarrassera plus. Pourtant, Daphné et lui passent de jolis moments sur le *Fanny Rosa*, en cet été 1948, naviguent jusqu'à Falmouth avec Daphné à la barre, et pendant quelques jours, elle a l'illusion de retrouver leur complicité d'antan, impression fugace.

Le défi en cet automne 1948 est de savoir qui va jouer Stella Martyn. Toutes les actrices de plus de quarante ans sont sur les rangs, Diana Wynyard, la ravissante ex-femme de Carol Reed, Gertrude Lawrence, complice du dramaturge Noël Coward, couronnée du succès de *Pygmalion*, et les grandes shakespeariennes Fay Compton et Peggy Ashcroft. Daphné est invitée à Londres pour rencontrer les directeurs de casting, Tommy en profite pour la présenter à la princesse Elizabeth et son mari, des moments qu'elle narre en détail à Ellen par écrit, la princesse est *douce et timide*, et le prince, *assez «menaçant* » mais trop blond à mon goût.*

Gertrude Lawrence, cinquante ans, obtient finalement le rôle, et Daphné n'est pas emballée, elle la trouve trop âgée, n'aime pas sa teinture, son artifice, et de surcroît, il s'agit d'une des actrices de la fameuse «écurie» de son père, et Daphné n'a aucun doute sur la nature de leurs rapports à l'époque. Gerald et Gertrude s'étaient connus en 1930, lors du tournage de *Lord Camber's Ladies*, produit par Hitchcock, et ils s'étaient donné la réplique dans une pièce de John Van Druten à Londres, en 1932. «Gertie» et sa gouaille, sa bouche charnue, sa voix perçante, son accent cockney, ses jurons, son rire tonitruant, ses gestes dansants, non, cela ne va pas du tout pour Stella-Ellen, qui n'est que classe et distinction. Ce n'est pas Daphné qui a le dernier mot, c'est Irene Hentschel, qui met en scène la pièce. Daphné assiste aux premières répétitions, excédée et mal à l'aise, avec l'impression de subir un travestissement de son travail. Mais non, Stella n'adopte pas ces postures, mais non, elle n'embrasse pas Evan ainsi. Daphné se tait, se ronge les ongles, son énervement est tel que le soir, elle doit avaler deux cachets pour trouver le sommeil.

À force de baigner dans l'atmosphère du théâtre, Daphné constate qu'un plaisir imprévu l'étreint, celui de percevoir intacte l'ambiance de son enfance, comme si elle retrouvait son père parmi ces odeurs poussiéreuses et familières de loges et de décors, tout à la joie d'être en compagnie de régisseurs et d'acteurs, un univers à part, si spécial, qui lui a manqué. Elle pense à Gerald en regardant ses personnages évoluer sur scène, comme s'il se tenait à côté d'elle, en coulisse, à observer et à plaisanter.

Gertie, feu follet, possède un je-ne-sais-quoi de Gerald dans sa façon de faire le pitre, d'attirer l'attention, de vouloir à tout prix séduire n'importe qui, instantanément. Gertie est capable de perdre son calme pour une broutille, s'enflammer, et se laisser aller à des bordées d'injures. Créature épuisante et fascinante, et dont Daphné connaît par cœur le mode d'emploi, son père était pareil, sauf qu'il ne se laissait jamais aller à un gros mot. Le plus inattendu, c'est la façon dont Gertie habite le rôle de Stella, s'en empare, lui instille sa touche personnelle, ses émotions, et Daphné se rend compte avec un trouble grandissant que Gertie s'approprie instinctivement ce que Daphné a voulu capturer d'Ellen, comme si Gertie sur les planches devenait un transfert d'Ellen. Comment est-ce possible ? La magie du théâtre ? Le talent de la comédienne ? Daphné s'en ouvre dans ses lettres à Ellen : *De temps en temps, tout à fait inconsciemment, elle prend un accent américain, mon Dieu, ce qui réveille l'immense nostalgie de vous, et je dois quitter le théâtre sur-le-champ. C'est presque comme si c'était vous !*

La première est prévue fin novembre 1948 au New Theatre à Oxford, puis le spectacle est repris au Aldwych Theatre, à Londres, dès le 15 décembre, avec Michael Gough qui joue Evan et Anne Leon dans le rôle de Cherry. Le mari américain de Gertie, Richard Aldridge, est venu de New York pour l'occasion. Le tout-Londres se précipite pour voir la pièce à l'Aldwych. La reine Mary, les princesses Elizabeth et Margaret s'y rendent également, accompagnées de Tommy. La pièce est un succès, le come-back de Gertrude Lawrence, un triomphe. *Les Marées de septembre* sera jouée pendant des mois et marquera la naissance de l'amitié profonde entre Gertie et Daphné. Daphné l'appelle « Cinders », d'après Cendrillon, tandis que Gertie la nomme en retour « Dum », pour ses initiales. Lors du dîner pour fêter la première, Michael Gough, le beau et jeune acteur qui joue le gendre de Stella, demande à Daphné comment elle invente ses personnages, visiblement sous le charme de Lady Browning, comme tant d'autres. Elle lui répond, avec un sourire malicieux : *La plupart de mes personnages sont inspirés de gens que je connais, mais d'autres sont totalement imaginés.* Il n'en saura pas plus.

Grâce à Gertie, Daphné retrouve l'envie de sortir, de se faire belle, d'aller déjeuner au Savoy, à la meilleure table, où Gertie flirte de façon scandaleuse et hilarante avec le serveur. Daphné se parfume au Vent Vert de Balmain, la nouvelle création du «nez» Germaine Cellier, fragrance qui laisse dans son sillage une odeur verte et audacieuse. Une senteur d'avant-garde que la romancière Colette décrit ainsi dans la presse : *Il a un caractère vireux de végétal écrasé à la main. De quoi plaire à ces diablesses de femmes d'aujourd'hui.* Daphné aime se rendre avec Gertie pour la journée à Douvres, chez Noël Coward, qui avait écrit la pièce à succès, *Vies privées*, rien que pour Gertrude, son amie d'enfance. À White Cliffs, la spectaculaire villa blanche de Noël, bâtie à même la falaise, Daphné se divertit en compagnie d'acteurs, Katherine Hepburn et Spencer Tracy, et s'amuse des conversations parfois scabreuses, mordantes et drôles. Elle se laisse aller au champagne qui coule, aux volutes des cigarettes, au rire à gorge déployée, à cette atmosphère pétillante que son père avait su si bien distiller à Cannon Hall. Portée par cet élan de mondanité, elle accompagne Tommy à un bal à Buckingham Palace, vêtue d'une robe lilas aux épaules dénudées prêtée par Molyneux, choisie sur les conseils avisés de Gertie, et plus tard, elle décrit à Ellen les toilettes et parures aperçues au palais.

La mort de Nelson Doubleday, à cinquante-neuf ans, le 11 janvier 1949, tempère la nouvelle joie de vivre de Daphné. C'est l'heure de consoler et réconforter son amie, d'être présente, même si elle est loin physiquement. Sa passion pour Ellen est toujours aussi forte, et aussi secrète, personne ne sait à quel point Ellen habite ses jours et ses nuits. En février 1949, l'idée d'un roman germe, elle va pouvoir se mettre au travail : première chose, quitter sa chambre, trop près du bruit, des portes qui claquent, des pas. Elle installe table, chaise, machine à écrire dans une petite cabane rudimentaire en bas de la pelouse, chauffée par un poêle à huile, où elle est tranquille, et qu'elle appelle sa «hutte».

Son roman est intimiste, inspiré de l'univers du théâtre, retrouvé avec tant d'allégresse, et de sa propre famille. Le titre ? *Les Parasites*. La famille s'appelle Delaney, tribu d'artistes aisée et bohème, et dont le père, Pappy, est un célèbre chanteur d'opéra, et la mère, Mama, danseuse étoile. La belle Maria (qui a hérité de l'extravagance de Gertie) est la fille naturelle de Pappy et d'une comédienne autrichienne morte en couches, à présent actrice adulée et gâtée, mariée à un homme fortuné et gentil. Compositeur, Niall est le fils de Mama, né de père inconnu. Celia est le seul enfant légitime du couple Delaney, et elle passe le plus clair de son temps à veiller sur son père malade depuis la mort de sa mère. Daphné se plaît à explorer un versant satirique de son imaginaire, ce qu'elle n'avait jamais fait auparavant, et le ton du livre est à la fois méchamment drôle et alangui, un rien blasé. Son regard acéré met en scène un défilé de voyages, de chambres d'hôtels, d'avant-premières, de soirées brillantes, avec au cœur du livre, l'égocentrisme des personnages et leur arrogance, mais surtout, les rapports émotionnellement incestueux de Maria et Niall, thème qu'elle avait déjà abordé dans *L'Amour dans l'âme* et *Julius*, et qui occultent la lumière du bonheur. C'est Charles, le malheureux mari de Maria, qui profère la vérité (une vérité qui allait certainement faire sourire Jeanne et Angela du Maurier) : *Voilà ce que vous êtes tous les trois. Des parasites ! Tous, autant que vous êtes. Vous l'avez toujours été et vous le serez toujours. Rien ne vous fera changer. Vous êtes doublement, triplement parasites : d'abord parce que vous êtes nourris depuis l'enfance de cette graine de talent que vous avez eu la chance d'hériter de vos invraisemblables parents ; ensuite parce que aucun d'entre vous n'a jamais fait, de sa vie, une once de travail régulier, normal, et que vous nous exploitez, nous, le public idiot qui vous fait vivre ; et enfin, parce que vous vous exploitez mutuellement tous les*

trois, enfermés dans un monde imaginaire que vous vous êtes créé
et qui n'a aucun rapport avec quoi que ce soit au ciel ou sur la
terre[1].

En terminant le roman plusieurs mois plus tard, Daphné se
doute qu'elle va déconcerter, ce ton inédit mi-cruel mi-désa-
busé risque de désarçonner, sans parler de ses trois personnages
vautrés dans un égoïsme certes comique, mais répréhensible,
auquel il est difficile de s'identifier. Autre embûche, la construction du livre, ambitieuse, voire déroutante, car le récit passe
alternativement du « je » au « nous », comme si Niall, Celia et
Maria parlaient en leur nom à tous, et il est parfois difficile pour
le lecteur de discerner qui s'exprime. Angela est enthousiaste,
persuadée que Gerald aurait adoré, Gertie se voit déjà jouer le
rôle de Maria, et Victor semble emballé. Il mise sur une première impression de 100 000 exemplaires.

Lorsque *Les Parasites* est publié, à l'automne de 1949,
Daphné a eu raison de se méfier de l'accueil critique, *minable*,
selon elle. Dans le *Daily Herald*, le célèbre chroniqueur littéraire John Betjeman descend le roman en flèche avec sévérité,
reprochant à Daphné « la lourdeur de ses phrases insignifiantes
et plates », rajoutant que Mlle du Maurier « n'écrit que pour
titiller son public et vendre à tour de bras ». Victor lui adresse
une lettre cinglante en défense du roman et de son auteur,
démarche qu'il n'avait jamais entreprise en vingt-sept ans de
carrière. Une bonne surprise cependant, Ivor Brown, autre
éminent journaliste du *New York Times Book Review*, trouve
le livre « magnétique » et se demande pourquoi ses confrères
persistent à mépriser le travail de Daphné du Maurier, si « férocement accessible ».

Daphné a appris à se blinder, elle ne se laisse plus atteindre,

---

1. Traduction de Denise Van Moppès.

accepte que le livre ne sera pas un grand succès, et se concentre sur un événement qui bouleverse son cœur de mère : le départ de Kits à huit ans et demi pour son premier pensionnat, West Downs, dans le Hampshire. Elle a beau se prendre en main, se raisonner, elle demeure inconsolable après le départ de son fils adulé. Ses yeux rougis attirent le sarcasme d'Angela, venue déjeuner. *Reprends-toi, Bing, enfin !* lance-t-elle à sa sœur, agacée.

Flavia se retrouve seule à Menabilly, à douze ans. Tod lui donne ses leçons chaque matin, et l'après-midi, elle se promène avec sa mère pendant quelques heures. Quel privilège d'avoir sa maman rien que pour elle ! Elles sont accompagnées par Mouse, le nouveau westie de Daphné, et même par temps pluvieux, vêtues de leurs bottes, pulls et cirés, elles se rendent chaque jour jusqu'au Gribbin par la plage. Daphné s'est rapprochée de ses filles, dont elle apprécie les personnalités différentes. Dans les lettres qu'elle envoie chaque semaine de son pensionnat, et qui commencent par *Ma Bing chérie*, Tessa se confie à sa mère avec humour, et signe *Avec tout mon amour, de la part de ton petit chiot.*

Peu de temps après le départ de Kits, Daphné rejoint Ellen à Paris, en septembre 1949, pour un voyage à deux prévu de longue date en Italie, déplacement qu'Ellen avait maintes fois repoussé, comme si elle se doutait des motivations intimes de son amie. Une semaine pénible qui ne fera que chagriner Daphné, car dès la première nuit, Ellen met les choses au point dans le calme, avec fermeté : non, il n'y a pas de « Venise* » possible entre elle et Daphné. Daphné admet enfin, dans la douleur, que sa ferveur pour Ellen, mélange d'espoir, de chimères et d'idolâtrie, ne sera jamais réciproque. En proie à une mélancolie dépitée, Daphné regarde Mme Doubleday, si élégante, marcher dans la lumière toscane et l'idée d'un roman lui vient subrepticement. L'histoire d'une veuve belle et irréprochable, mais autour d'elle, flotte une aura obscure, une nébulosité à peine visible sous le vernis de perfection. Ange ou démon? Manipulatrice? Victime? Bourreau? Daphné griffonne quelques notes dans le cahier fétiche de Kiki qu'elle emporte toujours avec elle. C'est difficile de mettre à distance cette déception sentimentale. Écrire l'aidera. Lors de son retour à Menabilly, les cartes joyeuses, presque enfantines de Gertie, qui la supplie de venir la voir en Floride, lui font du bien. Ce qui ne l'empêche pas d'envoyer quelques lettres hargneuses et rancunières à Ellen, ce qu'elle appellera a posteriori ses missives *gin & brandy*, tout en s'excusant auprès de son amie par la suite. Heureusement, Ellen garde son sang-froid et ne lui en voudra pas longtemps.

C'est Ellen, inatteignable, inaccessible, qui est encore une fois le moteur pour ce nouveau livre, et personne ne s'en doute. C'est toute la palette complexe des sentiments qu'elle ressent pour Ellen qui est à l'œuvre ici, sa gratitude, son ardeur, mais sa rancœur également, tout ce qu'elle a vécu depuis ce jour d'enchantement sur le *Queen Mary* en novembre 1947, il y a déjà trois ans, et le deuil qu'elle tente de faire de cet amour impossible. À force d'écrire grâce à la «patère Ellen*», ne va-t-elle pas finir par l'éradiquer de son système, l'épuiser, la vaincre à jamais?

Aller aux États-Unis... Pourquoi pas? Retrouver la caresse du soleil, et l'appel, si chaleureux, de Gertie, sans époux, qui l'attend. Tommy est pris par ses fonctions londoniennes, Tessa et Kits en pension, Flavia, chaperonnée à «Mena» par Tod. La voie est libre. En luttant contre sa phobie de voler, Daphné prend l'avion dans la fraîcheur de ce début de printemps 1950, atterrit dans une douceur tropicale en Floride. Elle découvre, ébahie, les plages blanches de Naples, le sable fin, la grande jetée qui avance dans la mer bleu-vert, si chaude comparée à celle de Cornouailles, et retrouve Gertie, espiègle et ensorcelante.

Impossible de résister à ses facéties, son humour, être avec «Cinders», c'est rattraper sa jeunesse, partager la même camaraderie taquine que celle, d'antan, avec Carol, les blagues, la connivence, les fous rires dont Daphné a tant besoin. Gertie, cinquante-deux ans? Impossible. Elle est la jouvence personnifiée, et lui rappelle tant Gerald, par son irrévérence, sa drôlerie, son charme. Daphné non plus, n'a plus quarante-trois ans, elle est redevenue, Éric Avon, éternel adolescent qui court sur la plage, cheveux au vent. Éric Avon admire la silhouette sinueuse de Gertie, la trouve belle, lui prend la main, alors qu'il ne pouvait jamais prendre celle d'Ellen, elle le repoussait, gentiment, mais fermement. Au coucher du soleil, Éric Avon savoure un sea-breeze sur la terrasse, sa cuisse pâle frotte contre celle, bronzée, de Gertie, il rit de ses plaisanteries, se laisse aller à sa chaleur généreuse, à ses baisers parfumés au sel de l'Atlantique, parenthèse de bonheur, de plaisir et de sensualité que la vie lui offre, pourquoi ne pas y céder? Dans ce refuge ensoleillé, il n'y a personne pour juger Éric Avon, pour le réprimander, pour lui ordonner de retourner dans sa boîte et de jeter la clef.

À « Mena », lors des promenades quotidiennes dans les bois avec Flavia et Mouse, Daphné fait une découverte, un ancien monument en granit, gravé aux armoiries de la famille Rashleigh, caché par l'épaisse végétation. Daphné s'accroupit et dégage les feuilles de la pierre croulante avec l'aide de sa fille. Ce sera parfait pour son nouveau héros, Philip, c'est ici qu'il viendra s'asseoir et rêvasser, seul sous les arbres, avec le chant des oiseaux pour compagnie. Une fois encore, Menabilly est le cadre du roman, jamais nommé, du manoir qui appartient à Ambroise Ashley, dont le patronyme rappelle celui des Rashleigh. Pour ce dixième roman, c'est Éric Avon qui prend la plume à la première personne, après *Jeunesse perdue*, sous les traits cette fois de Philip Ashley, le narrateur, vingt-trois ans et orphelin, jeune neveu d'Ambroise.

Chaque matin, Daphné se rend dans sa hutte, en émerge trois heures plus tard pour déjeuner rapidement, lorsque Tod fait sonner une cloche avec fermeté, puis reprend jusqu'à dix-neuf heures. Elle s'éclaire avec une lampe à huile et pour lutter contre le froid, enroule une couverture autour de ses genoux, comme elle le faisait à Ferryside, lorsqu'elle rédigeait *L'Amour dans l'âme*. Sur son bureau, se trouvent un dictionnaire (qu'elle consulte rarement, car cela l'agace de devoir stopper le flux des mots pour l'ouvrir), un Thermos de café et des pastilles à la menthe poivrée de chez Fox, ses préférées. Parfois ses doigts se figent sur l'Underwood et son regard se perd au-delà de la petite fenêtre. Elle se rappelle l'escapade floridienne, sent encore la chaleur du soleil sur sa peau et le goût des baisers secrets de Gertie. Puis elle pense à l'ascendant qu'Ellen a sur elle, contre lequel elle veut lutter. Sa seule arme, ce sont les mots sur le papier, c'est échafauder un roman autour de cette emprise pour mieux l'anéantir.

À l'instar de *Rebecca*, l'histoire qui prend forme explore jalousie et obsession, mais abordées d'un point de vue masculin. Daphné décrit ce nouveau texte dans une lettre à Fernande, *un peu sinistre, qui fiche la trouille, car on ne sait jamais si la femme est un ange ou un démon.* La femme en question c'est Rachel, la quarantaine, petite, brune, aux grands yeux noisette, cousine éloignée d'Ambroise et de Philip Ashley, et veuve d'un comte florentin. Sur un carnet de notes, Daphné consigne un plan détaillé, puis les premières pages lui viennent d'un coup. Son souhait, c'est une ambiance inquiétante similaire à celles de *L'Auberge de la Jamaïque* et de *Rebecca*, et qui n'était pas présente dans ses derniers romans. Retour au XIXᵉ siècle, aux calèches, crinolines et redingotes. Rachel n'a rien de la beauté fatale et flamboyante de Rebecca de Winter. Elle est douce, réservée, drapée de classe et de distinction, n'élève jamais la voix, et à première vue, on ne la remarque pas. Méfiance. Rachel est le genre de femme pour qui un homme pourrait faire n'importe quoi. Une femme qui fait perdre la tête.

Un autre Philip vient perturber la concentration de Daphné en avril 1950, le mari de la princesse Elizabeth, le duc d'Édimbourg, invité par Tommy. Il ne doit passer qu'une seule nuit à «Mena», mais la famille est paniquée par cette visite princière et la maison est nettoyée de fond en comble pour celui que Daphné surnomme «P.P.». La chambre bleue, «*Blue Lady*», la plus belle du manoir, est réservée au prince (même si elle est hantée, mais personne n'a jamais vu le fantôme) et le valet dormira dans le dressing de Tommy, tout proche. Le garde du corps ne sera pas loin, dans la chambre appelée «*Little Arthur*», hantée aussi, selon Flavia, par le fantôme bruyant d'un petit Rashleigh, mort à sept ans entre ces murs. Daphné demande à la jeune femme de ménage de s'assurer que tout soit impeccable dans la chambre du prince. Celle-ci rétorque avec humour qu'elle ne voit pas pourquoi Lady Browning fait toutes ces histoires, le prince est un être humain comme un autre. Contaminé par l'affolement général, et sous le regard goguenard de Tod, Tommy se met à polir tout ce qui lui tombe sous la main, il décante du porto à tout-va, tandis que Daphné se lamente, il n'y a que quatre couteaux qui sont présentables et les candélabres doivent tous être recollés. En catastrophe, des verres à vin sont rachetés, les enfants priés de ranger leur chambre, et Daphné s'angoisse à propos de sa tenue : *Duck, crois-tu que je vais devoir mettre une jupe ?* Elle se sent comme la deuxième épouse de Maxim de Winter, gauche, timide et incapable, et fait rire ses enfants en leur disant qu'elle va certainement trébucher en serrant la main du prince ou faire tomber sa tasse de thé.

Lorsqu'il s'agit de dresser la table pour leur invité de marque, Tommy ne se souvient pas dans quel ordre on met les petites et grandes fourchettes, et perd patience. Il a pourtant bien commencé, des nouveaux sets de table, bougeoirs, poivrières et salières tellement resplendissants qu'on peut s'admirer dedans, mais avec cette histoire de fourchettes, il fait claquer sa langue (mauvais signe), grince des dents, puis rugit : *Bon sang, pourquoi n'avons-nous pas de maître d'hôtel ? Vous êtes désespérants !*

Quant à vous deux, dégagez! Cette dernière riposte est adressée à Flavia et Kits, de passage à «Mena» pour congés scolaires. Tod se permet une remarque sur la façon dont le couvert est mis en France, ce qui attise le courroux de Tommy, hors de lui. *Rien à foutre de comment ils font en France! Sombre crétine!* Sur ce, Tod, outrée, remonte dans ses appartements. Daphné, comme à l'accoutumée, dédaigne les préparations domestiques, ignore les conflits, et ne s'occupe que de composer pour les vingt-huit vases de «Mena» des arrangements floraux saisissants. «P.P.» doit arriver vers seize heures, et la famille l'attend devant la porte d'entrée après un moment d'hésitation : ne fallait-il pas se regrouper devant les grilles afin de saluer la Daimler royale dès son approche? Daphné et Flavia font la révérence, tandis que de nombreuses valises sont extraites du coffre. «P.P.» est un jeune homme de trente ans, immense et souriant. Le valet semble interloqué qu'il n'y ait pas de domestiques pour porter les bagages, et c'est le garde du corps qui s'en charge. Plus tard, le prince dévore avec appétit le dîner préparé par Mme Burt, la femme du jardinier. Daphné a finalement troqué son pantalon habituel pour une ancienne robe d'Ellen, très élégante. Le lendemain matin, Tommy se lève dès potron-minet pour mettre lui-même la table du petit déjeuner, il ne fait confiance à personne. Lors du départ du prince dans la matinée, les enfants accompagnent la Daimler à vélo jusqu'aux grilles et «P.P.» leur adresse un grand sourire et un signe de la main.

Le prince Philip enfin parti, Daphné peut retrouver son «Philip» à elle, grand échalas brun charismatique, derrière lequel elle se dissimule avec jubilation, y prenant plus de plaisir que lorsqu'elle se masquait sous les traits de Dick, immature et égocentrique. Impossible de ne pas s'attacher à Philip, de ne pas être ému par ses impulsions, son opiniâtreté, sa loyauté, de ne pas être comme lui outré lorsqu'il apprend un matin par courrier que son cher oncle Ambroise, celui qui veille sur lui depuis la mort de ses parents, va se marier la cinquantaine passée avec une vague cousine rencontrée lors d'un voyage à Florence. Ambroise, vieux garçon invétéré, convoler avec une parfaite inconnue ? Invraisemblable ! Pourtant, c'est l'horrible vérité. Mais le plus inquiétant, ce sont les lettres de Toscane qu'Ambroise écrit à Philip, embrouillées et confuses, des lettres qui laissent présager le pire. Lors de la mort brutale et inexpliquée d'Ambroise en Italie, Philip s'interroge avec effroi. Qui est vraiment cette cousine Rachel ? Il n'y a qu'une seule façon de le savoir. Confronter la veuve de son oncle. Partir à Florence sur-le-champ.

Du fond de sa hutte, imperméable au monde qui l'entoure, Daphné écrit avec fièvre, s'adonne à parfaire le personnage de Rachel, énigmatique héroïne, aussi charmante qu'inquiétante, au prénom à la fois dur et doux, Rachel, sœur jumelle d'Ellen Doubleday, jusqu'à la voix réfléchie, la démarche de danseuse et les yeux de velours brun, Ellen-Rachel, sa « patère* » la plus riche, la plus inspirante, la plus personnelle, son plus grand secret. Sans oublier Florence et la lumière mordorée de ce voyage loupé avec Ellen. Voilà comment se nourrissent les romans, d'ardeurs et d'obsessions, tout ce qu'on ne peut exposer au monde extérieur au risque de passer pour une démente, tout ce que ces abrutis de juges n'ont jamais su, ni anticipé, tout ce qui se trame dans l'âme des écrivains, fragments de vérité et de fantasmes, argile personnelle façonnée et pétrie à souhait dans les dédales d'un labyrinthe de l'intime interdit aux visiteurs et aux curieux.

Philip est ensorcelé par Rachel, comme Daphné le fut par Ellen, possédé, obnubilé au point d'en perdre le sommeil, de se taper la tête contre les murs, de subir un typhon intérieur, dévastateur. La lente montée en puissance de son récit, dont elle peaufine chaque phrase, lui procure un plaisir intense auquel elle n'avait pas goûté depuis *Rebecca*. Le destin qu'elle réserve à Rachel fait frémir. Ce roman comblera, elle le sait, son éditeur et ses lecteurs, il est estampillé de sa marque de fabrique, cette fine noirceur psychologique qui a contribué à sa renommée.

Pendant ce temps, en France, c'est encore Mme Butler, alias Denise Van Moppès, qui traduit *Les Parasites*, un peu trop hâtivement, car en avril 1950, Albin Michel lui demande *de revoir très sérieusement sa copie*. Tandis que sa cadette écrit, Angela, elle, publie son sixième roman chez Peter Llewelyn Davies, *Reveille*, saga familiale aux teintes politiques. L'héroïne, Deborah, épouse le fils aîné d'une longue lignée du Devonshire, et se retrouve prise en étau entre la loyauté à son mari, son amitié pour le frère de son époux aux idées radicalement différentes, et un vaurien de fils. Pas une ligne dans la presse à la publication du livre. À quarante-six ans, Angela sent que le moment est venu de mettre en route ses mémoires, et c'est à Menabilly, au salon, alors que sa sœur termine son roman à cinquante mètres au fond du jardin, qu'Angela commence l'écriture de ceux-ci. Quant à Jeanne, lors de ses voyages avec Dod Procter, peintre de renom de la mouvance artistique de Saint Ives, elle rencontre une petite brune de trente ans, au regard intense, Noël Welch, qui écrit des poèmes. Le courant passe, immédiatement. Jeanne s'éloigne de Fowey, de ses sœurs, de sa mère. C'est la plus réservée des trois, la favorite de Muriel, petite dernière qui souhaite s'affranchir, laisser ses aînées veiller à leur tour sur leur mère septuagénaire à Ferryside.

Tessa, seize ans, s'intéresse à la France et à ses ancêtres, et sa pratique du français, enseigné par Tod, est bonne. La relation entre Tessa et Daphné est devenue complice ; dans ses lettres, Tessa se confie à sa mère, lui raconte ses premiers émois envers Ken Spence, le filleul de Tommy. *Ma Bing chérie, j'étais si «menacée*» par lui que je ne savais plus quoi faire. Mon Dieu, comme c'est merveilleux de pouvoir raconter tout ça à sa propre mère, je dois être la seule personne au monde à pouvoir le faire ! Mais n'en parle à personne !* Daphné s'arrache à son roman, décide d'emmener sa fille aînée à la découverte de Paris, en juin 1950. Elle s'est organisée avec Fernande ; après quelques jours dans la capitale, elles iront chez cette dernière dans les Yvelines, à une trentaine de kilomètres de Paris, où Tessa passera l'été, sous la tutelle de Ferdie. Tessa n'a jamais pris l'avion, elle est angoissée de voir sa mère si crispée pendant le court vol, les yeux clos, comme si c'était son ultime voyage. Daphné et Tessa sont accueillies par un jeune Américain charismatique, Frank Price, responsable du bureau Doubleday à Paris, ravi de faire découvrir la Ville Lumière à Tessa. Frank vit rue de la Faisanderie, dans le XVIe arrondissement, dans un vaste appartement. Il propose d'y loger Lady Browning et sa fille, pourquoi iraient-elles à l'hôtel ? Elles acceptent. Tessa se doute que sa mère est assez «menacée*» par le charmant Frank. Il est drôle et malin, et ressemble au jeune acteur Danny Kaye. Frank les emmène dîner à la tour Eiffel, où Tessa goûte pour la première fois une côte de bœuf sauce béarnaise. Ensuite, direction le bar du Ritz, puis une boîte de nuit à Montmartre. *Hey, Tessa, relax !* lance Frank à la jeune fille, un peu raide sur la piste de danse. Daphné semble revivre en terre parisienne, elle rajeunit, rit, on la prend pour la sœur aînée de sa fille. L'appartement de la rue de la Faisanderie, à deux pas du bois de Boulogne, est une splendeur, avec des plafonds hauts, des chandeliers en cristal, et une enfilade de pièces aux portes communicantes. Quelques jours plus tard, elles se rendent chez Fernande, qui vit au Mesnil-Saint-Denis avec sa mère, une vieille dame qui ne parle pas un mot d'anglais et que Daphné appelle «Maman». Lorsque

Tessa revient à la fin du mois d'août, à temps pour la régate de Fowey qu'elle refuse de rater, son français est aussi bon que celui de Daphné. Elle est enchantée de son séjour et ne cesse d'en parler. Fernande et elle sont allées à l'Opéra voir *Manon Lescaut*, et il n'y a rien de plus beau que Paris, la nuit. Daphné sourit, Paris semble avoir jeté le même sort à Tessa, Kiki serait si fier de l'accent de son arrière-petite-fille.

Ma cousine Rachel est publié en juillet 1951, avec un premier tirage de 125 000 exemplaires. À la joie de Daphné et Victor, il obtient un succès aussi retentissant que celui de *Rebecca*. Les critiques sont unanimes, Daphné du Maurier, quarante-quatre ans, est à l'apogée de sa maîtrise littéraire. «Spectaculaire, surprenant et magistral», annonce le magazine *The Queen*. Le *Guardian* surenchérit : «Encore plus accompli que *Rebecca*.» Le *Kirkus Review* s'extasie : «Conteuse d'histoires surdouée, Daphné du Maurier se surpasse.» La chute en point d'interrogation qui peut laisser certains lecteurs sur leur faim, méthode déjà à l'œuvre dans *La Crique du Français* et *Rebecca*, ne décontenance pas. Qu'importe que Rachel soit empoisonneuse ou pas, les lecteurs adhèrent en masse. Les droits cinématographiques sont vendus pour cinquante mille livres sterling dans le mois de parution, et c'est Richard Burton, jeune acteur montant, qui jouera Philip Ashley, avec la belle Olivia de Havilland, sœur de Joan Fontaine, dans le rôle de Rachel, sous la direction de Henry Koster. Un article dans le *News Chronicle* décrit Daphné comme étant la romancière la mieux payée du royaume. Les droits d'auteur croissent, mais la générosité de Daphné aussi, elle est la première à aider ses proches financièrement. Même

Margaret, l'ancienne nanny, a bénéficié de la munificence de Lady Browning pour ouvrir un petit commerce.

En pleine gloire « Rachel », Daphné se rend en septembre 1951 à Londres pour assister à un cocktail littéraire donné par Ellen au Ritz. Une fois arrivée, elle a beau sonner à la suite de Mme Doubleday, personne ne répond. Une jeune femme d'une vingtaine d'années patiente également sur le pas de la porte. Grande, brune, les yeux noirs, elle se présente, Oriel Malet, publiée par les éditions Doubleday. Elle a une voix de petite fille qui contraste avec ses rondeurs féminines. Alors qu'elles attendent toutes deux dans le luxueux passage, Daphné fait rire la jeune brune avec son esprit teinté d'ironie. Elles discutent de littérature et de Paris, car Oriel est francophile, et sa marraine est l'actrice française Yvonne Arnaud. Oriel n'a pas reconnu la célèbre Daphné du Maurier, mais elle est déjà conquise par l'allure et l'humour ravageur de cette quadragénaire distinguée au visage hâlé.

Lorsque Ellen arrive, en retard, avec une cohorte d'invités, suivie de serveurs qui portent petits fours, fleurs et champagne, Oriel comprend enfin, ébahie, l'identité de la mystérieuse blonde à l'humour piquant. L'auteur de *Rebecca* et de *Ma cousine Rachel* ! Les convives devisent, coupe à la main. Il y a là d'autres écrivains, des journalistes, et ce coquin de Frank Price. Dans quelques lettres récentes à Fernande et Ellen, Daphné a avoué qu'elle avait « tissé* » avec Frank, revu à Paris et à Londres au printemps 1951. Rien de bien méchant, juste quelques baisers, dont un au restaurant La Tour d'Argent, devant la vue sur Paris mais aussi devant tous les autres clients. De quoi tester son potentiel de séduction ? Un comportement d'adolescente qui lui fait aujourd'hui légèrement honte.

Après une coupe de champagne, Daphné file à l'anglaise et se retrouve nez à nez dans l'ascenseur avec Oriel Malet, intimidée. La jeune femme aux yeux intelligents suscite son intérêt, elle l'invite à grignoter un morceau à l'appartement de Whitelands House avant de prendre son train pour rentrer en Cornouailles. Tandis que Daphné fait sa valise, Oriel admire les photographies de chiens, bateaux et enfants, et en particulier celles d'un garçon blond au regard espiègle. Daphné sourit avec un clin d'œil : *Mon Fils avec un F majuscule, mon sang français, sans doute !* Elle remercie Oriel d'être venue lui tenir compagnie ce soir, car Kits est justement reparti pour son pensionnat l'après-midi même, et elle redoutait l'appartement vide. Après un rapide souper, Daphné et Oriel se disent au revoir. C'est le début d'une longue amitié et d'une riche correspondance épistolaire. Mais dans le train de nuit qui la ramène à Fowey, Daphné ne pense pas à cette rencontre, moins encore à son «Fils», seul dans son pensionnat, ni à Ellen ou à Gertie, obsessions habituelles. Quelque chose de noir et de sinistre est en train de s'imposer, des nouvelles, et elle sait déjà qu'elles choqueront son entourage, ses lecteurs, et la presse.

Faire sortir cette noirceur d'elle, à tout prix. Ne pas avoir peur d'aller vers les ténèbres, de froisser, d'estomaquer, comme le gris dans ses cheveux, pourquoi le teindre ? C'en est fini avec la blondeur et la douceur. Ce qui émerge sur le papier est mortifère, effrayant. Parfois, Daphné s'interrompt dans son essor, sourit pensivement en regardant les clichés que Gertie lui a postés, pris lors d'un nouveau voyage de Daphné en Floride, deux silhouettes en costume de bain sur la plage, hilares et enlacées, insolemment belles. Au dos des images, Gertie a gribouillé quelques phrases libertines que Tommy a eu le malheur d'apercevoir un matin, Daphné les avait sottement laissées traîner sur le bureau de la bibliothèque. Sa tasse de café à la main, sa cigarette aux lèvres, il avait reposé les photographies et n'avait rien dit. Daphné les avait cachées dans sa hutte pour les avoir sous les yeux, pour admirer le ciel bleu et le sourire impertinent de Gertie et se replonger ensuite dans les tourments de ses personnages malmenés.

La jeune Oriel Malet, qui se remet d'un accident de deux-roues, vient passer quelques jours à Menabilly en octobre 1951, invitée par Daphné. Un matin, elles traversent avec Mouse un champ de chaume près de la ferme à Menabilly Barton, et observent des dizaines de mouettes qui dessinent de grands cercles dans le ciel. Daphné confie qu'elle a toujours aimé les oiseaux, son père aussi. Gerald les contemplait avec des jumelles, pendant des heures. *J'ai souvent pensé à quel point ce serait « nanny* » que tous les oiseaux du monde s'unissent et attaquent les humains.* Oriel se doute que son amie, qu'elle appelle désormais Bing, a trouvé un sujet pour une de ses nouvelles. Celle-ci imagine les agressions incompréhensibles de moineaux, rouges-gorges, cailles, grives, alouettes, qui se métamorphosent en tueurs d'humains. S'ajoutent à cette masse de plumes meurtrières les goélands, cigognes, perdrix, qui parviennent à coups de bec furieux à briser volets et fenêtres, à pénétrer par les cheminées pour crever les yeux des habitants. Est-ce le changement climatique qui est à l'origine de ces offensives sanglantes ? Personne n'a la réponse. Les autorités sont dépassées, c'est chacun pour soi. Un fermier courageux, Nat, se barricade dans son logement avec sa famille tandis qu'autour d'eux, le chaos s'établit. L'histoire s'achève dans une atmosphère crépusculaire sans aucun espoir. Oriel trouve le texte brillant, et terrifiant. Elle ne sera pas la seule.

Daphné a beau situer ses histoires dans des cadres apaisants – la Côte d'Azur, Hampstead, la Cornouailles, les Alpes –, l'ambiance des nouvelles prend d'emblée à la gorge. Dans *Le Pommier*, un veuf est obnubilé par un petit arbre qui lui rappelle étrangement sa défunte épouse, qu'il n'a jamais supportée. La nature se vengera de lui d'une façon impitoyable. Dans *Monte Verità*, Daphné, avec une certaine perversité, va jusqu'à choisir le prénom de son éditeur, Victor, pour narrer un conte symbolique, qui aborde secte, sexualité et rayons de lune. *Vous détesterez ma prochaine nouvelle,* Le Petit Photographe, *écrit Daphné à Oriel, j'espère m'y mettre dès la fin de ce rhume épouvantable. Il s'agit d'une sotte sensuelle qui, par oisiveté, permet à un petit vendeur «pouète*» de lui faire l'amour et qui prend peur lorsqu'il tombe amoureux, elle voulait que leur aventure reste un divertissement, mais je ne vous raconterai pas la fin.* La sordide aventure sans lendemain entre la riche marquise et le jeune infirme est horriblement cruelle, mais Oriel ne déteste pas du tout, au contraire, elle adore et en redemande. *Encore un baiser* narre la passade funeste dans un cimetière entre une ouvreuse de cinéma assoiffée de sang et un mécanicien naïf, et *Le Vieux* dévoile un secret de famille que le lecteur découvre, pantois, à la toute dernière phrase.

Pendant que Daphné sonde sans merci ces ambiances glauques, Angela publie ses mémoires, toujours chez leur cousin Peter Llewelyn Davies. Le titre est à prendre au deuxième degré, *Ce n'est que la sœur.* Elle y retrace son enfance, son parcours, ses débuts au théâtre, son amour de l'opéra, ses voyages, ses livres. Sa plume lui ressemble, bavarde, pétillante, pleine d'humour. De larges extraits de lettres personnelles écrites par Daphné s'y trouvent, cadeau inattendu pour les innombrables admirateurs de la plus célèbre du clan. Des photographies de famille viennent compléter l'ensemble. Cette publication est accueillie pour une fois avec bienveillance, la spontanéité et l'humour d'Angela y sont certainement pour beaucoup. Mais il semble désormais impossible pour Angela, bientôt quinquagénaire, d'atteindre la notoriété de sa sœur. C'est le même sort qui est réservé à Jeanne, en dépit des quelques prestigieuses expositions.

Ma cousine Rachel est sur le point d'être lancé aux États-Unis en ce début 1952, et Ellen Doubleday suggère que Daphné vienne à New York pour la promotion du livre. Pourquoi ne pas demander à Oriel Malet, qui publie également un livre, de l'accompagner ? Les deux romancières prennent un vol de nuit en première classe, payé par les éditions Doubleday. Oriel n'est jamais allé aux États-Unis et piétine d'impatience. Quant à Daphné, malgré sa phobie de l'avion, elle vibre en secret à l'idée de revoir dans ce même pays, cette même ville, les deux femmes qui comptent tant pour elle. C'est à la fois une épreuve et une exultation de se retrouver face à Ellen, toujours sereine et distinguée. La passion s'est modérée, même si ses sentiments pour Mme Doubleday conservent des traces de leur farouche intensité. La souffrance de Daphné s'est atténuée, comme si le fait d'avoir trucidé Rachel Ashley sur le papier grâce à la « patère Ellen* » avait émoussé ses ardeurs. Ce qui subsiste, c'est une amitié solide. C'est une joie aussi de revoir sa chère Gertie qui fait salle comble à Broadway depuis neuf mois avec l'acteur d'origine russe Yul Brynner dans la comédie musicale *Le Roi et moi*.

Un soir, Daphné et Oriel se rendent au St James Theatre sur la 44ᵉ Rue pour admirer Gertie dans le rôle d'Anna, la gouvernante anglaise embauchée par le roi de Siam. C'est une performance époustouflante. Gertie virevolte à travers des décors somptueux dans des robes de bal signées de la costumière en vogue Irène Sharaff, et le duo qu'elle forme avec le séduisant Brynner, qui s'est rasé la tête pour mieux incarner le souverain oriental, est un régal. À la fin du spectacle, lors de la célèbre chanson *Shall We Dance*, Anna enseigne au roi comment danser la polka vêtue d'une volumineuse crinoline de satin rose, et le couple pirouette à une vitesse vertigineuse telles des toupies. Daphné prend peur, ses mains s'agrippent aux accoudoirs. Au tomber du rideau, sous les applaudissements qui crépitent, sa «Cinders» semble soudainement épuisée, flétrie, n'en fait-elle pas trop? La pièce dure trois heures, durant lesquelles elle ne cesse de chanter et danser, et cela huit fois par semaine depuis mars 1951. De surcroît, la fameuse crinoline rose pèse plus de trente kilos, Gertie le lui avouera avec fanfaronnade.

Plus tard, alors qu'elles sont seules dans l'appartement de Gertie et son mari, Daphné remarque la mauvaise mine de son amie, elle ne l'avait pas décelée sous l'épais maquillage de scène. Engourdie par une torpeur inhabituelle, Gertie avoue à «Dum» qu'elle a subi quelques tests médicaux, mais le docteur n'a rien trouvé. Recroquevillée devant la télévision à s'abrutir devant des mauvaises séries, Gertie paraît solitaire et fragile, et Daphné, déboussolée, ressent l'envie de la protéger. Parfois, l'ancienne Gertie ressuscite avec éclat à la joie de «Dum», comme un soir d'embouteillage à Manhattan où leur limousine est doublée par un malotru. Gertie avait baissé la vitre pour hurler : *Va te faire foutre, on est des stars, on t'emmerde!*

Pendant leur séjour new-yorkais, et lorsque l'emploi du temps de Daphné le permet, Oriel et elle visitent la Fricks Collection, le musée du Cloître, et font le tour de Central Park d'un pas véloce. *Ma cousine Rachel* est acclamé lors de sa sortie américaine, le roman se vend aussi bien qu'en Grande-Bretagne. Ici aussi, Daphné du Maurier goûte au triomphe, treize ans après *Rebecca*. C'est l'heure de rentrer en Europe, de retrouver Menabilly, Daphné doit mettre le point final à ses nouvelles, que Victor publiera au printemps. Sur le vol du retour, elle pense à Gertie, incandescente dans sa robe rose. Gertie, son rayon de soleil, à qui, en partant, elle a offert une broche en forme de cœur. Elles se reverront vite, très vite. Pourquoi, alors, ce petit pincement d'inquiétude? Lorsqu'elle arrive à Menabilly, Gertie habite toujours ses pensées.

Daphné ne conduit plus, un choix depuis son mariage, et c'est Angela qui l'emmène à Londres par une froide journée de février, pour un rendez-vous avec Tessa. En arrivant dans la capitale, elles remarquent que tous les drapeaux sont en berne. Intriguées, elles demandent des explications à un commerçant à la mine accablée. Le roi est mort dans son sommeil. Angela, à fleur de peau, se met à pleurer, tandis que Daphné, sonnée, ne prononce plus un mot. Georges VI n'avait que cinquante-six ans, un an de plus que Tommy. Daphné pense à son mari qui accompagne depuis quelques jours la princesse Elizabeth et son époux en Afrique. Tommy va devoir escorter la nouvelle reine d'Angleterre, vingt-cinq ans, lors de son retour au pays en ce funèbre 6 février 1952. A-t-elle au moins un vêtement sombre dans ses valises pour la descente d'avion ? Le deuil s'abat sur la ville et sur le pays entier. Le noir se faufile dans les vitrines, sur les portes, sur les vêtements, dans les cœurs. Sur le parvis de Buckingham Palace, en dépit d'une pluie glacée, un rassemblement s'improvise jusque tard dans la nuit en hommage au souverain décédé. À Sandringham, où repose la dépouille du roi, une foule se forme devant les grilles du château. Lorsque le train funéraire roule vers Londres avec le cercueil royal à bord, les Britanniques se pressent aux abords du chemin de fer pour un dernier adieu à Georges VI, enterré le 15 février 1952. Les Browning assistent aux obsèques à la chapelle Saint Georges, à Windsor. Daphné se doute que la carrière de son mari évoluera suite à ce décès royal. En effet, sa nouvelle fonction sera trésorier pour le prince Philip, au palais de Buckingham, toujours assisté de Maureen. Lady Browning devra prendre part aux commémorations, festivités, galas, liés à Elizabeth II, fastueusement couronnée l'année suivante, en juin 1953, perspectives mondaines qui ennuient la maîtresse solitaire de Menabilly.

Au printemps 1952, la plupart des articles publiés à la sortie des nouvelles de Daphné sont virulents. Victor l'avait prédit, beaucoup considèrent Daphné du Maurier comme un auteur « romantique », et ont été effarés par la violence et le côté sordide de ses textes, en particulier la journaliste Nancy Spain, du *Daily Express*, pour qui ces histoires nauséabondes puisent leur inspiration dans « la difformité, la haine, le chantage, la cruauté et le meurtre ». Elle exprime sa répugnance avec tant de fiel que Victor prend la plume pour la deuxième fois afin de soutenir Daphné. Ces réactions défavorables n'atteignent nullement la romancière, immunisée depuis longtemps. Ses lecteurs se jettent avec gourmandise sur le recueil, et Hitchcock, encore lui, décroche les droits des *Oiseaux*. L'entourage proche est également dérouté par le ton du livre. Daphné se retrouve dans le même état d'esprit que lors de la parution de *Sir Julius*, qui avait tant froissé il y a plus de vingt ans. Non, elle n'a rien d'un auteur « romantique », quelles fadaises ! Bon sang, les journalistes ne savent-ils pas à quel point un écrivain a besoin d'expérimenter, de s'aventurer le long de voies obscures afin de se réinventer ? Daphné vient d'avoir quarante-cinq ans, elle n'est plus une gamine, ses cheveux sont à présent gris, son visage enfantin s'est creusé, qu'on lui fiche la paix avec cette image ringarde d'auteur de romans sirupeux ! Tandis qu'elle attire les foudres des critiques et accumule les ventes, Angela publie son septième roman, *Eaux superficielles*. Pas un article dans la presse sur son livre, ode à sa jeunesse dans le monde du théâtre, l'histoire d'une actrice qui abandonnera toute velléité artistique pour se concentrer sur sa vie de famille. Angela se console en se rappelant le bon accueil de son autobiographie l'année précédente.

À Paris, les éditions Albin Michel publient à leur tour ces nouvelles si noires. La traductrice de Daphné, la toute-puissante Mme Butler, a encore son mot à dire, elle émet des réserves sur *Le Vieux*, et *Monte Verità*, qu'elle trouve « peu crédibles » et « ennuyeuses ». Il ne serait « pas très souhaitable » selon elle que ces nouvelles fassent partie du recueil. Daphné doit donc renoncer à les voir publier en France ! Michel Hoffman, son agent, suggère de les remplacer par deux autres nouvelles, *Mobile inconnu* et *Une seconde d'éternité*.

Nouveau revers pour Daphné, le film de Henry Koster d'après *Ma cousine Rachel*, qui vient de sortir sur les écrans. Elle apprécie le jeu du jeune Richard Burton, qui incarne à merveille l'impétueux Philip Ashley, et affectionne le fait que certaines scènes ont été tournées en Cornouailles et non à Hollywood. Mais le film la déçoit. Olivia de Havilland, irritante et mielleuse, n'a rien à voir avec l'énigmatique Rachel. Son chignon alambiqué et sa raie au milieu la font ressembler à la duchesse de Windsor. Lorsque Flavia déclare avec entrain que l'actrice lui fait penser à Ellen Doubleday, Daphné se tait, momentanément troublée.

Tommy s'affaire à la construction d'un nouveau bateau, il faut remplacer le vieil *Yggy*, qui a fait son temps, et qui repose dans le jardin de Menabilly. L'*Ygdrasil II* est également un bateau à moteur, mais plus grand et plus rapide que son prédécesseur. Il n'y a que sur l'eau que Daphné et Tommy retrouvent leur complicité. Tommy s'attelle à ce projet, celui de dessiner un voilier, nommé le *Jeanne d'Arc*, un projet onéreux, mais que Daphné n'a pas le cœur de lui refuser.

Avec le retour des beaux jours, Daphné accepte l'invitation de sa grande amie Clara Vyvyan et l'accompagne à une randonnée en Suisse, puis dans la vallée du Rhône. Robuste marcheuse en dépit de ses soixante-dix ans, Clara fascine Daphné avec son apparence de vieille gitane, son visage cuivré et desséché, ses yeux pétillants, et ses innombrables souvenirs. Lady Vyvyan a parcouru le monde, seule avec son sac à dos, de la Grèce à l'Alaska, du Monténégro au Canada. Daphné a lu et aimé ses récits de voyage, publiés chez Peter Owen Publishers.

Pendant l'été 1952, les lettres de Daphné à Oriel restent espiègles, racontent son excursion avec Clara, qui n'a pas la même idée du confort : Lady Vyvyan est capable de dormir dans une meule de foin, tandis que Daphné a besoin de son *terrible rituel : badigeonner mon visage de crème, mettre des bigoudis, et le matin, le petit déjeuner au lit !* Autre panique, l'arrivée de ses règles pendant l'escalade en Suisse. *Lady V. me méprisera si je ne gravis pas la montagne à cause de Robert*. Et que faire des accessoires «Robert» ? Je me vois déjà en train de me planquer derrière un glacier.* La maison n'a pas désempli de l'été. Tod se remet d'une opération des varices, et Maureen, des amygdales. Tommy navigue du matin au soir. La régate de Fowey, qui se déroule chaque année fin août, a remporté un vif succès, et la danseuse étoile Margot Fonteyn, amie de Tommy, est venue passer un week-end à «Mena». *Agréable et drôle, elle ressemble à un Peau-Rouge, mais Tommy est visiblement «menacé*»*, précise-t-elle à sa jeune amie. Il a fait un temps superbe, Daphné n'a jamais été aussi bronzée et a nagé chaque jour. Tessa, dix-neuf ans, ravissante, a invité un jeune homme.

Tommy et moi étions partis à Helford en bateau, je l'avais fait exprès pour ne pas être obligée de lui faire la conversation ! Les seules lignes tristes de cette correspondance estivale concernent Gertie. Daphné avoue à Oriel que l'avocate et amie proche de l'actrice, Fanny Holzman, lui a écrit pour la prévenir : Gertie est gravement malade, elle s'est évanouie sur scène, a dû se faire remplacer en catastrophe par sa doublure Constance Carpenter, et sa convalescence risque d'être longue.

Trois jours plus tard, lorsque Daphné revient d'une promenade sur le rivage, un télégramme est remis à son intention au manoir. Son cœur se serre tandis qu'elle décachette la petite enveloppe, elle doit se concentrer afin de décrypter les quelques mots. Gertrude Lawrence est décédée des suites d'un cancer le 6 septembre 1952 à New York. Daphné se tient debout dans l'entrée, transie, elle n'entend plus rien, ni les questions de Tommy, qui s'inquiète de sa pâleur, ni les voix de ses enfants qui s'amusent dehors sur la pelouse, ni les aboiements de Mouse, son westie. Maureen la prend doucement par le bras, lui propose une tasse de thé, Tod la guide vers le canapé, et Daphné ne dit toujours rien, blafarde, le télégramme chiffonné à la main. Le téléphone se met à sonner, c'est Oriel Malet pour Lady Browning, Daphné se lève péniblement pour prendre le combiné. Oriel était en train d'écosser des petits pois dans sa cuisine, elle vient d'entendre la nouvelle à la radio, elle a tout de suite pensé à Bing. Daphné hoche la tête, balbutie qu'elle est brisée, la remercie et raccroche.

Daphné ne dira pas grand-chose de plus pendant plusieurs jours. Éberlués, sa famille, ses proches, la voient s'enfermer dans une tristesse catatonique. « Cinders » comptait-elle donc tant que cela pour Daphné ? Pourtant leur amitié n'avait que quelques années. La vérité, c'est que personne ne mesure la profondeur des sentiments de Daphné pour Gertie, personne ne se doute de leur entente, de leurs secrets, de leurs fredaines. De sa chambre, Daphné suit par voie de presse et radio les échos de l'enterrement, apprend que sa « Cinders » a été inhumée vêtue de sa crinoline rose, que Marlène Dietrich en personne a assisté à la cérémonie, et que les éclairages sur Broadway ont été diminués pendant trois minutes en hommage à l'actrice à l'accent cockney. Comment expliquer à son entourage que c'est Gerald qu'elle a l'impression de perdre à nouveau, dix-huit ans après sa mort ? Daphné se rappelle son chagrin sur le Heath, à regarder s'envoler les deux colombes qu'elle avait libérées de leur cage, le jour des obsèques de son père. Gertie et Gerald, fantaisistes et capricieux, enjôleurs et coquins, sont partis à jamais.

La seule façon de survivre à ce deuil, c'est d'écrire. Mais Daphné a beau s'enfermer dans la hutte, se promener avec son chien sur le Gribbin en cherchant l'inspiration, rien n'«infuse*». L'hiver qui s'annonce lui fait horreur. Flavia vient de partir en pension et, pour la première fois, «Mena» lui paraît dépeuplé. Kits lui manque, bien sûr, mais ses filles aussi, et c'est nouveau. Une tendresse profonde l'unit à Tessa et Flavia, même si son préféré reste son fils. Daphné s'intéresse à la vie amoureuse de Tessa, apprécie son premier petit ami, Ken, mais il y a un autre jeune homme «menaçant*» dans les parages. Elle aime ses longues discussions philosophiques avec Flavia, en qui elle reconnaît sa propre sensibilité et son inclination à la rêverie. Maintenant, il n'y a plus que Tod à la maison, et souvent, sa vieille gouvernante lui tape sur les nerfs.

En désespoir de cause, Daphné propose à Victor un texte autour de Mary Anne Clarke, son ancêtre, grand-mère maternelle de Kiki, dans le style de sa biographie sur les du Maurier. Elle avait déjà souhaité, il y a quelque temps, écrire une pièce inspirée de sa célèbre aïeule du XVIIIe, convaincue que Gertie serait idéale dans le rôle d'un personnage aussi éclatant. Puis Gertie s'était éteinte. Pourquoi ne pas reprendre ce germe d'idée, en faire un roman dédié à « Cinders » ? Avant tout, Daphné doit entreprendre des recherches, elle ne sait pas grand-chose de la vie tumultueuse de son arrière-arrière-arrière-grand-mère, dont les effigies grivoises héritées de Gerald exhibent une dame plantureuse et décolletée pourchassée par vicaires et monarques. Hors de question d'aller à Londres à la British Library, elle tient à sa vie d'ermite à « Mena ». Elle pourrait demander à Oriel Malet, sur place, de l'aider, et il y a aussi les services du jeune Derek Whiteley, un assistant de sa maison d'édition.

Le cœur n'y est pas. Écrire devient une corvée. En dépit de l'ample documentation glanée par Oriel et Derek en bibliothèque, Daphné avance laborieusement. Elle confie à Victor et Sheila, ses éditeurs, que c'est un roman rédigé *avec la tête, mais pas le cœur.* Pourtant, la vie de Mary Anne Clarke, qui gravit hâtivement les échelons de la haute société malgré ses humbles origines, ne manque pas de piment. Comme Daphné, elle se lamente d'être née fille. Maligne, ambitieuse et appétissante, Mary Anne ne se contente pas d'être l'épouse soumise d'un mari fainéant et ivrogne, ni d'élever ses quatre rejetons dans les bas-fonds de Londres. Héroïne fougueuse de la trempe de Dona St Columb et Honor Harris, Mary Anne décide d'exploiter le parti le plus avantageux de son capital : elle-même. En devenant la maîtresse du duc d'York, elle se sert d'informations glanées entre les draps, dans le secret feutré de l'alcôve.

Une mauvaise grippe cloue Daphné au lit pendant plusieurs semaines en mars 1953 et lorsqu'elle reprend le travail, en avril, sa plume lui paraît affadie, douceâtre, dépouillée de sa vigueur habituelle. Que lui arrive-t-il ? Elle ne reconnaît pas ses phrases. Ce livre sera-t-il aussi pénible à lire qu'il l'est à écrire ? Ses lecteurs ne vont-ils pas s'ennuyer ferme ? Une appréhension encore plus grande l'étreint : une fois qu'elle aura terminé le roman, que lui restera-t-il à faire ? Elle est capable de passer des heures au soleil dès qu'il apparaît, assise à même la pelouse, dos à sa hutte. Elle se confie à Oriel : *J'aimerais savoir ce que cela signifie de tant aimer le soleil.* Dans ses lettres, Daphné décrit à sa jeune amie ses nouvelles lectures, trouve un certain réconfort dans les œuvres de Carl G. Jung plus *agréables* à lire selon elle que Freud ou Adler : *Il dit que la vie normale d'un peintre ou d'un écrivain ne peut pas être satisfaisante, car les affres de la création sapent en permanence l'artiste en l'enfermant dans son Gondal.* Gondal, nouveau mot codé entre Daphné et Oriel, emprunté aux sœurs Brontë, et qui signifie le monde de l'imaginaire.

À l'automne, Kits, treize ans, part pour Eton, le prestigieux collège pour garçons dans le comté de Berkshire, dont Tommy est un ancien élève. C'est son père qui l'accompagne pour cette première rentrée. Daphné le regarde partir avec une fierté immense, vêtu de sa jaquette noire. Elle le trouve beau comme un dieu.

Nouvelle obligation en vue en septembre 1953, un séjour au château de Balmoral dans la propriété écossaise et résidence d'été de la famille royale. Pas moyen d'y échapper, Tommy a déjà reporté le voyage prévu l'année dernière, il s'était blessé légèrement en bateau. La jeune reine vient d'être couronnée, et les Browning sont attendus de pied ferme. Toujours le même affolement au moment des valises, les robes longues, les bijoux, se glisser dans la peau de Lady Browning, oublier l'écrivain. Même la beauté des lieux ne la touche pas, tant Daphné est mal à l'aise. Elle replonge dans la timidité handicapante qui l'envahissait lors des déjeuners du dimanche à Cannon Hall, fait de son mieux pour sourire, suivre les conversations, mais elle compte les jours jusqu'au retour. Ces révérences constantes et ces habits d'apparat l'épuisent. Le seul instant joyeux, c'est lorsque la reine mère, grande amatrice de ses livres, l'interroge sur son roman en cours. Daphné lui dévoile le destin de son aïeule aux mœurs légères, lui expliquant qu'elle n'a pas encore décidé de ce qu'elle allait censurer ou pas pour l'ouvrage. La reine mère, enthousiaste, s'exclame : *Oh, n'enlevez rien, racontez tout !*

À leur retour à Menabilly, une surprise de taille attend les Browning. Tessa leur annonce qu'elle souhaite se fiancer avec le jeune homme qu'elle fréquente depuis un moment, Peter de Zulueta, un militaire. Elle n'a que vingt ans ! Daphné apprécie le jeune homme en question, de bonne famille, élégant, mais n'est pas totalement emballée. Tommy ressent les mêmes réticences. Devant la ferveur de leur fille, ils finissent par accepter. Le mariage sera célébré l'année prochaine, en mars. Pour l'heure, Daphné se concentre sur la dernière ligne droite de *Mary Anne*, qu'elle termine douloureusement à l'automne 1953. Elle le fait parvenir à ses éditeurs avec une note à Victor : *Surtout, soyez impitoyable, si vous avez un doute, ne laissez rien passer.* Il y aura en effet un travail de réécriture considérable effectué par Sheila, qui ne froisse en rien Daphné, peu attachée au livre ; elle trouve qu'il est dénué d'intérêt, et se lit comme un reportage journalistique. Sa seule consolation, c'est qu'il n'y a pas une once d'amourette. *J'en ai fini avec les romans d'amour, pour toujours*, écrit-elle avec ironie à sa jeune éditrice.

L'événement, en ce mois de mars 1954, c'est le mariage de Tessa Browning avec le capitaine Peter de Zulueta, des Welsh Guards. Le genre de mariage que Muriel aurait tant aimé pour Daphné, une cérémonie à l'église Saint James, à Londres, suivie d'une fête pour plusieurs centaines de personnes à l'hôtel Savoy, dont le comité de direction a récemment accueilli Tommy. La robe de Tessa est en brocart de soie, son voile a une traîne de plusieurs mètres. Flavia, dix-sept ans, sa demoiselle d'honneur, est en satin doré. Le jeune couple émerge de l'église sous une haie d'honneur formée par les épées dressées des amis officiers du marié. Le voyage de noces est prévu en Suisse.

Sa fille, mariée! En portant les lys de la toute jeune épousée, Daphné s'attendrit sous sa voilette en la regardant, si jolie, si fraîche. À son âge, elle rêvait plutôt d'indépendance. Elle observe son mari, qui a troqué son spleen «Tristounet» pour une expression avenante. Il est d'une grande élégance dans une jaquette impeccablement coupée et une chemise de soie immaculée, un œillet blanc à sa boutonnière. Tout le monde semble le connaître, tous le saluent, Boy par-ci, Boy par-là, et Daphné note les regards féminins et admirateurs qui s'attardent sur sa haute stature, son visage racé et distingué. À cinquante-huit ans, Boy Browning fait toujours autant d'effet sur les femmes. N'est-elle pas complètement folle de laisser cet homme seul pendant la semaine entière à Londres, d'imposer la chambre à part depuis bientôt huit ans ? Ils se parlent au téléphone chaque matin, mais est-ce suffisant pour faire vivre un mariage ? Tommy s'est fait de nouveaux amis, se passionne pour le ballet, qui laisse Daphné de marbre. Il devient membre du comité de la Royal Academy of Dancing et lors de son temps libre, écrit le scénario d'un ballet, d'après l'opéra de Tchaïkovski, *La Pucelle d'Orléans*. À Londres, Tommy sort, accepte des invitations, ne rate pas une comédie musicale, ni un spectacle, et quand il débarque à «Mena» le vendredi soir, c'est pour se figer dans une molle apathie, les doigts arrimés à son verre de gin. Daphné n'aurait-elle pas trop tiré sur la corde, bloquée dans son égoïsme au nom de l'écriture, de la création ? Il en reste quoi, finalement, de ses ambitions, un roman qui sort dans quelques mois, et dont elle a honte ? Pendant la réception, Daphné écoute les quelques signaux d'alarme qui résonnent au fond d'elle, mais elle les fait vite taire, elle y pensera demain.

Priorité à une échappatoire, un voyage avec sa chère Clara, cette fois en Grèce, pays qu'elle ne connaît pas. Sous un soleil brûlant, les deux femmes visitent les îles en bateau, en car et à dos d'âne, gravissent les sommets, dorment à la belle étoile. Daphné emmagasine la nature sauvage, le bleu du ciel grec, les fleurs, les petites églises à flanc de montagne, tout ce qu'elle peut d'énergie et de vitalité pour affronter son retour en Angleterre et la publication du redouté *Mary Anne* en juin 1954. Victor a fait imprimer 125 000 exemplaires, n'a-t-il pas été trop optimiste ? Le *Daily Herald* ouvre le bal avec cette phrase ambiguë : «Un livre qui fera la joie des libraires et donnera la nausée aux critiques.» Le *West Morning News* prévient ses lecteurs, c'est «une déception». Un des rares défenseurs du livre, au *New York Herald Book Review,* trouve *Mary Anne* «pleine d'entrain». Le *Catholic World* y va fort : «mauvais, déplaisant, bâclé» avec une héroïne «immorale». Le *Kirkus Review* reste tout de même positif : «Pas le meilleur du Maurier, mais un best-seller assuré.» Son ami historien, Alfred Leslie Rowse, pourtant peu friand de romans historiques, apprécie l'acuité de ses recherches, ce qui la réconforte.

Victor l'emmène déjeuner au Criterion à Piccadilly, pour fêter la sortie du livre, mais Daphné est remplie de lassitude. Où est passé le plaisir d'écrire ? À vingt ans, elle alignait les livres les uns après les autres, avec une faim jamais rassasiée. La mort de Gertie est-elle responsable de ce manque d'inspiration ? Ou alors est-ce l'approche inexorable de ce chemin de traverse tant appréhendé dans la vie d'une femme ? Après tout, dans trois ans, Daphné aura cinquante ans. L'année prochaine, elle sera certainement grand-mère. Elle n'a pas le droit de se plaindre, se rappelle-t-elle en goûtant son champagne, elle a un époux, trois enfants, une maison magnifique, et ses livres se vendent par milliers. D'où vient cette sensation de vide ? se demande-t-elle en regardant les décors néo-byzantins du restaurant, tandis que Victor commande le dessert. C'est comme si un long ruban noir défilait entre ses doigts, son père le tenait, Kiki aussi, les du Maurier ont sans doute cette tristesse dans le sang, et ce ruban, Daphné l'a transmis à Flavia, sensible et rêveuse. Angela, romancière sans succès, ne semble pas touchée par ce chagrin héréditaire, elle continue de folâtrer avec des femmes, de voyager, et ne s'est jamais mariée. Souffre-t-elle de sa solitude ? Non, elle aime ses pékinois comme s'ils étaient ses enfants. Dans le tiroir de sa table de chevet, Angela garde les dépliants des horaires de l'*Orient-Express*, les consulter suffit à la faire rêver. Quant à Jeanne, la cadette, l'artiste, elle a peut-être serré le ruban noir entre ses doigts, un temps, mais elle a rencontré l'âme sœur en la personne de Noël Welch, jeune poétesse. Jeanne et Noël ont choisi de vivre au cœur du Dartmoor, au nord de Plymouth, dans un cadre de collines et de torrents. Daphné leur envie leur cottage au nom romanesque, «Demi-Lune», où Jeanne peint, loin de ses sœurs, de sa mère, de Fowey. Au moment du café, tandis que Victor allume son cigare, Daphné se dit avec amertume que ses deux sœurs jouissent d'une liberté qu'elle n'a pas. Elle n'est plus libre car elle est à court d'idées.

Lorsqu'un éditeur propose à Daphné d'écrire la préface de la nouvelle édition des *Hauts de Hurlevent*, elle saisit l'occasion. En octobre 1954, elle suggère à Flavia et Oriel, qui n'ont que dix ans de différence, de visiter avec elle le presbytère «Parsonage», à Haworth, dans le Yorkshire, où vécurent les enfants Brontë. Un séjour agréable et studieux, en dépit du froid qui dessine des cercles de givre sur leurs carreaux chaque matin. En regardant sa mère se plonger avec autant de délectation dans les pas de ses romancières préférées, Flavia se doute qu'un jour, un livre naîtra avec un sujet Brontë. La nouvelle préface est rédigée rapidement, et Daphné quitte le Yorkshire avec un sentiment de travail bien fait et d'inspiration future. Le Brontë qui l'intéresse le plus, avoue-t-elle aux jeunes filles dans le train du retour, c'est Branwell, le frère méconnu et malheureux, pourtant aussi talentueux que ses sœurs.

Peu de temps après cette escapade littéraire, Daphné reçoit une lettre des éditions Doubleday. Le bail du grand appartement de la rue de la Faisanderie ne sera pas renouvelé après le départ de Frank Price, et il restera vide pendant six mois en attendant le prochain locataire. Que dirait Daphné d'en profiter, elle qui adore Paris et la France? Se retrouver dans cette capitale qu'elle aime tant, écrire avec vue sur les marronniers, aller flâner aux jardins de Bagatelle, tout près, c'est attrayant.

Mais impossible de quitter «Mena», ni Tommy, qui vient la voir chaque week-end. Vivre à Paris jusqu'au printemps prochain fragiliserait son couple. Elle a une autre idée, Flavia et Oriel pourraient occuper l'appartement, l'une apprendrait le français, l'autre écrirait, ainsi, Daphné leur rendrait visite de temps en temps. Les jeunes filles sont partantes, comment refuser une telle offre ? Elles arrivent à la gare du Nord sous une pluie glaciale qui n'atteint nullement leur enthousiasme. Cet hiver 1954 est un des plus rudes depuis la fin de la guerre, et les jeunes filles grelottent dans le vaste appartement, encore plus quand la chaudière de l'immeuble tombe en panne. Flavia s'inscrit à des cours d'art dans l'ancien atelier de Kiki, rue Notre-Dame-des-Champs, tandis qu'Oriel s'attelle à un roman. Mais au bout d'une semaine, Paris se révèle si fascinant que l'écriture et la peinture sont négligées. Daphné leur rend plusieurs visites et chaque fois, c'est son amour pour la France qui rejaillit. Lors d'un repérage rue de la Tour, pour tenter de ressusciter l'ancien Passy de Kiki dans un Paris désormais moderne, Daphné ressent un frisson d'excitation qui lui fait défaut depuis longtemps. Pourquoi ne pas explorer une fois pour toutes ces fameuses racines françaises, aller sur les traces des Busson du Maurier, dans la Sarthe ? Le voilà, le sujet de son prochain roman, retrouver ces aristocrates souffleurs de verre dont elle descend, voir leurs châteaux, leurs maisons, se rendre sur leurs tombes. Kiki et Gerald seraient si fiers. L'heure est venue de revendiquer ce sang français.

En attendant d'organiser ce voyage, Daphné manque de s'étrangler en feuilletant la traduction française de *Mary Anne*, publiée par Albin Michel en cette fin d'année 1954, et dont elle vient de recevoir les exemplaires envoyés par ses agents. C'est sa traductrice, Denise Van Moppès, alias Mme Butler, qui en est la cause. Fâchée, Lady Browning écrit une longue lettre à

Michel Hoffman, à Paris. Celui-ci s'empresse de contacter à son tour les éditions Albin Michel : *Je dois vous signaler une erreur très grossière commise par Mme Butler dans sa traduction de* Mary Anne. *À la dernière page du roman, il y a le mot «star-ling», qui signifie bien entendu «étourneau» ou «sansonnet» et Mme Butler a eu la malheureuse idée de le traduire par «un million de petites étoiles», trompée sans doute par la ressemblance entre le mot «star» et «étoile». Je me demande comment une traductrice ayant le standing professionnel de Mme Butler peut se permettre une telle gaffe, surtout qu'il s'agit d'une scène se déroulant en plein jour. L'auteur m'écrit que les lecteurs doivent se demander ce que faisaient les étoiles dans le ciel de Londres le matin des funérailles du duc d'York !* Parce que Daphné parle couramment le français, elle a pu pointer cette erreur. Maintenant que ses romans sont publiés dans une trentaine de langues, Daphné sait qu'elle doit faire confiance à ses traducteurs, ne sachant pas lire d'autres langues étrangères pour y repérer des inexactitudes. Elle apprend par son agent que Mme Butler traduit Hemingway, Thomas Mann, Koestler et Henry James, qu'elle est très respectée dans le milieu et publie également des romans sous son nom de jeune fille. Les éditions Albin Michel s'empressent de corriger la faute de Mme Butler, mais cette dernière n'écrit pas de mot d'excuse à l'auteur.

À Flavia et Oriel, devenues parisiennes, Daphné donne des conseils. S'habiller chaudement, même pour aller au Louvre, renoncer aux talons aiguilles qui glissent sur les trottoirs gelés. Ne pas se promener seule au bois de Boulogne (quand Daphné le faisait, il y a vingt-cinq ans, elle tenait en laisse le terrifiant Schüller, le berger allemand de Ferdie, qui décourageait tout assaut). Apprendre à utiliser le métro, pas simple au début. Contacter de sa part Doodie, son amie d'enfance, amusante et accueillante, devenue la très chic comtesse de Beauregard, rue Barbet-de-Jouy.

Daphné est grand-mère, à quarante-huit ans. C'est une petite Marie-Thérèse que Tessa met au monde le 15 février 1955. En regardant sa fille allaiter, Daphné ne peut s'empêcher d'être émue. Elle revoit la naissance de Tessa, il y a vingt et un ans, se souvient de sa déconvenue parce que c'était une fille. Tessa ne semble pas déçue par le sexe de l'enfant, au contraire, elle rayonne de fierté. Kits attrape la rubéole en avril, et Daphné est à son chevet à «Mena» lorsqu'elle apprend par télégramme que Fernande a été hospitalisée à Rambouillet. Pauvre Ferdie, elle a réclamé que Lady Browning en personne soit prévenue. Daphné ne peut pas faire grand-chose, de là où elle est, et c'est son fils qui a la priorité. Dans une lettre à Oriel, Daphné lui transmet le numéro de téléphone de la maison du Mesnil-Saint-Denis, lui demande d'appeler pour en savoir plus. Oui, c'est lâche. Ferdie restera toujours dans son cœur, mais depuis peu, ses difficultés et rivalités au sein de la mairie du Mesnil, qu'elle lui relatait en détail, agaçaient Daphné. Dociles, Flavia et Oriel rendent visite à Mlle Yvon lors de sa convalescence dans sa maison des Yvelines, lui apportent des avocats, ce dont elle raffole. Ferdie, la soixantaine, diminuée et alitée, aurait tant aimé retrouver sa Daphné. Trente ans plus tôt, Daphné aurait été à son chevet, la main dans la sienne. La reverra-t-elle un jour, bientôt ? En mai, Daphné passe son anniversaire à « Mena » au calme, fête ses quarante-neuf ans en famille, et remarque que sa fille Tessa s'occupe merveilleusement de son bébé, ce qu'elle ne faisait pas du tout, à son âge. L'été s'écoule en douceur, l'assistante de Tommy, Maureen, se marie avec un chic type, Baker-Munton, surnommé Bim, qui devient un autre proche des Browning. Dans une lettre à Victor, impatient de savoir si un nouveau roman est en route, Daphné répond avec franchise : *Tout ce que j'écris émane d'une vie intérieure, et mes émotions ordinaires stagnent. J'attends que l'inconscient se remette en marche. Je n'y puis rien.*

Ce n'est qu'en septembre 1955 que Daphné peut commencer à planifier son voyage. Parce qu'elle ne conduit pas, le trajet est compliqué à organiser. C'est finalement sa sœur, Jeanne, et son amie Noël, conductrices chevronnées, qui l'accompagnent en France. Daphné possède quelques documents, des lettres, des actes de naissance et de décès, qui lui avaient servi à écrire sa biographie sur les du Maurier en 1936, ainsi que le fameux gobelet en cristal gravé, transmis par Gerald. Première piste, retrouver les aïeux angevins de Louis-Mathurin Busson du Maurier, né à Londres en 1797, le père de Kiki. Son père était français, maître verrier et originaire de la Sarthe.

Daphné a pointé sur une carte les sites des anciennes verreries, Coudrecieux et Chérigny, dans la Sarthe, et Le Plessis-Dorin, dans le Loir-et-Cher. Dans la forêt de Vibraye, elle déniche un endroit où la terre est composée d'une fine poudre de verre pilé, qu'elle retourne à mains nues. Surexcitée, à quatre pattes, elle appelle Jeanne et Noël : l'ancienne verrerie de leurs ancêtres devait se trouver là ! Une camionnette de police passe par hasard dans ce coin perdu, et s'arrête, deux gendarmes soupçonneux leur demandent ce qu'elles font. Le français parfait de Daphné leur épargne une situation fâcheuse. Pendant une semaine, elles flânent à travers les villages sarthois aux maisons de pierre, à la recherche des vestiges des verreries. Sur le domaine du château de Chérigny, à Chenu, il ne subsiste rien de la fabrique. Intrigué par le patronyme de Daphné et de Jeanne, le propriétaire du château leur indique qu'une fermette avoisinante s'appelle Le Maurier, peut-être une piste ? Sans oublier le château du Maurier, à La Fontaine-Saint-Martin, à quelques heures de route de là. Suivant ses conseils, elles se rendent à la petite ferme, puis au château. Daphné s'interroge : dans *Peter Ibbetson*, Kiki avait toujours parlé d'un château, mais d'après les recherches de sa petite-fille, aucun de leurs ancêtres n'a vu le jour au château du Maurier. Plus tard, Daphné fait une découverte de taille en furetant dans les registres locaux. Un certain Robert-Mathurin Busson du Maurier, maître verrier, est né en septembre 1749 dans l'humble ferme de Chenu, au lieu-dit «Le Maurier». Son arrière-arrière-grand-père !

À l'Auberge du Bon Laboureur, à Chenonceau, où elles passent quelques nuits, Daphné annonce à Jeanne et Noël qu'en dépit de ces informations captivantes sur l'aïeul né dans une ferme et non un château (la tête que ferait Kiki, s'il savait !) elle n'a pas le courage, ni l'envie, de se plonger dans de la paperasserie, le travail pour *Mary Anne* étant trop frais dans sa

△ Daphné et son mari, Sir Frederick Browning, à Menabilly en 1944.

△En 1944, Daphné est photographiée sur la plage de Pridmouth, devant les vestiges du *Romanie*, le bateau qui s'est échoué en 1930 et dont la vision l'avait tant marquée.

△La maîtresse de Menabilly pose dans le grand escalier du manoir, sous le portrait de son père Gerald. Fin des années 40.

▽Ellen Doubleday, l'épouse de l'éditeur américain de Daphné, qui lui inspira plusieurs livres.

©DR

◁Daphné aimait porter cette ancienne veste militaire qui appartenait à son mari. Menabilly, 1947. Elle a quarante ans.

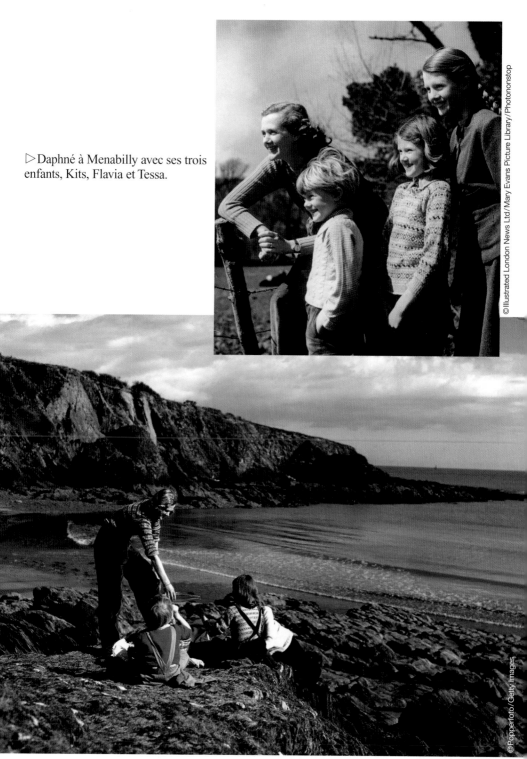

▷ Daphné à Menabilly avec ses trois enfants, Kits, Flavia et Tessa.

△ Daphné pique-nique avec Kits et Flavia sur la plage de Pridmouth en bas de Menabilly, en 1944.

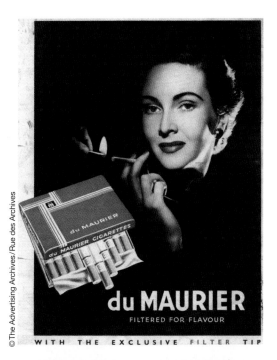

◁En 1929, Gerald du Maurier avait dû vendre son célèbre patronyme à une marque de cigarettes pour régler ses soucis financiers.

△L'actrice britannique Gertrude Lawrence, ici en 1926. L'amitié entre «Dum» (Daphné) et «Cinders» (Gertrude) était intime et complice.

◁En 1947, Daphné doit se rendre aux États-Unis afin de répondre d'une accusation de plagiat concernant son best-seller *Rebecca*. Elle est photographiée à la sortie du Federal Court Building de New York.

◁Daphné à sa table de travail à Menabilly, photographiée pour le magazine *Marie-France*, en 1959. Elle avait choisi ce magazine français qu'elle appréciait pour se livrer lors d'une longue interview.

△Lors de cette même séance de photos à Menabilly pour *Marie-France* en 1959.

△Daphné sur la plage de Pridmouth, en 1963.

▷Daphné à Menabilly en 1962. Elle a cinquante-cinq ans.

▷En 1963, Alfred Hitchcock adapta
Les Oiseaux, la nouvelle de Daphné.
Le film connut un succès spectaculaire,
mais elle n'était pas satisfaite du
scénario, qu'elle trouvait trop éloigné
de son texte.

▽Kilmarth, la dernière maison de Daphné, face à la mer,
qu'elle habita de 1969 jusqu'à sa mort, en 1989.

△ Un des derniers portraits de Daphné pris en 1977, lors de son soixante-dixième anniversaire.

mémoire. Elle devra embaucher plusieurs assistants pour effectuer des recherches approfondies, il lui manque tout, des dates, des lieux, des éclaircissements. Il n'est plus question d'inspiration, mais de documentation, ce qui la démotive. Noël, poète, et Jeanne, peintre, dépendantes comme elle de l'inspiration et de ses caprices, la comprennent et la soutiennent.

La beauté des paysages angevins, les couleurs automnales, les châteaux et manoirs, les scènes de la vie quotidienne dans ces villages s'infiltreront dans les pages d'un futur roman. Cela arrive plus vite que prévu. Vers la fin de leur séjour, sur la place d'un marché animé, près du Mans, Jeanne et Noël remarquent que Daphné ne bouge plus, elle semble aimantée par un inconnu qui descend d'une voiture. Jeanne la pousse du coude : pourquoi dévisage-t-elle cet homme ainsi ? Qui est-ce ? Daphné plaisante, elle était persuadée, l'espace de quelques instants, qu'il s'agissait d'un type qu'elle connaissait, un ami de Tommy. Elle en aurait mis sa main au feu. Pendant le dîner, Daphné est étrangement silencieuse, les yeux rêveurs. Jeanne la regarde avec espièglerie, demande si Bing ne serait pas en train d'«infuser*» très sérieusement depuis qu'elle a vu ce monsieur. Daphné rit aux éclats, elle n'a pas arrêté d'y penser, elle a eu une idée, un point de départ, et c'est si bon d'être enfin inspirée, de ne penser qu'à ça. Jeanne et Noël la pressent, quelle est la trame justement ? Daphné regarde par la fenêtre, vers la vieille ville du Mans, les lumières allumées derrière les rideaux, la nuit qui tombe, les pas qui résonnent le long des ruelles moyenâgeuses. Elle goûte à une gorgée de vin, leur dit que ce sera l'histoire d'un type qui, un jour, par hasard lors d'un voyage, croise son sosie, un homme qui lui ressemble trait pour trait. Personne ne peut les départager.

Enfin ! Succomber au sortilège d'un roman qui s'impose, y penser jour et nuit, prendre des notes à n'importe quel moment, dans son bain, les doigts mouillés, le papier trempé, tant pis, quelques mots griffonnés dans l'urgence, importants, essentiels, car comme le Petit Poucet, ils constituent le chemin secret qui mène au livre. S'enfermer dans sa hutte, retrouver sa concentration, ça y est, Daphné tient son histoire, et le reste, comme d'habitude, n'a aucune importance. Elle imagine le parcours d'un Anglais quelconque, las de son train-train, qui lors d'un voyage au Mans rencontre son double dans un bar, un comte angevin, Jean de Gué. Manipulé par son faux jumeau qui verse un somnifère dans son verre, John se réveille le lendemain matin dans un hôtel inconnu, vêtu des habits du comte, disparu sans laisser de traces. Un chauffeur l'attend en bas pour le ramener dans le château qui appartient à la famille de Gué. John découvre qu'il est à la tête d'un vaste domaine et d'une verrerie sur le point de péricliter pour cause de dettes et de mauvaise gestion. Sa vie personnelle est encore plus complexe, une vieille mère morphinomane, une épouse enceinte et malingre, une fillette précoce, et deux maîtresses : sa belle-sœur calculatrice, et une beauté perspicace qui vit dans le village en bas du château. John a beau expliquer ce qui s'est passé, personne ne le croit. Le voilà obligé d'incarner Jean de Gué, individu rusé, menteur et égoïste, au louche passé de collabo. Lorsqu'il se rend compte qu'il est coincé dans la peau d'un personnage peu reluisant, John fait de son mieux pour le rendre meilleur aux yeux des autres et sauver l'entreprise familiale. Mais rien ne se déroulera comme il le souhaite.

Daphné est fière de ce livre, *Le Bouc émissaire*, achevé en juin 1956, écrit en six mois avec une telle intensité qu'elle en a eu des poussées de fièvre. En mars, elle avait demandé à Oriel de lui envoyer un missel liturgique. *Un de mes personnages va bientôt mourir et j'ai besoin d'un missel en français avant son décès pour que je me sente à l'aise à ses funérailles. N'achetez pas quelque chose de cher, au contraire, plus il est élimé, mieux ce sera!* La publication n'est pas prévue avant mars 1957, mais Daphné s'adresse déjà à Victor, lui sommant de ne pas investir dans ses réclames habituelles encensant les ventes phénoménales de Daphné du Maurier, qui attirent selon elle l'indifférence et le mépris des critiques littéraires. Dans une lettre à Oriel, Daphné se moque de son éditeur : *Si seulement il faisait une publicité dans ce style : «Personne n'a acheté ce livre et personne n'y comprend rien», les journalistes seraient pour une fois plus cléments!* Les méthodes commerciales de Victor Gollancz, qui ont pourtant bâti sa notoriété, l'agacent. Daphné souhaiterait une approche plus feutrée, plus subtile, et projette d'envoyer son livre à des écrivains qu'elle admire, pourquoi pas André Maurois (dont elle vient de lire *Olympio ou la vie de Victor Hugo*), étant donné que l'action se situe en France? Elle pressent qu'après vingt ans de publication, il faut d'autres idées pour soutenir ses romans, elle ne peut plus dépendre uniquement du socle de son lectorat fidèle.

John, le personnage principal, s'exprime avec la voix d'Éric Avon pour donner naissance à un roman dense, sombre, tendu et à la fin impitoyable, rédigé d'une plume sans fioriture. C'est un récit sur la dualité, thème qui fascine Daphné depuis son enfance, depuis que son père était capable de jouer le méchant capitaine Crochet et le gentil M. Darling. Elle l'a déjà abordé avec les deux épouses de Maxim : la diabolique Rebecca et l'angélique Mme de Winter, et dans *Ma cousine Rachel*, dont l'héroïne est sainte ou empoisonneuse. Mais cette fois, Daphné y rajoute ce qu'elle a puisé lors de ce voyage outre-Manche, une touche française dont elle se flatte. Elle a l'espoir que la complexité de la trame narrative lui attire la reconnaissance de ceux qui la balaient comme une romancière populaire dépourvue d'envergure littéraire.

Lorsque le livre est publié au printemps 1957, les attentes de Daphné sont comblées. Pour le *Kirkus Review*, c'est un « sans-faute ». Nancy Spain, la journaliste du *Daily Express* qui avait si férocement critiqué son recueil de nouvelles il y a cinq ans, ne tarit pas d'éloges, comme le *Spectator*, le *New York Times Book Review* et le *Daily Telegraph*, qui la compare même à Henry James. En France, Albin Michel fait traduire le livre par l'inéluctable Mme Butler, chargée par écrit *de faire un point sur un certain nombre de suggestions, la traduction littérale du titre anglais ne pouvant pas être adoptée.* Une lettre de Michel Hoffman, l'agent de Daphné à Paris, rapporte le courroux de Lady Browning à propos du titre français suggéré par Mme Butler. *Lady Browning me prie de dire à M. Esménard qu'elle est extrêmement déçue par son choix et qu'elle trouve* John et Jean *très faible et puéril. C'est un titre, dit-elle, pour un quelconque livre d'enfants. Or, Mme Daphné du Maurier considère que pour la France, le titre a encore plus d'importance que pour l'Angleterre.* Robert Esménard ne prend pas le risque de froisser la plus célèbre romancière anglaise de son catalogue. Il choisit la traduction littérale de *The Scapegoat* : *Le Bouc émissaire.* Daphné est soulagée. Autre joie pour elle, Alec Guinness, un de ses acteurs préférés, est pressenti pour le rôle du comte de Gué, et le scénariste Gore Vidal travaille déjà sur un scénario. La cerise sur le gâteau, c'est une lettre d'André Maurois, qui la complimente sur son roman.

À l'heure de ces réjouissances, qui pourrait se douter que 1957, l'année de ses cinquante ans, sera une des plus noires de la vie de Daphné ?

Elle n'a rien vu venir. Rien du tout. Sauf peut-être ces rêves récurrents de marée haute, épouvantables, angoissants, où elle nage en vain contre l'eau qui reflue et la submerge. Dans la clinique privée de Lord Evans, le médecin personnel de la reine, Daphné s'impatiente, se ronge les ongles comme lorsqu'elle était petite fille, l'angoisse au ventre.

Lundi 1er juillet 1957. Encore une date gravée dans sa mémoire. Le téléphone avait sonné tard dans la nuit. C'était Maureen, l'assistante personnelle de Tommy, Daphné devait quitter Menabilly, venir le plus vite possible à Londres, Sir Frederick était mal, très mal. Dans le train qui ne roulait pas assez vite, Daphné, angoissée, regardait le paysage défiler. Elle n'a prévenu personne, ni ses enfants, ni ses sœurs, ni sa mère, vieillissante. Elle attend de comprendre la nature du problème. Qu'avait dit Maureen, exactement ? Que son mari était épuisé nerveusement, qu'il avait été hospitalisé dans une clinique près de Harley Street.

Seule dans la salle d'attente, Daphné se souvient des infimes signaux d'alarme, captés il y a trois ans au mariage de Tessa, lors de la fête à l'hôtel Savoy. Elle n'avait pas voulu les voir. Elle s'était réfugiée dans ses livres, dans son «Mena» glorifié.

Pourtant, il y avait eu des moments heureux pour Tommy et elle, comme la naissance en avril 1956 de Paul, le fils de Tessa, puis le mariage de Flavia, deux mois plus tard, à tout juste dix-neuf ans, avec un jeune capitaine des Coldsteam Guards, Alastair Tower, une cérémonie à l'église Saint Peter's, près d'Eaton Square, Flavia divine en tulle blanc, coiffée de la tiare en perles de Daphné. Sans oublier ses cinquante ans, fêtés en mai dernier. Et ce voyage avec Tessa, toujours en mai, à Saint-Paul-de-Vence, en France, entre mère et fille, Tessa au volant de la voiture louée à l'aéroport de Nice, cet hôtel charmant, La Résidence, dans les hauteurs, cet homme qui leur avait lancé lors d'une promenade : *Quelles jolies jeunes femmes, puis-je vous accompagner ?*

Daphné se lève, regarde par la fenêtre vers Weymouth Street. Big Ben tonne, quinze heures. Pourquoi s'était-elle obstinée dans cette volonté d'être seule ? Ne serait-ce pas son égoïsme qui a sabordé leur couple ? Elle doit à présent regarder les choses en face, prendre sa part de responsabilité. Elle se rappelle la récente et irrépressible envie de peindre qu'elle avait cachée à son entourage, ces tableaux malhabiles et criards qu'elle exécutait à l'insu de tous, dans sa hutte. Elle avait dû y céder, acheter du matériel en cachette, reproduire sur la toile ce que son esprit voyait, le plus souvent de vastes étendues de terre rougeâtre.

Une infirmière vient enfin la chercher. Daphné la suit à travers le dédale des couloirs blancs. Son mari est allongé dans un lit, décharné, le visage émacié, l'air épuisé, il a vieilli de dix ans. Tommy se met à sangloter. Daphné n'a jamais vu Boy Browning pleurer. Atterrée, elle s'assied à ses côtés, lui prend la main, tente de le réconforter. Elle le questionne avec douceur, mais il ne répond pas et semble brisé. Daphné ne peut que le consoler, lui répéter qu'elle est là, il peut compter sur elle, elle est sa femme, elle veillera sur lui. Il a certainement trop travaillé, s'est épuisé à la tâche. Il va devoir se reposer et il ira mieux, elle en est certaine. En attendant, ils verront s'il faut annuler la fête pour leurs vingt-cinq ans de mariage, prévue à «Mena» le 19 juillet prochain avec la famille et les amis proches. Tommy n'a pas prononcé un mot, ses joues amaigries sont baignées de larmes. En partant, Daphné s'entretient avec le médecin dans le bureau de ce dernier. C'est une dépression nerveuse, aggravée par l'alcoolisme de Sir Frederick et le mauvais état de son foie. Tommy devra passer plusieurs semaines à la clinique et suivre un traitement. Lady Browning peut revenir le lendemain matin D'ici là, pas de visites.

Sonnée, Daphné prend le chemin de Whitelands House. Il fait chaud et lourd en cette journée de juillet, elle ouvre les fenêtres en grand pour aérer l'appartement. Pourquoi cet effondrement subit ? Elle connaît la fragilité de son époux, n'a pas oublié les cauchemars qu'il faisait au début de leur mariage, ni son état psychologique après la perte massive de ses hommes lors de la sanglante opération Market Garden, en 1944. Pourquoi maintenant ? Que s'est-il passé ces derniers jours ? Elle a beau chercher, elle ne trouve pas. Était-il plus «tristounet» que d'habitude ? Elle n'avait rien remarqué.

Tandis qu'elle réfléchit, le téléphone la fait sursauter. C'est une femme inconnue à l'autre bout de la ligne. Elle ne se présente pas et parle d'une traite, sans reprendre son souffle, elle est la maîtresse de Sir Frederick depuis plus d'un an, elle l'aime, elle s'inquiète pour lui, il s'est effondré parce qu'il ne supportait plus de mener une double vie, a succombé à l'alcool. Tout cela, c'est la faute de Lady Browning.

Anéantie, Daphné raccroche. Elle a envie de vomir, ses jambes se dérobent sous elle. Elle s'affale dans un fauteuil, prostrée, la tête entre les mains. Tommy, infidèle. Son Boy, dans les bras d'une autre. Elle regarde le lit défait et le dégoût l'envahit à nouveau. Combien de fois cette femme est-elle venue dans cet appartement, combien de fois «Le Caire*» dans ce lit ? Les larmes surgissent, elle s'y abandonne. Qui est-elle, cette femme mystérieuse ? Comment est-elle ? Brune, blonde, plus jeune qu'elle ? Jolie, sensuelle, drôle ? Certainement une flagorneuse qu'il a dû croiser dans ces cercles d'amateurs de ballet, ces spectacles où elle ne l'accompagnait pas, par ennui, par indifférence. Jamais Daphné ne s'est sentie aussi humiliée, aussi meurtrie. Quelle gourde elle a été, quelle idiote, ne pas s'être doutée que cela puisse arriver, de ne pas comprendre que Tommy se sente abandonné pendant les longues semaines ici, seul dans cet appartement sinistre qu'elle hait encore plus à présent. Et cette chambre à part qu'elle lui imposait depuis dix ans. Une imbécillité ! Ravagée de douleur, elle imagine les mains de son mari sur le corps de l'inconnue, elle voit les baisers, les caresses, les peaux dénudées. Visions insupportables. De rage, Daphné se lève, arrache les draps du matelas, et il lui semble qu'une odeur de femme et d'amour s'en échappe, ce qui accroît son supplice. Elle va chercher des draps propres, car elle devra dormir ce soir dans ce lit où Tommy en a aimé une autre.

Daphné tremble moins, mais la nausée et le vertige sont encore présents. Et elle dans tout ça ? Elle aussi, elle a trompé son mari. Elle n'a pas été une épouse fidèle. S'en est-il douté ? En a-t-il souffert ? Elle repense au jour où Tommy a lu les mots griffonnés par Gertie au dos des clichés de Floride. La culpabilité l'envahit. La peine de Tommy a dû être immense. Daphné pleure à nouveau, submergée par le chagrin et la honte. Comment lui en parler ? Que peut-elle lui dire ? Elle tourne en rond dans le petit logement, les nerfs à vif.

Il n'y a qu'une chose à faire. Lui écrire. Sa plume, c'est tout ce qui lui reste, les mots sur le papier, dire tout, dire la vérité, ne plus attendre. Daphné s'installe au bureau de Tommy, et pendant un moment laborieux, rien ne vient. Puis elle se force, et c'est comme si un barrage cédait sous la puissance de son écriture, tout jaillit, tout ce qu'elle doit déballer. C'est sa faute à elle, la tristesse qu'il endure depuis des années, elle l'a trompé avec Christopher Puxley, elle s'en veut terriblement, comme pour la passion obsessionnelle envers Ellen, puis Gertie, liée à l'écriture. C'est une lettre fleuve, tachetée de ses larmes, qu'elle conclut malgré tout d'un ton déterminé, ils doivent surmonter cette crise, défier cette épreuve, ils y arriveront, ils s'aiment, n'est-ce pas ? Malgré la double dose de somnifères, sa nuit est blanche et infernale ; Daphné va s'allonger dans la chambre des enfants en dépit de l'étroitesse du sommier, ne supportant pas d'imaginer les corps imbriqués dans le lit conjugal.

Le lendemain, les traits chiffonnés, Daphné se rend à la clinique en taxi. Tommy est dans le même état qu'hier, les yeux verts embués de larmes lorsqu'il la voit. Il reste muet. Daphné pleure avec lui, lui serre la main de toutes ses forces, elle regarde son beau visage flétri, caresse son grand front noble, lui chuchote qu'elle l'aime, qu'elle l'aimera toujours. Elle lui pardonne, il doit lui pardonner aussi, ils vont trouver une solution, ils se le doivent. Elle lui glisse sa lettre, et s'en va, après un ultime baiser, quitter cet endroit au plus vite, téléphoner à ses proches, retourner à « Mena », reprendre des forces.

Dans le train qui la mène en Cornouailles, Daphné comprend à quel point elle va devoir se battre, non pas pour elle, mais pour un être aimé. Pour la première fois de sa vie.

Réfugiée au calme dans sa hutte, le 4 juillet 1957, Daphné écrit une longue lettre à Maureen Baker-Munton, l'assistante de Tommy, une des seules de la garde rapprochée à être au courant des vraies raisons de la prostration morale et physique de son mari. Aux autres, elle a donné la version « officielle », Sir Frederick est surmené et a besoin de repos. À Ellen, grande confidente épistolaire, elle ne dit pourtant pas grand-chose, et ne mentionne pas l'infidélité de son mari. L'anniversaire de mariage a été annulé. Daphné confesse à Maureen que les seules choses qui la font tenir, c'est nager, et passer du temps au chevet de sa mère, de plus en plus fragile. *C'était comme si j'étais confrontée à un puzzle gigantesque, ou un jeu de cartes, et j'essaie d'emboîter les bons morceaux, de classer mes cartes par couleur.* Chacun de ses livres reflète une partie d'elle, avoue-t-elle, et *Le Bouc émissaire*, c'est son histoire, et celle de son mari. *Nous sommes tous doubles. Tout le monde l'est. Chacun possède un côté obscur. Quelle face vaincra l'autre ? Est-ce que Tristounet et moi, nous allons sortir grandis de cette épreuve ? Je pense que oui.*

« Covent Garden », c'est le nom de code que Daphné donne à la maîtresse londonienne de son mari, une femme qui fraie avec les cercles liés au ballet, la passion de Boy. Mais que penser de cette jeune fille qui travaille dans une échoppe à Fowey, et que Tommy a régulièrement emmenée sur son bateau depuis l'été dernier ? À l'époque, Daphné n'avait pas fait attention, s'était moqué de l'entichement de la petite boutiquière, méchamment baptisée « Trois Francs Six Sous », comme pour souligner ses humbles origines. Daphné se doute que son mari a eu une aventure avec elle et sa paranoïa monte d'un cran, voilà même que son héroïne Rebecca revient la hanter. Tommy pourrait devenir fou de jalousie comme Maxim de Winter, perdre la raison et tirer sur Daphné parce qu'elle a eu le tort de privilégier l'écriture à son mariage. *Le mal en nous remonte toujours à la surface*, écrit-elle à Maureen. *Si nous ne le reconnaissons pas à temps, si nous ne l'acceptons pas, si nous ne le comprenons pas, nous serons tous annihilés, comme mes personnages dans* Les Oiseaux.

Après trois semaines dans la clinique de Weymouth Street, où il a dû se soumettre à des électrochocs et à des doses massives d'antidépresseurs, Tommy est ramené en voiture à Menabilly fin juillet par le cousin germain de Daphné, Peter Llewelyn Davies, en qui elle a confiance. Les médecins jugent Tommy suffisamment rétabli pour reprendre ses fonctions après un mois de vacances. Sir Frederick aura besoin du soutien permanent de son épouse, et il ne doit pas boire une goutte d'alcool. Daphné les attend, pleine d'appréhension. Lorsque Tommy émerge de la voiture de Peter, il semble voûté, sa peau est d'une pâleur effrayante. Son silence est tout aussi impressionnant. Est-il vraiment guéri ?

L'été est orageux, plombé par une météo médiocre. Tessa débarque avec mari et enfants, suivie de Flavia et son époux, puis du rayonnant Kits, le seul qui sait redonner le sourire à sa mère. À bientôt dix-sept ans, c'est un beau jeune homme espiègle et farceur, le portrait de Gerald, selon Daphné, grand-père qu'il n'a jamais connu. La maison remplie de rires d'enfants est une bénédiction, malgré le mauvais temps. Daphné se consacre aux petits, se révèle une grand-mère attentive et patiente, leur lit des histoires, les emmène à la mer. Les enfants l'appellent Track ou Tray, d'après des surnoms amusants que lui donnait Kits, lorsqu'il était petit. Leur grand-père, c'est Grampy.

Tommy continue d'être une préoccupation majeure. Il n'a jamais cessé de boire en cachette, et passe beaucoup de temps devant la télévision, que Daphné a fait installer en 1956. Elle le décrit à Oriel dans une lettre comme étant Kay, héros de l'histoire qui lui faisait si peur, *La Reine des neiges*. «Tristounet» est comme le garçonnet au morceau de verre logé dans l'œil, pour qui la réalité est déformée. Mais pour Daphné aussi, c'est une période de turbulences. Elle effraie Oriel avec quelques coups de fil incohérents, lui murmure qu'un attentat majeur se fomente à Londres, que des inconnus veulent du mal à la famille royale, qu'il faut éviter les endroits publics, ne plus prendre le métro. Oriel ne sait pas comment réagir face à ces angoisses inexpliquées. C'est Kits, avec son tempérament de boute-en-train, qui finira par se moquer de sa mère et lui faire prendre conscience de ses divagations. Elle n'a qu'à en faire un roman, au lieu de leur prendre la tête avec ses sottises !

À la fin de l'été, Daphné accepte de passer plus de temps à Londres pour être auprès de son mari lors de son retour à Buckingham Palace. Les médecins lui ont fait comprendre qu'il n'est plus en état de rester seul. Un choix douloureux, tant elle déteste la capitale et l'appartement, qu'elle nomme «la Ratière». *Tristounet semble aller mieux, il est un peu plus joyeux*, écrit-elle à Oriel, *mais son silence m'inquiète, et je n'arrive pas à savoir si c'est de la fatigue ou de la préoccupation. Je sais que j'ai raison d'être avec lui ici.* Renoncer à Menabilly n'est pas facile. C'est aussi renoncer à l'écriture, à la solitude et à la liberté. Daphné souffre également de devoir s'habiller de façon citadine, en tailleur et escarpins. Un jour, ne supportant plus son chapeau en rentrant d'un cocktail, elle le balance dans la Tamise, sous le regard ahuri des passants.

Daphné n'a rien écrit depuis la publication du *Bouc émissaire*. *Je n'arrive pas à travailler en ce moment*, confesse-t-elle à Oriel, *impossible, mais Branwell m'attend quelque part, et avec tout ce que je viens de vivre, j'ai une sacrée documentation à disposition ! J'ai dit au vieux Victor que des nouvelles étaient en route, mais que j'allais prendre mon temps, car ma vie de famille est désorganisée, avec ces allers-retours à Londres. Je ne suis pas rentrée dans le détail, et ne lui ai pas révélé que Tristounet avait été malade.*

Depuis juillet et la crise qu'elle vit avec Tommy, Daphné n'est plus tranquille, comme si un nuage sombre planait au-dessus de sa tête. Elle rêve encore de la marée montante qui l'engloutit, se réveille chaque matin avec l'angoisse au ventre. C'est la nouvelle de la mort de sa mère qui vient la frapper fin novembre 1957. Plongée dans le coma depuis plusieurs semaines, Muriel s'éteint à Fowey, à presque quatre-vingts ans, après sept années de maladie. Déjà éprouvée par ce qu'elle endure auprès de son mari, Daphné est bouleversée par le décès de sa mère, dont elle s'était rapprochée ces dernières années. En prenant de l'âge, Muriel s'était adoucie, avait su retrouver des gestes tendres pour celle qui restait la préférée de Gerald. Après une cérémonie dans l'intimité en Cornouailles, Daphné et Angela apportent son urne à Hampstead, dans le petit cimetière où reposent les du Maurier. Émue, Daphné parvient à faire ses adieux à Lady Mo, dont le parfum Narcisse Noir embaume encore Ferryside.

Les événements traumatiques des six derniers mois l'épuisent. *Je ne sais plus qui je suis*, écrit-elle à Oriel à la fin de l'année, *je parviens à tout surmonter quand je me trouve à*

Londres, mais une fois à la maison, quelle torture de devoir reve-
nir à la Ratière. Je passe ma vie dans un train. Tristounet a repris
des forces mais j'ai peur que son mental soit toujours affecté. Je
suis terrifiée à l'idée qu'il retombe dans les griffes des psys. Pour
Daphné, Tommy-Kay a encore le fragment de verre logé dans
l'œil et cela lui fait peur. Il n'est plus comme avant. À Londres,
il passe des heures assis à son bureau, à classer méthodique-
ment ses papiers, et quand il se trouve à «Mena», il semble
désœuvré, silencieux et préoccupé. Daphné se demande comment elle va tenir à ce rythme. Le cafard l'envahit. N'aurait-elle
pas dû choisir de vivre à Londres avec Tommy dès la fin de la
guerre? Si elle l'avait fait, aurait-elle pu éviter cette situation?
Aurait-elle pu écrire *Les Parasites*, *Ma cousine Rachel*, *Mary*
Anne, *Le Bouc émissaire*, ses nouvelles et pièces de théâtre loin
de «Mena»? Elle se sent incapable de travailler dans la Ratière.
L'effort artistique, ce sont d'autres tableaux étranges, toujours
en secret, quand Tommy est au Palais. *Mon seul plaisir, c'est*
peindre l'horrible vue de la fenêtre de ma chambre, hideuse et
stridente, à l'image de mon ressentiment, ces tuyaux de cheminée
brillants de colère, ces tours de la centrale électrique de Batter-
sea qui vomissent leur fumée diabolique. Les toiles de Bing sont
disproportionnées et grossières, mais elles possèdent une vigueur
bizarre, comme si elles étaient l'œuvre d'un fou [1] *(Peut-être suis-je*
devenue folle ?)

Depuis le décès de sa mère, plus de «Robert*». Une drôle
de sensation, un flottement, l'impression d'être entre deux, état
qu'elle déteste. Sa vie lui semble moins intense, plus nébuleuse,
sans l'attrait d'une nouvelle «patère*» pour la faire vibrer.
Est-ce cela, la cinquantaine, morne plaine aride dépouillée
de fermentation, et la perspective d'une cohabitation auprès
d'un mari déclinant, bientôt retraité, porté sur la bouteille, sans
oublier le spectacle désolant des rayonnants cousins Llewelyn

Davies transformés en râleurs ventrus aux cheveux gris ? Et
elle, de noter l'avancée des rides dans le miroir, de soupirer
devant ses cheveux à présent blancs. Comme sa bouillonnante
jeunesse lui semble loin ! Que lui reste-t-il ? Son humour salva-
teur, ressuscité le plus souvent avec Kits, le seul capable de la
faire rire éperdument. Avec amertume, Daphné comprend la
mélancolie de son père face à l'âge, elle le revoit à Cannon Hall
en train de se morfondre devant la fenêtre de sa chambre, face
à la vue sur Londres qu'il aimait tant.

Les nouvelles qui éclosent de ce mal-être, publiées en 1959,
sont aussi dérangeantes et troublantes que celles parues en
1952 ; cette fois elles ne décrivent pas le rapport à la mort, mais
les méandres de la folie et de l'inconscient. Daphné s'y abandonne, persuadée que si elle ne les couche pas sur papier, elle
en perdra la raison. Écrire devient sa bouée de sauvetage, sa
manière de lutter contre la paranoïa et les angoisses des derniers temps. D'une plume fluide, souvent glaçante, oscillant
entre l'emprise des rêves et l'introspection impitoyable, chaque
texte met en lumière un point de rupture, qui sera d'ailleurs le
titre du recueil. Daphné les rédige à Londres, dans la Ratière,
et à « Mena », réfugiée dans sa hutte. *Les Verres bleus* décrit
l'horrible mésaventure d'une patiente opérée des yeux, à qui
on installe des lentilles provisoires. La vision qu'elle a d'autrui
en se réveillant est terrifiante. *Le Chamois* explore l'intimité
d'un mariage en crise lors d'une chasse en Grèce, si subtile-
ment déguisée que même Victor ne se doute pas qu'il s'agit des
Browning. Un peintre du dimanche bascule dans une démence
meurtrière, un vieux beau enflammé par un éphèbe subit des
vacances catastrophiques à Venise, une jeune fille devient
femme par une nuit d'orage et perd la clef de son enfance.
Même si elle se sert de ressorts qui lui sont habituels – duali-
tés psychologiques, frontière friable entre réalité et imaginaire,

riches symboliques animalières –, Daphné ouvre la porte pour la première fois sur l'inconnu en évoquant des thèmes mystiques et surnaturels. Elle explore sans pusillanimité cette nouvelle vulnérabilité, comme un sous-marin jauge les bas-fonds ténébreux, comme si ces récits étaient des boucliers pour tenir la folie à distance, la cantonner à des pages. L'écriture, comme ultime protection, comme garde-fou.

Est-ce une bonne idée, ce voyage ? Un an après la crise de juillet 1957, Daphné et Tommy partent en vacances en France, pour assister au tournage du *Bouc émissaire*, dans la Sarthe, près de La Ferté-Bernard. Le réalisateur est le Britannique Robert Hamer, qui avait déjà travaillé sur *L'Auberge de la Jamaïque*. Son casting fait bel effet, Alec Guinness, Nicole Maurey, et Bette Davis, dans le rôle de la vieille mère. C'est la première fois que Daphné se rend sur un plateau, et elle s'émerveille des comédiens, régisseurs, techniciens, tous présents parce qu'elle a écrit un roman. Mais son enthousiasme est vite dissipé, car elle constate à quel point le scénario est éloigné de son livre. L'ambiance entre Bette Davis, qui fait sa diva, et le reste des comédiens, est houleuse. Mécontente et déçue, Daphné écrit à Ken Spence, le filleul de Tommy et ex-petit ami de Tessa, devenu proche : *Il n'y a pas une seule de mes phrases dans le scénario, et toute l'histoire a été altérée ! Je prédis l'échec !* C'est aussi l'échec de leurs vacances, Tommy se perd dans la tristesse et le silence. Est-ce cela, le reste de leur vie ensemble, l'appel du noir, la morosité, l'apathie ? Où sont passés Boy et Bing, cheveux au vent sur leur bateau, aimantés par l'amour de la mer ? Ce sexagénaire taraudé par la mélancolie, c'est son époux, un homme avec qui elle va devoir réapprendre à vivre, puisqu'il est prévu que Tommy quitte Buckingham Palace pour prendre sa retraite à Menabilly. Un événement que Daphné redoute

Pourtant, il y a des moments heureux, comme lorsque Kits, dix-huit ans, sorti d'Eton, décide avec l'aval de ses parents de se lancer dans une carrière cinématographique, pour être stagiaire sur le tournage du nouveau film de Carol Reed, *Notre agent à La Havane*. Le jeune homme ira ensuite s'installer dans l'appartement londonien avec Tod, qui veillera sur lui. Pour célébrer ce nouveau départ, Daphné offre à son fils une caméra avec laquelle il tourne un court-métrage à « Mena ». Tommy y joue le méchant, et apprécie particulièrement d'assassiner Tod, sa victime. Autre instant de bonheur, l'annonce du premier enfant de Flavia, attendu pour août 1959. La nouvelle gouvernante de Menabilly s'appelle Esther Rowe, vingt-huit ans, jeune brune pétillante, souriante, toujours de bonne humeur, avec un franc accent cornouaillais. C'est elle qui apporte à tour de rôle le petit déjeuner au lit à Tommy et Daphné, qui prépare leur repas de midi, qui fait le ménage. Maman d'un petit garçon, elle vit avec son mari, Henry, sur le domaine de Menabilly, dans un cottage. C'est le rayon de soleil de « Mena ». Lorsqu'un jour Tommy la voit en train de récurer énergiquement l'escalier de la cuisine, il la gronde, lui faisant remarquer que l'esclavagisme, c'est terminé depuis longtemps !

Daphné accepte une longue interview pour un magazine français, *Marie-France*, qui doit paraître fin juin 1959. Il est prévu qu'elle fasse au moins huit pages. La journaliste, Françoise Perret, se voit accorder la permission exceptionnelle de la rencontrer à Menabilly, avec son photographe. C'est d'autant plus rare que Daphné n'accorde pas d'interviews, déteste raconter sa vie aux journalistes. Elle a une réputation d'ermite qui n'est pas pour lui déplaire. Cette initiative la séduit, car ce magazine, c'est la France, qu'elle porte si haut dans son cœur, et parler français avec Mme Perret la divertit d'avance, comme une récréation dans un moment de turbulences.

L'interview dure une après-midi entière. Devant l'objectif, Daphné se laisse aller, éclate de rire, cigarette entre les doigts, vêtue d'un jean délavé, d'une chemise bleue et d'un cardigan corail. Le photographe l'immortalise dans le salon, sur le grand escalier au-dessous du portrait de Gerald que Daphné aime tant, puis, comme il fait beau, dehors dans le jardin, près de sa hutte, là où dort la relique de la coque de l'*Yggy*, le premier bateau de Tommy. La romancière avoue avec humour qu'elle ne sait pas pourquoi ses héros sont si tourmentés, car elle-même est très optimiste. Peut-être est-elle trop heureuse, la vie aurait-elle été trop généreuse avec elle ? Elle parle de son enfance, évoque son père qu'elle adorait, sa mort en 1934, qui reste la plus grande épreuve de sa vie, insiste sur l'influence bénéfique de Tod qui assiste à l'interview, divulgue son amour pour la Cornouailles et Menabilly, qu'elle va devoir quitter un jour, car le bail s'achève dans trois ans, en 1962, un *drame* pour elle, qui aimerait mourir entre ces murs. Hors de Menabilly, insiste-t-elle, elle ne saurait vivre. Elle revient sur sa rencontre romantique avec Tommy à Fowey, suite à la parution de son premier roman, *L'Amour dans l'âme*, leur mariage dans l'intimité, le simple tailleur bleu qu'elle portait ce jour-là. Tout ce qu'elle n'a jamais révélé aux journalistes, elle l'exprime à présent, son processus d'écriture, ces longues promenades quotidiennes qui lui permettent de réfléchir, ses six heures de travail par jour dans sa petite cabane en bois, son besoin de solitude, les personnages de fiction qui viennent à sa rencontre. Elle met cinq jours à rédiger une nouvelle, un an pour un roman. Sitôt achevés, elle oublie ses textes, précise-t-elle, elle s'en détache et ne les relit jamais.

Sans complexe, Daphné confesse son âge, cinquante-deux ans le 13 mai, évoque le bonheur d'être grand-mère, décrit ses trois enfants dont elle est fière. Elle parle même des toiles qu'elle peint dans le secret de sa hutte : *Je sais que ma peinture est très mauvaise, cela m'est égal, j'ai besoin de peindre ce que j'aime, pour me délasser.* Avec cette Parisienne, Daphné ne se prive pas de converser sur ses origines sarthoises, sa fierté, puis insiste sur l'héritage artistique de sa famille, son grand-père romancier, son père acteur, sa sœur peintre, son fils qui se lance dans le cinéma. La qualité qu'elle préfère ? L'humour ! Une autre ? L'intuition. Dernière question de la journaliste : pourquoi avoir dit oui à *Marie-France*, et refusé de parler aux revues anglaises ? Sourire malicieux : parce qu'elle les déteste, *ils enfoncent les femmes dans une catégorie à part, ils ne parlent que de petites préoccupations féminines. Un homme peut lire* Marie-France, *il y trouve son compte. Les magazines féminins anglais sont illisibles pour les hommes.* Elle n'est pas féministe, mais se situe sur le même plan que les hommes, tout simplement. Y aura-t-il un nouveau roman bientôt ? Les yeux bleus de Daphné se font vagues. Elle pense qu'elle n'écrira plus de roman. Des nouvelles, une biographie, oui, sans doute. Mais qui sait ? Au détour d'une promenade solitaire, son esprit fécond sera peut-être intrigué par un vieux manoir, un chemin mystérieux, une énigme... Françoise Perret et son photographe partent avec une riche matière pour un reportage que Daphné attend de découvrir avec impatience.

Ainsi que le prévoyait Daphné, quitter le service du prince Philip en mai 1959 est une souffrance. Tommy vit mal cette retraite, se sent inutile et vieillissant, et s'inquiète auprès de son filleul Ken Spence du fardeau qu'il représente pour Daphné, si forte et courageuse. Sa femme ne se plaint jamais, garde le sourire, elle semble assumer, tout prendre en charge, maintenir son cap. En secret, Daphné s'interroge : Tommy voit-il toujours « Covent Garden » et « Trois Francs Six Sous », va-t-il enfin sortir de la spirale de la dépression ? Il ne retrouve le sourire que devant ses petits-enfants, et sur son bateau, à bord duquel il passe des heures à naviguer.

Le film de Robert Hamer, *Le Bouc émissaire*, est un échec, autant pour les critiques qu'au box-office. Le *New York Times Film Review* regrette que « l'éblouissant et ingénieux mystère de Daphné du Maurier » ne soit plus « qu'une pesante devinette dépourvue de frisson ». À part *Rebecca*, elle n'a pas eu de chance, se lamente Daphné, elle n'a apprécié aucun des films adaptés de ses livres. Que fera Hitchcock de sa nouvelle, *Les Oiseaux* ? Cela fait plus de sept ans qu'il en a acquis les droits. Vu la froideur de leurs rapports, elle craint le pire.

Mais il y a bien plus grave qu'un film raté dans la vie de Daphné, en cet été 1959. Un soir, elle découvre Tommy prostré dans sa chambre, son pistolet de service à la main. Ken Spence, son filleul, l'avait déjà trouvé dans la même posture dans l'appartement à Londres il y a quelques mois, et en avait parlé à Daphné, mais le voir ainsi, le visage ravagé par la souffrance, l'arme au poing, est un choc terrible pour elle.

C'est le point de non-retour. *Je dois tout donner, donner encore et encore,* écrit-elle à Oriel. *Je suis descendue dans les abysses de l'horreur, mais j'en émerge. Impossible de vous écrire une longue lettre, car ma priorité c'est Tommy, faire tout ce que je peux pour lui, être avec lui.* Médecin, infirmière, antidépresseurs, Daphné s'assure que tout est mis en œuvre pour soutenir son époux. Elle sait qu'elle n'est pas seule, elle est entourée de ses enfants, ses sœurs, ses amis.

Quelle ironie, ce numéro de *Marie-France* qu'elle vient de recevoir au courrier, où on la voit si sereine sous un titre qui la fait frémir : « Un bonheur évident. » Françoise Perret la décrit comme « la romancière la plus secrète et la plus célèbre de notre temps, qui reçoit des lettres du monde entier », et la croque en quelques mots : « Toute menue, cheveux très blancs coupés court, un visage de petite fille, nez retroussé, petit menton volontaire. Et des yeux bleus, bleus comme je n'en avais jamais vu. » Daphné trouve que sur les photos, elle fait plus âgée que ses cinquante-deux ans, sa peau est marquée, sa coiffure aux crans serrés la vieillit. Qu'importe ! C'est insupportable de regarder ces images où elle semble si enjouée alors qu'elle vit un enfer. La revue est rangée, et oubliée.

Maintenant que Tommy est à la maison, à temps plein, médicalisé et encore fragile, Daphné rêve de fuir Menabilly pour souffler quelque peu. Comme c'est surprenant, ce revirement, alors que pendant seize ans elle n'a pas supporté de s'éloigner de « Mena ». Ses quelques voyages demandent une organisation précise avec Esther, les soins d'une infirmière, la complicité d'amis proches qui à tour de rôle veillent sur son mari en son absence. Heureusement, Tommy a décidé de consigner un récit sur la vie de la reine Elizabeth, entre son mariage et son ascension au trône, avec la coopération de Buckingham Palace. De quoi l'occuper un certain temps.

En cet automne 1959, il n'y a qu'un seul être qui puisse sauver Daphné. C'est un poète tourmenté, abîmé par l'alcool et les crises de folie, solitaire et incompris, figé dans l'ombre de ses sœurs célèbres et mort à trente et un ans.

Branwell Brontë.

Rentrer dans ses dérives à lui, pour fuir les siennes, les traquer, les comprendre, et les raconter, c'est l'état d'esprit de Daphné lorsqu'elle repart à Haworth, dans le Yorkshire, en décembre 1959. Tessa l'accompagne, conductrice efficace et compagne de route idéale. Elles ont affaire à un fastidieux individu, M. Mitchell, qui gère le musée du «Parsonage[1]», *J'ai cru mourir en écoutant ses interminables «dis-tout**»*, écrit-elle à Oriel. Mais c'est le prix à payer lorsqu'on veut narrer la vie de quelqu'un, plonger dans les moindres détails, ratisser large, ne rien négliger. Elles se rendent aussi au Black Bull Inn, le pub vieux de trois cents ans, où Branwell entama sa consommation excessive d'alcool. Daphné souhaite une vraie biographie, rigoureuse, parfaitement documentée, qui révélera tout du méconnu Branwell, un texte qui exposera enfin son talent, fera date. Personne n'a jamais rien écrit sur lui. Elle sera la première. Daphné devra se rendre fréquemment à Londres et dans le Yorkshire pour ses recherches, le moyen idéal de quitter «Mena» de temps en temps. John Symington, l'éditeur des

---

1. Le presbytère où la famille Brontë a vécu

œuvres de jeunesse des Brontë, est emballé à l'idée d'aider la célèbre romancière à mener son projet à terme.

Daphné a bien avancé quand elle apprend par la presse qu'une biographe respectée et célèbre, Winifred Gérin, spécialiste des sœurs Brontë, travaille également sur Branwell. C'est l'affolement et la consternation. Une bien mauvaise nouvelle, selon Victor, car si le Branwell de Daphné est publié après celui de Mlle Gérin, le livre sera mort-né. Il faut mettre les bouchées doubles pour le terminer le plus vite possible. Mlle Gérin, déjà l'auteur d'une biographie remarquée sur Anne Brontë, bénéficie des faveurs de la presse, et Daphné ne se fait aucune illusion. *Mes romans sont considérés comme populaires*, écrit-elle à John Symington, *et se vendent très bien, mais je suis loin d'être la favorite des critiques, qui me méprisent à cause de mes best-sellers.*

Pendant les mois suivants, Daphné travaille avec assiduité sur son texte. Chaque fois qu'elle découvre que sa rivale se penche sur les mêmes indices qu'elle, elle enrage. *Ne dites rien à Mlle G. !* ordonne-t-elle à Symington, dès qu'elle discerne des pistes nouvelles. Elle n'a jamais connu cette situation épineuse et vit l'écriture de cet ouvrage comme un combat acharné. Toujours est-il que cette concurrence la galvanise, que le livre occupe tout son esprit et lui permet ensuite de se vouer à Tommy avec recul et patience.

En terminant l'ouvrage en mars 1960, Daphné verse quelques larmes en relisant la dernière partie, qui relate la fin tragique du seul fils Brontë. Elle est fière de son travail complet, d'avoir pu retranscrire les écrits de jeunesse de l'adolescent brillant et ambidextre, de faire connaître les inédits des contes d'Angria et de Glass Town, les mondes imaginaires créés avec Charlotte, la réponse au Gondal d'Emily et Anne, ainsi que de nombreux poèmes et articles qu'elle a réussi à repérer. Branwell était aussi un peintre, mais peu de ses toiles subsistent, à part la plus connue, celle de ses trois sœurs, Anne, Emily et Charlotte, où il s'est lui-même effacé, ne laissant qu'une silhouette en filigrane. Daphné dévoile son addiction précoce à l'alcool et à l'opium, son incapacité à affronter la réalité, pour se perdre dans l'imaginaire et le fantasme. Dès son enfance, à la mort de ses aînées Elizabeth et Maria, en subissant les sermons moralisateurs de son père, le révérend Brontë, Branwell se forge un enfer personnel que Daphné explore avec justesse. Malgré son talent prolifique, il ne parviendra jamais à percer, déconsidéré par sa propre famille et concurrencé par ses sœurs. Tous les métiers qu'il tente, portraitiste, précepteur, comptable, sont des ratages. À vingt-huit ans, Branwell tombe amoureux d'une femme mariée de quinze ans de plus que lui, de surcroît l'épouse de son patron, M. Robinson. Le scandale est retentissant. Mais ainsi que le suggère Daphné, n'y aurait-il pas eu un épisode furtif et honteux avec Edmund, le jeune fils Robinson ? Trois ans plus tard, Branwell décède, officiellement d'une bronchite. Son œuvre sera oubliée face à l'immense succès littéraire de ses sœurs. Daphné réussit à faire revivre le jeune homme à lunettes, de petite taille, à la chevelure épaisse et rousse, et au nez aquilin. *Le Monde infernal de Branwell Brontë* sera édité en octobre 1960, coiffant au poteau celui de Mlle Gérin, prévu pour l'année d'après. En patientant jusqu'à la publication, Daphné se félicite : grâce aux tourments du pauvre Branwell, elle aura survécu au premier hiver à Menabilly avec Tommy retraité, perspective qu'elle redoutait. Une aventure amusante l'attend, un voyage en Italie avec Kits, pendant trois semaines, en juin. Elle s'en réjouit.

Sa joie est de courte durée. Le 5 avril 1960, Daphné apprend le suicide de son cousin, l'éditeur d'Angela, Peter Llewelyn Davies, à soixante-trois ans. Depuis quelques mois, Daphné le savait, Peter semblait renfrogné et déprimé, il consacrait son temps à rassembler et classer des documents personnels dans une collection de lettres qu'il surnommait ironiquement « La Morgue ». Sa famille avait connu un destin tragique avec le décès de ses parents, terrassés tous deux par un cancer, puis les disparitions de ses frères, George au front, et Michael, noyé dans des circonstances mystérieuses en 1921. Daphné s'entendait bien avec son cousin, de dix ans son aîné, ils se retrouvaient régulièrement dans le décor de miroirs et de stucs du Café Royal, à Piccadilly, pour évoquer leurs parents, Gerald et Sylvia, frère et sœur, et Kiki, le grand-père mythique, décédé à soixante et un ans, en murmurant en français : *Si c'est la mort, ce n'est pas gai.* Leurs conversations étaient inlassablement tournées vers le passé et leur enfance. Le jour de sa disparition, Peter avait pris un verre au Royal Court Hotel, à Londres, seul, puis était parti directement se jeter sous le métro, à la station Sloane Square. Il n'a laissé aucun mot d'adieu pour sa femme et ses enfants. La presse, le lendemain matin, surenchérit dans une escalade de gros titres que Daphné trouve d'un goût douteux : *Le Peter Pan de Barrie tué par un train de banlieue*, ou encore *Le saut de la mort de Peter Pan*. Pauvre Peter ! Il ne supportait plus qu'on lui parle de Barrie, son tuteur, décédé en 1937, ni de Peter Pan, qui avait hanté sa jeunesse, comme celle de Daphné. Pour lui, la pièce de Barrie était un *épouvantable chef-d'œuvre* qui l'avait poursuivi toute sa vie, lui et ses frères. Barrie avait bien fini par avouer en 1928 : *J'ai toujours su que j'avais inventé Peter en vous frottant tous les cinq ensemble, comme les sauvages font naître l'étincelle avec deux bâtons.* Chaque fois que la presse parlait de George, Jack, Nico ou Michael, un des Garçons Perdus, c'était toujours en rapport à ce satané Peter Pan. George part à la guerre en 1914, cela avait donné : *Peter Pan s'engage dans l'armée* ; Michael en

1919 : *Peter Pan pénalisé pour excès de vitesse*, le mariage de Nico en 1926 ; *Peter Pan se marie*, et lors de la création de la maison d'édition de Peter : *Peter Pan devient éditeur*. Écœurée, Daphné ne lit aucun des articles. Le suicide de Peter la marque profondément. Qu'est-ce qui l'a poussé à se propulser sur les rails ? La lecture de ces lettres si touchantes qui évoquent la mort ? Plutôt le ruban noir des du Maurier, transmis par la mère de Peter, Sylvia, ces particules héréditaires de chagrin et de mélancolie qui coulent dans leurs veines. Deux semaines plus tard, c'est avec les traits marqués et un chagrin visible que Daphné inaugure la plaque bleue apposée sur la maison où a vécu George du Maurier sur Great Russell Street, à Londres, un événement qui se voulait festif, réduit à une cérémonie rapide, sans presse ni discours, malgré la présence d'Ellen Doubleday venue pour l'occasion.

Le meilleur remède à cette tristesse, c'est le soleil italien et la bonne humeur de son fils, Kits. Venise et Rome en sa compagnie, c'est à la fois épuisant et délassant. Son fils ne s'intéresse ni à la culture ni au tourisme, ce qu'il préfère, c'est conduire sa voiture de sport à toute vitesse, faire du shopping et regarder les gens passer, tranquillement assis à une terrasse, à l'instar de son grand-père Gerald. Kits fait pleurer de rire sa mère avec ses imitations d'accents italiens et de touristes anglais style « Panurge* ». Daphné rentre à « Mena » revigorée, prête pour la sortie de sa biographie sur Branwell Brontë. Elle constate que Nancy Mitford publie un roman la même semaine qu'elle, *Pas un mot à l'ambassadeur*, le dernier tome d'une trilogie à succès, ce qui la décourage, d'autant plus que Victor se montre exceptionnellement prudent, et fait imprimer sa biographie à moins de 10 000 exemplaires. Une déception pour Daphné, qui a tout donné pour ce livre. Elle ne pourra jamais rivaliser avec la maîtrise et le savoir-faire de Winifred Gérin, mais ses recherches solides et la finesse de son approche psychologique sont des points en sa faveur. Le livre est bien reçu, et les critiques sont positives, cependant les ventes restent décevantes. Un petit réconfort, son ami Alfred Leslie Rowse, éminent historien, trouve que c'est son meilleur livre.

Monsieur le Vicomte,

Je voudrais vous remercier de votre très grande gentillesse de m'avoir reçue au château de Chérigny lundi dernier, et d'avoir permis à mon fils de faire des photographies de l'ancienne verrerie. Nous avons eu beaucoup de plaisir à voir «Le Maurier», et contempler la même scène et le même paysage que nos ancêtres devaient si bien connaître il y a plus de deux cents ans.

Le 22 avril 1961, Daphné écrit au vicomte Foy, propriétaire du château de Chérigny, à Chenu, dans la Sarthe. Elle vient de faire un voyage avec Kits en France, bouffée d'oxygène indispensable. Son fils de vingt ans ne parle pas un mot de français, contrairement à Tessa, mais ce pèlerinage familial le divertit, et il prend des dizaines de photographies, dont une de la fameuse ferme Le Maurier dont Daphné se servira comme carte de vœux l'année suivante.

Alors qu'elle goûte encore au bonheur de cette excursion, une nouvelle inattendue vient ébranler Daphné. Avec le décès du vieux docteur Rashleigh, «Mena» est transmis à son neveu et héritier, Philip. Jusqu'ici, Daphné a fermé les yeux sur la fin du bail de Menabilly en 1962, sachant que cela fait dix-sept ans qu'elle vit sous ce toit comme si le manoir lui appartenait. Que faire si Philip Rashleigh, qui n'a que la trentaine, souhaite s'y installer plus tôt que prévu ? C'est inenvisageable de quitter « Mena », pourtant, elle sait qu'elle doit s'y préparer. Pour surmonter ses angoisses, Daphné accepte une idée de livre de la part de sa vieille amie Foy Quiller-Couch, qui lui propose de finir *Château Dor*, le manuscrit inachevé de son père, décédé en 1944, une adaptation de la légende de Tristan et Yseut, et qui s'arrête net au chapitre 17. Ce défi littéraire est un honneur, Daphné espère être à la hauteur de la tâche qui lui incombe, dans le respect de l'écriture et du style du grand « Q ». Le projet, très chronophage, l'ensorcelle, et elle réussit même à entraîner Tommy, tout aussi passionné qu'elle, dans ses recherches. Le roman de « Q » puise ses racines dans la fable cornouaillaise de Béroul, poète du Moyen Âge, une tragédie d'amour qui a pour toile de fond le château Dor, glorieux fort de l'âge de fer, dont il ne subsiste que quelques ruines au-dessus de Fowey. Équipés d'anciennes cartes et de jumelles, les époux Browning se lancent dans de longs périples sur les traces de Tristan et Yseut. Esther, la nouvelle gouvernante, les regarde partir de « Mena » et les trouve d'une élégance et d'une classe folles, élancés, le teint hâlé, la démarche énergique. Tommy s'intéresse aux stratégies de guerre, aux combats, à l'avancée des troupes sur mer et sur terre. Ses précisions sont d'une aide précieuse à Daphné qui parvient ainsi à restructurer un décor d'un autre temps. Lorsque le livre est publié en 1962, par J. M. Dent, l'éditeur historique d'Arthur Quiller-Couch, la critique est bienveillante, pour la plupart il s'agit d'un exercice de style, plutôt que d'un roman à part entière. Les ventes resteront confidentielles. Le seul aspect positif que Daphné en retire, c'est l'impression de ne pas avoir trahi « Q ». Elle a retrouvé une certaine complicité avec son mari, même si des moments douloureux surgissent, comme ce soir de septembre 1961, qu'elle avait décrit à Oriel dans une lettre : *Je viens de vivre des instants effroyables avec Tristounet, terrassé par une crise. Une autre, quelques jours plus tard, tellement horrible que j'ai eu un mal fou à le mettre au lit.*

Tommy a recommencé à boire. La seule issue, c'est une hospitalisation, un traitement, et une infirmière à domicile. Se rajoutent à ce poids les négociations sans fin entre le notaire et Philip Rashleigh à propos du bail de Menabilly. L'héritier des Rashleigh a bien l'intention de récupérer son manoir familial et Daphné comprend, la mort dans l'âme, que ses jours à «Mena» sont comptés. Son entourage se montre plus philosophe, lui suggère en douceur que le moment de chercher une autre maison, moins grande, plus pratique, est peut-être venu… Daphné ne veut pas en entendre parler, «Mena» est sa muse, son inspiration, sa passion, c'est inimaginable pour elle d'écrire ailleurs. Elle se battra bec et ongles pour prolonger son bail, elle en parlera aux journalistes, elle fera tout un scandale, elle refuse d'être congédiée avec indifférence. Dans une lettre, Daphné confie à Oriel une méthode secrète, source de bien-être : elle imagine qu'elle se transporte mentalement à Paris, au rond-point des Champs-Élysées, ce carrefour qu'elle aimait tant, et qu'elle observe les visages des passants, comme elle le faisait à dix-neuf ans. Mais un nouveau roman serait la clef de son bien-être, et c'est la piste française qui s'impose, enfin.

Chère Mademoiselle,

J'étais enchanté [sic] *de recevoir votre bien aimable lettre, et d'entendre vos nouvelles.*

Daphné tape une lettre de deux feuillets, en français, à Mlle Marguerite Verrier, propriétaire de l'hôtel-restaurant Les Glycines, à Saint-Christophe-sur-le-Nais, en Indre-et-Loire, le 27 mai 1962. Elle y avait passé quelques jours avec sa sœur et Noël en 1955, et avait entamé une correspondance avec Mlle Verrier, pétillante femme de son âge, qui s'était intéressée aux recherches de Daphné pour retrouver ses ancêtres. La vieille Underwood ne possédant pas de touches qui permettent les accents, Daphné les ajoute à la main, avec un stylo bleu. Elle demande poliment à Mlle Verrier de l'aide pour obtenir d'autres informations sur sa famille, en particulier Mathurin Busson, né en 1720 à Coudrecieux dans la Sarthe, et sa femme, Madeleine Labbé, née en 1725, à Saint-Christophe-sur-le-Nais. Ce sont les parents de Robert-Mathurin Busson, né au lieu-dit Le Maurier, à Chenu, le 7 septembre 1749.

Je veux désespérément savoir COMMENT *mes Busson vivaient,* écrit Daphné à Oriel, *pour ne pas me contenter de les Gondaler*. Je viens de relire* Peter Ibbetson *par mon grand-père, c'est étrange comme lui aussi s'intéressait à nos ancêtres (chez moi c'est atroce, tant c'est fort). Je ne comprends pas pourquoi il n'est pas allé dans la Sarthe lui-même pour tout savoir d'eux, au lieu de les Gondaler* car il s'est trompé, il en fait des aristocrates au lieu de simples artisans, sans doute une pudeur victorienne et la peur de paraître «pluiche*».*

L'agent littéraire français Michel Hoffmann lui a trouvé une étudiante parisienne pour approfondir ses recherches, Mlle Fargeaud, mais Daphné sait combien Mlle Verrier, sur place à Saint-Christophe, pourrait lui être précieuse. Elle avait été si accueillante, et Daphné avait apprécié le confort du petit hôtel avec sa terrasse sous les glycines, et la visite émouvante de l'église du XIIe siècle, dont l'ancienne voûte avait vu passer ses aïeuls Mathurin Busson et Madeleine Labbé le jour de leurs noces, le 18 septembre 1747.

En dépit des vives inquiétudes concernant Menabilly, Daphné décide de commencer *Les Souffleurs de verre*, son nouveau roman. Elle est emportée par le personnage surprenant que fut son trisaïeul Robert-Mathurin Busson, celui qui naquit dans la petite ferme au Maurier, à douze kilomètres de Saint-Christophe. Elle se souvient parfaitement de cette bâtisse aux murs pâles et au toit pentu, égarée au milieu des champs verts, à deux pas du château de Chérigny. Robert-Mathurin, c'est l'aventurier de la famille, le flambeur, la brebis galeuse. Comme son père, Mathurin Busson, il devient maître verrier et graveur sur cristal, mais Daphné sait par les lettres de sa sœur, Anne-Sophie Busson, épouse Duval, dénichées dans les archives de Kiki, qu'il était *joli garçon, blond aux yeux bleus, à la vie orageuse.* Un flamboyant héros romanesque, qui épouse en premières noces une Parisienne, Mlle Catherine Fiat, et devient jeune directeur d'une verrerie dans le Loir-et-Cher. Ses dépenses exagérées et son goût du luxe précipitent la faillite de l'entreprise, il emménage alors à Paris et ouvre une boutique d'objets d'art et de cristallerie près des arcades du Palais-Royal, au numéro 255 de la rue Saint-Honoré. C'est là que naît son premier enfant, Jacques, et là qu'il perd son épouse, morte en couches. Le train de vie de Robert-Mathurin ne se modère pas avec son veuvage, au contraire, il se marie une deuxième fois, en 1789, alors que la Révolution gronde, avec Marie Bruère, originaire de Dourdan. La boutique croule sous les dettes, et c'est pour fuir les ennuis financiers grandissants que le couple Busson disparaît peu après son mariage. Direction Londres, où six enfants naîtront entre 1791 et 1800.

Le voilà, le détail qui amuse tant Daphné : Robert-Mathurin Busson juge que c'est plus distingué, dans cette nouvelle vie anglaise, de se faire appeler Busson du Maurier, en hommage secret à la ferme de Chenu où il est né. Bien entendu, il fait croire à ses interlocuteurs que sa famille possédait un château, une verrerie, et des terres, et qu'ils avaient tout perdu lors de la Révolution. Ses enfants portent ce nouveau patronyme à particule, mais seulement deux d'entre eux auront une postérité, James, né en 1793, et Louis-Mathurin, né en 1797, le futur père de Kiki. Daphné fait d'autres découvertes concernant son insolite arrière-arrière-grand-père. En 1802, Robert-Mathurin décide de visiter brièvement la France, mais sur le bateau, il échange ses papiers d'identité avec un homme qui décède pendant la traversée. Son épouse restée à Londres se croit veuve et les jeunes enfants pleurent longtemps leur père, car ce dernier s'est tout simplement inventé une autre vie, à Tours, où il fonde une maison d'éducation et où il décède, en 1811. À présent,

Daphné sait pourquoi le grand-père de Gerald, Louis-Mathurin Busson du Maurier, était persuadé d'avoir comme parent un aristocrate originaire de la Sarthe. Une légende transmise à Gerald par Kiki, avec le gobelet en cristal en sus, puis par Gerald à ses propres filles. Daphné se souvient des lointaines histoires de château et d'aristocrates que son père lui racontait à Cumberland Terrace, lorsqu'elle était petite. Et dire que leur vrai patronyme est tout simplement Busson !

Daphné construit son roman autour de ce protagoniste irresponsable et malgré tout attachant, Robert-Mathurin Busson. Dans ce récit, c'est la sœur de Robert, Sophie Duval, qui apprend à son jeune neveu, Louis-Mathurin, qui était vraiment son père disparu. À elle de rétablir la vérité, Robert-Mathurin n'avait rien d'un aristocrate poursuivi par la guillotine, réfugié en Angleterre. Non, c'était un homme ruiné, endetté, issu d'une famille d'artisans, démangé par la folie des grandeurs. Ce n'est pas tant la trajectoire historique de la Révolution qui intéresse Daphné ici, même si elle décrit avec virtuosité et précision le soulèvement des Vendéens, les massacres de la Terreur, les exactions gratuites, la souffrance du peuple, mais la vie quotidienne d'une famille, les Busson, les siens. Elle est persuadée qu'elle leur doit tant, à ces Sarthois de souche, à ce clan uni par l'amour de la famille et de la terre, par le respect de la nature et des traditions. Et à cet arrière-arrière-grand-père farfelu qui s'était bâti des châteaux en Espagne, elle lui doit sans doute son imagination débordante, ses rébellions de jeune fille, et son amour pour la France.

Je pense que mon livre est assez bon, mais pas follement palpitant, écrit-elle à Oriel lorsqu'elle le termine en juin 1962. *Il est plutôt nostalgique et doux, et je déteste l'idée d'une couverture jaune et criarde, qu'il soit lancé comme un roman sur la Révolution, qui n'intervient qu'au milieu du livre. C'est tout simplement l'histoire d'une famille, écrite avec compassion.* L'ardeur et la fièvre semblent s'être effacées de son écriture ; serait-ce par manque de « patère* » ? Peut-être qu'en prenant de l'âge, les « patères* » et leur ferveur tourbillonnante ne font plus irruption dans son imaginaire. Tristesse et résignation.

Les Busson du Maurier battent en retraite dans l'esprit de Daphné lorsque Tommy annonce que la reine Elizabeth II en personne vient prendre le thé à « Mena » le 23 juillet 1962. Branle-bas de combat ! C'est encore pire que la visite de « P.P. » il y a douze ans. La reine débarquera sur le *royal yacht* qui accoste à Fowey, avec ses gardes du corps, ses chauffeurs, et toute son intendance. *Comment allons-nous faire ?* se lamente Daphné par écrit à Oriel, *ça me gâche mon été ! Piffy dit que je devrais retaper la maison, mais enfin, c'est impossible !* Le moindre détail engendre la panique, chapeau ou pas chapeau, quelle robe préférer (elle ne rentre pas dans les plus élégantes), et que choisir pour le goûter royal ? Daphné se noie dans un verre d'eau et c'est Tommy qui prend tout en charge avec une précision militaire. Lady Browning s'occupe uniquement des vingt-huit vases à garnir et trouve l'affaire épuisante.

Il fait beau le jour de la visite. La jeune reine, éblouissante en blanc, descend de la Rolls-Royce devant le manoir. L'argenterie brille, un festin opulent s'étale dans la salle à manger, mais si la reine accepte une tasse de thé, elle ne touchera pas à un seul sandwich au concombre et saumon, à la déception de tous. Angela, délicieusement bavarde et rodée à l'art de la conversation, divertit la souveraine, et la fait même rire, alors que Daphné est paralysée par le trac, telle la deuxième Mme de Winter, toujours aussi gauche. Cette brave Piffy, on peut compter sur elle dans les moments compliqués. En dépit de son insuccès, Angela travaille sur son huitième roman, *La Route vers Leenane*, qui se déroule en Irlande, où elle s'est récemment rendue avec une amie. Angela rayonne de drôlerie et de joie de vivre, malgré quelques soucis de santé sans gravité. Quant à Jeanne, même la reine ne la délogera pas de chez elle. Bird joue la recluse dans son cottage de Dartmoor au toit de chaume, où entre quelques verres de très bon vin, la musique de Bach, Mozart et Chopin, un jardin potager qu'elle entretient avec passion, cinq chevaux, sept chiens, des chats, une basse-cour, elle se consacre à son art, auprès de sa compagne, Noël. Jeanne poursuit son approche délicate de natures mortes et de scènes d'intérieur. Son chevalet gravite tout autour de la maison au gré de son inspiration et Noël a appris à ne pas la déranger. C'est la plus sauvage des trois sœurs du Maurier.

Une bonne nouvelle : Philip Rashleigh accorde enfin aux Browning la permission de rester à Menabilly quelques années de plus, au soulagement de Daphné. Tommy a beau lui dire que c'est reculer pour mieux sauter, elle ne se résout pas à accepter qu'un jour, elle va devoir quitter les lieux. Le propriétaire leur propose de louer le petit manoir, Kilmarth, situé sur le domaine de Menabilly, avec vue sur la mer et la baie de Saint Austell. Tommy est d'accord, mais Daphné se braque. Pas question ! Pas maintenant !

« Tristounet » traverse une période plus paisible, en cet été 1962. Il continue à naviguer sur le *Jeanne d'Arc*, puis sur un bateau plus maniable et très rapide, *Echo*. Il renoue avec la photographie, ressort un vieux boîtier rapporté d'Asie. Ses trois petits-enfants le divertissent, malgré leur chahut. Son favori, c'est le cadet, le fils de Flavia, Rupert, trois ans. Quant à Daphné, l'annonce par son éditeur que le *Times Literary Supplement* prépare un grand portrait d'elle pour octobre la ravit et l'angoisse à la fois. Daphné souffre toujours autant de ce manque de reconnaissance critique, vingt-quatre ans après *Rebecca*. L'article, non signé, comme c'est souvent le cas dans ce journal, est mi-figue, mi-raisin. S'il trouve des qualités remarquables à *Rebecca* et au *Bouc émissaire*, il éreinte avec sévérité les romans historiques de Daphné : « La perception historique de Mlle du Maurier est exécrable. » Victor est contrarié, Tommy furieux, mais Daphné, étonnamment philosophe, se console, car l'article se termine sur une note positive, le journaliste insiste sur le fait qu'on doit cesser de sous-estimer le travail de la romancière. Les confrères qui persistent à rabaisser ses romans à « un label distrayant de chatoyantes sottises », dixit Ronald Bryden dans le *Spectator* en avril dernier avec son article cinglant, « Reine du gothique flamboyant », ont eu tort.

Mais le mal est fait. L'étiquette est toujours là, bien en place, si lourde à porter. Ce sont d'autres romancières, comme Iris Murdoch, ou Ivy Compton-Burnett, plus modernes, qui récoltent l'estime accordée aux auteurs sérieux. Peut-être est-elle devenue dépassée, ringarde ? Elle se souvient d'une anecdote rapportée par son amie Clara Vyvyan, qui se plaignait des ventes modestes de ses propres ouvrages, pourtant encensés par la critique. Son éditeur lui avait rétorqué : *Plus personne ne vend de nos jours, même pas Daphné du Maurier.*

Lorsque *Les Souffleurs de verre* paraît au printemps 1963, la critique l'ignore ou le traite comme une fade romance historique. Le *Kirkus Review* le juge bien en deçà du niveau habituel de Daphné du Maurier. Les ventes ne s'envolent pas. Même Victor, d'un naturel optimiste, est déçu. Le meilleur remède contre la désillusion, c'est de partir en voyage avec Tessa, en Italie. Tessa traverse elle-même un passage pénible avec son mari, infidèle et alcoolique. À presque trente ans, c'est une jeune femme mûre et fine, Daphné prend du plaisir à voyager avec sa fille aînée, sachant Tommy sous la vigilance d'Esther, à Menabilly. Encore une fois, c'est Tessa au volant, dès l'aéroport de Rome, et Daphné qui lit, maladroitement, les cartes. Quatre jours à Rome, puis direction Pérouse et ses merveilles, sa grande place, ses palais, ses cloîtres, sa cathédrale. La ville est remplie d'étudiants trublions et costumés, ce qui divertit Daphné, qui aime d'un café les regarder parader. Elles s'amusent comme des gamines à l'hôtel où Daphné se moque discrètement des touristes anglais et invente des histoires rocambolesques pour faire rire sa fille. Puis elles mettent le cap sur Urbino, fascinées par les ruelles médiévales et l'imposante forteresse. Si seulement cet agréable voyage pouvait donner naissance à un nouveau projet de livre ! Il y a sûrement une histoire à raconter à partir d'Urbino, son université, son palais ducal. Elle prend quelques notes, un professeur, un secret de famille, une tragédie liée à l'histoire de la ville, un meurtre, un mystère, deux frères qui se sont perdus de vue… Daphné est certaine qu'elle tient une piste, brûle d'envie de mettre en scène cette Italie qu'elle vient de quitter et qui l'inspire.

À leur retour en Angleterre, Daphné découvre l'adaptation d'Alfred Hitchcock de sa nouvelle, *Les Oiseaux*, ovationnée au dernier Festival de Cannes. Le film a été tourné dans la région de San Francisco, à Bodega Bay, avec Tippi Hedren, actrice blonde et débutante, dans le rôle principal. Hitchcock s'est radicalement éloigné de la trame originale, ce que Daphné déplore, même si elle trouve les effets spéciaux impressionnants et effrayants. Le spectateur doit attendre au moins une heure avant de voir les premières attaques d'oiseaux. Toutefois, le film obtient un succès international, mais Daphné est irritée que son nom soit si rarement cité lors des interviews du réalisateur. Hitchcock a adapté trois de ses ouvrages en vingt-quatre ans, ne lui a jamais rendu hommage, et a toujours eu tendance à minimiser, voire à dénigrer son travail d'écrivain.

Le moral de Daphné est ragaillardi par le futur mariage de son fils Kits, vingt-deux ans, tombé amoureux fou d'une figurante sur le tournage du nouveau film de Carol Reed. Olive White a dix-huit ans, fille de plombier, ex-Miss Irlande 1961, mannequin et présentatrice de télévision, et Kits la trouve terriblement « menaçante* ». *Elle n'a rien d'une idiote et lit Yeats*, écrit-il à sa mère, enflammé. En rencontrant la fiancée de son fils à Menabilly pendant l'été 1963, Daphné est immédiatement rassurée. Grande, blonde, sereine, charmante, Olive a tout pour plaire à ses futurs beaux-parents. La jeune fille, qui n'a jamais été en Cornouailles, est impressionnée par le manoir lors de son arrivée de nuit, la série d'innombrables portails à ouvrir pour y pénétrer, la longue allée, et Sir et Lady Browning qui les attendent sur le seuil. Olive a déjà lu *L'Auberge de la Jamaïque*, mais ne mesure pas encore à quel point la mère de son fiancé est célèbre. Le lendemain, Olive découvre le jardin, le chemin vers la mer, et tombe sous le charme des lieux. Elle se sent à l'aise avec Daphné, drôle, souriante, forte de cet humour ironique et facétieux dont Kits a hérité. Le mariage est annoncé pour janvier 1964, à Dublin, en Irlande. Ne sont-ils pas trop jeunes pour convoler ? Olive est catholique et irlandaise, n'est-ce pas une complication de plus ? Dernière chose, Kits n'a même pas encore de poste stable. Mais le jeune homme est déterminé, il épousera sa reine de beauté, coûte que coûte.

En attendant la noce, Daphné doit faire face à une nouvelle crise avec Tommy, toujours aux prises avec l'alcool. Elle tente de se montrer compréhensive, patiente, et Tommy se confie, rongé par la culpabilité, il sait qu'il n'aurait pas dû, il ne peut pas s'en empêcher, c'est plus fort que lui. Retour à la spirale infernale. Cette tension est éclipsée par le choc de l'assassinat du président Kennedy, le 22 novembre 1963. Daphné et son mari restent tétanisés devant leur télévision, incapables de finir leur dîner. *Il était un des seuls dirigeants pour lequel j'avais un immense respect*, écrit-elle à Oriel, *je ne peux pas vous dire à quel point nous sommes bouleversés, Tristounet et moi.*

Un soir de décembre, Daphné attend Tommy à Menabilly, l'œil rivé sur sa montre. Cela fait des heures qu'elle s'inquiète, son mari aurait dû rentrer d'une réunion avec des personnalités de l'armée, un événement qu'il redoutait. Le téléphone sonne, elle décroche avec un mauvais pressentiment. C'est la police. On lui annonce un accident, Tommy a perdu le contrôle de son Alfa Romeo et deux personnes ont été blessées. Plus tard, lorsqu'il rentre, effondré et honteux, escorté par un agent, Tommy avoue avoir bu quelques whiskies pour faire bonne figure avant la rencontre, sans avoir mesuré à quel point alcool et antidépresseurs ne faisaient pas bon ménage. Les victimes ne sont pas gravement blessées, mais Tommy vit son arrestation et le procès comme une lourde humiliation. Deux jours avant Noël, accompagné par Tessa, il comparaît devant le juge à Truro, coupable de conduite en état d'ivresse, redevable d'une amende de cinquante livres sterling, ainsi que de la totalité des frais médicaux des victimes. Son permis est confisqué pour six mois. Mortifié, Tommy se terre chez lui, refuse toute invitation et se désinscrit de ses clubs. Il avoue à sa femme qu'aller au mariage de leur fils, c'est pire que de retourner dans les tranchées de la Somme en 1914. Daphné parvient à le raisonner, et la fête du mariage, spontanée et chaleureuse, leur procure une joie intense. Daphné raconte tout en détail à Oriel : *C'était tellement plus amusant que les noces des filles. Je pensais être* triste[1] *à cause de mes sentiments idiots envers Kits, mais au contraire, je m'en fichais et me suis sentie si réjouie ! Le mariage était simple, merveilleux, et dehors, une foule incroyable, comme si on attendait les Beatles, car Olive, ex-Miss Irlande et présentatrice de télévision, est bien connue ici.* Même les journaux américains font écho du mariage du fils de la célèbre romancière britannique avec une reine de beauté irlandaise Lors de la réception à l'hôtel Gresham, à Dublin, Daphné et Tommy se laissent emporter par la gaieté contagieuse des convives et les bruyants refrains des chants traditionnels irlandais.

Après l'excitation du mariage, c'est l'heure de se remettre à écrire. Fini de prendre des notes, il faut se plonger dans le livre, son quinzième roman, ce chiffre l'étonne, quinze, déjà ? Urbino devient son quotidien imaginaire, qu'elle retrouve dans

---

1. En français dans le texte.

sa hutte, où elle travaille avec sa constance habituelle. Pendant des heures, Daphné étudie les plans et les cartes postales d'Urbino. Elle le sait, ce sera sûrement le dernier roman qu'elle écrira à Menabilly. À Pâques, les jeunes mariés viennent passer un week-end, et Daphné s'émerveille de voir son Kits en époux, si heureux, convaincue qu'il fera un père formidable. Kits n'a jamais aimé le prénom de sa femme, et trouve son deuxième prénom, Ursula, encore pire. Lors de leur voyage de noces, il s'était moqué d'Olive avec ses bigoudis et son foulard noué sur le front qui lui faisait des cornes. Selon lui, elle ressemblait à la ravissante chèvre dans une série télévisée pour enfants, Hacker. Plus question de l'appeler Olive. Tous la nomment désormais Hacker, même Daphné et Tommy. Le livre avance à grands pas, déjà quarante mille mots sur le papier, un bon début. Daphné s'inquiète des inexactitudes concernant Urbino : *Si jamais c'est traduit en italien, on me jettera des pierres !* écrit-elle à Oriel. Tommy semble aller bien, mais il garde une tristesse profonde en lui, qu'Oriel remarque, lors d'un séjour à « Mena ». Il n'a plus touché à une goutte d'alcool depuis décembre, et se consacre à la mise à l'eau de son nouveau bateau, l'*Yggy III*.

En juin 1964, ayant pratiquement fini son roman, Daphné part en Italie avec Kits et Hacker, et retourne à Urbino. C'est un voyage joyeux, ensoleillé et facile, son fils lui rappelle tant Gerald : la même légèreté, le même éclat, le même humour. Elle est soulagée de vérifier qu'elle ne s'est pas trompée dans ses descriptions de la ville, qu'elle surnomme Ruffano. Sa seule contrariété vient de son éditeur, Victor, *ce vieil inculte* a tendance à envisager ce nouveau roman comme un « thriller », alors que pour elle, *Le Vol du faucon* est bien plus qu'un polar. C'est la tragédie italienne et politique de deux frères ennemis, séparés depuis des décennies par la guerre, tous deux persuadés que l'autre est décédé, et qui se retrouvent face à face à Ruffano, ville de leur enfance, dans le conflit et le sang. Le récit progresse avec la voix masculine d'Éric Avon, et c'est un des frères qui prend le «je», Armino, le cadet dans l'ombre d'un aîné puissant et tourmenté aux accents de Svengali, le noir héros de Kiki. Leur mère est une séductrice scandaleuse vaincue par un cancer, qui rappelle la vénéneuse Rebecca. Armino espérait, en revenant dans sa ville de naissance, retrouver ses racines et une paix intérieure, et ne s'attendait pas au climat de violence et de terreur instauré par son frère Aldo dans cette petite ville universitaire hantée par une ancienne légende funeste. Dans cet âpre roman allégorique qui explore les ravages d'une ambition démesurée, Daphné s'est inspirée des liens et règles inventés dès l'enfance. La publication du livre est prévue pour janvier 1965.

En attendant, Daphné connaît un été paisible à Menabilly, donne des conseils d'écriture à Oriel, passe du temps avec ses petits-enfants. Elle adopte un nouveau westie, Morray, pour tenir compagnie à celui qu'elle a déjà, Bib. Tommy insiste pour aller visiter Kilmarth, la maison que leur proposent les Rashleigh, du côté de Polkerris, avec vue sur la baie. Daphné est forcée d'avouer que l'endroit est superbe, mais elle ne s'y voit pas du tout, contrairement à son mari. Tod, toujours en forme à plus de quatre-vingts ans, bien qu'un peu sourde, s'est installée à Londres dans un appartement coquet près de Battersea Park. Lorsque *The Express* propose un article sur sa vie en tant que gouvernante des filles du Maurier, Mlle Waddell s'offusque et rétorque qu'elle n'a pas l'intention de voir son nom étalé dans les journaux.

En septembre, la santé de Tommy se détériore brutalement. Une souffrance au pied gauche avait débuté pendant l'été, l'empêchant de profiter de son nouveau bateau, et il avait dû s'aliter, se tordant de douleur. Tommy est hospitalisé à Plymouth mi-septembre, un caillot est diagnostiqué, il subit une opération. Depuis son accident de planeur en 1943, le flux sanguin de sa jambe gauche est resté déficient. Après l'intervention, Daphné s'alarme devant son teint cireux et sa fièvre qui ne baisse pas. La douleur subsiste et les médecins font comprendre à Daphné que la seule solution, c'est l'amputation. Avec fermeté, elle refuse. Son mari ne s'en remettrait jamais. Il faut augmenter la morphine et prier pour qu'il se fasse à la souffrance. À son retour à «Mena», c'est une chaise roulante qui attend Tommy. Il est d'une grande dignité et ne se plaint jamais. *Il est si courageux, je l'aide à s'habiller, il n'est ni abruti ni divagant, juste anéanti par la douleur,* écrit-elle à Oriel. *Quant à moi, ce n'est plus la fatigue énervée des jours où il buvait trop, j'ai plus d'empathie, c'est bizarrement moins lourd, mais cela me vide tout de même, et je souffre dès que je vois qu'il souffre, lui.*

Tommy trouve la force d'écrire un petit mot à Oriel en novembre 1964 : *Merci du fond du cœur pour vos cartes postales et vos nouvelles, je suis heureux de savoir que vous avez beau temps. Ici, Dieu merci, c'est le mois de novembre le plus clément que j'ai pu voir depuis longtemps, et je sors beaucoup grâce à mon fauteuil électrique roulant. À part mon fichu pied, Bing et moi allons bien, mais ce n'est pas évident pour elle de se retrouver avec un semi-invalide sur les bras depuis trois mois ! Elle est merveilleuse, et si patiente. Toute la tribu vient pour Noël, ce qui sera compliqué à organiser vu mon état, mais aussi très réjouissant.*

Le nouveau roman de Daphné est publié en janvier 1965 par Gollancz et Doubleday. La critique n'est pas tendre avec *Le Vol du faucon*. Le *New Yorker* va jusqu'à clamer : «Un roman extraordinairement ennuyeux.» Daphné reste imperméable à ces articles, le roman passe à la trappe, car il n'y a que Tommy et sa santé qui comptent en ce lugubre mois de janvier. Tessa, Flavia et Kits, choqués par l'état de leur père à Noël, avaient supplié leur mère de le faire hospitaliser à nouveau. Cette fois, le verdict des médecins est sans appel, le pied gauche de Tommy doit être amputé sinon la gangrène gagnera la jambe entière. L'opération a lieu le 14 janvier 1965, à Londres. Tommy a soixante-huit ans.

Encore convalescent, Tommy est ramené à Menabilly par Daphné début mars. Deux infirmières ont été réquisitionnées pour veiller sur lui, Esther est aux petits soins, et les enfants ne sont jamais loin. Daphné, à bout de forces, tombe malade à son tour, une jaunisse l'immobilise pendant deux semaines. Tommy attrape une bronchite et s'affaiblit de jour en jour. *Pourquoi de telles calamités s'abattent-elles sur nous ?* écrit-elle à Oriel. *Je ne sais pas si je serai assez forte pour tout surmonter. Il fait si froid. Comme j'ai envie de printemps.*

Amaigrie, épuisée, Daphné tente de rassembler son peu d'énergie pour soutenir Tommy, de plus en plus chétif, car sa bronchite est devenue une pneumonie. Elle parvient à se lever pour le voir dans sa chambre, au bout du couloir. Son beau Boy n'est plus que l'ombre de lui-même, et les larmes jaillissent tandis qu'elle l'écoute. Il a peur de la nuit qui vient, il sait qu'il ne dormira pas, il n'en peut plus. Elle le réconforte comme elle peut, qu'il ne s'inquiète pas, il dormira, il finira par dormir, mais elle se sent si fragile elle-même lorsqu'elle lui murmure ces mots. Elle sait, avec une tristesse infinie, que Tommy ne pourra plus conduire, qu'il ne pourra plus naviguer. Tout ce qu'il aimait faire, vite et bien, n'est qu'un lointain souvenir. Un ultime baiser, et elle le quitte.

À l'aube, on vient la réveiller. Lady Browning doit venir sur-le-champ. Il fait encore noir en cette matinée de mars, elle attrape son peignoir, suit l'infirmière le long du grand couloir tapissé de rouge. Son pas est lourd d'une horrible appréhension. Dès qu'elle voit le visage de son mari sur l'oreiller, Daphné comprend.

Tommy est en train de partir.

V

Cornouailles, 1969
Kilmarth

« J'ai épuisé Menabilly, je l'ai saigné à blanc. »

Daphné du Maurier

Novembre 2013.
Kilmarth, Par.

La dernière maison de Daphné du Maurier est plus facile à dénicher que « Mena ». Elle ne se cache pas au cœur d'une forêt, et se trouve à l'ouest de Menabilly, sur la falaise qui surplombe le petit port de Polkerris et la baie de Par, au bord de la route du village de Tywardreath (prononcer *tower-dreth*). Elle se nomme Kilmarth, ce qui signifie en cornouaillais « crête des chevaux » ou encore « la retraite de Marc ». C'est un manoir gris ardoise, beau et austère, protégé par un grand portail.

Ned, un des petits-fils de Daphné, m'a appris à quel point la demeure avait été modifiée et agrandie. Elle ressemble peu à celle qu'il connut, petit garçon, quand sa grand-mère, « Track », y vivait. Depuis vingt ans, les propriétaires actuels, horticulteurs passionnés, ont fait installer une piscine, un court de tennis, aménagé de somptueux jardins et fait construire des pavillons aquatiques qui jouissent d'une renommée internationale.

La nouvelle maîtresse de Kilmarth m'a confié que vivre ici est un bonheur quotidien. Ses amis appellent même la maison le « sanctuaire Kilmarth ». Elle n'a pas senti la présence de Daphné entre ces murs, mais lors de son emménagement, il y a vingt ans, un de ses teckels n'a jamais voulu pénétrer dans l'ancienne chambre de Lady Browning. C'est seulement lorsque le plancher a été recouvert d'un tapis que le chien a pu entrer dans la pièce. Interrogé à ce propos, Kits, le fils de Daphné, a répondu avec son humour habituel qu'il devait s'agir d'une rivalité entre les fantômes des westies de sa mère et le petit teckel.

Kilmarth, c'est la maison sur l'eau, tournée vers la lumière et le large. La mer frappe à la porte, omniprésente, l'océan que Daphné aimait tant, où elle se baignait chaque jour dès que la météo le permettait. C'est ici, devant le manoir, qu'elle faisait ses promenades journalières, le long des falaises tapissées d'herbe grasse, d'ajoncs et de bruyère, suivie d'un westie trottinant. À Kilmarth, la maison du dernier rivage, Daphné communiait avec la nature et l'eau. La vue sur la baie de Saint Austell n'a pas dû tant changer en vingt-cinq ans. Le vent salé et vif déplace les nuages qui laissent jaillir le pâle soleil de novembre. C'est comme si Daphné se tenait à mes côtés, une ancienne casquette de Tommy sur ses cheveux blancs. Je sais qu'elle ne manquait jamais d'observer les oiseaux, qu'elle savait distinguer les courlis, les chardonnerets, les bruants jaunes, qu'elle guettait les cormorans et le martin-pêcheur. En gravissant la rude pente qu'elle surnommait la «colline de la Thrombose», elle admirait les arbres, les Moorland tordus par la force de la houle, à l'apparence étrange de sorcières échevelées, les araucarias, curieux conifères au rameau piquant, et les houx qui se dessinent avec fierté contre le ciel tempétueux.

Mon pèlerinage s'arrête ici.

Juillet 1969. Quitter Menabilly. Cela fait quatre ans qu'elle a tenu, quatre ans que les Rashleigh ont tergiversé depuis la mort de Tommy, le 14 mars 1965. Il y a eu un accord imprécis, flottant, dont elle a profité, on ne pouvait pas lui réclamer son départ, elle venait de perdre son époux, cela aurait été inhumain, mais aujourd'hui, en ce mois de juin 1969, Daphné sait qu'elle n'a plus le choix. Les travaux d'aménagement de Kilmarth sont finis depuis longtemps, tout est prêt, la nouvelle maison l'attend. Le problème, c'est qu'elle ne peut pas, ne veut pas s'en aller.

Depuis des semaines déjà, la plupart des meubles sont partis petit à petit pour Kilmarth, dans la camionnette du brave M. Pascoe, indispensable homme à tout faire. Daphné est assistée dans cet éprouvant déménagement par ses enfants, par Esther, Oriel et Tod, remarquable d'énergie à plus de quatre-vingts ans. Impossible de déterminer un jour précis pour son départ, pas question de choisir quelle sera sa dernière nuit à «Mena». En attendant cet envol, Daphné a passé des heures dans le grand salon dépeuplé, à écouter le silence du manoir vidé, immense coquille creuse où sa vie s'inscrivait en filigrane sur les murs. Elle se revoyait, il y a quarante ans, jeune fille fascinée par la demeure abandonnée, le visage collé aux vitres poussiéreuses, puis mère de famille, prenant triomphalement possession des lieux en 1943, si fière, si heureuse d'être la maîtresse de Menabilly, favorisant l'ensorcellement de la maison, qu'elle était seule à ressentir; elle songeait à son mariage fragilisé par les répercussions de la guerre et le douloureux retour de Tommy.

Jamais Daphné n'oubliera ce funeste matin de mars 1965, lorsque l'infirmière était venue la chercher. Elle qui avait tant écrit sur la mort, qui l'avait mise en scène si souvent dans ses livres, s'était trouvée face à une effrayante réalité qui la bouleversa. Lorsqu'elle était entrée dans la chambre, Tommy avait juste eu la force de tourner son visage vers elle, il était blême et méconnaissable, et la mort l'avait saisi à cet instant. La dernière chose que Tommy avait dû voir, c'était le regard bleu de son épouse. Ce fut l'affolement. Une des infirmières téléphona au médecin, l'autre essaya de réanimer Tommy par un bouche-à-bouche. Daphné tenta à son tour, encore et encore, mais elle savait, tandis qu'elle soufflait à travers ses lèvres froides, que cela ne servait plus à rien, que les yeux grands ouverts de Tommy, les belles prunelles vertes étaient devenues vitreuses, sans vie. Entre ses bras, elle tenait son homme inanimé, son Boy parti à jamais, le père de ses trois enfants, celui à qui elle avait dit oui, trente-trois ans auparavant, dans la petite chapelle de Lanteglos. Le médecin arriva enfin, mais c'était fini. C'était trop tard. Daphné se tenait au chevet du lit, silencieuse, épouvantée, elle se rappelait ses mots idiots du soir avant, *Mais oui, tu vas dormir, Duck*, et elle se demandait, si elle était restée la nuit entière à veiller sur lui, est-ce que cela aurait changé la donne, aurait-elle pu le sauver? Elle n'aurait jamais dû le laisser, elle n'aurait jamais dû aller se coucher.

Il avait fallu appeler les enfants, tout de suite, même s'il était encore tôt. Tessa était partie accompagner sa fille de dix ans à une nouvelle école dans le Berkshire, elle était sur la route, et Daphné avait dû laisser un message pour elle à la directrice du pensionnat. Elle avait eu l'impression qu'une partie de son cerveau fonctionnait machinalement, tandis que l'autre était engourdie, assommée. La partie machinale demanda au médecin une autopsie pour confirmer le diagnostic de thrombose coronaire. La partie engourdie, submergée par les émotions, pensait déjà au texte de l'annonce qu'elle allait devoir faire passer dans le *Times*, elle savait que Tommy voulait une cérémonie strictement familiale, pas de messe, une crémation (à laquelle elle n'assisterait pas) et que ses amis puissent faire des dons aux associations pour les forces aériennes, ses « paras » chéris, ses héros, les pilotes de planeurs. Le 11 janvier 1966, Daphné avait écrit à Mlle Verrier, la propriétaire de l'hôtel Les Glycines, à Saint-Christophe-sur-le-Nais. Elle avait tapé sa lettre en français. *Hélas, j'ai subi une année bien pénible. Mon cher mari est mort au mois de mars dernier, à la suite d'une bronchite et de deux opérations. Il a beaucoup souffert, avec tant de courage. À présent je m'ajuste aux circonstances, et ma santé est bonne. Je suis toujours ici à Menabilly avec les deux chiens, qui m'aiment avec leurs cœurs fidèles. Comment va votre petit chien à vous ?*

Avant de quitter Menabilly pour de bon, Daphné avait marché lentement dans l'enfilade des pièces vides, passé sa main sur la rampe de l'escalier. Tout était empaqueté, emballé, mais sa vie était encore ici, elle la sentait virevolter comme un insecte cherche la lumière. Elle revoyait son dernier Noël passé seule avec Angela, son dernier anniversaire fêté à « Mena » en mai avec Tod, Kits et Hacker. Elle avait monté les marches, caressé les murs, contemplé sa chambre, là où elle avait écrit avec frénésie et désir, là où elle avait rêvé, imaginé, construit ses romans dans sa tête. Dans un futur lointain, peut-être qu'un habitant de Menabilly capterait ce qu'elle avait laissé derrière elle, ces infimes particules d'inspiration qui estampillaient les murs d'un sortilège secret.

Quitter « Mena ». Sortir du manoir pour la dernière fois, faire comme si elle allait se promener avec ses chiens sur la plage, se persuader que tout à l'heure, elle reviendrait, sifflotante, elle prendrait une tasse de thé dans la bibliothèque, en lisant son courrier ou les journaux. Fermer la porte, entendre son grincement qu'elle distinguerait entre mille, sentir sous sa paume cette épaisse poignée qu'elle pourrait dessiner les yeux fermés, ne pas se retourner, surtout ne pas se retourner. Ne pas regarder la façade, s'éloigner à grands pas de ces murs où elle venait de passer vingt-six ans de sa vie, ces murs qui avaient donné naissance à tant de livres, qui avaient vu décéder Tommy. C'était ici, elle le savait, qu'elle avait été la plus heureuse. Quitter « Mena », c'était mourir un peu.

Comme c'est étrange de se dire que cette courte allée, ce portail blanc, cette maison carrée en pleine lumière, à la façade ardoisée, c'est chez elle désormais. Ces quelques marches, ce porche, ces plantes en pots arrangées par Tod, cette entrée décorée avec l'arc et les flèches de Tommy et les cannes aux pommeaux baroques de Gerald, c'est bien sa nouvelle demeure. Le salon est à la droite du hall, la salle à manger et la bibliothèque, à gauche. Lorsque toutes les portes sont ouvertes, cela donne l'impression d'une longue pièce au tapis orange, comme à Menabilly, mais en plus lumineux. Daphné est fière de la cuisine moderne, claire et chaleureuse, le domaine de sa chère Esther, car son propre talent culinaire est toujours inexistant. L'année dernière, en octobre 1968, Esther avait perdu son mari Henry, décédé après une hépatite, âgé seulement de trente-six ans, un événement qui avait affecté Daphné, très attachée à sa jeune gouvernante de maison qui savait si bien gérer son quotidien. Esther vit désormais avec son fils, dans les étables avoisinantes aménagées en cottage.

À Kilmarth, Daphné a fait installer une aile séparée, prête à accueillir les petits-enfants, où ils pourront y faire tout le bruit qu'ils désirent, leur grand-mère ne les entendra pas. Au sous-sol, dans une niche de la vaste cave voûtée, Daphné s'est créé une petite pièce privée, une sorte de chapelle personnelle. Elle aime s'y retirer, seule, pour méditer. Il y a un autel rudimentaire, un crucifix, des reliques ecclésiastiques, et chaque semaine, Daphné y installe des roses fraîches. Dans le jardin, il y a beaucoup à faire, des fleurs à planter, des ronces à enlever. La coque de l'*Yggy* a trouvé sa place sur le gazon et sera repeinte au printemps prochain.

À soixante-deux ans, c'est un nouveau départ. Il n'est pas facile Ses «routes*» lui manquent, il va falloir en trouver des nouvelles. Daphné se sent désorientée, erre entre les meubles élimés de «Mena» qui semblent aussi perdus qu'elle dans ce décor ensoleillé et coloré, parmi les tapis et chintz flambant neufs choisis par Tessa et Flavia. Elle aime flâner sur la pelouse envahie de papillons, où elle admire le soleil couchant, abritée dans un ancien cabanon d'été construit par ses prédécesseurs, dont une dame du siècle dernier qui, paraît-il, élevait des paons, mais l'endroit où elle se sent le mieux, c'est sa chambre, comme la proue d'un bateau qui surplombe la mer par deux grandes fenêtres. Depuis sa première nuit, Daphné se tient là, debout, face à «sa» vue, apaisée par l'immensité bleue qui se déroule devant elle, par ces bateaux qui passent au loin.

Daphné entend Esther en bas, dans la cuisine, qui prépare le déjeuner. Qu'aurait-elle fait sans son soutien si précieux ? À la mort de Tommy, Esther l'avait aidée à répondre aux centaines de lettres postées du pays entier. Maureen était venue prêter main-forte également. Le décès du lieutenant-général Sir Frederick Browning avait été annoncé sur la BBC, et les hommages furent nombreux. La reine et son mari envoyèrent une lettre de condoléances, suivie de près par celles du général Eisenhower et de l'amiral Mountbatten. Les messages de soutien affluèrent en masse, de la part des Grenadier Guards, l'ancien régiment de

Tommy, de la part des troupes aéroportées qu'il avait fondées, et d'une foule d'anonymes que Daphné ne connaissait pas, mais qui avaient apprécié son époux. Elle se revoit, à « Mena », face à ces monceaux de courrier, à la fois troublée et émerveillée par ces témoignages de sympathie. Certaines lettres furent des surprises, comme celle de Paddy Puxley, la femme de Christopher, qu'elle n'avait pas revue depuis 1941, et celle, étonnamment chaleureuse, de Philip Rashleigh, l'héritier de Menabilly. La seule bonne nouvelle dans ce printemps si triste, marqué par la dispersion des cendres de Tommy dans le jardin près de sa hutte et des jonquilles qu'il aimait tant, fut l'annonce de la grossesse de Hacker. Maintenant, Frederick va sur ses quatre ans, et son petit frère Robert est né en 1967, une autre occasion de se réjouir. Ces petits Browning blonds comme les blés font le bonheur de Daphné, et l'accident de voiture qu'ils ont eu en novembre dernier près de Londres à cause d'un chauffard, alors que leur nanny était au volant, l'avait bouleversée. Heureusement qu'ils s'en étaient remis.

Déjà quatre étés sans Tommy. Mais celui qui s'annonce, le cinquième, celui de 1969, sera le premier qu'elle passera à Kilmarth. Peut-être le plus difficile. Elle ne sait pas encore. Ses nouveaux invités vont bientôt arriver, Oriel est attendue dans quelques jours, elle dormira dans la chambre rose, dans le lit à baldaquin qui appartenait à Gerald. Tessa viendra avec ses enfants adolescents, Marie-Thérèse, dite « Pooch », quatorze ans, et Paul, treize ans, mais sans son ex-mari, le divorce a été prononcé l'année dernière, en 1968. Puis ce sera au tour de Flavia, accompagnée de son fils, Rupert, dix ans, sans oublier les petits blonds de Kits et Hacker, les plus jeunes. Ça fera du bruit, de la vie, de l'animation, elle en a certainement besoin.

À Kilmarth, lors de ses promenades en bord de mer, Daphné pense souvent à ce texte sur la mort et le veuvage qu'elle rédigea un an après la disparition de Tommy, et qui était paru dans plusieurs journaux, dont le numéro d'avril 1966 de *Marie-France*. Quelques extraits lui reviennent en mémoire alors qu'elle marche. *J'aimerais dire à ceux qui subissent un deuil (je parle en mon nom, de ma propre expérience) qu'il faut envisager chaque jour comme un défi, une épreuve de courage. La douleur viendra par vagues, pour une raison inconnue, et certains matins seront pires que d'autres. Acceptez cette douleur. Ne luttez pas contre elle. Ne la dissimulez pas, surtout à vous-même.*

Tommy aimait cette maison plus qu'elle, il aurait voulu vieillir ici à ses côtés, face à la mer. Sa solitude, Daphné a appris à l'apprivoiser, soutenue par la tendresse de ses filles, par la nouvelle maturité de Kits. Très vite, elle a voulu avancer seule, ne pas dépendre de ses enfants. Mais elle se souvient des instants difficiles, quand elle regardait les affaires de Tommy, son manteau encore sur la chaise, son chapeau dans le hall, ses gants, sa canne, ses revues nautiques. Elle n'avait trouvé qu'un moyen pour atténuer sa douleur, prendre possession des objets de Tommy, les toucher, se les approprier. Elle enfilait ses chemises, s'installait à son bureau, utilisait ses stylos pour répondre aux lettres de condoléances. Pendant un an, elle n'avait porté que du noir et du blanc. Mais les soirées sans Tommy restaient les plus pénibles, elle se souvenait du rituel de la tisane, les quelques morceaux de sucre distribués aux chiens, la courte prière que Tommy récitait chaque soir. Souvent, elle avait été gagnée par les larmes, elle qui avait peu pleuré, même dans son enfance.

Quand Daphné pense à Tommy, comme à cet instant précis, le soleil de Kilmarth plein les yeux, le regard rempli de bleu, elle aime croire qu'il est apaisé, qu'il a retrouvé ses parents, ses compagnons de guerre, qu'il ne souffre plus, qu'il est en paix.

Écrire ? Tous ces gens qui lui avaient susurré, compatissants, à la mort de son mari en 1965, *mais vous n'êtes pas seule, vous avez vos livres*, elle avait eu envie de les gifler. Comme si elle était capable avec une baguette magique de faire surgir des personnages imaginaires qui seraient l'antidote parfait selon eux à la désolation du deuil. Avant de se remettre à écrire, il avait fallu apprivoiser sa vie solitaire. Conduire à nouveau par exemple, se retrouver au volant d'une petite automatique rouge, une DAF, extraordinaire sentiment de liberté. Trente ans qu'elle n'avait pas touché à un volant ! Kits l'avait poussée à reprendre des leçons, elle s'était un peu forcée, mais une fois prête, elle avait ressenti l'aventure comme une victoire. Elle aimait rendre visite à Jeanne et Noël, dans le Dartmoor, à Angela, à Ferryside, faire des courses elle-même pour la première fois depuis sa jeunesse.

Menabilly semblait immense sans son mari. Daphné accepta des visites, pour ne pas s'y sentir trop seule, Ellen était venue en mai, peu après le décès de Tommy. Une joie de la revoir, mais elle avait dû constater que son amie de cœur était devenue bien placide. Et dire que cette digne septuagénaire qui vivait à présent à Honolulu et qui sirotait gentiment son Cointreau blanc avant le dîner avait été le centre éblouissant de son univers, il y a vingt ans. La pétillante Esther avait beaucoup plu à Mme Doubleday qui lui offrit une broche en or sertie d'un segment de lave de Hawaï. Ellen était persuadée que Daphné serait heureuse à Kilmarth, qu'elle pouvait en faire une maison de rêve. Daphné l'avait écoutée, réconfortée, mais à vrai dire, c'était encore trop tôt pour quitter Menabilly. Et trop tôt pour recommencer à écrire.

En septembre 1965, le choc ! Kits avait pris des clichés d'elle, puis un photographe professionnel était venu de Saint Ives pour une autre séance *J'ai failli pleurer quand je les ai vues*, écrivit-elle à Oriel. *Pauvre Track* ressemble à une paysanne de quatre-vingt-dix ans, bien plus vieille et plus décatie que Lady Vyvyan. Je me savais ridée, mais pas à ce point-là !* Kits lui annonça sans ménagement : *Tu dois réaliser que tu fais beaucoup plus âgée que tes cinquante-huit ans.* Il avait raison. Était-ce la mort de Tommy qui l'avait ainsi marquée ? Non, elle l'avait déjà discerné lors des photos pour *Marie-France*, il y a six ans. *La seule façon de l'accepter, c'est me persuader que je tiens de mes aïeux[1], ces souffleurs de verre, paysans ratatinés à quarante ans, voûtés et enroulés dans leurs châles, à porter des seaux d'eau à leurs vaches.*

L'après-Tommy s'était écoulé doucement à Menabilly entre visites d'amis et de sa famille, et des lectures. Daphné avait aimé *Une mort très douce* de Simone de Beauvoir, lecture délicate qui lui rappela le décès de sa mère. Elle accepta un premier voyage en septembre 1965, avec Jeanne, à Venise. À l'hôtel Monaco, elle avait goûté au bonheur d'être en compagnie de sa sœur discrète et bienveillante. Les renfoncements secrets de la Sérénissime, le ballet des gondoles et les palais du Grand Canal l'avaient fascinée. Mais se lancer dans l'écriture d'un livre lui

---

1. En français dans le texte.

avait paru inconcevable, surtout après les mauvais chiffres du *Vol du faucon* annoncés par Victor, à peine 20 000 exemplaires vendus, et il y avait cette romancière dont tout le monde parlait, sa nouvelle rivale, une certaine Mary Stewart, celle qui empiétait sur son territoire avec des romans empreints de noirceur, et de suspense. De quoi la décourager de se remettre à travailler.

Lors du Noël pluvieux de 1965, Daphné avait eu une idée. Pas vraiment un roman, mais une façon de retourner vers l'écriture par le biais d'un album imaginé autour de son amour pour la Cornouailles. Elle signerait les textes illustrés par les photographies de Kits, directeur d'une petite société qu'ils avaient montée tous deux, Du Maurier Productions. Ensemble, ils avaient déjà travaillé sur le script d'un film commémorant le centenaire du poète irlandais Yeats. Les éditeurs de Daphné avaient donné le feu vert après de longues tractations. Elle avait pu donner libre cours à sa passion pour la Cornouailles, raconter comment l'inspiration née de cette côte rocheuse avait donné naissance à presque tous ses livres. Elle s'exprima également, souvent avec virulence, sur le tourisme qui saccageait la beauté des plages, dénonçant ceux qui polluaient sans aucun respect pour la nature. Dans une lettre à son ami l'écrivain Leo Walmsley, également cornouaillais, elle écrivit : *Quand je descends à Pridmouth pour nager tranquille, je tremble de rage devant ces hordes de gens et leurs transistors.*

Pendant trois semaines, Kits et elle sillonnèrent la région, descendirent jusqu'à la péninsule du Lézard vers le sud, retracèrent au nord les pas de Mary Yellan sur les landes de Bodmin, sans oublier les excursions faites avec Tommy autour de la légende de Tristan et Yseut. Le soir, ils se retrouvaient au coin du feu des auberges d'étape, une bière pour Kits, un whisky pour Daphné, afin de planifier, cartes à l'appui, leur trajet pour le lendemain, et Daphné racontait les contes et légendes de chaque lieu. C'était la meilleure façon pour elle de remettre le pied à l'étrier, en compagnie de celui qui savait lui communiquer sa joie de vivre et déclencher ces délicieux fous rires. Ce parcours avec Kits raviva des souvenirs d'enfance, une lointaine villégiature à Mullion Cove lorsqu'elle était petite fille, un lieu qu'elle trouva bien changé, une plage bondée, jonchée de détritus. À la fin de la rédaction du livre en août 1966, vécue comme un vrai plaisir, Daphné se doutait que le chemin vers un nouveau roman allait être long.

Angela, quant à elle, publia un livre au même moment, sa deuxième autobiographie, *Les vieilles filles se souviennent*, et les quelques lignes dans la presse furent clémentes. Le *Western Mail* écrivit : « Mlle du Maurier possède une forte personnalité et des opinions décidées. Elle est capable de nous pousser à lui répondre tout haut, et parvient avec panache à engendrer une conversation au lieu d'un monologue. » Derrière l'humour étincelant d'Angela, l'émotion surgissait. *Daphné et moi avons partagé tous nos secrets et nous le faisons encore.* Daphné avait lu avec plaisir ses mémoires classés par ordre alphabétique, avec un sommaire en apparence superficiel, qui pouvait faire sourire : A pour Âge, B pour Beauté, H pour Hôtels, J pour Jalousie, P pour Parents, S pour Sœurs, T pour Théâtre, V pour Voyages, etc. *C'est vrai, cela m'est égal de vieillir. Mais je hais le mot soixante.*

À Kilmarth, les orages d'été sont encore plus spectaculaires qu'à Menabilly. Le vent hurle autour de la maison, les vagues écumantes se jettent sur la falaise, le tonnerre fait trembler les fondations, et les éclairs lancent des zébrures folles sur la mer démontée. Daphné n'a pas peur, elle a toujours aimé ce spectacle de la nature qui se déchaîne, et se tient face à sa fenêtre comme un capitaine à la barre, son westie à ses pieds.

Sur sa table de nuit, repose l'enveloppe reçue cette semaine, estampillée d'un sceau royal. À sa grande surprise, Daphné a été nommée « Dame commandeur » par la reine pour services rendus à la littérature, une des plus hautes distinctions du royaume. Le 23 juillet 1969, elle est attendue à Londres lors d'une cérémonie pour recevoir son insigne des mains d'Elizabeth II. Famille, amis et lecteurs applaudissent cette consécration, mais Daphné y met une certaine distance. Tout d'abord, ce titre de « Dame » la fait sourire, et « Dame Daphné », encore plus. Nico Llewelyn Davies, son cousin, lui avoue avoir avalé son œuf à la coque de travers en lisant la nouvelle dans le journal, ce qui la fait rire davantage. Tommy et Gerald auraient été si fiers d'elle, Alec Guinness et Lord Mountbatten lui écrivent tous deux en ce sens. Se servir de ce nouveau titre ? Pas question. Mais au fond d'elle-même, Daphné en est fière. Comme elle est fière de l'accueil critique de son dernier roman, *La Maison sur le rivage*, inspiré par sa nouvelle demeure, Kilmarth.

Tout avait commencé en 1966, lorsque Daphné avait visité le manoir avec ses architectes pour planifier les travaux d'aménagement. Elle s'était intéressée à l'histoire de la vieille bâtisse qui surplombe la mer, avait su grâce à M. Thomas, de l'Old Cornwall Society, que les fondations de Kilmarth dataient du XIVe siècle, que des marchands vivaient ici au Moyen Âge, dont un certain Roger Kylmerth, en 1327. Elle avait appris l'existence d'un ancien monastère à l'obscure notoriété situé tout près, à Tywardreath, peuplé de moines français aux pratiques douteuses. La mémoire des murs était venue la titiller, même si ce n'était pas avec la même intensité qu'à Menabilly. Le locataire précédent était un professeur assez connu, un dénommé Singer, et dans la cave où il faisait des expériences scientifiques, Daphné avait trouvé des vestiges macabres, des embryons d'animaux préservés dans des jarres poudreuses, dont un veau à deux têtes, et d'autres bizarreries. Plus elle se rendait à Kilmarth pour les travaux, plus elle flairait un nouveau roman entrelaçant passé et présent à travers cette maison dépourvue du mystère magnétique de Menabilly, mais qui parvenait à l'intriguer. Elle ne s'était pas mise au travail tout de suite, elle avait laissé le livre se développer dans sa tête.

Tessa avait insisté pour emmener sa mère en voyage au printemps 1966, car Daphné n'avait pas quitté Menabilly depuis son escapade à Venise avec Jeanne. Elles choisirent la Grèce, où Daphné s'était rendue avec bonheur en 1952 avec sa chère Clara Vyvyan. Tessa avait dû user de patience et de tendresse pour apaiser sa mère, car voir du monde sur le bateau, tous ces inconnus, paniquait Daphné d'avance, comme la jeune fille timide d'antan. Elle craignait d'être vite lassée des gens, mais avec le soutien de Tessa, et le fait que tous savaient que la célèbre romancière était à bord et qu'il fallait respecter son intimité, Daphné s'amusa. Elle fit la connaissance d'un couple qu'elle trouva captivant, Sir John et Lady Wolfenden, et se laissa même aller à danser, ce qu'elle n'avait pas fait depuis des années. Les visites de lieux qu'elle avait toujours voulu voir, comme Délos, furent le temps fort du circuit et Daphné rentra bronzée et détendue.

Une triste nouvelle l'attendait à Menabilly en août 1966, celle de la mort de Fernande Yvon, à soixante-treize ans. Ferdie était souffrante depuis des mois, enchaînait pleurésies et bronchites, hospitalisée à l'Hôpital américain, à Neuilly, près de Paris. Tessa, qui la voyait régulièrement et qui ressentait une grande affection pour elle, lui avait rendu visite l'année précédente. Amaigrie, les cheveux poivre et sel, Ferdie avait espéré en vain la visite de Daphné, elles ne s'étaient pas revues depuis plus de dix ans. À l'annonce de sa disparition, Daphné s'était sentie triste, mais sans plus. C'était comme si la mort de Tommy l'avait endurcie. Pendant quelques jours, elle avait pensé à Fernande, à leur histoire, à leur amitié qui avait duré quarante ans. Elle revoyait leur complicité, leur tendresse, Camposenea, La Bourboule, Trébeurden, « Les Chimères », mais la page était désormais tournée. Fernande Yvon était sortie de sa vie. Lorsque Daphné apprit par les notaires du Mesnil-Saint-Denis qu'elle était l'héritière du mobilier de Mlle Yvon, Daphné avait tout transmis à Tessa, au nom de l'amour de sa fille aînée pour la France.

Un autre décès la marqua avec la même tristesse fugace, celui de Victor Gollancz, le 8 février 1967, suite à une maladie brutale. Là aussi, une page de trente-trois ans se tournait. Son éditeur, qui avait pourtant été l'artisan de son immense succès, l'avait agacée ces dernières années, à toujours insister sur ces publicités tape-à-l'œil qu'elle trouvait vulgaires, au détriment de son travail littéraire. Mais elle savait bien qu'elle perdait un mentor de taille, un allié indéfectible. Jamais elle n'oublierait cette lettre datée du 21 octobre 1935, où Victor lui écrivait qu'il était *absolument enchanté* par *L'Auberge de la Jamaïque*. Qui allait pouvoir prendre la relève de Victor ? Qui allait savoir la comprendre, elle, romancière si complexe et si farouche ? La fille de Victor, Livia Gollancz, avait tant bien que mal repris les rênes de la maison d'édition après le décès de son père. C'était elle qui avait publié, à l'été 1967, l'album de Daphné et Kits sur la Cornouailles, un ouvrage personnel et engagé qui, même s'il fut tiré à seulement 7 000 exemplaires, obtint la faveur de la presse et des lecteurs, divertis par ce métissage original d'un parcours littéraire et historique. Kits avait décidé, après ce succès, d'en faire un film, financé par Du Maurier Productions, une nouvelle occasion de collaborer avec sa mère.

La Maison sur le rivage fut le dernier roman que Daphné écrivit à Menabilly, dans sa hutte, entre 1967 et 1968. Il mettait en scène sa future demeure, Kilmarth ; sans doute tentait-elle d'apprivoiser par l'écriture ces murs encore inconnus. Elle s'était jetée dans son travail avec le même appétit que pour *Le Bouc émissaire*, dix ans auparavant. C'était son alter ego masculin, Éric Avon, qui parlait à la première personne à travers Dick, prénom qu'elle avait déjà choisi pour son deuxième roman, *Jeunesse perdue*. *Il me semble que je réfléchis mieux lorsque je prends le «je»*, avait-elle avoué à Oriel. Au début du livre, Dick Young, jeune professeur de biochimie, s'installe seul dans la maison cornouaillaise de son confrère biochimiste, le respecté Magnus Lane, afin d'y mener quelques expériences clandestines en tant que cobaye volontaire pour une nouvelle drogue révolutionnaire découverte par ce dernier. Il s'agit d'une substance illégale qui permettrait de se transporter dans le passé, mais dont on ne connaît pas les effets secondaires. Lors d'un premier essai, Dick se trouve plongé en plein Moyen Âge. Est-ce une hallucination ? La réalité ? Devenu dépendant, le jeune homme ne peut plus se passer de ces voyages spatio-temporels qui empiètent sur sa vie de tous les jours, ce qu'il voit et comprend du XIVe siècle prend une importance démesurée et inquiétante dans son esprit.

Lors de ses recherches, Daphné était partie explorer les pâturages et fermes autour de Kilmarth au volant de sa petite voiture rouge, munie de jumelles. *Je suis sûre que les habitants du coin doivent me prendre pour une espionne,* avait-elle écrit à Oriel. *Très enfantin de ma part, vraiment, comme ces jeux sur le Heath, à Hampstead, lorsque j'étais petite ! On revient toujours à ses premiers amours*[1]. À force d'étudier cartes et documents, Daphné comprit comment le paysage avait pu changer, s'était transformé pendant les derniers siècles. Le niveau de l'eau avait varié, le cours des ruisseaux s'était modifié. Il lui fallait connaître parfaitement cette topographie médiévale et nommer les lieux-dits et villages par leurs anciennes appellations afin de rendre plausibles les pérégrinations de son héros. Marié à une Américaine autoritaire, Dick aura du mal à faire croire à son épouse qu'il travaille sagement chez Magnus. *Il ne peut plus s'arrêter,* Daphné avait expliqué à Oriel, *et sa femme n'y comprend plus rien, elle imagine qu'il boit, ou qu'il a une maîtresse.* Oriel, à Paris, subissait les soulèvements étudiants de Mai 1968, qu'elle décrivait dans ses lettres : *Une ville inquiétante et vide, aucune lumière dans les rues à part le clair de lune, pas âme qui vive, chaque café et magasin barricadé. Pas de taxis, la grille du métro baissée.*

Loin de l'agitation parisienne, Daphné poursuivait son roman, certaine de tenir un sujet original. Ses recherches dans

---

1. La dernière phrase est en français dans le texte.

les archives paroissiales lui avaient fourni des documentations précieuses concernant les familles du Moyen Âge aux patronymes qui la faisaient rêver : les Champernoune, Kylmerth, Bodrugans et Carminowes. Comme elle l'avait fait pour *Le Général du roi*, elle mêla l'histoire à la fiction, pour un résultat des plus réussis. Tous les sujets qui lui tenaient à cœur se rassemblaient sous sa plume : la psychologie, les avancées de la science, le poids de l'histoire et le « rêver-vrai » cher à son grand-père, Kiki. Sheila, sa fidèle éditrice, était venue la voir à Menabilly au moment où Daphné terminait le roman, au début de l'été 1968. Ensemble, elles avaient visité les terrains autour de Kilmarth, Daphné coiffée de sa casquette et armée de son bâton de marche. Sheila fut impressionnée par sa vigueur et l'étendue de son savoir. L'autre événement inoubliable de l'été 1968 fut la cérémonie célébrée en l'honneur de Tommy, à Aldershot, dans le Hampshire, par le Parachute Regiment. Daphné s'y rendit, accompagnée par Tessa, Kits et Hacker. Trois parachutistes atterrirent précisément à ses pieds, et l'un d'eux lui présenta une statuette en bronze à laquelle elle restera très attachée.

En janvier 1969, six mois avant son déménagement à Kilmarth, Daphné avait écrit de nouveau à Mlle Verrier, son amie de l'hôtel des Glycines. *Je vous demande pardon. Il y a longtemps que j'aurais dû vous écrire et voilà maintenant une si gentille lettre de votre part et je vous remercie infiniment. La prochaine fois que je me rendrai en France, je vous promets que Saint-Christophe-sur-le-Nais sera mon objet, mais hélas, quand ce projet se réalisera, c'est autre chose ! Voici la photographie que vous auriez dû avoir depuis longtemps – mon fils et moi-même, le livre que nous avons fait ensemble est sous mon bras, et tout à fait au fond, la photographie de mon grand-père, George Busson du Maurier, écrivain et artiste !* Au même moment, Daphné avait reçu à «Mena» la visite de la veuve de son éditeur, Ruth Gollancz, une femme de soixante-dix-huit ans, digne et perspicace, avec qui elle avait parlé du deuil. Daphné écrivit à Oriel : *Ruth m'a dit qu'elle comprenait cette impression de passer à côté des choses, d'être «muraillée*» par les amis du défunt époux. Courageusement, elle se tourne vers d'autres centres d'intérêt, va à des conférences, suit des cours, choses qu'elle n'avait jamais faites, et c'est judicieux.* Précisément ce que Daphné elle-même apprenait à faire en quittant Menabilly.

Daphné prend enfin ses marques à Kilmarth en août 1969. Il y avait eu cette première passation avec les Rashleigh, qu'elle avait décrite à Oriel en avril : *Philip Rashleigh et sa mère sont venus déjeuner et je leur ai fait le grand tour de «Mena». Pauvre Philip, si «pluiche*» et tremblotant, mais la petite mère plutôt mignonne, fragile et reconnaissante. Très gentille lettre de leur part après. Comme quoi j'ai eu raison de tendre l'autre joue.* Mais, désormais, passer devant les grilles de «Mena», c'est comme passer devant une tombe, sensation lugubre et oppressante, et Daphné retrouve l'accueil lumineux de Kilmarth avec soulagement.

La Maison sur le rivage est acclamé dès sa parution. Le magazine *Good Housekeeping* compare Daphné à «une virtuose capable de faire surgir comme par magie la tragédie, l'horreur, le suspense, le ridicule, la vanité, le chimérique». Le *New York Times* surenchérit : «*La Maison sur le rivage* est du meilleur cru du Maurier. Personnages ancrés dans la réalité, chroniques du passé convaincantes, sa prouesse est telle qu'on brûle d'envie de goûter à la fameuse potion.» L'édition anglaise comporte en couverture une jolie illustration signée Flavia Towers, ce qui rajoute à la fierté de Daphné, et le livre entre directement sur la liste des meilleures ventes, autre satisfaction.

Dès ce premier été ensoleillé, Daphné a l'impression que Kilmarth l'étreint avec douceur et compassion. Elle commence à aimer cette maison. Pourra-t-elle y écrire ? Et d'ailleurs, où ? Il n'y a pas de hutte, et le petit cabanon d'été ne ferait jamais l'affaire en plein hiver. Difficile de trouver l'endroit où elle serait capable de s'installer une fois l'envie revenue. Elle n'y pense pas pour le moment, accueille ses petits-enfants en août, fait remarquer avec ironie à Oriel que les « Zulus* », adolescents, ne savent pas comment s'occuper. *Ils ont beau avoir des vélos, des bus qui partent en haut de la colline pour Fowey et Saint Austell, ils ne font que se vautrer sur leurs lits à écouter de la pop music. Un livre n'est jamais ouvert, la marche et la voile les ennuient, du coup je ne sais plus quoi faire !* Une fois seule, munie d'une vieille couverture, Daphné va s'allonger en fin de journée près du mur, au fond du jardin, vers la mer. Une sensation de paix et de liberté l'envahit. En suivant le parcours d'un avion lointain dans le ciel bleu, elle se sent pleinement heureuse pour la première fois depuis longtemps.

Elle accepte une interview pour le magazine anglais *The Lady*, et pose fièrement dans sa nouvelle cuisine et dans le jardin. Chaque matin, elle répond à son nombreux courrier sur sa machine à écrire Adler. Esther l'aide parfois. Des lettres arrivent du monde entier, Daphné lit tout et répond à tout. Même si elle ne fait aucune dédicace, n'apparaît jamais dans une librairie, elle apprécie ce contact avec ses lecteurs. Parfois, des « fans », comme elle les appelle, viennent jusqu'à Kilmarth pour faire signer un roman. C'est Esther qui leur répond, et Daphné dédicace le livre dans la maison, souvent sans les voir. C'était déjà le cas à « Mena », des lecteurs audacieux, prêts à tout pour apercevoir leur romancière préférée, sonnaient régulièrement à la porte du manoir. Elle sourit parfois en pensant à la tête des Rashleigh qui doivent faire face au flux de visiteurs imprévus munis de livres.

En rangeant des papiers après le déménagement, Daphné tombe sur son journal intime, cet ancien carnet noir qu'elle avait reçu en cadeau de Noël en 1920, et les autres, remplis de son écriture serrée. Elle prend du temps pour les relire. *C'est d'une naïveté*, écrit-elle à Oriel, *et au beau milieu de tout ça, un béguin monstre pour mon cousin Geoffrey, trente-six ans.* Toujours est-il que la lecture de ce journal la trouble bien plus qu'elle ne l'admet. Une large partie est consacrée à Fernande Yvon et à ces moments secrets et intenses passés avec elle entre 1925 et 1932. Daphné n'a pas envie que sa famille, ses amis, sans parler de ses millions de lecteurs, prennent connaissance de ces pages. Pour l'heure, elle range le journal et se promet de le garder à l'abri en attendant de trouver une solution pour qu'il ne soit pas lu avant longtemps.

1970 s'annonce bien, un nombre qui lui plaît : *J'aime le son du 7 juxtaposé au 0.* Tessa a un fiancé, David Montgomery la quarantaine élégante, les yeux vifs et bleus, fils du fameux «Monty», le général Bernard Montgomery, grand camarade de guerre de Tommy. Elle le trouve charmant, quoiqu'un peu bavard. Peut-être tente-t-il de faire bonne impression sur sa future belle-mère ? Leur mariage est prévu en début d'année.

Daphné s'installe dans ses nouvelles «routes*», reçoit des amis à déjeuner, comme l'historien Alfred Leslie Rowse, qui vient en voisin de Saint Austell. Il nourrit un petit faible pour elle, ce qui la distrait. Il a beau l'inviter chez lui en retour, elle refuse de quitter Kilmarth. Du coup, il la surnomme «Madame Non-Non», ce qui la fait beaucoup rire. Elle est toujours aussi proche de ses sœurs, qu'elle aide financièrement, autant l'une que l'autre. Pas une journée ne s'écoule sans qu'elle parle à Angela au téléphone, à Ferryside. Elle voit moins Jeanne, mais reste en contact régulier. Elle veille aussi sur sa tante Billy, la sœur de sa mère, âgée et malade, et qui s'est installée dans la région. Daphné s'occupe de lui trouver une petite maison, finance tous les soins médicaux. Au volant de sa voiture rouge, elle fonce à une telle vitesse que son fils la surnomme «La Niki Lauda de Cornouailles». Ses lettres à Oriel gardent leur esprit mordant, comme le récit de cette matinée chez le coiffeur. *J'ai enfilé une perruque bouclée, assez «menaçante*» et mon Dieu, je ressemblais à une parfaite idiote. Voyez-vous, ça n'allait pas du tout avec mon âge et j'ai eu un choc. Une des shampouineuses est entrée en coup de vent, m'a vue, et je me suis sentie ridicule. Je suis sûre qu'elle a dit aux autres après : «J'ai vu Lady Browning avec une des perruques, elle devait voir si elle faisait plus jeune.»*

En janvier et février, la pluie tombe sans discontinuer. Lorsqu'on lui propose de contribuer à l'album des cinquante ans du prince Philip, Daphné acquiesce. Son texte, «Un après-midi d'hiver, Kilmarth», relate une promenade cornouaillaise par météo désastreuse, et décrit *les nuages massifs, poussés par une force démoniaque, qui évoque une représentation surfaite de* Macbeth, puis sa propre tenue pour affronter les éléments : *Fagotée comme Tolstoï dans ses années de décrépitude : képi fourré avec rabats sur oreilles, parka rembourrée, cuissardes en caoutchouc, je me risque dehors. Moray, mon westie, fait un véloce demi-tour après avoir aperçu la couleur du ciel, mais je le force à me suivre.*

Écrire un texte drôle et enlevé l'enchante, Daphné s'y attelle plusieurs jours de suite, s'amuse à raconter comment, face à la mer, elle avait regardé les navires bloqués par la tempête au large, et levé le bras, non pas en salut, mais pour protéger ses yeux de la grêle. Lorsqu'elle était enfin rentrée chez elle après avoir lutté contre la bourrasque, une fumée noire et pestilentielle l'avait accueillie. Son feu de cheminée avait rendu l'âme, et elle avait passé le reste de la soirée avec des lunettes noires sur le nez pour éviter de larmoyer. En montant dans sa chambre, suivie du chien terrorisé par les plaintes de la houle, Daphné avait subodoré que sa nuit n'allait pas être des plus tranquilles. En effet, alors qu'elle lisait le journal dans son lit, un *ploc ploc* de mauvais augure avait humidifié l'oreiller. *Je regarde vers le plafond, et je vois au-dessus de ma tête, sans fatuité aucune, une rangée de perles tel un large chapelet oscillant sur un poitrail dévot, qui forme sans discontinuer une chaîne de gouttelettes.* La seule solution, risquer l'hernie discale et tirer son lit au sec dans l'autre coin de la chambre, sous l'œil incrédule de Moray, presque assoupi. Tout cela devant le portrait de Tommy coiffé de son béret, au sourire fringant.

Daphné écrit son texte dans le salon, faute de bureau à part. Doit-elle s'installer là pour travailler ? Ce n'est pas idéal pour se lancer dans un vrai livre, d'autant que depuis fin mars, une idée «infuse*» enfin ! Elle a envie de mettre en scène Venise, qui l'avait marquée lors de sa visite avec Jeanne, il y a cinq ans. Après l'article humoristique, c'est la noirceur qui l'attire à nouveau, une noirceur effroyable à laquelle elle se soumet avec une allégresse retrouvée. *Une histoire plutôt «nanny*» qui touche au paranormal*, confie-t-elle à Oriel. C'est face à la vue sur la mer, dans le salon, avec un bouquet de jonquilles d'un jaune éclatant à ses côtés, que Daphné se lance dans *Ne vous retournez pas*, sa nouvelle la plus terrifiante jamais écrite jusque-là.

Pourquoi la persistance de cet attrait pour les ténèbres ? Plus elle s'enfonce dans le morbide, plus elle y prend plaisir, comme lorsqu'elle était jeune fille et qu'elle rédigeait ses premiers textes. Face à autrui, elle affiche l'insouciance de son joli sourire et un rire communicatif, mais devant sa machine à écrire, elle fouille sa part la plus sombre, celle qui ne ressort que dans ses livres. Elle a toujours fait ce choix, elle s'y tiendra. Elle préfère faire peur, déranger, donner le frisson, empêcher de dormir, que de se ranger du côté du lisse, du facile, de l'évident, de l'oubliable.

Mettre en scène les deux dames du cottage Southcott à Menabilly, celles qui l'inspiraient déjà il y a vingt ans, en faire des sœurs, des vieilles filles bizarres, dont l'une est aveugle, avec un regard laiteux et insoutenable. Prendre un couple qui a subi un drame absolu, la perte d'une fillette décédée à la suite d'une méningite. Se servir de Venise, l'envers du décor, la décrépitude des anciennes façades, les culs-de-sac humides, les gondoles noires qui ressemblent à des cercueils. John et Laura pensaient se changer les idées en venant ici, ils connaîtront le pire des cauchemars en croisant la route des sœurs dans un restaurant de la lagune. Celle qui est aveugle possède des pouvoirs psychiques, et parvient à convaincre Laura qu'elle «voit» leur petite fille. La nouvelle se termine avec une chute épouvantable qui donne froid dans le dos.

C'est dans cette ambiance intérieure sanglante qu'elle prépare néanmoins un voyage en Crète avec Kits et Hacker, juste après son soixante-troisième anniversaire, en mai. Le temps de quelques achats qu'elle relate à Oriel, *un manteau camel trois quarts, et un nouveau sac*, suivis d'une consultation médicale, *Tout va bien avec mes yeux, quel soulagement, même pas besoin de changer mes lunettes. C'est tellement «pluiche*», ces visites chez l'ophtalmo, ils se mettent si près pour regarder au fond des yeux, on prie pour ne pas avoir mauvaise haleine.*

Les vacances en Crète sont les bienvenues après un hiver gris et pluvieux Dans le village de pêcheurs d'Agios Nikolaos, au Minos Beach Hotel, elle est reconnue par des lecteurs anglais, le jeune Martyn et sa tante Bernice. Daphné les trouve sympathiques et les invite à prendre un bateau le lendemain vers l'îlot de Spinalonga, en compagnie de Kits et Hacker. En rentrant en Cornouailles, elle se remet au travail, imagine une nouvelle autour de ces splendides paysages ensoleillés qu'elle vient de quitter. Le titre : *Pas après minuit*. Là encore, c'est le noir qui prend le dessus avec une trame aussi dramatique que celle mise en scène à Venise. Un enseignant solitaire, en vacances en Crète, est pris dans les filets maléfiques d'un couple d'Américains louches. Le dénouement ambigu laisse ses proches et son éditrice sur leur faim. Ne devrait-elle pas le retravailler ? Peu importe, elle enchaîne avec la pérégrination désastreuse d'un groupe de touristes anglais à Jérusalem, où chacun expiera sur son propre chemin de croix. La plus dérangeante des nouvelles est sans doute celle où une jeune actrice, après le décès brutal de son père, est confrontée à une vérité particulièrement sordide. Tod, à la lecture du recueil, s'exclame : *Ma chère... je n'aime pas trop ces histoires, la première,* Ne vous retournez pas*, est vraiment déplaisante !* Daphné ne s'en soucie pas, elle a réussi ce panachage unique du subtil et du sinistre qui la caractérise aux yeux de ses millions de lecteurs.

La naissance d'Edward, dit Ned, le 17 août 1970, troisième fils de Kits et Hacker, est une nouvelle source de joie. *Comme j'aime les garçons !* confie-t-elle à Oriel, et cette ribambelle joyeuse composée de ses petits-fils, de son filleul Toby, et du fils d'Esther, qui joue au cricket sur son gazon commence à l'inspirer pour un futur livre. Quelque chose d'amusant, pour une fois, de cocasse. Car oui, Daphné est drôle dans la vraie vie, et elle le revendique. À force d'écrire des livres terrifiants, beaucoup ne se doutent pas de l'étendue de son humour grinçant. En regardant les garçons chahuter, Daphné sourit, imagine un roman dans la lignée des *Parasites*, qui n'avait pas été compris selon elle, lors de sa parution en 1949. Elle a envie de prendre ce risque à nouveau, de changer son fusil d'épaule. Cela suffit, ces lecteurs qui lui écrivent encore à propos de *Rebecca*, trente ans après sa parution. Il faudrait que cette satanée Mme de Winter décampe une fois pour toutes, qu'elle embarque Maxim, sa nouvelle épouse nigaude, et cette maudite Mme Danvers.

Daphné choisit un large pull à col pointu, bleu, cette couleur qu'elle préfère. Elle est allée chez le coiffeur hier, sa chevelure blanche brille d'un bel éclat. Pas de fond de teint, ni de rouge à lèvres, elle se doute que l'équipe du tournage proposera une maquilleuse qui lui passera un nuage de poudre sur le visage. Pour les bijoux, elle ne change rien, juste son alliance, sa bague camée bleu-vert qu'elle porte à la main droite, un bracelet doré, sa montre, c'est tout. Même si c'est la BBC qui vient la filmer à Kilmarth une journée entière pour la première interview télévisée de sa carrière, elle ne se transformera pas en ce qu'elle n'est pas, elle restera fidèle à elle-même. Son actualité, c'est la récente publication des nouvelles, avec une autre illustration de Flavia en couverture, très bien accueillie par la presse et les lecteurs. Autre réussite pour Daphné, le réalisateur britannique Nicolas Roeg a acheté les droits de *Ne vous retournez pas*. Donald Sutherland et Julie Christie ont obtenu les rôles principaux et le film sera tourné à Venise.

Esther a récuré la maison de fond en comble, car Daphné a donné son autorisation pour laisser l'équipe filmer l'intérieur, du jamais-vu. Kits avait poussé sa mère à donner son accord, et elle avait accepté, en demandant à la chaîne en échange qu'un des longs-métrages de son fils soit diffusé à l'antenne dans un futur proche. En attendant l'arrivée du journaliste, Wilfred De'Ath, jeune homme de l'âge de Kits, aimable mais pompeux, qui a connu son heure de gloire en interviewant John Lennon, et à qui elle avait déjà accordé un entretien radiophonique il y a quelques années, Daphné se sent nerveuse, mal à l'aise. Quelle idée, de laisser ces inconnus pénétrer chez elle. Quand on l'avait filmée à Menabilly, au début des années quarante, elle ne leur avait pas permis d'entrer. Mais aujourd'hui, elle le sait, tout a changé dans le monde de l'édition. Un auteur ne vend plus sur son simple nom ; il doit se montrer, on veut entendre sa voix, écouter ce qu'il a à dire. Comme il est loin le temps où elle disait à son amie Foy que les écrivains devaient être lus mais jamais vus ni entendus.

Daphné jette un coup d'œil par la fenêtre, voit trois voitures s'arrêter devant le portail. Heureusement, il fait beau en cette journée de juillet 1971. S'armant de courage, elle sort sur le perron saluer Wilfred et son équipe, se demandant pourquoi diable ils sont si nombreux. Elle doit apprendre à oublier le gaillard avec sa caméra à l'épaule qui filme chacun de ses gestes, leur entrée dans la maison, elle qui indique à Wilfred les cannes de Gerald, les flèches de Tommy, elle qui dit : *J'ai voulu que cela ressemble le plus possible à Menabilly.* Au salon, un verre de Dubonnet à la main, elle tente de rester naturelle, de faire abstraction du micro, des éclairages, de se concentrer sur les questions du journaliste. *Non, je ne suis pas seule ici, les enfants me téléphonent sans cesse, je me sentirais bien plus seule si je vivais à Londres.* Son regard bleu se voile d'ironie lorsque Wilfred lui demande si elle pense écrire encore beaucoup de livres à soixante-quatre ans, si elle n'a pas connu son heure de gloire. *Ce que j'écris aujourd'hui n'a certainement pas la fraîcheur des textes de mes vingt ans, nous traversons tous des phases différentes, mais je n'ai conscience ni de mes articulations douloureuses, ni d'un épouvantable déclin.* Ce qu'elle prouvera d'ailleurs plus tard, en entraînant Wilfred sur la falaise lors d'une trotte énergique avec son westie, Moray. Le jeune journaliste est à la traîne et paraît essoufflé alors qu'elle gambade allègrement, un bâton à la main.

Les moindres recoins de Kilmarth sont investis, l'escalier où figurent les dessins de George du Maurier, la chambre de Daphné, avec « sa » vue sur la mer, les nounours de Tommy regroupés sur le bord d'une étagère, les gravures à l'effigie de Mary Anne Clarke, sa scandaleuse aïeule. La caméra les suit dans la petite chapelle privée dans les caves voûtées de la vieille maison, puis dans la pièce des archives, où Daphné dévoile le manuscrit d'origine de *Rebecca*, avec sa première phrase mythique. Puis on la découvre devant sa table de travail dans le salon, à taper sur sa machine à écrire, le visage concentré, sans l'ombre d'un sourire, comme si elle était seule au monde.

L'interview lui paraît interminable, mais Daphné joue le jeu, reste patiente, répond avec humour et gentillesse, éclate de rire parfois, allume cigarette sur cigarette. Personne ne pourrait imaginer à quel point cela l'épuise de parler de son travail, de ses goûts littéraires depuis l'enfance (*Beatrix Potter, Stevenson, Katherine Mansfield, Maupassant*), mais aussi de sa vie de tous les jours, son dîner solitaire sur un plateau devant la télévision regardée chaque soir avec assiduité. Sa voix reste mélodieuse, d'une grande douceur et ne se modifie pas lorsqu'elle conteste avec aplomb l'étiquette « romanesque » que le journaliste lui brandit. Autre gloussement lorsqu'il lui demande si le manque de reconnaissance critique ne la blesse pas trop : *Ce serait merveilleux d'être comparée à Shakespeare, mais je me contente de ce que j'obtiens.* Elle reste sur ses gardes, même si elle est installée sur ses coussins comme si elle se trouvait en compagnie de ses meilleurs amis, le dos en arrière, le pied posé avec non-chalance sur le canapé, sa cigarette arrimée à ses lèvres, comme une forme de protection. Elle décrit avec une maladresse évidente sa fascination envers l'inceste, *Pas l'inceste du lit*, précise-t-elle hâtivement, *mais le fait qu'un fils cherche toujours sa mère, une fille, son père*. Son visage se décontracte lorsque Wilfred lui demande quel métier elle aurait fait si elle n'avait pas été écrivain. Le rire exubérant fuse encore. *Archéologue – creuser, voyez-vous ? – et si j'avais eu le bon cerveau pour ça : médecin, ou encore chimiste, ou généticien, toujours mon obsession de la famille !* Enfin, ils sont partis. C'est l'heure de savourer un whisky mérité, de s'affaler devant la télévision, de ne plus penser à rien. À présent, il lui faut attendre la diffusion prévue le mois prochain, et Daphné sait qu'elle aura l'impression, ce soir-là, que la Grande-Bretagne tout entière s'engouffre dans sa chambre à coucher.

Pour l'heure, elle a déjà bien avancé sur un nouveau roman très différent, dont elle est plutôt satisfaite, l'histoire rocambolesque d'une vieille dame excentrique, inspirée de Gladys Cooper, l'amie actrice des du Maurier, à qui le livre est dédié, mais aussi de Daphné elle-même. Mad (le diminutif de madame) vit en bord de mer dans une grande maison entourée d'une horde de garçons adoptés, à l'instar des Enfants Perdus de Barrie et qui ressemblent à s'y méprendre à ses propres petits-fils. Daphné a donné libre cours à son inspiration, avoue à Oriel qu'elle a eu envie de *se payer la tête des gens*, d'aller vers l'absurde, le burlesque, sans se brider. L'intrigue raconte comment l'Angleterre subit l'invasion inattendue des États-Unis, qui ordonnent l'annexion de leur pays, puis la farouche résistance antiaméricaine née au fin fond de ce coin perdu de Cornouailles, menée par l'incorrigible grand-mère et sa tribu. C'est un roman beaucoup plus personnel qu'il n'y paraît, et sous la parodie acerbe d'un Peter Pan guerrier incarné par l'indomptable Mad, dont les tenues vestimentaires sont un panachage entre celles de Mao Tsé-toung et de Robin des Bois, avec Emma, sa petite-fille, en Wendy raisonnable et sensée, le lecteur devine l'attachement viscéral de Daphné à la Cornouailles, elle qui avait adhéré au mouvement indépendantiste local, Mebyon Kernow, en 1969. Mad est une authentique héroïne du Maurier, rebelle, audacieuse, à l'image de Dona St Columb et Honor Harris, sauf qu'elle a quarante ans de plus.

C'est le premier roman que Daphné écrit dans son salon à Kilmarth. Lorsque le livre paraît en janvier 1972, lecteurs et critiques sont perplexes. À quoi joue la grande dame du Maurier ? Son antiaméricanisme était apparu de façon discrète à travers Stoll, l'ivrogne repoussant de la nouvelle *Pas après minuit*, puis Vita, l'épouse tatillonne du jeune scientifique Dick, dans *La Maison sur le rivage*. Pourquoi l'exhibe-t-elle aussi ouvertement dans *Mad* ? Pourquoi cette satire politique, cette vulgarité inédite ? Le premier mot de Ben, le dernier fils adopté, un petit Noir de trois ans, c'est « M... m... me... Merde ! ». Dans ce roman futuriste aux accents alarmistes, Daphné force le trait, campe une Angleterre qui n'a jamais su s'intégrer à l'Europe, les prix explosent, le gouvernement est à ce point incompétent qu'il doit s'allier aux États-Unis pour former un nouveau pays, l'«USUK», dont l'allitération phonétique ne laisse aucun doute, *you suck* en anglais signifiant : «Tu es nul à chier.» Les critiques sont sévères, comme celle de *The Economist* qui reproche à Daphné de s'être isolée à un point tel qu'elle ne sait plus à quoi ressemble le monde moderne. Le *Saturday Review of Arts* se demande si «cette fable est écrite avec ironie ou un délire feutré». Un gros titre fait grincer quelques dents : «*Yankees go home*, rugit du Maurier !» Les fans sont déçus, choqués, perdus. Où est passée la magie de *Rebecca*, de *Ma cousine Rachel* ?

Daphné assume. Ce roman largement incompris lui a permis d'exprimer son point de vue personnel. Elle est en revanche agacée par la remarque de Tod : *Ma chère, je n'aime pas cette «Madame», elle est bien trop autoritaire !* et par son ami Frank Price, qui a détesté le livre, et lui écrit en ce sens. La trame est mince, l'humour pâlot, les personnages peu crédibles, et les dialogues creux. Selon lui, les éditeurs de Daphné n'ont pas eu le courage de lui avouer à quel point le roman était mauvais. Pour passer à autre chose, Daphné profite d'un bel été, nage, marche, reçoit sa famille, ses amis. Elle fait la connaissance de Veronica Rashleigh, la nouvelle épouse de Philip, avec qui elle sympathise, et qui lui permet de venir se promener autour de Menabilly quand elle le souhaite. Pendant quelques semaines, elle part en Dordogne et en Provence avec Kits et Hacker, ses fidèles compagnons de voyage, son fils au volant, sa belle-fille à l'arrière, assurant la logistique du séjour. Le seul point noir pour Daphné cet été-là, ce n'est pas la mauvaise réception de *Mad* qu'elle a su dépasser, mais le divorce de Flavia et Alastair, après quinze ans de mariage. Daphné se change les idées lors de sa virée provençale, *mon français rouillé qui se remet en marche*, et raconte à Oriel leur halte à Cap-d'Ail dans la villa fastueuse de sa vieille amie de Camposenea, Doodie, accoutrée d'un tailleur Chanel rose et d'escarpins, *Je crois qu'elle n'a jamais porté un pantalon de sa vie !* Doodie est devenue très comme il faut, leur fait servir des filets de truite grillés, des framboises et du vouvray. Plus tard, Kits déclenche comme toujours le fou rire de sa mère en lançant qu'à son avis Doodie devait organiser des orgies dans son salon lugubre, au décor digne d'un roman d'Agatha Christie.

Aucune idée de nouveau roman ne vient. Daphné a beau attendre, il ne se passe rien. Avec l'arrivée de l'hiver, il faut se remettre au travail, elle doit trouver, elle doit avancer. Une autre biographie, peut-être ? De quoi se réhabiliter après l'accueil défavorable de *Mad*, l'année précédente, de quoi se racheter une caution littéraire ? Sa dernière biographie remonte à 1960, Branwell Brontë, il y a douze ans. Écrire la vie d'un autre lui permet de conserver ses précieuses « routes* », de se donner un cadre, de s'y tenir. Dans une lettre à Foy, elle avoue : *Une des raisons pour lesquelles je possède un chien, c'est que je dois me lever chaque matin pour l'emmener faire sa promenade.* Mais à part son westie, elle sait que c'est un livre à écrire qui structure véritablement ses journées. Avant, les idées arrivaient toutes seules, à présent, il faut aller les chercher.

Elle se met à réfléchir à des personnages qui pourraient lui permettre de longues recherches fructueuses et finit par songer aux frères Bacon, Francis, le savant et philosophe, né à Londres en 1561 et Anthony, son aîné, moins illustre, né en 1558. Pourquoi les Bacon ? On ne sait pas grand-chose de leur vie, certains éléments sont restés dans l'ombre, et cette fois, contrairement à l'approche plus psychologique qu'elle avait tenté avec

Branwell Brontë, Daphné souhaite bâtir son livre sur de solides recherches, quitte à dénicher des éléments inédits. Avant toute chose, il lui faut embaucher des assistants qui passeront au peigne fin ce qui concerne les frères Bacon à la London Library et à la Lambeth Place Library, à Londres. Daphné étudie avec minutie tout ce qu'elle reçoit au courrier, épluche l'enfance des frères, la mort de leurs sœurs aînées, leurs rapports avec une mère exigeante et érudite, leur éducation à Cambridge. Elle s'intéresse à Anthony, qui parlait français couramment, *tellement menaçant**, décrit-elle à Oriel. Ses assistants mettent la main sur des documents qui prouvent qu'Anthony a passé douze ans en France en tant qu'espion pour l'administration élisabéthaine. *Tant à lire et à classer, le parfait stratagème pour occuper mes longues soirées d'hiver !* écrit-elle, ravie, à Oriel, en novembre 1972.

Au printemps suivant, alors qu'elle continue à décortiquer les trouvailles concernant les frères Bacon, Daphné reçoit à déjeuner Martyn Shallcross, rencontré en Crète il y a trois ans, et avec qui elle était restée en contact par courrier. Pendant le repas servi par Esther, le téléphone sonne plusieurs fois. *Non, non, je ne fais pas d'apparitions publiques, pas d'ouvertures de fêtes*, répond-elle, passablement agacée, *pourquoi ne pas demander à quelqu'un d'autre, la femme du maire, par exemple ?* Maintenant qu'elle a trouvé le fil conducteur pour son livre, Daphné se met au travail avec une énergie formidable qui soulage ses enfants et son entourage. Ses lettres à Oriel témoignent de sa ferveur : *Je suis entourée de livres de la London Library, Anthony m'intrigue plus que Francis, surtout cette histoire d'espionnage en France.* Son équipe de fins limiers déterre un secret de famille retentissant dans les archives départementales de Tarn-et-Garonne. Pendant l'été 1586, Anthony Bacon fut accusé de sodomie sur son jeune page, Isaac Burgades, et arrêté à Montauban.

En septembre 1586, le roi Henri IV intervint personnellement pour sauver in extremis le jeune Anglais du bûcher, une affaire qui n'avait jamais filtré jusqu'en Angleterre, pays de naissance du jeune homme, mais qui l'avait poursuivi intérieurement toute sa vie. Daphné ne nie pas l'homosexualité de son sujet, mais réfute la charge de cruauté et barbarie dont on l'accable. Fin observateur du monde qui l'entourait et poète à ses heures, de santé fragile et endetté, Anthony resta une année de plus à Montauban et à Bordeaux, où il devint proche du philosophe Michel de Montaigne, avant d'avoir pu rentrer dans son pays. Autre bonus de taille, les chercheurs de Daphné parviennent à localiser pour la première fois la tombe d'Anthony Bacon, à Saint Olave's Church, sur Hart Street, à Londres.

Début août 1973, Daphné reçoit une lettre des éditions Albin Michel. La traduction de *Mad* est en cours, par Maurice-Bernard Endrèbe, qui a déjà traduit *La Maison sur le rivage*, suite au décès de Mme Butler en 1968. Il souhaite obtenir les références des différents poèmes de Wordsworth cités par Daphné. C'est Daphné elle-même qui répond le 8 août, en français, sans l'intermédiaire de son agent parisien. *Je vous remercie pour votre lettre et je vous en prie* [sic] *d'excuser mon français. Hélas, ce serait assez difficile de trouver les vers exacts des poèmes de Wordsworth, car je les ai mélangés, quelques lignes d'un poème, quelques lignes d'un autre. Ils viennent tous des* Miscellaneous Sonnets. *Ma foi! Quel travail! Je vous plains! PS. En Angleterre et aux États-Unis, on n'a pas compris que mon roman* Mad *est* POUR *l'Europe et l'entrée de la Grande-Bretagne.*

Daphné part sur les traces d'Anthony en Aquitaine, toujours en août 1973, avec Kits et Hacker. Ils se rendent de Bordeaux à Agen, puis à Montauban, remontent vers les châteaux de la Loire, et en profitent pour visiter Chérigny, où Kits prend sa mère en photo devant le panneau « Le Maurier », lieu de pèlerinage qu'elle affectionne particulièrement. À son retour à Kilmarth, Daphné se met au travail avec assiduité, n'interrompant son flot d'écriture que pour assister à une avant-première privée à Londres de *Ne vous retournez pas*, de Nicolas Roeg, adapté de sa macabre nouvelle vénitienne. Pour une fois, elle est favorablement impressionnée par l'œuvre du cinéaste, qui a su respecter l'intensité du récit, jusqu'à sa chute terrible dans la confrontation de deux mondes, le rationnel et le superstitieux. La couleur rouge sang revient comme une ritournelle sournoise, Venise est montrée sous un aspect méconnu et automnal, envahie d'humidité, vidée de ses touristes partis avec le soleil et la chaleur.

Lors de sa sortie sur les écrans, le film fait sensation et les critiques sont excellentes. Daphné écrit à Nicolas Roeg en octobre 1973 : *Cher Monsieur Roeg, je dois ajouter mes propres félicitations aux centaines de lettres et de messages que vous devez recevoir suite au succès de votre film.* À la fin de son courrier, elle écrit avec humour : *N'hésitez pas s'il vous plaît à adapter une autre de mes nouvelles pour l'écran !* Les producteurs du film ont jugé plus prudent de montrer à Daphné la version américaine du film, qui ne comporte pas une scène d'amour torride entre Donald Sutherland et Julie Christie. *Kits m'a dit qu'on voit* TOUT, se lamente-t-elle à Oriel. *Quel dommage, ce passage « sexy », si peu nécessaire !*

Avec l'arrivée de l'hiver, ses pluies et sa grisaille, le moral de Daphné s'effondre. La rédaction de la biographie ne lui procure pas le plaisir escompté, et une bronchite l'affaiblit. En 1974, elle reçoit l'exemplaire du livre *Un pont trop loin*, par Cornelius Ryan, journaliste et auteur américain méticuleux, connu pour ses ouvrages de référence, *Le Jour le plus long*, et *La Dernière Bataille,* publiés en 1959 et 1966. En 1967, deux ans après la mort de Tommy, elle avait répondu aux questions de l'auteur concernant l'opération Market Garden. Elle avait précisé qu'elle ne savait rien de cet événement à l'époque, que Tommy lui en avait peu parlé. Elle s'était permis de dire à quel point son mari avait été marqué par la perte de ses hommes. En lisant le livre, elle constate que l'auteur a été fidèle à ses propos. Mais ce qui l'inquiète le plus, c'est qu'un film va être tiré du livre par le réalisateur britannique Richard Attenborough. Elle sait mieux que personne à quel point les scénarios peuvent s'éloigner du livre original. Elle demande par écrit qu'on lui envoie le scénario dès qu'il sera terminé.

Une série de disparitions augmente sa tristesse, en commençant par celle de Christopher Puxley, décédé d'un cancer, puis, plus tard dans l'année, de sa tante Billy, à quatre-vingt-treize ans. Lorsque Daphné parvient enfin à terminer la biographie, Livia Gollancz lui annonce que celle-ci ne sera pas publiée avant septembre 1975, dans plus d'un an. Daphné est perplexe. Cela veut-il dire qu'ils n'aiment pas le livre? Sinon pourquoi le repousser à cette date aussi tardive?

Un été gris n'aide en rien. Impossible de se baigner, il fait trop froid. Seul rayon de soleil, la naissance de Grace, la première fille de Kits et Hacker, en juin 1974. Daphné ne sait pas pourquoi au juste, mais elle a l'impression étrange que cette tristesse va s'installer, qu'elle ne pourra pas s'en débarrasser aisément. Le long ruban noir des du Maurier, qui avait tant affecté Kiki et Gerald, se déploie à présent entre ses doigts, comme pour mieux l'emprisonner.

Lors de la sortie à l'automne 1975 de sa biographie sur les frères Bacon, *Des garçons en or*, les critiques sont plutôt favorables, et seul le *Kirkus Review* juge l'ouvrage «nébuleux» et «un soupçon ennuyeux». Il se vend peu, même si le livre attire les félicitations d'Arthur Leslie Rowse, ainsi que d'autres historiens de renom, impressionnés par le scrupuleux travail de recherche de l'auteur. Il ne reste plus à Daphné qu'à se plonger dans une nouvelle biographie, celle de Francis Bacon, qu'elle fait démarrer après la mort de son frère Anthony, en 1610. Il y a encore beaucoup à dire selon elle sur un homme qui fut écrivain, avocat, philosophe, scientifique, politicien, et proche de William Shakespeare. Gollancz aurait préféré un roman, et elle aussi, à vrai dire, mais la fiction se fait toujours attendre. Pas d'idée. Pas d'inspiration. Étant donné qu'elle dispose encore de toute sa documentation, elle n'a qu'à poursuivre son chemin d'écriture avec Francis, le cadet, même si au fond, l'idée de ce livre ne l'emballe pas.

Chaque matin, Daphné répond à son courrier avant de se mettre laborieusement au travail sur Francis Bacon. Une jeune lectrice de quinze ans qui rêve d'être écrivain, Julie, lui écrit souvent. Daphné lui envoie une photographie de Kilmarth, expliquant comment le manoir l'avait inspirée pour son livre *La Maison sur le rivage*, lui souhaite bon courage pour ses examens. Dans une lettre suivante, elle inclut une photo dédicacée d'elle sur la plage de Par. Il lui faut aussi répondre, et c'est moins drôle, aux lettres plus irritantes, qui semblent ne jamais vouloir cesser, celles où on lui demande d'expliquer la fin de *Rebecca*, et tout particulièrement pourquoi elle n'a pas donné de prénom à la deuxième Mme de Winter. Même Agatha Christie que Daphné admire, et avec qui elle échange quelques lettres, lui pose la redoutable question.

Le livre sur Francis Bacon, *L'Escalier en colimaçon*, est publié en janvier 1976. «Bouillie insignifiante», tranche rudement le *Kirkus Review* et l'*Observer* n'est pas tendre non plus. Heureusement, le *Sunday Times* en dit du bien, comme le *Yorkshire Post*. Mais cette deuxième biographie n'a pas le souffle de la première, et les ventes restent faibles. Nouvelle humiliation lorsque l'éditeur français de Daphné, Albin Michel, propose de faire un seul volume condensé en réunissant les deux livres sur les frères Bacon, ce qui demande des coupes considérables. L'éditeur allemand souhaite également resserrer les textes. Résultat, plus d'une centaine de pages rognées, et un livre unique de trois cent cinquante pages. Daphné n'a pas le choix. Elle écrit à ses agents pour signifier qu'elle accepte, mais ces pages perdues la désolent.

C'est dans ce contexte morose que Daphné songe à son prochain livre. En 1977, l'année suivante, elle aura soixante-dix ans. L'occasion pour elle d'écrire son autobiographie? Jusqu'ici, elle avait toujours refusé. Mais ce roman qui se fait attendre l'obsède. Et si *Mad* était sa dernière fiction? Elle n'ose pas y penser. Depuis *La Maison sur le rivage,* la voix d'Éric Avon s'est tue. Daphné avait si souvent compté sur son alter ego masculin pour l'inspiration. *Je suis à court d'idées*, se plaint-elle à

Oriel. Alors puisqu'il faut écrire, autant que cela soit sa propre vie. Pour faire patienter les innombrables lecteurs de Daphné du Maurier. Gollancz publie une réédition de certaines de ses nouvelles, dont aucune n'est inédite.

Écrire sa vie. Quelle idée ! Se pencher sur son passé est un supplice, Daphné ne sait pas par où commencer. Se raconter, ne serait-ce pas un immense « dis-tout* » ? Et si elle relatait sa vie à travers les maisons qu'elle a aimées ? Elle pourrait commencer par Cumberland Terrace, Cannon Hall, décrire Milton qui l'avait inspirée pour Manderley, puis Ferryside et Menabilly. Elle parlerait de ses premiers textes, comment elle les a écrits, comment elle en est venue à la publication. Sheila, son éditrice, l'encourage, mais Daphné n'est pas emportée. Elle s'attelle tant bien que mal à l'exercice pendant l'hiver glacial qui s'abat sur Kilmarth, emmitouflée dans plusieurs chandails et chaussée de bottes fourrées. La première chose à faire, chercher son journal, relu il y a six ans, non sans une certaine consternation. Elle puise dedans pour construire son récit, mais en édulcore une grande partie. Maintenant elle le sait, elle fera établir un embargo sur ces pages, elle en parlera avec le mari de l'ancienne assistante de Tommy, Bim Baker-Munton, en charge de son patrimoine. Après sa propre mort, il faudra attendre cinquante ans pour lire ce journal intime.

Au printemps 1976, alors qu'elle peine toujours sur ses mémoires, Daphné reçoit un premier jet du scénario d'*Un pont trop loin*, par Richard Attenborough. Elle est alarmée, il s'est passé ce qu'elle craignait, Tommy y est présenté sous une lumière peu flatteuse, un dandy flegmatique et sans charisme qui se lave les mains des conséquences de l'intervention armée. Il sera joué par Dirk Bogarde, un acteur qu'elle trouve peu viril, très éloigné de son mari. Le scénario prend beaucoup de libertés avec le livre, certains personnages clefs ont sauté, ce qui fait de Tommy le responsable idéal du carnage qui a suivi. Outrée, Daphné téléphone sur-le-champ à Attenborough, en soulevant nombre d'interrogations inquiètes. Le réalisateur tente de la rassurer, mais Daphné n'est pas dupe. Elle attend avec angoisse la sortie du film prévue pour juin 1977.

Alors qu'elle revient de chez le coiffeur, un matin de mai 1976, et qu'elle allume la radio, une nouvelle la secoue. Sir Carol Reed vient de mourir soudainement chez lui, à Londres. Le jour précédent, Daphné venait d'écrire sur Carol dans ses mémoires, d'évoquer leur relation complice, leurs rires, leur tendresse. Elle est bouleversée par cette coïncidence étrange. Plus tard, Kits lui raconte l'émouvante cérémonie à l'église de

417

Chelsea. Une autre mort la chagrine, celle de son westie adoré, Moray. Elle demande même au docteur si c'est normal de se sentir aussi dévasté, voire *gaga*, après la perte de son chien. En août, elle passe plusieurs jours chez sa sœur Jeanne, dans le Dartmoor, apprécie les discussions intellectuelles avec Noël, sa compagne poète. Impossible de faire leurs marches habituelles, car une canicule sans précédent s'installe sur la Grande-Bretagne en cet été 1976.

Daphné a bien avancé sur ses mémoires. Assez pour envisager un voyage avec Kits et Hacker en Écosse, au mois d'octobre. *Sait-on jamais, je pourrais peut-être être inspirée par d'anciens ancêtres écossais !* écrit-elle à Oriel. Malgré neuf jours dans un décor sauvage et montagneux, entre les Highlands et les lochs, les ruines de vieux châteaux, l'inspiration ne vient pas, comme si le mécanisme s'était grippé. En rentrant à Kilmarth, la mélancolie est au rendez-vous. Ce sont ces maudits mémoires, Daphné en est convaincue, à peine une centaine de pages, mais ce fut un effort terrible. Ceux d'Angela sont tellement plus réussis à ses yeux, pleins d'humour et de lucidité, alors que son propre texte lui paraît sec et raide, et s'arrête net au moment de son mariage avec Tommy. Impossible d'aller plus loin. Elle a écrit sur Geoffrey, bien sûr, et sur Fernande aussi, mais elle n'a pas tout révélé. Les secrets restent des secrets. À force de regarder en arrière, de remuer ces vieux souvenirs, à l'image de son père qui ne faisait que cela, la déprime s'installe. Elle ne cesse de penser à ces réminiscences envolées, à son enfance, ses parents, sa jeunesse, ses amis disparus. Tommy lui manque, sa solitude lui pèse. L'hiver accroît sa tourmente, l'absence du petit westie se fait toujours sentir. L'année prochaine, celle de ses soixante-dix ans, se présente mal. Ses éditeurs veulent une grande fête en mai, pour célébrer son anniversaire. Elle refuse, il n'en est pas question. En revanche, elle va devoir accepter plusieurs interviews lors de la publication de son autobiographie au printemps 1977. Pour la première fois de sa vie, à l'approche de son anniversaire, Daphné connaît quelques problèmes de santé, son médecin diagnostique des calculs biliaires. Elle doit suivre un régime spécial qui l'amaigrit de sept kilos, elle se sent faible et frileuse. Même l'arrivée de deux chiots, Mac et Kenzie, ne la remet pas d'aplomb.

C'est dans cet état fragile qu'elle se soumet à un nouveau tournage télévisuel à Kilmarth, mise en confiance par Kits, à la réalisation. Cliff Michelmore est un journaliste chaleureux, reconnu et respecté qu'elle apprécie. Kits est en charge du choix de la musique, il inclut les airs préférés de Daphné, comme *La Mer*, de Charles Trenet, ou *Pavane pour une infante défunte* de Ravel. L'émission s'intitulera «Il était une fois : le monde imaginaire de Daphné du Maurier». Soutenue par son fils, Daphné se force à prendre un air enjoué. Elle choisit un chandail et cardigan corail, une broche dorée, un pantalon beige. Elle paraît frêle, comparée à l'interview de 1971, où elle vibrait d'énergie avec sa démarche conquérante et sa silhouette plus ronde. Mais sa voix reste vive. C'est avec cette voix pleine d'esprit que Kits fait démarrer l'entretien, tandis qu'à l'écran on voit l'arrivée à Fowey filmée par la mer, accompagnée du timbre moelleux de Charles Trenet. *C'est vrai, je suis née dans un univers de fantaisie, j'ai de qui tenir, avec mon père Gerald, et mon grand-père, George. Enfant, je passais ma vie à faire semblant d'être quelqu'un d'autre, et mon père disait : Ne faites pas attention à elle, elle joue la comédie en permanence.* Pendant une heure, dans son salon, Daphné discute de ses livres, des adaptations, de sa jeunesse. Quelques images la montrent aussi à la barre d'un petit chalutier, dans la baie de Fowey. Le ton des échanges est plaisant, léger. La seule fois où sa voix devient ferme, presque autoritaire, c'est pour s'exclamer : *Je ne suis* PAS *un auteur « romantique », le seul de tous mes livres à l'être, je l'admets, c'est* La Crique du Français. Elle garde le sourire, quoiqu'un peu figé, lors de l'évocation incontournable du plus célèbre de ses titres, *Oui, apparemment,* Rebecca *reste le roman favori de mes lecteurs, je ne sais pas pourquoi à vrai dire.* Son regard se fait vague, elle regarde ailleurs, lassée. Rebecca, Rebecca, toujours Rebecca...

Peu de temps après, Daphné accepte un entretien avec une plume estimée du *Guardian*, Alex Hamilton, la quarantaine, qui vient spécialement de Londres à Kilmarth pour la rencontrer. Au déjeuner, le journaliste constate que la romancière touche à peine au pourtant délicieux repas *(un rôti d'agneau et des pommes de terre au four)* préparé par Esther, *jolie brune*, mais qu'elle se permet une seconde part de meringue au citron. Son objet préféré, posé sur la table de la salle à manger, c'est la statuette en bronze que les parachutistes lui offrirent en 1968, à la mémoire de Tommy. Hamilton remarque sa voix, qui fait plus jeune que son apparence, et lorsqu'elle se lève pour s'occuper des petits chiens, il note ses gestes vifs et alertes. Elle lui confie qu'elle devrait sans doute arrêter d'appeler son père « Daddy », maintenant qu'elle est septuagénaire. Simplement « Gerald » ?

Le journaliste évoque les deux béguins de la jeunesse de Daphné, ceux qu'elle dépeint dans ses mémoires, son cousin Geoffrey, et la directrice de son pensionnat français, Fernande Yvon. Manifestement, Daphné hésite. Son lien avec Fernande ? Un peu comme une fille cherche sa mère. Elle ne désapprouve pas les rapports physiques entre femmes, elle reste tolérante, l'a toujours été, mais pour elle, ce n'est qu'un pâle ersatz, une pose de jeunesse. Elle avoue ne jamais avoir été une personne « sexy », de toute sa vie. Tout ce qu'elle avait dû réprimer, elle s'en est servie pour écrire ses romans. Son livre le plus personnel ? *Les Parasites*, dont on n'a pas beaucoup parlé. Elle était les trois personnages à la fois. Hamilton revient à la charge sur son mariage, était-ce difficile de concilier sa carrière d'écrivain avec celle de son mari, de plus en plus éminente ? Elle sourit, lui confie qu'au début de leur union, Tommy se moquait de son amour démesuré pour sa famille, de ce fameux sang français dont elle s'enorgueillissait. Mais il était fier de la romancière qu'elle était, lui glissait à chaque livre : *Ma parole, Duck, j'en suis au chapitre 15 et c'est formidable !* et brûlait de rosser les journalistes qui se permettaient de mauvaises critiques. Elle ne rêve que d'une chose, avoue-t-elle à Hamilton, pouvoir demander à Tommy au ciel si cela avait été insupportable, ce mariage, avec elle à Fowey en train d'écrire, et lui uniquement là pour les week-ends, et si elle n'avait pas fini *par saloper sa carrière militaire...*

Daphné accepte une dernière interview pour BBC Radio 4. Il s'agit de dialoguer autour de sa musique préférée et des souvenirs qui y sont liés pour une émission populaire animée par Roy Plomley, qui se déplace à Kilmarth afin de l'enregistrer. Même si la voix de Daphné ne trahit rien, toujours aussi claire et assurée, pleine d'humour, c'est une épreuve de revenir en arrière, de se prêter à la rétrospective musicale de sa vie. Chaque mélodie fait ressurgir avec force le passé, accompagnée d'une affreuse bouffée de nostalgie qui la prend aux tripes, comme l'ouverture de la pièce *Peter Pan* qu'elle ne peut écouter sans avoir les larmes aux yeux, tant elle revoit son père sur scène. *Rhapsodie sur un thème de Paganini*, de Rachmaninov, et c'est Menabilly qui s'impose, son mystère, son envoûtement. *Clair de lune* de Debussy fait apparaître les longues mains fines de Christopher Puxley, *Shall We Dance* de la comédie musicale *Le Roi et moi*, la crinoline rose de Gertie. *Plaisir d'amour* ressuscite les yeux verts de Fernande, et *You Were Meant For Me*, *Broadway Melody*, les baisers de Carol Reed. *Qu'écrivez-vous en ce moment ?* demande Roy Plomely. *Rien du tout, je suis trop occupée à éduquer mes chiots !* Le rire de Dame Daphné semble un peu forcé.

Voilà, c'en est fini avec les interviews. Daphné ne parlera plus de ses mémoires, dont elle regrette la rédaction. Cela ne lui aura apporté que de l'amertume ; de surcroît, le livre n'emballe pas la presse. « Elle est bien meilleure romancière que diariste », juge le *Kirkus Review.* Même les éditions Albin Michel, pourtant friandes de ses nouvelles productions, refusent le livre, après un mauvais rapport de lecture signé du traducteur de Daphné, Maurice-Bernard Endrèbe. *Quelle cruelle déception à mes attentes*, écrit-il à Mme Pasquier, l'adjointe de Francis Esménard, qui a succédé à son père. Daphné se demande si cela ne lui aurait pas été fatal, de tremper ses lèvres dans le calice du passé ?

Le coup de fil, un matin de juin 1977, d'un ami journaliste la met hors d'elle. Il a assisté en avant-première à une projection du film d'Attenborough, et le Browning joué par Dirk Bogarde est désastreux pour la mémoire de Tommy. Dans le livre de Cornelius Ryan, Tommy avait bien prononcé la fameuse phrase : qu'Arnhem serait peut-être *un pont trop loin* en donnant son opinion à Montgomery lors de la première réunion où fut décidé le plan pour s'emparer des cinq ponts du Rhin. Mais dans le film, Dirk Bogarde formule cette expression après le drame d'Arnhem, avec une insensibilité que les proches et les collègues de Tommy jugent odieuse. Quand elle avait lu le scénario, Daphné avait pourtant exigé d'Attenborough au téléphone qu'il remette cette phrase au début, à sa juste place chronologique. Ce qu'il n'avait pas fait.

Indignée, Daphné écrit à ses amis haut placés, leur demandant de boycotter le film, qu'elle refuse d'aller voir. Elle n'est pas la seule à regretter la représentation cruelle et injuste qui a été faite de son mari. D'autres voix s'élèvent, des lettres sont envoyées au *Times*, la polémique enfle. Daphné elle-même s'exprime dans le *Times* du 23 octobre 1977, et Brian Urquart, l'ancien agent de renseignement de Tommy, lui écrit personnellement : *Chère Lady Browning, j'ai maintenant vu le film tiré du livre de Cornelius Ryan,* Un pont trop loin, *et suis atterré du portrait qu'on y fait du général Browning. Même si c'est trop tard, j'ai tout de même écrit au réalisateur, et je sais qu'il y a eu un grand nombre de lettres publiées dans le* Times. *Je me souviens de votre époux avec une immense affection, et je trouve monstrueux qu'un homme aussi talentueux, responsable et charmant, avec tant d'imagination et de vitalité, soit réduit à ce que Dirk Bogarde a fait de lui dans le film.*

Ce film qu'elle ne verra jamais et le mal qu'il fait à la réputation de son mari deviennent son obsession en cette fin 1977. Elle ne cesse de ruminer, ses proches ne parviennent plus à la raisonner, ni à la réconforter. Après les semaines pénibles à remonter le temps pour rédiger ses mémoires, c'est le coup de grâce.

Bonjour, Lady Browning! Esther ouvre la porte, tire les rideaux. Il fait beau, en ce matin d'août 1981. Daphné ouvre les yeux, regarde le soleil filtrer dans sa chambre. Une odeur de café remplit la pièce. Esther redescend, la laisse seule. Depuis quatre ans, Daphné est en équilibre précaire, fragile funambule agrippée coûte que coûte à ses «routes*» même si aucun livre n'est en cours. La machine à écrire est restée silencieuse, plus de romans, plus de lettres, non plus. C'est Esther qui répond désormais au courrier des lecteurs, et parfois, Daphné griffonne sa signature ou quelques mots en bas de page. Peu de lecture, parfois un roman de Jane Austen, et la presse, des magazines, éparpillés partout dans le salon. C'est le téléphone qui est devenu vital. Les appels sont à heures précises, Daphné le souhaite ainsi. À neuf heures du matin, chaque jour, Angela, à Ferryside. Le dimanche soir, à 19 h 15, Oriel. Chaque membre de la famille a son créneau. Ces horaires stricts remplissent le vide qu'est devenue sa vie depuis 1977. Son appétit s'est amoindri, elle a encore maigri, elle se promène avec ses chiens, mais sans joie. Une fois par semaine, elle fait le tour des jardins de Menabilly. Le soir, c'est la télévision qui occupe ses longues soirées d'hiver. Rien d'autre.

Elle a soixante-quatorze ans depuis mai. Il s'est écoulé neuf ans depuis la parution de son dernier roman, *Mad*. Pas d'idée en vue. Le désert. Insupportable, invivable. Le cauchemar de tout écrivain, celui qu'ils redoutent en secret, c'est le sien, à présent. Elle qui ne manquait jamais d'imagination, elle qui était capable de s'enfermer la journée entière dans sa hutte avec un roman, comme si ce livre était un amant, comme si elle en tirait sa substantifique moelle. De ça, de cette passion secrète, cette fièvre, que reste-t-il ? L'enfer, entre les mines compatissantes des proches, les regards inquisiteurs, teintés de pitié des autres. Et que dire des imbéciles qui tentent de lui souffler des idées, comme si c'était ça qui allait l'aider, la tirer de là ? Même son ami Alfred Leslie Rowse s'y était mis, en lui suggérant d'imaginer une histoire autour de ses chiens. Quelque chose semble mort en elle. Cette flamme qui la faisait exister, cet élan qui était sa vie, est partie. À jamais.

Daphné se tient debout dans sa chambre, face à la fenêtre. Son petit déjeuner, qu'Esther lui a monté, est toujours sur son lit. Elle n'y a pas touché. Elle devrait être dehors avec les chiens, à profiter du soleil, de la mer. Elle n'a plus envie. Elle n'a plus envie de rien. Sur sa table de chevet, les médicaments prescrits par son médecin, qu'elle avale chaque jour sans rechigner, toutes ces pilules aux noms compliqués. Le seul qu'elle retient, c'est le Mogadon, celui pour dormir, les autres sont pour ses « nerfs », d'autres encore pour sa « mélancolie ». Depuis qu'elle les prend, elle a des vertiges, elle doit souvent s'allonger pendant la journée. La nuit, même avec le Mogadon, le sommeil est parfois long à venir, une attente insupportable.

Cette dame qui était venue récemment, cette psychiatre, une gentille femme, bon médecin, capable d'écouter, mais qu'avait-elle pu faire, cette brave dame, pour lui redonner l'envie d'écrire ? Et dire qu'il y a vingt ans, Daphné troussait des vers pour ses petits-enfants, comme ceux imaginés en quelques minutes pour Paul, et dont elle avait trouvé la copie dans un tiroir.

Paul Zulu, malheureux gamin
Parfois drôle, parfois chagrin
Jamais ne savait, fort vexé
Quelle nouvelle cata le guettait.
Varicelle, angine, coryza, jaunisse,
Pour lui, la totale, rougeole comprise.
Il gobe des sous, se crame l'arrière-train
Tombe tête la première
 Dans une mare de boue
Tant de soucis, je vous l'avoue
Pousserait même un archange à bout.

Ses petits-enfants… Il n'y a que les plus jeunes qui trouvent grâce à ses yeux, ceux qui sont devenus adolescents ne la divertissent plus.

Qu'avait-elle raconté à cette psychiatre ? Les deux décès qui l'avaient profondément affectée, celui de Frank Price en décembre 1977, juste après l'éprouvante affaire du *Pont trop loin*, puis celui de sa chère Ellen, en avril 1978. Et ce voyage en France, à l'automne 1979. Elle en frémit encore. Oriel était parvenue à la convaincre de venir lui rendre visite. En préparant sa valise, Daphné s'était dit que son amie avait raison, retourner dans ce pays aimé lui ferait certainement du bien, lui changerait les idées. Le déplacement qu'elle devait effectuer seule l'affolait, mais par pudeur, elle s'était gardée d'en parler à ses proches, elle avait simplement demandé à Oriel de venir la chercher à Roissy. À l'aéroport, pas d'Oriel. La panique l'avait envahie, Daphné avait dû s'asseoir, épouvantée, le souffle court, son cœur tambourinant à toute vitesse. Un couple avait remarqué son état, proposé son aide. Daphné n'arrivait pas à parler tant l'angoisse l'étreignait. Sa bouche était sèche, elle était proche de l'évanouissement. Oriel était enfin apparue, une erreur dans la signalétique des portes d'arrivée expliquait son retard. Daphné avait mis longtemps à se calmer. Le reste du séjour s'était pourtant bien déroulé, Oriel l'avait emmenée à Chartres, Alençon et Lisieux, sur les traces de sainte Thérèse. Elle avait retrouvé son humour grinçant, parlait français avec un plaisir évident. Mais derrière les sourires, il y avait toujours cette tension qui émanait d'elle, et qu'Oriel percevait.

Et sa petite DAF rouge trépassée après quinze ans de bons et loyaux services, cela l'avait mise dans un tel état ! Non, Daphné ne voulait pas entendre parler d'un autre véhicule, Kits avait beau chercher, se démener, ce modèle-là, on n'en fabriquait plus, c'était fini. Elle avait dû se contenter d'une Ford, ce qu'elle jugeait insupportable. Juste après cette histoire de voiture, elle avait fait une chute idiote dans l'escalier, le mois dernier, certainement due aux vertiges, à cause des cachets. Elle ne s'était rien cassé, mais avait passé trois semaines à hôpital de Fowey, au repos complet. Elle était sortie de là assommée, les membres raides, le moral en berne.

Le soleil brille dans un ciel sans nuages, mais Daphné ne le voit pas. Comment survivre, si elle ne peut plus écrire ? Son éditeur avait publié un nouveau recueil de nouvelles l'année dernière, ce n'était que des vieilleries, des textes de sa jeunesse. Ils doivent avoir compris qu'il n'y aura plus jamais de romans, elle ne leur a rien dit, mais ils le savent. Livia Gollancz propose de publier son carnet de notes de *Rebecca*, celui qui avait servi au procès, en 1947, ainsi que des articles que Daphné a rédigés pour la presse, il y a une dizaine d'années. Il faut accepter, par peur de manquer d'argent, sa grande frayeur. Elle a tant donné autour d'elle, a aidé sa sœur Jeanne à acquérir son cottage, a payé pour les frais médicaux de feu sa tante Billy, participé aux frais scolaires de ses petits-enfants, et chacun de ses trois enfants détient des investissements qu'elle a faits en leur nom. Que va-t-il lui rester si elle ne publie plus ? Alors elle dit oui à Livia Gollancz. Les lecteurs sont-ils dupes ? Attendent-ils le nouveau roman de la grande Daphné du Maurier ? Celui qui ne viendra jamais ?

Daphné regarde les vagues se briser sur la falaise. Elle ouvre la fenêtre, respire l'air salé de la mer. Cela lui fait du bien, quelques instants. Mais la douleur revient, lancinante. Un romancier qui n'écrit plus est une entité sans vie. Un mort vivant.

Le regard de Daphné erre sur les médicaments posés sur la table de nuit. Dans sa dernière lettre à Oriel, en janvier elle avait écrit, en toute hypocrisie : *Je ne me sens pas trop mal et je dors bien, grâce au Mogadon.*

C'est vite fait. Une petite quantité de Mogadon au creux de sa paume qui trouve sans peine le chemin vers sa bouche. Une gorgée d'eau, et c'est terminé. Elle s'allonge sur son lit, attend. Mais au lieu de l'apaiser, ce geste l'affole, elle suffoque, se lève, tourne en rond. Elle entend la porte d'entrée claquer, le pas alerte d'Esther rentrée des courses, elle se traîne jusqu'en haut de l'escalier, prononce son nom. Elle a fait une bêtise, il faut appeler le médecin, tout de suite. Dans ses oreilles, le battement sourd de son cœur, devant ses yeux, un brouillard qui occulte toute la lumière.

Chaque soir, après le thé, faire rouler la petite balle en caoutchouc le long du salon pour ses chiens, encore et encore, regarder Mac et Kenzie se précipiter pour la lui rapporter. En fond sonore, ses chansons préférées sur une cassette enregistrée par Kits, *Stardust* de Nat King Cole, *For The Good Times* de Perry Como, *Nice and Easy* de Frank Sinatra. La musique lui fait du bien. Toujours ces fichues pilules à prendre matin, midi et soir, et ces fichues infirmières présentes en permanence. Pas envie de leur parler, rien à leur dire, elle s'abrite derrière les pages de son journal, met la télévision plus fort, fait comme si elle était seule.

Le brouillard est toujours là, il s'étire autour d'elle, cotonneux, oppressant. Un soir, elle ne sait plus quand, Esther fait venir à Kilmarth un présentateur célèbre qu'elle admire, Val Doonican, de passage à Fowey. Daphné ne rate pas une de ses apparitions à la télévision. Le voir en vrai lui arrache un sourire. Puis elle oublie. Elle oublie tout. Sa mémoire est un puzzle auquel il manque des pièces. C'est le brouillard qui les a mangées, il les a dévorées, petit à petit, et sournoisement, il la dévore, elle, de l'intérieur. La seule façon d'y remédier, de faire rempart au brouillard, c'est de créer de nouvelles «routes*».

Chaque matin, décider du programme de la journée, et s'y tenir coûte que coûte. Les projets varient peu. Tous les jours, une marche sur la plage de Par. Lundi, la promenade à Menabilly. Le jour suivant, visite d'une voisine, Mary Varcoe. Samedi, aller voir Angela à Ferryside. Le tout, à heure fixe, accompagnée d'une infirmière. Si une émission de télévision se termine après 22 h 30, tant pis, Daphné éteint quand même. Elle se fiche de connaître la suite. Les mots croisés prennent du temps, c'est bien. Il faut que les coussins du canapé soient disposés d'une certaine manière, pas d'une autre. Souvent, Daphné se fâche. Rien ne va. Si ses « routes* » ne sont pas respectées par les autres, si le repas a plus de cinq minutes de retard, elle crie, elle tempête. Tout la met hors d'elle. On lui redonne d'autres médicaments pour la calmer, et le brouillard s'intensifie. Parfois, elle veut lutter contre lui, elle le hait, il l'empêche de se rappeler, il a tout détruit, tout aspiré. Mais à d'autres moments, elle se soumet au brouillard comme à une drogue, pour avoir la paix, pour ne plus parler, pour ne plus devoir répondre.

Les bons jours, où Daphné se sent d'attaque, elle presse Oriel de questions, elle veut reprendre la main sur ses souvenirs. *Dites-moi, c'est moi qui ai écrit* Autant en emporte le vent, *ou c'est quelqu'un d'autre ?* Sur des feuilles de papier, Daphné note ce qu'elle oublie, essaie désespérément de se rappeler. Lorsqu'elle y parvient, une rare joie éclaire son visage. Son moment préféré, le seul qu'elle apprécie de ces longues journées affreuses, c'est le whisky auquel elle a droit chaque soir. Plus de cigarettes, elle a arrêté de fumer il y a déjà longtemps. Le brouillard se lève à ce moment-là, sa tête est moins vide, elle aime évoquer le passé, à petites touches. Un soir, Oriel lui demande si cela lui manque, de ne plus écrire. Daphné hausse les épaules, le visage morne, et répond qu'aujourd'hui, plus rien ne lui manque.

Le seul endroit où Daphné se sent bien, c'est dans sa petite chapelle, au sous-sol. Elle aime cette odeur d'humidité, de moisi. Elle s'y agenouille, ferme les yeux. Dieu ? Des prières ? Simplement la sérénité des vieux murs, une présence mystique inexpliquée et réconfortante, comme quelqu'un qui la prend dans ses bras. La tendresse, cela fait si longtemps. Elle ne sait plus ce que c'est. Ni la donner, ni la recevoir. Et l'amour ? L'amour paraît si loin. La passion, les baisers, c'était dans une autre vie. Quand sa famille lui rend visite, cela lui apporte de la joie, mais elle ne ressent plus le bonheur vif d'avant. En leur compagnie, elle reste taciturne, ou quitte la table en plein repas. Même Angela trouve que les conversations avec Daphné n'ont plus d'entrain.

Une des infirmières, Margaret, lui plaît plus que les autres. À Margaret, elle veut bien parler. Elle ne lui ordonne pas sèchement de mettre une autre bûche sur le feu ou d'aller préparer son lit. Margaret vient du Yorkshire, elle a lu et aimé les livres des sœurs Brontë. Le brouillard a absorbé les romans de Daphné, mais pas *Les Hauts de Hurlevent*, dont elle est capable de discuter longuement avec la jeune femme. Un soir, après les jeux de balle avec les chiens, Margaret se met à danser sur *A Nightingale Sang in Berkeley Square*, de Nat King Cole. Daphné l'admire, ébahie, puis tout à coup elle se lève aussi, fine et frêle, et tourne sur elle-même, emportée par la musique, un sourire aux lèvres. Danser, elle a oublié le plaisir que c'est, elle s'y abandonne, heureuse, mais quelques jours plus tard, elle dit à Margaret qu'elle ne veut plus danser. Plus jamais.

Le brouillard est vorace, il a croqué tous ses souvenirs, puis le temps, qu'il étire et condense à sa guise, la laissant déboussolée. Les semaines et les mois paraissent flous, estampillés de cette fadeur qu'elle abhorre mais contre laquelle elle ne peut rien. Les années défilent, et elle ne les voit pas, elle les subit avec une lassitude extrême. Son chien Mac décède, et le chagrin s'accentue. Avec Esther, elle rend visite à Tod, quatre-vingt-quinze ans, dans une maison de retraite avoisinante. Tod est enchantée de la voir, mais Daphné ne desserre pas les dents. Elle reste vingt minutes. En elle, tout s'émousse. En dépit de la rigidité des «routes*» qui charpentent ses journées, Daphné n'a plus goût à la vie. Si c'est cela, la vie, elle n'en veut plus. Plus d'appétit, plus d'envie, plus de désir. Plus de livres, même si une dernière anthologie d'anciennes nouvelles est publiée par Gollancz en juillet 1987. Les marches sur la plage de Par se font plus courtes. Pendant longtemps, Daphné a fait bonne figure avec Kits, réussi à rire avec lui, comme avant, mais à présent, elle ne peut plus faire semblant. C'est fini, de faire semblant. Elle voudrait que le rideau tombe. Elle voudrait tirer sa révérence.

Ne plus manger. C'est aussi simple que ça. Dissimuler sa nourriture à leur insu, dans sa serviette, dans les pages d'un livre, donner des morceaux au chien, subrepticement, le tout au nez et à la barbe des infirmières, d'Esther, de ses filles. Mâcher, garder les bouchées dans ses joues, recracher dans sa main, dans un mouchoir, dans une tasse, dès qu'elles ont le dos tourné. Ni vu ni connu. Le brouillard a gagné. Il l'enferme dans son manteau opaque, et Daphné ne voit que lui. Elle maigrit encore, petite chose osseuse, emmitouflée dans des chandails, car elle a toujours froid, désormais. Les infirmières veulent la forcer à manger, essayent de lui donner la béquée, Daphné ferme la bouche et secoue la tête. Elles tentent la ruse ou la menace, plus de whisky le soir pour Lady Browning si ce plat n'est pas terminé Daphné a pris sa décision secrète. Elle ne mangera plus.

À quatre-vingt-un ans, au printemps 1989, sur la balance de la salle de bains, les infirmières constatent que Daphné ne pèse plus que trente-huit kilos. Ses yeux ont perdu leur éclat, son sourire a disparu. Sait-elle à quel point elle impressionne ses proches? Parfois, de sa chambre, elle voit la voiture de Flavia, immobilisée dans le chemin devant les grilles de Kilmarth.

Les mains agrippées au volant, sa fille, pétrifiée. Que fait-elle ? Daphné ne sait pas qu'elle se donne du courage pour affronter le fantôme squelettique qu'est devenue sa mère. Un matin, c'est Margaret, la gentille infirmière, qui est de retour. Que fait-elle là ? Daphné ne sait pas non plus que ses proches ont fait appel à l'infirmière en désespoir de cause, espérant que sa présence puisse faire du bien à Lady Browning, dont la maigreur absolue affole son entourage. Margaret l'apaise, mais Daphné ne remangera pas pour autant.

Le dimanche 16 avril, Daphné demande à Margaret de l'emmener en voiture sur la plage de Pridmouth. C'est une requête surprenante, Margaret connaît l'attachement maniaque de Daphné à ses rituels, mais elle obtempère, en dépit de la pluie. Lentement, agrippée au bras de la jeune femme, enveloppée d'un manteau, Daphné descend sur la plage, regarde la mer longuement, sans un mot, en frissonnant dans le vent froid et l'averse. Elle observe les vagues, les vestiges du *Romanie*, toujours là depuis cinquante-neuf ans. Soudain, sa voix s'élève au-dessus du murmure des vagues, une voix étonnamment forte qui émane de ce corps décharné. Elle voudrait monter à Menabilly à présent, tout de suite. Margaret n'en revient pas. Un dimanche ? Alors que d'habitude, c'est le lundi qui est réservé à Menabilly. Mais Lady Browning est si décidée qu'elle n'ose pas le lui refuser. Doucement, elles retournent vers la voiture, puis Margaret emprunte la longue allée sinueuse qui mène au manoir. Toujours au bras de Margaret, Daphné marche le long de la pelouse devant la maison, puis là où ont été éparpillées les cendres de Tommy. Le visage de Daphné est impassible. Impossible de deviner ce qu'elle pense, ce qu'elle ressent. La pluie a cessé et un rayon de soleil caresse la façade de « Mena ». Margaret sent sa main trembler sur sa manche. Une fois rentrée à Kilmarth, Daphné ne parle plus, sauf pour téléphoner à Oriel, comme chaque dimanche soir, à 19 h 15 précises. La conversation dure un peu plus longtemps que d'habitude, la voix de Daphné est assurée, presque normale. Quand est-ce que vient Oriel ? Dans dix jours, promet celle-ci.

Le lendemain, lundi 17 avril, autre demande inattendue de la part de Daphné, aller voir Angela à Ferryside, sur-le-champ, ce qu'elle fait d'habitude les samedis. Margaret obéit, troublée. L'escalier raide de Ferryside est difficile à monter, Daphné s'y prend prudemment, toujours avec une extrême détermination. Un baiser sur la joue de sa sœur, quelques mots, c'est tout, la voilà repartie. En plein après-midi, Daphné téléphone à Oriel, étonnée de l'entendre. Elles ne se parlent que les dimanches soir, depuis des années. Oriel lui demande si tout va bien. *Oui,* répond Daphné, *je voulais juste vous parler.* Oriel sent qu'il se passe quelque chose d'insolite, la rassure en lui répétant qu'elle sera là bientôt. Daphné acquiesce, puis prononce cette phrase curieuse : *Écrivez-vous en ce moment ? Il le faut, c'est la seule chose à faire !* Et avant de lui dire au revoir, Daphné murmure : *Je suis descendue dans ma chapelle, et j'ai fait une petite prière pour vous.*

Le mardi 18 avril, vers 22 heures, Daphné monte lentement dans sa chambre, Margaret l'aide à se préparer, puis se retire. Allongée dans son lit, Daphné ferme les yeux, écoute le murmure lointain de la mer, cette mer qu'elle a tant de fois mise en scène dans ses livres, et qui la berce à présent. La nuit se déploie devant elle, longue et redoutable en dépit du Mogadon qui alanguit ses sensations. Pourtant, elle a fait ce qu'elle désirait, elle y est arrivée, ces derniers jours, elle a dit adieu aux lieux qu'elle aimait, à sa sœur voisine et chérie. Les yeux clos, Daphné se revoit à «Mena», cheminant de pièce en pièce, et la femme qui se reflète dans les vitres, dans les miroirs, c'est elle à quarante ans, la maîtresse de Menabilly, assurée et conquérante, l'écrivain qui fait rêver le monde entier, celle qui a vendu des millions de livres, invisible mais lue avec ferveur, celle qui sera éternelle, à cause d'un roman en particulier. Dimanche, quand Daphné s'était rendue sur la plage, sous la bruine, c'était Rebecca qu'elle voyait debout devant elle, cheveux noirs au vent, vêtue de son trench, un mouchoir brodé des initiales entrelacées *R de W* glissé au fond de sa poche, maculé de son rouge à lèvres et parfumé aux azalées. Quand Daphné avait roulé avec Margaret le long de l'allée vers « Mena », c'était encore Rebecca qui leur ouvrait le chemin de Manderley, avec ce sourire triomphal que Maxim, son mari, craignait tant. C'est la faute de Rebecca, ces critiques qui ne la prenaient pas au sérieux depuis cinquante ans, parce qu'elle vendait trop de livres, qui la considéraient comme une raconteuse d'histoires et non un écrivain. Encore Rebecca, qui lui avait valu ces adjectifs qu'elle déplorait : « romantique », « gothique », « sentimentale ». À croire qu'ils n'avaient jamais ouvert ses autres livres, ne savaient rien de la noirceur de son univers. Mais pouvait-elle en vouloir à l'héroïne de papier qui lui avait donné tant de lecteurs et cette gloire ? L'heure n'était-elle pas venue de faire la paix avec Rebecca de Winter ?

Paupières closes, Daphné discerne les jardins de Menabilly à la belle saison, lorsque les rhododendrons éclaboussent la verdure de leur incandescence. Les enfants jouent sur le gazon, Tod sonne la cloche pour le déjeuner, et Tommy, tranquille, sa cigarette aux lèvres, contemple les hirondelles au-dessus des arbres. C'est bon de se revoir jeune, belle, souriante, de sentir sur sa peau la caresse du soleil, de humer la fragrance boisée des jardins de « Mena ». Le rêveur est tout-puissant, son regard est un kaléidoscope coloré qui fait fi du présent, de ce pauvre corps exténué, du brouillard tenace qui l'étouffe depuis dix ans. Le long ruban noir se détache, libère ses mains entravées.

Les images défilent, sa hutte, sa machine à écrire, ses propres doigts tapant à toute vitesse, la page blanche truffée de mots. Impossible d'emprisonner un rêveur, il sait franchir les murs, déverrouiller les portes, chasser le poids des années. Le rêveur a tous les droits, le rêveur est libre, Kiki le lui avait soufflé.

ANNEXES

« Dame Daphné du Maurier, auteur de *Rebecca* et de *L'Auberge de la Jamaïque*, est décédée hier dans son sommeil, dans sa maison de Cornouailles, à l'âge de 81 ans. »

Daily Telegraph, 20 avril 1989

« La mort d'une grande dame de la littérature populaire. »

Le Figaro, 20 avril 1989

« La douce romantique s'éteint à l'âge de 81 ans. »

Daily Mail, 20 avril 1989

« *Rebecca* est l'étude approfondie et fascinante de personnalités obsessives, de domination sexuelle, de révélations identitaires et clandestines. »

The Independant, 21 avril 1989

« Dame Daphné écrivit vingt-neuf livres, dont la plupart sont des romances historiques. »

Daily Telegraph, 20 avril 1989

441

« Habile pourvoyeuse de mélodrames. »

The Times, 20 avril 1989

« Lue dans le monde entier depuis la parution en 1938 de *Rebecca*, dont le succès considérable (30 millions d'exemplaires !) en fit la rivale d'Agatha Christie et de Barbara Cartland, ses compatriotes, respectivement reines du suspense et du roman à l'eau de rose. »

France-Soir, 20 avril 1989

« Daphné du Maurier, un enchaînement de best-sellers. »

The Financial Times, 20 avril 1989

« Décès de Daphné du Maurier, 81 ans, auteur de nombreux romans gothiques et romanesques. »

New York Times, 20 avril 1989

« Daphné du Maurier ne voyait pas pourquoi on la considérait comme une romantique. (…) Elle ne trempait pas exactement sa plume dans l'eau de rose. D'ailleurs, elle n'avait guère de plume, plutôt un sens de l'aventure à gueule d'atmosphère. »

Libération, 20 avril 1989

« Sa vie entière, Mlle du Maurier batailla, en vain, pour ne pas être étiquetée comme écrivain "romantique". »

Los Angeles Times, 20 avril 1989

Le code « du Maurier »

Chaise dure (*hard chair*) : être offensé
Chelin (*shilling*) : décevant
Cirer (*to wax*) : faire l'amour
Dago : efféminé
Dis-tout (*tell-him*) : ennui monstre
Faire sa Mlle Clarke : en faire trop
Gondal : imaginer, faire semblant (emprunté aux sœurs Brontë)
Infuser (*brewing*) : l'idée d'un roman qui arrive
Le Caire (*Cairo*) : pénétration
Menace : être attiré
Miette (*crumb*) : formidable ou bon
Moi-je (*see-me*) : une personne vaniteuse
Murailler (*to cliff*) : ignorer, jeter
Nanny : terrifiant
Patère (*peg*) : l'inspiration pour un personnage
Panurge (*Witherspoons*) : gens trop convenus
Pluiche (*waine*) : situation gênante
Pouète (*honky*) : vulgaire
Robert : menstruation
Routes : habitudes

Royal : bien élevé
Tisser (*spinning*) : préliminaires amoureux
Vénitienne : lesbienne

Surnoms :

Bing ou Track : Daphné du Maurier
Piffy : Angela du Maurier
Bird : Jeanne du Maurier
Mo : Muriel du Maurier
Kiki : George du Maurier
Tristounet : Tommy Boy Browning
Kits : Christian Browning
Ferdie : Fernande Yvon
Mena : Menabilly
Hacker : Olive Browning
Les Zulus : les enfants de Tessa et de son premier mari, Peter de
    Zulueta

L'ascendance française
de Daphné du Maurier

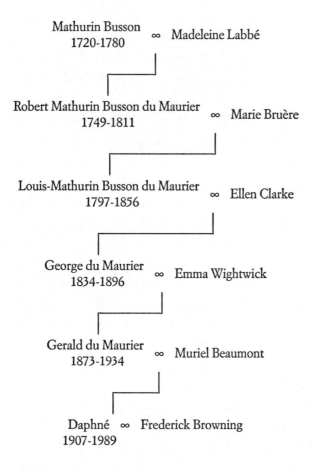

Mathurin Busson
1720-1780
∞ Madeleine Labbé

Robert Mathurin Busson du Maurier
1749-1811
∞ Marie Bruère

Louis-Mathurin Busson du Maurier
1797-1856
∞ Ellen Clarke

George du Maurier
1834-1896
∞ Emma Wightwick

Gerald du Maurier
1873-1934
∞ Muriel Beaumont

Daphné ∞ Frederick Browning
1907-1989

La région de Fowey

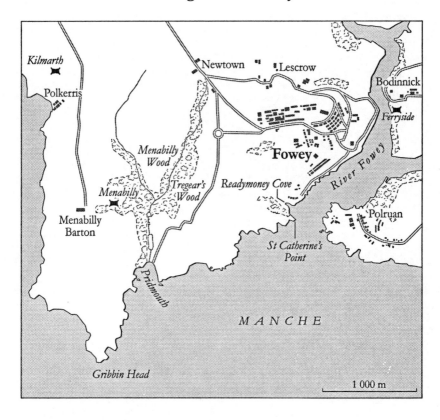

Kilmarth

Polkerris

Newtown

Lescrow

Bodinnick

Ferryside

Menabilly
Wood

Fowey

Menabilly

Tregear's
Wood

Readymoney Cove

River Fowey

Menabilly
Barton

Polruan

St Catherine's
Point

Pridmouth

MANCHE

Gribbin Head

1 000 m

Sources

Mes sources proviennent des mémoires de Daphné du Maurier, de sa correspondance, et de son dossier « auteur » consulté à l'IMEC, l'Institut de la mémoire de l'édition contemporaine.

Les mémoires de sa sœur, Angela du Maurier, de sa fille, Flavia Leng, m'ont été indispensables, tout comme les trois ouvrages de ses biographes, Margaret Forster, Jane Dunn et Judith Cook.

Nina Auerbach, *Daphne du Maurier, Haunted Heiress*, University of Pennsylvania, 2000.

Andrew Birkin, *J.M. Barrie and the Lost Boys*, Constable and Company, 1979.

Judith Cook, *Daphne, A Portrait of Daphne du Maurier*, Corgi, 1992.

Helen Doe, *From Facts to Fiction, The men and women of Polruan who inspired Daphne du Maurier's first novel*, Parchement (Banbury), 1997.

Piers Dudgeon, *Captivated*, Vintage, 2009.

Jane Dunn, *Daphne du Maurier and Her Sisters, The hidden lives of Piffy, Bird and Bing*, Harper Press, 2013.

Margaret Forster, *Daphne du Maurier*, Chatto and Windus Ltd, 1993.

Anne Hall, *Au pays des souffleurs de verre*, Éditions du Cherche-Lune, 2010.

Alex Hamilton, *Writing Talk, Tale-Spin*, Matador, 2012 (voir en particulier p. 151).

Martin Harris, *The Official Guide to Daphne du Maurier in Cornwall*, Creative Media Publishing, 2011.

Bret Hawthorne, *Daphne du Maurier's Cornwall*, Halsgrove, 2010.

Richard Kelly, *Daphne du Maurier,* Twayne Publishers, 1987.

Xavier Lachazette, *Toit et moi, les maisons réelles ou rêvées de Daphné du Maurier*, Université du Maine, Le Mans, 2009.

Flavia Leng, *Daphne du Maurier, A Daughter's Memoir*, Mainstream Publishing Company, 1994.

Hilary Macaskill, *Daphne du Maurier at Home*, Frances Lincoln Ltd, 2013.

Oriel Malet, *Letters from Menabilly*, Weidenfeld and Nicholson, 1993 (publié en France par Albin Michel, 1993).

Oriel Malet, *Jam Today, Two Girls in Paris*, Victor Gollancz, 1957.

Angela du Maurier*, It's Only The Sister*, Peter Davies Ltd, 1951.

Angela du Maurier, *Old Maids Remember*, Peter Davies Ltd, 1966.

Daphne du Maurier, *The Rebecca Notebook And Other Memories*, Victor Gollancz Ltd, 1981.

Daphne du Maurier, *Myself when Young, The Shaping of a Writer*, Victor Gollancz Ltd, 1977.

Daphne du Maurier, *Enchanted Cornwall*, Penguin Books, 1981.

Richard Mead, *General Boy, The Life of Lieutenant General Sir Frederick Browning*, Pen and Sword, 2011.

Justine Picardie, *Daphne*, Bloomsbury, 2008.

Pierre Robert, *L'Ascendance française de Daphné du Maurier*, Centre généalogique de Touraine, 1993.

Lionel Royer, Anne Hall, *L'Ascendance française et anglaise de Daphné du Maurier*, Histoire et Patrimoine, conférence du 28 septembre 2007.

SOURCES

Martyn Shallcross, *The Private World of Daphne du Maurier*, Robson Books, 1991.

Helen Taylor (éd.), *The Daphne du Maurier Companion*, Virago Press, 2007.

Noël Welch, *A Personal View*, Samphire Books, 2012.

Michael Williams, *The Three du Maurier Sisters*, Polperro Heritage Press, 2012.

Œuvres de Daphné du Maurier

The Loving Spirit, roman, Heinemann, 1931; *La Chaîne d'amour*, Albin Michel, 1950; rééd. sous le titre *L'Amour dans l'âme*, Phébus, 1995; Le Livre de poche, 2014.

I'll Never Be Young Again, roman, Heinemann, 1932; *Jeunesse perdue*, Albin Michel, 1949.

The Progress of Julius, roman, Heinemann, 1933; *La Fortune de Sir Julius Levy*, Nouvelle Édition critique, 1935; rééd. sous le titre *La Fortune de Sir Julius*, Albin Michel, 1959.

Gerald : A Portrait, essai, Gollancz, 1934; *Gerald*, Albin Michel, 1958.

Jamaica Inn, roman, Gollancz, 1936; *L'Auberge de la Jamaïque*, Albin Michel, 1941 et 1993.

The Du Mauriers, essai, Gollancz, 1937; *Les Du Maurier*, Albin Michel, 1948.

Rebecca, roman, Gollancz, 1938; *Rebecca*, Albin Michel, 1940; nouvelle traduction, Albin Michel, 2015.

Come Wind, Come Weather [*Contre vents et marées*], nouvelles, Heinemann, 1940.

Frenchman's Creek, roman, Gollancz, 1941; *La Crique du Français*, Albin Michel, 1947 et 1998.

Hungry Hill, roman, Gollancz, 1943; Albin Michel, 1970.

The Years Between [*Les Années perdues*], pièce de théâtre, Gollancz, 1945.

The King's General, roman, Gollancz, 1946 ; *Le Général du roi*, Albin Michel, 1947 ; rééd. Phébus, coll. « Libretto », 2003.

September Tide [*Les Marées de septembre*], pièce de théâtre, Gollancz, 1949.

The Parasites, roman, Gollancz, 1949 ; *Les Parasites*, Albin Michel, 1951.

My Cousin Rachel, roman, Gollancz, 1951 ; *Ma Cousine Rachel*, Albin Michel, 1952 et 1993.

The Birds and Other Stories, nouvelles, Gollancz, 1952 ; *Les Oiseaux et autres nouvelles*, Albin Michel, 1953 ; rééd. dans *L'Ombre des secrets*, Omnibus, 2010.

Mary Anne, roman, Gollancz, 1954 ; *Mary Anne*, Albin Michel, 1955.

The Scapegoat, roman, Gollancz, 1957 ; *Le Bouc émissaire*, Albin Michel, 1957 ; Le Livre de Poche, 2014.

The Breaking Point, nouvelles, Gollancz, 1959 ; *Le Point de rupture*, Albin Michel, 1961.

The Infernal World of Branwell Brontë, biographie, Gollancz, 1960 ; *Le Monde infernal de Branwell Brontë*, Albin Michel, 1968 ; Phébus, coll. « Libretto », 2007.

Castle Dor (avec A. Quiller-Couch), roman, J. M. Dent, 1962 ; *Château Dor*, Albin Michel, 1963.

The Glass Blowers, roman, Gollancz, 1963 ; *Les Souffleurs de verre*, Albin Michel, 1964.

The Flight of the Falcon, roman, Gollancz, 1965 ; *Le Vol du Faucon*, Albin Michel, 1966 ; rééd. dans *L'Ombre des secrets*, Omnibus, 2010.

Vanishing Cornwall, Gollancz, 1967.

The House on the Strand, roman, Gollancz, 1969 ; *La Maison sur le rivage*, Albin Michel, 1970 ; rééd. dans *L'Ombre des secrets*, Omnibus, 2010.

Not After Midnight, nouvelles, Gollancz, 1971 ; *Pas après minuit*, Albin Michel, 1972 ; rééd. dans *L'Ombre des secrets*, Omnibus, 2010.

Rule Britannia, roman, Gollancz, 1972 ; *Mad*, Albin Michel, 1974.

Golden Lads : Anthony Bacon, Francis and their Friends [*Des garçons en or*], biographie, Gollancz, 1975.

The Winding Stair : Francis Bacon, his Rise and Fall, biographie, Gollancz, 1976 ; *L'Escalier en colimaçon*, Albin Michel, 1978.

Echoes from the Macabre, nouvelles, Gollancz, 1976.

Growing Pains : the Shaping of a Writer, Gollancz, 1977.

The Rendezvous and Other Stories, nouvelles, Gollancz, 1980.

The Rebecca Notebook and Other Memories, Gollancz, 1981, *Le Journal de Rebecca*, avec *Le Rendez-vous*, Sylvie Messinger, 1981.

Classics from the Macabre, nouvelles, Gollancz, 1987.

The Doll, nouvelles, Virago Press, 2011 ; *La Poupée*, Albin Michel, 2013.

Crédits photographiques

Les photographies situées dans le premier cahier au milieu de la page 3, en bas de la page 7 et en bas de la page 8 sont reproduites avec l'autorisation du Curtis Brown Group Ltd (Londres), pour The Chichester Partnership © The Chichester Partnership.

Remerciements

Ce livre n'aurait jamais vu le jour si Gérard de Cortanze ne m'avait pas proposé de l'écrire, il y a déjà dix ans. Merci pour son opiniâtreté et sa patience. Merci à mon éditrice, Héloïse d'Ormesson, et à Francis Esménard, ainsi qu'à toute l'équipe d'Albin Michel, qui ont rendu cette coédition possible. Merci aux trois enfants de Daphné du Maurier, Tessa Montgomery, Flavia Leng et Kits Browning. Merci à Ned Browning, son petit-fils. Pour leur première lecture, merci à Arnaud Guillon, Julia Harris-Voss, Sarah Hirsch, Nicolas Jolly, Didier Le Fur, Laure du Pavillon, Catherine Rambaud, Chantal Remy et Stella de Rosnay.

Sur les traces de Daphné à Meudon, Boulogne et Neuilly, je remercie Julien Le Magueresse, des Archives départementales des Hauts-de-Seine, et Stéphanie Le Toux, du Service des archives de Meudon, ainsi que Thérèse-Marie Brachet, du centre de documentation du Musée d'art et d'histoire de Meudon. Pour leur aide précieuse concernant la généalogie de la famille Busson du Maurier, merci à Anne Hall, Philippe Larus, Lionel et Monique Royer. Merci à Xavier Lachazette pour ses travaux sur la romancière. À Fowey, merci à Ann et David Willmore, de la librairie Bookends, Lynn Goold du *Daphne du Maurier Literary Centre*, et Alex et Martin du Old Quay House Hotel. Merci aussi à : Felicity Blunt, Bruno Corty, Claire Desserey, Laila Embelton, Emma Harding, Christine Faunch, Christianne Lim,

Anouk Neuhoff, Géraldine Meignan, Esther Rowe, Audrey Siourd, Philippe de Spoelberch, Isabella Thomas-Varouxakis, Christiana et Arnaud Troubetzkoy.

Last but not least, merci à Nicolas pour sa sérénité pendant l'écriture de ce livre, même lorsque je vaporisais le parfum de Daphné (*Vent Vert* de Balmain) pour mieux la faire revivre. Désormais, il connaît le «code» du Maurier aussi bien que moi.

Table

ANNEXES

DU MÊME AUTEUR

Aux Éditions Héloïse d'Ormesson

SON CARNET ROUGE, 2014. Le Livre de Poche, 2015
À L'ENCRE RUSSE, 2013. Le Livre de Poche, 2014.
ROSE, 2011. Le Livre de Poche, 2012.
LE VOISIN, 2010. Le Livre de Poche, 2011.
BOOMERANG, 2009. Le Livre de Poche, 2010.
LA MÉMOIRE DES MURS, 2008. Le Livre de Poche, 2010.
ELLE S'APPELAIT SARAH, 2007. Le Livre de Poche, 2008.

Aux Éditions Le Livre de Poche

SPIRALES, 2013.
LE CŒUR D'UNE AUTRE, 2011.
MOKA, 2009.
CAFÉ LOWENDAL, 2014.

Aux Éditions Fayard

L'APPARTEMENT TÉMOIN, 1992. J'ai Lu, 2010.